盛世与没落

大清三百年

丁守卫 著

中国铁道出版社有限公司

CHINA RAILWAY PUBLISHING HOUSE CO., LTD.

图书在版编目（CIP）数据

盛世与没落：大清三百年 / 丁守卫著 . —北京：中国
铁道出版社，2019.5（2022.1重印）
ISBN 978-7-113-25382-0

Ⅰ．①盛… Ⅱ．①丁… Ⅲ．①中国历史－清代－通俗
读物 Ⅳ．① K249.09

中国版本图书馆 CIP 数据核字（2019）第 005301 号

书　　名：盛世与没落：大清三百年
作　　者：丁守卫　著

责任编辑：刘建玮　　　　　　电　　话：（010）51873038
装帧设计：李四月　　　　　　电子信箱：liujw0827@163.com
责任印制：赵星辰

出版发行：中国铁道出版社有限公司（北京市西城区右安门西街8号 邮编100054）
印　　刷：永清县晔盛亚胶印有限公司
版　　次：2019年5月第1版　2022年1月第2次印刷
开　　本：710mm×1000mm　1/16　印张：24.5　字数：415 千
书　　号：ISBN 978-7-113-25382-0
定　　价：68.00元

清朝没有后悔药

清朝取代明朝真的有许多运气的成分。想当年，如果不是年轻的万历皇帝不知是因为青春期叛逆还是性格使然，执意要将"罢工"进行到底，由此造成了整个明朝政府从中央到地方长时间地几乎完全行政失控，管理停摆；如果不是万历年间日本侵略朝鲜，明朝为了抗倭援朝，结果虽然打败了日本，但自己也元气大伤，耗尽了国力，加上这期间又发生了大的天灾，致使我国西北地区严重干旱，蝗虫成灾，由此导致农民起义此起彼伏；如果不是高仙芝、李自成的农民军前赴后继与明朝政府及军队殊死搏斗，以致最终两败俱伤；如果不是吴三桂"冲冠一怒为红颜"，大敌当前，只计较个人的利益而不顾国家与民族的危亡；如果不是当年的东林党，与一帮贪赃枉法的所谓阉党你死我活地党争不断……那么，可以完全肯定地说，以当时割据于东北白山黑水间的努尔哈赤之地方势力，则断然无法与明朝的中央政府对抗，更无力压垮明朝这只"瘦死的骆驼"。

但历史就是这样的巧合，几乎所有的好运气都给努尔哈赤以及他的儿子皇太极以及多尔衮沾上了。

这当然是爱新觉罗家族的运气，也是清朝的运气。

然而，虽然在打天下时，大清王朝有着太多运气的成分，从某种意义上说，大清的江山简直就可以说是"捡来的江山"，可是，到了"坐天下"的时代，这样的好运气却渐渐不在了，以致到了晚清，大清帝国竟然就好像是交了"华盖运"，倒了血霉，又好像是有一只看不见的手在大清帝国的上空打开了一只"潘多拉魔盒"，故意存了心把各种灾难一股脑儿撒向了中国。

当然，这只是一种迷信的说法，而在事实上，正像英国著名诗人雪莱所说的那样："万物皆有自然律"，究其原因，大清之所以会成为大清，特别是到了后来，之所以会出现那么多的病症，遭受了那么多的可谓世所罕见的国家耻辱，完全是由这个王朝自身的"遗传基因"或曰"祖宗家法"所导致的。

的确，时隔百年，在今天，在一切都已尘埃落定之后，当我们尽量以一种冷静客观的态度看待大清王朝三百年的历史，以一种理性科学的方法解剖清朝时，就会发现，几乎从一开始，清朝的立国理念与治国方略就存在严重的缺陷，就像一个呱呱坠地的婴儿，确乎在娘胎里就先天不足，生理残疾。

择其要者而言之，应该说，清朝的治国方略或曰"基本路线"主要存在这样四大方面的重大缺陷，或者说是"四大败笔"：

其一是清朝在制定并实行民族政策方面留下了严重的"政治败笔"。享国近三百年的大清王朝竟然到最后都没有达成民族和解与民族融合，更没有形成民族团结的局面。究其原因，当然是因为满族统治者入主中原后从一开始就严格实行防范压制汉人的政策，然后对这一"祖宗家法"又"二百年不动摇"，以致到清朝灭亡前夕，满族统治者还一如既往，依然如故，不去积极有效地化解本应早已消弭的民族矛盾与民族仇恨，反而故意人为地突出与扩大满汉对立，激化民族矛盾，致使孙中山等革命者愤怒地喊出了"驱除鞑虏，恢复中华"这样的反清口号。

一个国家，经历了那么长的时间，竟然没有妥善处理好如此重大的民族关系，解决好如此重要的"内部矛盾"，始终未能制定并实施正确有效地致力于民族融合与团结的民族政策，这不能不说是清朝的一大最为有害的"政治败笔"。

其二是留下了严重的"军事败笔"。想当年，努尔哈赤与皇太极、多尔衮带领骁勇善战的满洲八旗子弟，凭借自己娴熟的弓马从白山黑水之地一路杀到西南的云南地区，在横扫大半个中国后最终奠定了满族对中国的统治。就因此，后代的努尔哈赤子孙们对当年自己老祖宗征战所使用的弓马都一直非常膜拜和迷信，在军事装备方面一味因循守旧，抱残守缺，甚至到了第二次鸦片战争后，那些头脑昏庸、顽固守旧的大清统治者对西方已经十分发达的火炮技术还视而不见，还自欺欺人、荒谬绝伦地把西方的坚船利炮视为"奇技淫巧"。

天下虽安，忘战必危。显然，为了国家的长治久安，任何时候都必须要强军，对军人实行异于常人的严格要求，严格训练，训练和培养军人的猛虎意志和藏獒精神。否则，再好的武器装备在战争时期都只会是一堆废铜烂铁。

可是，我们看晚清的军队却不是这样。在那样一个特殊的历史时期，令人怎么也想不到的是，晚清的统治者对军队中的腐败现象几乎一直放任自流，坐视不管，任由八旗（满洲人组成）和绿营（主要由汉人组成）腐化堕落，平时的军事训练视如儿戏，犹如演戏，对官兵中的赌博、遛鸟、抽鸦片、玩女人则听之任之，至于克扣军饷、敲诈百姓更是司空见惯，习以为常……试想，这哪里像是一支国家的军队？这样的军队若是对付那些手无寸铁的百姓勉勉强强还能凑合，但要让它拱卫国门，与那些如狼似虎训练有素的强敌在战场上去对抗，去厮杀，别说没那个能耐，甚至都没那个胆量！

因此，一国之腐败，最危险最可怕的莫过于军队的腐败；一国之懦弱，最危险最可怕的也莫过于军队的懦弱。清朝无疑就是这样一个最典型的例子，一个最惨痛的教训。

其三是留下了严重的"改革败笔"。从第一次鸦片战争开始，中国人的灾祸就接二连三，祸不单行，经过了那么多的风吹雨打和惊涛骇浪之后，实践证明清政府确实早已经腐朽了，不行了。这种时候，天下人皆知已经病入膏肓的清政府要想起死回生就必须要进行变法，予以改革，除此，别无他途。可是，就因为害怕牺牲自己的特权，不愿损害满族统治集团的既得利益，以慈禧太后为首的整个满族强权集团竟然一直讳疾忌医，拼命阻挠改革，扼杀改革，致使戊戌变法以及后来的清末新政一次次胎死腹中，半途而废，使大清朝失去了几次最好的自我救赎的机会。

因而，从某种意义上说，讳疾忌医、因循守旧的大清王朝到了最后完全是自寻死路，自寻短见。

其四是留下了严重的"人才败笔"。一个国家和一个民族要想长治久安，抵御外侮，必须要有大量的各方面的人才，特别是治国理政、保家卫国方面的政治与军事人才以及外交人才。可是，由于满族统治者一直颟顸无知、昏庸透顶，只知道养尊处优骄奢淫逸作威作福，更由于其长期的压迫歧视和防范汉人的民族政策使然，平时只用奴才不重人才，因而，整个清朝政府内鲜有人才。到了晚清，几乎更是人才难觅，特别是外交人才和军事人才更是近乎空白。

想当年，南宋小朝廷非常懦弱也很窝囊，但也还是涌现过许多杰出的军事家，像岳飞、韩世忠，乃至书生杀敌一战成名的李纲、虞允文，此外还有像王彦、种师道、赵葵，更有像南宋末年的杰出军事家孟珙和余玠，竟然能英勇顽强地抗击当年威震西方被欧洲人称为"上帝之鞭"的蒙古军队长达四十多年，打了那么多威震敌胆大快人心的经典战役，由此不仅在南宋的历史上而且在整个中华民族的军事史上写下了星光闪耀且可歌可泣的篇章。

可是反观大清王朝，到了晚清时期，令人百思不得其解的是，尽管遭受了那么多的侵略，面对那么多的外侮，在一个呼唤英雄也迫切需要英雄的时代，偌大的大清帝国，竟然始终没有能够产生出一个哪怕稍微像样儿一点的英雄。不仅"蜀中无大将"，而且连一个"廖化"也没有！从1840年第一次鸦片战争到1912年清朝灭亡，在长达70多年的时间内，整个大清帝国竟然没有涌现出一个相对突出的军事大将，更别说是军事家，从始至终，甚至没有打过一场稍微像样儿一点的足以捍卫国家和大清军队尊严的保家卫国的胜仗。这，不仅在中国历史上，而且在世界历史中也是绝无仅有的，堪称"奇葩"！

所以，大清到了最后，也真的是该死了，不能再活了。一个曾经那么好的国家，竟然被统治到了这样一种地步，竟然被人家欺负到了那样一种境地，作为一国之最高统治者，还有什么脸面？

但晚清的统治者就是这么奇葩，到最后，不仅自己把爱新觉罗家族列祖列宗的脸给丢尽了，也把所有中国人的脸给丢尽了，而且，更为有害的是，由此严重损害了中华民族的根本利益，给我们这个民族带来了深重的灾难。

而这一切，追根溯源，应该说，无不与上述的"四大败笔"有关。

说来，清朝真的是一言难尽，有着太多的失策和太多的遗憾，假如能有历史的后悔药，相信大清的统治者即使是花再多的钱财也会去买。只可惜，历史没有后悔药，有那么多的遗憾、那么多的后悔乃至绝望只能存留在亡清的历史中。

也正因此，清史不忍卒读，读清朝的历史委实是一件非常痛苦的事情……

然而，从另一个方面看这众多的"巧合"。"命运"的偶然性里也包含着必然性，即社会发展的规律性：任何社会或国家都不是永存的，不是固定不变的、停滞的，都是经由产生、发展到灭亡的。所以也就不存在什么后悔与否的问题了。这样，我们读清史便也不是痛苦的事情了。

目录

第一章　努尔哈赤的发迹史

001　亦真亦假女真史

007　忘恩负义为哪般

012　一个实力派"演帝"

016　狐假虎威"披遗甲"

022　睁着眼睛说"瞎话"

027　战争其实是"赌博"

034　"克星"原来是书生

039　谜一样的努尔哈赤

第二章　这个女人不寻常

046　"十三嫁做他人妇"

051　将"生子"进行到底

056　有一种成功叫"坚持"

061　大清宫中的"女骑手"

068　"太后下嫁"又何妨

074　"儿大不由娘"

082　"辅幼主而不谋垂帘"

第三章　雍正夺嫡有高招

091　"聪明反被聪明误"

094　惨遭"暗算"的八阿哥

098　"天下第一闲人"

101　幕后"高人"

105　背后的靠山

108　永远的秘密

第四章　康雍乾朝非盛世

111　马戛尔尼的"发现"

117　历史的"大倒退"

125　"文字狱"的血腥

133　文化的浩劫

140　"亡天下"的悲剧

第五章　道光选错接班人

149　品学兼优的"好皇帝"

152　凡事不能做过分

157　立储前的斟酌

159　两场特殊的"考试"

161　"师爷"间的对决

167　咸丰嗣位："错""错""错"

第六章　鸦片，打败中国

169　回眸鸦片的历史

174　"生不逢时"的道光皇帝

180　林则徐的悲剧

188　英国人的伎俩

193　令人啼笑皆非的"战争"

201　中国，依旧还在昏睡

第七章　洪秀全和太平天国

210　屡试不第

215　创立拜上帝会

222　从金田起义到定都天京

227　致命的内讧

234　天京陷落

第八章　甲午惨败，中国永远不能承受之痛

241　中日历史的恩怨

246　日本的"崛起"

253　清朝的"弊端"

259　战前风云

266　血写的"悲壮"

273　中国的耻辱

280　百年之后的反思

第九章　慈禧不如武则天

291　慈禧的"上位秘籍"

298　权力是怎样"炼成"的

304　"童治"还是"母治"

310　赔款割地又何妨

314　将享乐进行到死

321　皇帝惨遭"终身监禁"

330　慈禧不如武则天

第十章　晚清新政，一场游戏一场梦

336　中国这块"顽石"

343　"君主立宪"的种子

350　唱反调的"革命"

354　立宪岂可唱假戏

361　炖不烂的"老牛筋"

368　藏不住的"尾巴"

374　十年一觉"宪政梦"

参考文献　381

第一章
努尔哈赤的发迹史

说来，清朝取代明朝真的有很多运气的成分。想当年，如果不是明朝为了抗倭援朝，在万历年间与日本打了一仗，虽然最终打败了倭寇，但自己也元气大伤，耗尽国力，以致民不聊生，激起民变，由此爆发了西北农民起义；如果不是高仙芝、李自成的农民军前赴后继与明朝政府及军队殊死搏斗，以致最终两败俱伤；如果不是吴三桂"冲冠一怒为红颜"，大敌当前，只计较个人的利益而不顾国家与民族的危亡；如果不是当年的东林党与一帮贪赃枉法的所谓阉党党争不断，由此造成了整个明朝政府从中央到地方长时间地几乎完全停摆，行政失控，那么，可以完全肯定地说，以当时割据于东北白山黑水间的努尔哈赤之势力，则断然无法与明朝的中央政府对抗，更无力压垮明朝这只"瘦死的骆驼"。

但历史就是这样的巧合，几乎所有的好运气都给努尔哈赤以及他的儿子皇太极以及多尔衮沾上了。

这当然是爱新觉罗家族的运气，也是清朝的运气。

所以，从某种意义上说，清朝的江山是捡来的，完全就是一个"捡来的江山"，而清朝的开国统治者，完全就是一些"鹬蚌相持，渔翁得利"的渔翁，或者更确切地说，乃是一些"螳螂捕蝉，黄雀在后"的黄雀。

但历史就是这样，没有假设，没有如果。在明朝之后，运气极佳的满族以小博大，以无可争议的事实，很快便占据了中原，成为中国大历史中的又一封建王朝，当然也是最后的王朝。

亦真亦假女真史

我国是一个多民族国家，无论是汉族还是少数民族都非常富有想象力，关于自己的民族起源以及始祖与图腾等，几乎每个民族都有自己美丽的传说。譬如，汉民族的女娲造人的传说，还有位于我国西南边陲的藏民族起源的传说：相传在美丽神奇的青藏高原上有五个貌若天仙的女神，她们各住在一座高耸入云终年积雪的山峰上，其中五姐妹中的老三，那个名叫珠穆朗桑玛的女神便住在最高峰上。据史书记载，由于佛教祭祀的这五位女神中，第三女神珠穆朗桑玛最高也最漂亮，故而后人就用她的名字称呼世界最高峰为"珠穆朗玛峰"。不用说，生活在那里的人们，便是这些美丽女神繁衍的后代。

相比较起来，生活在我国东北白山黑水之间的满族应该说也是一个有着丰富想象力的优秀民族，围绕着这个民族的发祥，在古代也有着许多美丽神奇的传说。这些传说，即使是在今天说来，也仍然美丽动听，饶有趣味。

这里，不妨先说一说有关满洲起源的传说。

在长白山的东北，有一座布库里山，山上有一个湖泊，叫布勒瑚里湖，又叫布尔里湖。这里景色秀美，山上林壑幽美，百鸟呢喃，山下湖光潋滟，鱼翔浅底，整个就是一处世外桃源。相传，在很久很久以前的一天，有姊妹三位仙女从天而降，飘然来到湖中沐浴。在这姊妹三位仙女中，老大叫恩古伦，老二叫正古伦，老三叫佛库伦，一个个长得都是沉鱼落雁、闭月羞花之貌。可就在她们三姐妹忘情地嬉戏沐浴在湖中时，忽然飞来一只口衔朱果的喜鹊，在三妹佛库伦的头上盘旋不去。

佛库伦举起手来想把它赶走，没想到那只喜鹊却飞到她那高举的手上，将口中的朱果丢到她的手中，然后振翅飞去。握着这枚鲜红欲滴的朱果，美丽的佛库伦想它一定非常好吃，于是便禁不住将它含在口中。等她沐浴完后，上岸穿衣，忽然发觉那枚朱果在不知不觉中竟然早已经被自己吞进了腹中。而且，更让她讶异的是，很快她便感觉到自己那鼓胀的小腹正在微微隆起，这使她忽然意识到：自己怕是怀孕了。

于是，她对她的两位姐姐说："我身体变得沉重了，恐怕不能和你们一同重回到天上去了，我该怎么办呢？"

见此情景，大姐和二姐便都安慰她说："我们是仙女，吃过长生不老的仙丹，应该不会有事的。你现在这个样子，应该是天授妊娠于你。既然这样，你就安心待在人间，等生下孩子后身子变轻了再回天宫与我们相聚吧。"说完，她俩便告别了三妹，轻舒长袖，飘然飞天。而佛库伦则只好一个人留在了美丽的长白山，在人间实施她的"造人计划"。

不久，佛库伦果然生下了一个男孩，姓爱新觉罗。他就是传说中满洲的始祖爱新觉罗·布库里雍顺。

由于是仙女所生，相传布库里雍顺一生下来就会说话，而且就像人们所说的是"见风长"，宛如施了魔法似的，一转眼就长大成人。

看到儿子已经长大，英俊孔武，某一天，佛库伦便将自己如何怀孕生子的经历一一告诉了布库里雍顺，并且拉着他的手依依不舍地说："儿子，是上天让我生下你，生你是为了平息天下的暴乱，安邦定国。"说罢，长有一双隐形的翅膀的佛库伦便飘然飞天，返回天庭。

这便是有关满族起源的传说，而且是一则充满美丽神话色彩的传说。

然而，到这里，这则美丽的传说故事还没有完结，那只神话中的喜鹊也还没有完成它的神圣"历史使命"。

据说，经过始祖布库里雍顺的繁衍与发展，爱新觉罗家族逐渐兴旺发达起来。可是到了后来，过了几代，由于他的子孙不能团结部众，过去的旧部属发动了叛乱，攻破了鄂多里城（今吉林敦化），他的子孙几乎被杀光了。唯一逃脱的，是一个名叫樊察的小男孩。危难时刻，樊察一路狂奔从城里逃到郊外，但追兵却始终在后面紧紧追赶着他。

在一处树林里，眼看他就要被追兵追到了，就在这时，忽然一只神鹊飞落到他的头上。追兵误以为这只喜鹊是栖息在一棵枯树上，于是他们就往其他方向追赶去了。就这样，樊察逃过一劫，得以大难不死，使满洲爱新觉罗家族仅存的骨血犹如火种般得以保存了下来。

所以，在《满洲实录》中，还配有《神鹊救樊察图》。于是，满洲特别是爱新觉罗家族一直视喜鹊为神鹊，对它充满了敬畏和崇拜。满族人不仅不伤害乌鸦和喜鹊，不允许吃它们的肉，而且还把它们作为民族的图腾，对它们顶礼膜拜。

当然，在今天看来，无论神鹊的故事有多美丽，它也只能是一个传说，事实上，满族的始祖绝对不会因此而来。寻根溯源，目前，中外学者公认的看法是，先秦中的肃慎人，就是今天满族的最早先民。

从考古学上看，历史学家们认为，新开流文化是肃慎先世的遗址。早在新石器时代，满族先民——肃慎人就已经在兴凯湖一带繁衍生息，并创造了渔猎文明形态。据有关文献记载，肃慎族乃是我国东北最古老的民族之一。如《竹书纪年·五帝纪》就说："肃慎者，虞夏以来东北大国也。"早在4000多年前，肃慎人就已经繁衍生息在白山黑水之间。

所谓的"白山黑水"，就是今天的长白山与黑龙江一带，一般也泛指我国的东北地区。《山海经·大荒北经》中有云："大荒之中，有山名曰不咸，有肃慎之国。"文中所说的不咸山，就是今天的长白山。

随着时间的推移，在不同的朝代，"肃慎"有着不同的称谓。

据学者考证，汉代以后，大约在后汉与三国时期，"肃慎"被称为"挹娄"，到了南北朝时期被称为"勿吉"，在隋唐时期被称为"靺鞨"，而到了辽、宋、金、元、明时期则被称为"女真"。明代女真分为建州、海西（扈伦）、东海（野人）女真三部。1616年，爱新觉罗·努尔哈赤起兵统一女真各部落，建立后金。1635年，皇太极废除"女真"的族号，改称"满洲"，将居住在中国东北地区的建州女真、海西女真、东海（野人）女真以及汉、蒙古、朝鲜、呼尔哈、索伦等多个民族纳入同一族名之下，中国历史上的"满族"自此形成。

由此可见，满族是居住在我国东北地区各民族的集合体。

从史书上看，肃慎人一直以狩猎为生，因此，弓箭是他们的主要武器和工具。想必，在很早的时候，肃慎人的射箭技术就非常出名了吧，所以，据《国语》记载：当年孔子周游列国，走到陈国时，遇到一群被木身石镞的箭矢射中的大鸟。这群鸟飞到陈侯的宫廷后突然一齐死掉了。陈侯不知道这是怎么回事，就派人去请教孔子。

要说孔子还真是有学问，在仔细了解情况后，他得出结论：这群大鸟是从肃慎之国中了肃慎人的箭后飞来的。因为这种箭矢只有肃慎人才能制造。陈侯且信且疑，于是就派人去调查核实，后来果真在收藏贡品的档案柜里找到了肃慎弓矢，拿出来一看，与那大鸟身上的箭的确一模一样，于是不由得在心中暗暗佩服孔子的博闻强记与渊博学识。

显然，也正是由于肃慎人长期以来一直以狩猎为生，经常是弓箭不离手，故而肃慎人的后裔一直勇猛尚武，凶悍好斗，整个民族都代代相承着尚武的基因。千百年来，他们穿行于山林之间，往来于大河上下，不是"飞土逐肉"，就是忙于杀伐征战。历史上曾有一句广为人知的说法：女真人不满万，满万则不可敌。

也正因此，在中华民族"大舞台"上，这个被称为"挟弓矢，便乘船，好寇盗"，充满了尚武精神的民族曾经有三次"闪亮登场"，在我们中华民族的历史上产生过较大的影响。

第一次是在唐朝，当时的渤海国（698—926年）就是由肃慎人所建，不过，那时的肃慎人已经不叫肃慎人，而被称为靺鞨人。据明清史大家孟森先生在其《清朝大历史》之第一章《太祖三代：开国》一文中说，被唐朝册封的"渤海国"传国一百九十七年，"不但疆域官守，建置可观……也可谓根深蒂固一国家矣。"在近两百年的发展过程中，渤海国全面效法唐朝封建文明，依靠渤海人的聪明智慧和勤劳勇敢，繁育了发达的民族经济和灿烂的渤海文化，促进了东北边陲的进一步开发，不仅丰富了中华大统一的历史内涵，而且创造了"海东盛国"的辉煌。

渤海国全盛时期，其疆域北至黑龙江中下游两岸、鞑靼海峡沿岸及库页岛，东至日本海，西到吉林与内蒙古交界的白城、大安附近，南至朝鲜之咸兴附近，设五京十五府，六十二州，一百三十余县，是当时东北地区幅员辽阔名副其实的强国，在后唐年间为辽国所灭。

第二次是在宋朝。当时的肃慎人已经叫"女真人"。北宋政和五年正月初一（1115年1月28日），女真领袖完颜阿骨打称帝建国，国号大金。金建国后，先是"远交近攻"，联宋灭辽，1125年，待灭亡辽国后，又与宋兵戎相见，大举南侵，于1127年灭了北宋，将宋徽宗与宋钦宗这两位父子皇帝一起掳到金国并关进囚牢，并由此奠定了金国与南宋隔江对峙的局面，直到一百多年后与偏安一隅的南宋一起被北方草原上迅速崛起的草原帝国也即蒙古族所建立的元朝所灭。

而第三次则是在明朝末年。在东北这片白山黑水间，以女真人为主的满族人又一次崛起，并很快入主中原，灭亡了明朝，建立了中国历史上最后一个封建王朝——清朝，由此在后来近300年的时间内主宰了中华民族的命运。

说来，一个民族的起源可以有传说，也可以去美化，乃至神化，但真正的历史却并非"神马都是传说"，而是像地里长出的庄稼一样实实在在，无法虚构，也不容虚构。我们看女真人"第三次崛起"前后以及有关努尔哈赤的历史就是这样，可以说，他们与中原王朝——当时的大明王朝有着千丝万缕的联系。

关于努尔哈赤与明朝之真实关系，我们将放在下面去说，这里还是先来说说明朝与女真特别是建州女真之间的关系。在《清实录》以及清修《明史》中，出于"政治"的需要，把明朝与女真特别是建州女真的关系描述得一团糟，好像明朝这个"天朝上国"一直对这个马背上的民族竭尽欺侮打压之能事。但据清史大家孟森先生考证，真实情况恰恰相反。

诚如我们所知道的，有清一代，清朝统治者无不推崇猛哥帖木儿，认为他是大清朝的老祖宗，是当年那个从鄂多里城逃出来又因神鹊获救的那个英雄少年樊察的后代，也有说樊察是猛哥帖木儿的异母弟。而对猛哥帖木儿（孟特穆）这位清朝的"肇基王迹之祖"，无论是其本人还是他的后代，明朝一直予以厚待。可是，想不到这些"受明之恩遇独厚"的猛哥帖木儿的后代们最后竟恩将仇报，连蒙带骗地竟把明朝在辽东的大片土地占为己有。

那是 1433 年，猛哥帖木儿在帮助明朝平定东海女真兀狄哈部落头目杨木答兀的叛乱中战死。据孟森先生考证，这些猛哥帖木儿的子孙们"既居边内，久之乃以所居地为己所应占，明反退以抚顺为边。斡朵里本在朝鲜东北境，至是乃尽移抚顺边门以外，占旧日辽东境内之地。自是得避兀狄哈之难。"

由此可见，这些"斡朵里"也即建州女真部落是在避难时"借居"到明朝的辽东边境的。可是，没想到这些斡朵里人到最后竟反客为主，硬是把明朝的地盘据为己有。而对此，明朝似乎显得非常包容大度，竟然二话没讲就把"旧日辽东境内之地"白白送给了这些猛哥帖木儿的后裔。可见，明朝廷曾经对建州女真非常优待。

然而，对于此事，后来的清朝统治者以及清朝的历史却竭力加以否认，用孟森先生的话说就是，对于大明王朝给予自己的种种恩惠，"清世尽讳之，于清史料中固不见其事，于明史料中虽见，而清修《明史》，务尽没之"。

而之所以会"务尽没之"，很显然是其内心有鬼，扪心有愧，那些满族统治者在内心中恐怕连自己都觉得非常对不起一直对己"恩遇独厚"的大明王朝。也正因此，清朝的统治者们便只有竭力去掩盖这一段并不厚道也很不光彩的历史。

所以，我们说，清史经常爱撒谎，绝对不是信口雌黄，故作惊人之论，而是从其源头，从努尔哈赤开始，就谎言多多，迷雾笼罩，常常让人云里雾里，真假难辨。

忘恩负义为哪般

也许是受遗传基因的影响，说来，清朝的爱新觉罗氏家族的子孙，当然是早期的统治者，真的是一个比一个精明，一个比一个能干，当然也一个比一个有城府，一个比一个有心机。姑且不说那些从东北白山黑水间走入关内入主中原的爱新觉罗家族的皇子皇孙们在所谓的"帝王御人术"方面是怎样的无师自通，乃至炉火纯青、登峰造极，就单说其"开国皇帝"努尔哈赤吧，从史书上看，此人就绝对是个很有心机很有手腕的"老狐狸"，在他的身上，不仅有着我国北方人的勇敢与强悍，也有着我国南方人的世故与精明。

仔细想想，这也并不奇怪，因为，就像马基雅维利在其《君主论》中所说的那样，历史上，那些完全靠自己打拼出来的君主，往往都像狐狸一样狡猾，狮子一样凶残。

我们看中国历史上，刘邦也好，李世民也罢，还是后来的赵匡胤、忽必烈乃至朱元璋，无一不是这样。

显然，努尔哈赤也不例外。

也正因此，尽管他早年如同汉朝开国皇帝刘邦以及明朝开国皇帝朱元璋那样可谓穷困潦倒，一无所有，倘若用现在比较时尚的网络语言来说其整个人完全就是一个"穷屌丝"，但最终，依靠他自己的个人奋斗，依靠他的精明与能干，当然也依靠他的权谋与手腕，他最终成为后金（大清国的前身）的"开国皇帝"。

所以，毫无疑问，努尔哈赤是中华民族历史上的一个英雄。下面，我们不妨看看这位英雄是怎样"炼成"的。

有人说，当年努尔哈赤起兵反明乃是因为受大明朝"民族压迫"太重，被明朝逼反的。可在今天看来，说这话的人如果不是对当时的历史茫然无知，就是对这段历史一知半解。

事实上，从史书上看，甭说对他的祖先，明朝一向"恩遇独厚"，即便是对他努尔哈赤本人，大明王朝也可谓一直恩宠备至，厚爱有加，起码没有什么地方对不起他。所以，努尔哈赤后来反抗明朝，完全可以说是一种忘恩负义、过河拆桥的行径。就像寓言中的那只"中山狼"，无论当初东郭先生对它怎么好，它最后都会要吃他是一个道理。

的确，睽诸历史，我们就会感到，努尔哈赤也真的就像是一只"中山狼"。

话，不妨还是从头说起。

1599年，按照明朝纪年应该是嘉靖三十八年，这一年，倘若套用黄仁宇先生在其《万历十五年》一文开头的话说就是："当时四海升平，全年并无大事可记。"如果硬要勉强记上几件不算大事的"大事"的话，那么，有这样两件事似乎值得一说：

其一就是在这年的四月初五，在日本丰臣秀吉的授意与唆使下，在当年被称为"倭寇"的日本强盗侵犯我东南沿海，攻陷福安县城（今福建宁德），烧杀、抢掠达四天。县城攻陷后，知县李尚德带印逃亡，其妻陈氏脱身不得，怕受污辱，跳入东门城壕自尽，全城被杀男女达三千多人，被俘七百余人，跳水坠崖者不计其数。官署、民房焚烧殆尽。

这便是史书中所称的"乙未惨祸"，也称"乙未之变"。

为了抵御抗击倭寇，嘉靖皇帝将时任山东登州卫都指挥金事的戚继光调任浙江都司充参将，负责抗倭斗争。

受命于危难之际，"浑身是胆雄赳赳"的戚继光到达浙江后，看到明军将骄兵惰、纪律松弛、兵不习战的状况，乃上书朝廷请求组建新的军队。在戚继光的严格挑选与精心训练下，历史上著名的"戚家军"终于在这一年正式宣告成立，并迅速开赴抗倭前线。由于纪律严明，训练有素，"戚家军"在与倭寇的作战中，每战皆捷，给倭寇以沉重致命的打击。

而第二件事就是努尔哈赤的诞生。

史载，就在这年的二月二十一日，努尔哈赤出生在大明建州左卫苏克素浒河部赫图阿拉（在今辽宁新宾永陵乡附近）的一个小部落酋长家。

显然，在当时，谁也没有意识到，大明王朝的"掘墓人"从此诞生了。

这两件事，表面看起来虽是"末端小事"，但却在以后的中国历史上掀起了狂风巨浪，以致在很大程度上改变了我们民族历史的走向。

虽说努尔哈赤有着女真贵族血统，他的祖辈曾有着显赫的门第，但到了他的父亲塔克世时，则已经家道中衰，沦落成了建州女真部落中的一个小部落的酋长，其势力范围可能不会比今天的一个县更大。

从史书上看，努尔哈赤的童年非常不幸。十岁那年，他的母亲死了，丢下他和弟弟舒尔哈齐、雅尔哈齐。父亲续弦后，继母那拉氏心胸狭窄，对他们兄弟几个"抚育寡恩"，多有虐待，这使努尔哈赤从小就经受着生活的磨难，吃尽了苦头。据说在他还很小的时候，他的继母就闹着分家，明显患有"妻管严"症的父亲塔克世听了继母的教唆，给尚未成年的努尔哈赤分的家产比其他几个兄弟都少。

所以，努尔哈赤虽然是个"干部子弟"，但他年轻时并不是个"高富帅"，在实际上完全就是一个穷小子。以致为了谋生，他很小的时候就不得不到深山老林中去挖人参，采蘑菇，捡榛子，摘木耳，拾松子，上山打猎，下河捕鱼，然后将这些东西运到抚顺马市上去卖，用换来的几个可怜的铜币维持生计。

表面看来，这对年少时的努尔哈赤来说无疑是一种苦难，是一种不幸，但在实际上，其实也是一种幸运，是一种磨炼。诚所谓"艰难困苦，玉汝于成"。显然，也正是由于小小年纪便在生活中摸爬滚打，在马市上广泛接触蒙古人、女真人、汉人等，由此使努尔哈赤大开了眼界，增长了见识，而且，这种长期的艰难困苦的草根生活也磨砺了他那种坚韧不拔的意志，增长了他的才干。自然，在长期的浸淫中，也逐渐形成了他的仇视心理与反叛性格，在他的心中有意无意地种下了仇恨的种子，朦朦胧胧中滋生了一种反抗和报复社会的欲望。

努尔哈赤之所以日后能够成为女真人的领袖、马背上的英雄，最终成为大明王朝的"掘墓人"，除了与他年少时的那段艰苦穷困的遭遇有关，显然更与他年轻时在明朝军队的那段"当兵岁月"有着非常大的关系。

史载，年轻时的努尔哈赤曾有过一段特殊的经历，那就是他曾到明朝驻守辽东的军营里当兵。在这里自觉不自觉地接受过一段时间严格的"军事训练"，并因此被训练培养成了一名文武双全的"特种兵"。

据说，努尔哈赤生性勇猛，精于骑射，打起仗来总是冲锋陷阵，出生入死，因而屡立战功。也正因此，非常爱才的明朝辽东总兵李成梁便将他提拔为自己的"警卫员"，让努尔哈赤由此成了与自己朝夕相处的贴身卫士。

诚所谓"名师出高徒"，由于长期待在李成梁这位足智多谋的辽东总兵的身边，再加上天资聪颖，很有悟性，"警卫员出身"的努尔哈赤不仅武艺大为长进，刀、弓、剑、棍等都能娴熟运用，因而"艺高人胆大"，与敌人对阵时，总是表现神勇，常常能够"温酒斩华雄"，只几个回合便能结果敌人的性命。而且在此期间，他还从明朝将领那里学到了许多用兵方略乃至政治权谋，至于对明朝军队的组织结构以及排兵布阵情况乃至一些军事机密就更是了如指掌，这就使他在后来与明军作战时多半总是能够做到"知己知彼"，稳操胜券。

所以，一点也不夸张地说，努尔哈赤的真正"成才"与"成熟"，乃至后来的"成功"，无疑还是因为他曾有过一段在明军"当兵"的经历，而这显然应该归功于他的"师傅"——明辽东总兵李成梁对他的"关心"与"培养"。

按理说，无论是对于李成梁还是对于大明王朝，努尔哈赤怎么说都应该感恩戴德感恩图报才是，可是，就因为在那年突然发生了他的祖父与父亲被杀事件，致使他对明朝不仅并不领情，毫不感恩，反而因此与明朝结下了不共戴天之仇，在心底里对大明王朝充满了刻骨仇恨。

事情的大致经过据说是这样的：有明一代，为了加强对女真人的统治，实行"分而治之"。明朝初期，大明王朝将女真部族划为建州女真、海西女真和东海（也称野人）女真三部。如果某个部落不太听话或者比较强大，明政府就实行"枪打出头鸟"的政策，及时挥舞经济与军事大棒，强行对其进行"瘦身"，令其"减肥"。而且在策略上，明朝实行以夷制夷，扶持一部并利用它来控制其余几部，使其互相牵制，互相仇杀，以坐收渔翁之利。

在明朝中后期，由于"万历三大征"而耗尽国力，大明王朝逐渐走向衰败，统治力日趋减弱，而在这种时候，诚所谓此消彼长，远在关外的建州女真和海西女真却势力不断壮大，逐渐走上了与当年蒙古人相同的老路，不时地对明朝边境进行劫掠，与明朝进行对抗。在当时的建州女真中，以王杲势力最强，枭雄诸部，带头与明朝抗争。王杲曾带兵进犯明辽东首府辽阳，杀死指挥王国栋，气焰非常嚣张。

也正是在这样的历史大背景下，隆庆四年（1570年），明政府任命有朝鲜血统的李成梁镇守辽东，决心对王杲强行实施必要的"外科手术"，以摘除这个毒瘤。

说来，李成梁不愧是一个很不错的"外科医生"，上任以后，他便利用女真人内部矛盾纷争，采取拉一个打一个的策略，先将与明朝对抗的建州右卫王杲孤立起来，然后再对其实施"斩首行动"，重点打击。当时，李成梁拉拢了建州左卫头领觉安昌（明朝时译为叫场），也就是努尔哈赤的爷爷。觉安昌与王杲本是儿女亲家，但他后来与王杲闹翻，他与儿子塔克世（明朝时译为塔失）也就是努尔哈赤的父亲一起，便暗中帮助李成梁打击王杲。

万历三年（1575 年），王杲被杀后，他的儿子阿台继续与明朝为敌。万历十一年（1583 年），李成梁率军攻打阿台的驻地古勒寨。

由于阿台的妻子是觉安昌的孙女、塔克世的侄女，实际上也就是努尔哈赤的堂姐，所以，当明军攻打阿台时，为了救自己的孙女，觉安昌便与儿子塔克世一起来到古勒寨，想去做阿台的"策反"工作，劝他投降明军，免遭劫难。但阿台誓不投降。就在这种时候，阿台的手下出了以尼堪外兰为首的"奸细"，他们与明军里应外合，将阿台杀死并打开城门。

因为事发突然，当时待在古勒寨阿台身边的觉安昌与塔克世父子俩也就是努尔哈赤的爷爷与父亲还没来得及逃出就惨遭劫难，死于乱军之中。

觉安昌和塔克世是怎么死的？即使是到今天，也依然是一个无人能解的谜。

一种意见认为，觉安昌与塔克世长期追随李成梁，交情很深，而努尔哈赤又在李成梁手下当兵，李成梁一直待他不错，于情于理，李成梁都没有杀死"老朋友"觉安昌与塔克世的动机与理由。

也就是说，李成梁绝对不会是杀死努尔哈赤爷爷与父亲的"凶手"。

但也有一种意见认为，既然阿台已经死了，对于李成梁来说，觉安昌父子也没什么用了，留着也是后患，所以，为了防止夜长梦多，兔死狗烹的可能性也是有的。如此说来，李成梁很可能就是杀死努尔哈赤祖父与父亲的"幕后凶手"。

还有一种意见认为，作为明朝的"奸细"、女真人的"叛徒"，尼堪外兰很可能才是杀害努尔哈赤爷爷与父亲的凶手，究其原因，乃是因为尼堪外兰杀死觉安昌与塔克世的目的就是想剪除自己的竞争对手，以便取而代之，从此成为建州女真的首领。

但究竟谁是凶手？因为缺少证据，谁都不敢妄下结论。

可是，不知道为什么，努尔哈赤却一口咬定他的爷爷与父亲的死就是明朝干的。当听到自己的爷爷觉安昌与父亲塔克世的噩耗后，年轻的努尔哈赤不仅大为悲痛，而且大为愤慨，他怒不可遏地跑去找明朝官员"评理"，讨要"说法"，并指天发誓、咬牙切齿地哭喊着说："我爷爷和父亲为何被害？你们与我有不共戴天之仇！"

对于年轻的努尔哈赤当时的这种"冲动"，明朝政府包括李成梁似乎并没有生气，而是很是善解人意地派官员前去吊唁觉安昌与塔克世，并耐心地向努尔哈赤解释说："非有意也，是误杀耳！"为了抚慰努尔哈赤，明朝廷还特地给他赏"敕书三十道，马三十匹"，同时任命他为建州左卫指挥使。

可千万别小看这样的赏赐，要知道，敕书乃是当时边境贸易的特殊许可证，具有极大的经济价值，有了它，才会有通贡市的权利，才会有做生意发财的机会，而建州左卫指挥使则使年轻的努尔哈赤从此有了自己的部队。

显然，有了"财权"与"军权"的努尔哈赤从此不啻是如鱼得水，如虎添翼。

可是，努尔哈赤并没有因此对明朝心存感激，尽释前嫌，而是把仇恨的种子深深地种在了心上，并深深地扎下根来。

一个实力派"演帝"

自古英雄多神话。关于努尔哈赤本人，多少年来，在其头上也祥云般笼罩着"乌鸦遮树"以及"义犬救主"这样两则美丽的神话。

事情据说是这样的，万历年间，在与明朝军队的一次战斗中，努尔哈赤被明军打得全军覆没，见残局难收，他只好单骑遁逃，以求东山再起。他的那只爱犬也紧随其后，与他一起逃命。

努尔哈赤在前面跑，明军紧紧在后面追赶，并不停地朝他射箭。大约跑了几十里路，他的大青马被明军的乱箭射中，血流如注，顿时毙命。眼看着自己心爱的大青马含泪而死，努尔哈赤非常难过，禁不住喃喃自语道："如果以后能得天下，决忘不了'大青'！"

据说这便是后来"大清（青）"国号的来历，也就是说，"大清"这一国号乃是对努尔哈赤"大青马"的一种特殊纪念。

大青马死了，努尔哈赤只好徒步与他的爱犬一起仓皇逃命。跑了会儿，眼看追兵就要赶上，正在危难之际，忽然发现路旁有一棵空心树，努尔哈赤急中生智，便猫着腰一头钻到树洞里。说来也真是冥冥中若有神助，恰巧这时飞来许多乌鸦，绕树三匝，将树团团围住。追兵到此，见此情景，以为努尔哈赤已经逃远，就继续往前追赶。于是，努尔哈赤安全脱险。

这便是"乌鸦遮树"的传说。

据说，满族人后来便因此把乌鸦视为自己民族的图腾，对其非常敬畏和崇拜。通常，满族人家都在庭院内东南方竖立木杆，木杆上挂些吃食，以供乌鸦取食，俗称索罗杆子，供祭天、祭神之用。无疑，这一满族的风俗就起源于此。

再说等追兵走远以后，努尔哈赤从树洞中出来，又躲到荒草芦苇中。这时，伴随他的仅有他的那只爱犬。由于长时间的战场拼杀与奔逃，再加上饥饿疲劳，他突然昏了过去，倒在一片茂密的草丛中。

却说明军的追兵四处追赶了一阵，竟什么也没有追到，便以为努尔哈赤一定躲在这山林里，于是便纵火烧荒，想把他烧死。

就这样，明军点燃了大火，一时间，火借风势，很快便在荒野上熊熊燃烧了起来。

明军料定，在这场大火中，努尔哈赤必死无疑，于是便收兵回去了。可是哪里想到，在这场大火中却涌现了一个"救火英雄"，在关键时刻救了努尔哈赤的命。

而这个"救火英雄"竟然是努尔哈赤的爱犬，一只忠义救主的"神犬"。

原来，在大火燃烧起来后，卧在努尔哈赤身边的爱犬仿佛意识到什么，像个精灵似的迅速冲出火海，跑到附近的一条河里，把全身弄个透湿，然后赶快跑回来，在努尔哈赤昏倒的周围草丛间使劲打滚，就这样来来回回不知道跑了多少次，终于把主人身边的草全弄湿了，在努尔哈赤四周形成了一个"防火隔离带"。

如此一来，努尔哈赤获救了，可是，由于过度劳累，这只爱犬却在这次的"救火行动"中死去了。

后来，等努尔哈赤苏醒过来，看到死去的爱犬以及附近冒着的青烟和自己四周水淋淋的草丛，便什么都明白了，因而内心中一直对自己的这只有着救命之恩的爱犬充满了无限的感激。为了感激自己的爱犬，那天，他对狗发誓说："今后子孙万代，永远不吃狗肉，不穿狗皮。"

相传，这就是满族忌吃狗肉、忌穿狗皮的缘由。

不知道这样近乎"神话"一样的故事是不是真的？如果是真的话，那么，很有可能，这只爱犬无疑是只"神犬"的魂灵从此后便附着在努尔哈赤的身上。也确实，我们看早年的努尔哈赤，观其所作所为，会觉得他也真的就像是一只披着"狗皮"的"狼"。

是的，从史书上看，努尔哈赤在其祖父与父亲被杀之后，尽管在心中认定是明朝廷杀害了自己的父、祖，且在心中对明朝廷充满了刻骨的仇恨，并一心想着复仇，可在一开始，因为自觉羽翼还未丰满，还远不是明军的对手，无法向明朝"叫板"，所以，他便在此期间竭力伪装自己。

在外表上，他一直讨好卖乖，对明朝廷竭力表现得非常"忠顺"，总是积极主动地派人到明廷进贡，甚至他本人还三次亲自到北京朝贡。在抚顺、清河、宽甸、瑷阳四处关口进行互市交易时，他也总是表现得遵纪守法，中规中矩。为了骗取明朝廷的信任，他曾好几次将部属抢劫的汉人及牲畜送回；有一次，他甚至还杀了入关抢掠的女真酋长克五十，并向明边史献上首级报功。在那期间，他甚至还几次主动请缨，要求率一军人马去抗击丰臣秀吉麾下的日本侵略军，保卫朝鲜，以此显示他对明朝的赤胆忠心……

至于在"出师必捷，威震绝域"的明辽东总兵李成梁那里，善于伪装的努尔哈赤就更是夹紧了尾巴，表现得非常谦恭，任何时候都对李成梁俯首帖耳，无限效忠，简直比李成梁的儿子还要孝顺听话。

显而，也正是由于骗取了李成梁的信任，得到了李成梁的大力"培养"与"提拔"，努尔哈赤的权力与势力才会越来越大，并由此迅速崛起，很快成了一位足以影响中国历史进程的"重量级人物"。

试问，李成梁何以会如此"培养"与"提拔"努尔哈赤？究其原因，这一方面固然是由于努尔哈赤善于伪装，在李成梁的面前一直表现得非常积极、非常乖巧、非常孝顺，另一方面，据说也是由于李成梁曾对努尔哈赤有过"养育之恩"，换句话说就是，李成梁乃是努尔哈赤的"干爹"。

关于李成梁与努尔哈赤之间的关系，明朝史籍说法不一，有很多版本，但却有一个共同的结论就是，在努尔哈赤的爷爷和父亲死后，李成梁确凿无疑曾收养过当时还很年幼的努尔哈赤，曾经给过努尔哈赤莫大的恩惠。

可是，对这一段历史，由于种种原因，清朝的"正史"却一直讳莫如深，只字不提。

要说努尔哈赤的精明与狡猾就在这里，为了巴结笼络自己的"干爹"李成梁，当时，他真的可谓煞费苦心，想着法子拍李成梁的马屁。为了巴结攀附李成梁这位明朝在辽东的最高军事长官、一位实力派人物，他不仅将自己的弟弟舒尔哈齐的女儿嫁到李成梁家，成为李成梁次子——后来大明辽东总兵李如柏的如夫人，而且还不断向李成梁行贿，定期不定期地将数量想必不算少的牛羊、马匹、人参、貂皮、东珠、银两和奴隶等，"进贡"给大明辽东总兵府，以此满足李成梁在物质上的贪欲与需求。

也正是有了李成梁这座靠山，所以，努尔哈赤的"仕途"一直很顺。在李成梁的赏识与"推荐"下，万历十七年（1589 年），明廷任命努尔哈赤为都督佥事，万历十九年又提升他为左都督。几年后，努尔哈赤以"为帝国保卫边疆的功勋"，被封为大明帝国"龙虎将军"。这是一个正二品的崇高头衔。据说历史上的女真族人中，只有很少几个人曾得到过这样的殊荣。

而在当时，对于女真人来说，能得到明朝廷如此封赏，就意味着具有了高出他人、可以号令其他部落的地位，不仅是莫大的荣誉，所谓"窃名号夸耀东夷"，而且也是一种实力与地位的象征。所以，努尔哈赤才会"慕都督之号益切"。

没承想，努尔哈赤越是想要的东西，李成梁却仿佛故意"投其所好"，竟越是慷慨大方地给他，致使努尔哈赤很轻易地便达到了自己的目的。

仅此可见，努尔哈赤是多么富有手腕和心机。就这样一个人，甭说一般人玩不过他，即便是老奸巨猾、老谋深算但却极其贪财的李成梁也显然不是他的对手，而只能糊里糊涂地被努尔哈赤牵着鼻子走，成为被努尔哈赤利用乃至玩弄于股掌之间的一具玩偶。

因此，当后来努尔哈赤反叛明朝时，朝野都说李成梁"养虎自贻患"，其后代也不时有人大骂李成梁是汉奸。

平心而论，说李成梁是"汉奸"绝对是信口雌黄，天大的冤枉。从种种情形推测，当初李成梁显然并不是有意要把努尔哈赤"培养"成大明王朝的叛逆者与掘墓人。但是，话又说回来，在实际上，他也真的是姑息养奸，养虎为患，在无意中犯下了极为严重的错误。

在今天看来，李成梁的错误显然并不完全在于他不辨忠奸，用人不察，最主要的还是他贪赃枉法，因为贪得无厌，大肆受贿，最后有意无意地便只有姑息养奸，养虎为患。

也许，在内心中，李成梁是一心想把努尔哈赤"培养"成一只既忠于自己也忠于明朝廷的政治与军事"鹰犬"的。为此，他曾在努尔哈赤的身上花了许多心血。

但狼就是狼，无论它怎样披着"狗皮"，伪装成"狗"，也丝毫改变不了它的"狼性"，到一定的时候，它总是要吃人，要张牙舞爪，原形毕露。

狐假虎威"披遗甲"

著名清史专家阎崇年先生认为："清太祖努尔哈赤是一位开创时代的伟大的英雄人物，不仅有他的 3 次大捷，而且有他的彪炳史册的 10 项业绩"，而其中之一、之二就是"整合女真各部"以及"统一东北地区"。

阎先生的话也许说得没错，但是，仔细想想就会发现，努尔哈赤能够兼并女真、统一东北，其实在某种意义上，完全是他狐假虎威的结果，这其中虽然有着他个人很大一部分功劳，而在某种程度上，也应该归功于李成梁乃至大明王朝对他的"帮助"。换句话说，如果不是仗着有李成梁和大明王朝给自己撑腰，努尔哈赤的兼并女真、统一东北的征程走得绝对不会那么顺利。

说来，在这世上，绝对是"没有无缘无故的恨，也没有无缘无故的爱"。

想当年，李成梁之所以像对亲儿子似的，竟然那样"培养"和"提拔"努尔哈赤，显然有着自己的目的。

目的之一，就是在军事上，他想把努尔哈赤"培养"训练成自己的一只鹰犬，以便用努尔哈赤来牵制对付女真各部，以此达到"以夷制夷"的政治目的，从而使自己在辽东的地位更加巩固。

目的之二，则是在经济上，扶持努尔哈赤可以保障他在辽东的经济利益。万历元年，李成梁建议朝廷在毗连建州女真的地区建设六堡，作为防御女真的前哨。六堡建成后，李成梁又在此开市，和女真人、蒙古人做生意，以此获取巨大的经济利益。

身为辽东总兵，李成梁为避瓜田纳履之嫌，当然不好自己或让自己的亲人直接经商，牟取暴利，但他可以"培养"自己的"代理人"。

显然，这个"代理人"便是努尔哈赤。

因为，从小就做过生意的努尔哈赤绝对有着生意人的头脑，所以，对于李成梁来说，扶持努尔哈赤，让他作为自己在建州女真的"代理人"，撑在前台。这样，自己就完全可以坐收渔利，坐享其成。

也正因此，李成梁把努尔哈赤当成了自己的"义子"，对他不惜下大力气予以"培养"，加以重用。

这之后，因为种种原因，在李成梁的"推荐"下，明朝廷又先后对努尔哈赤予以提拔和重用，这就不仅在军事上而且也在政治上树立了努尔哈赤在女真人中"龙头老大"的地位，为努尔哈赤的迅速"崛起"奠定了坚实的基础，积累了丰厚的资本。

不仅如此，在努尔哈赤随后进行的统一女真的征战中，从某种意义上说，李成梁还曾为努尔哈赤披荆斩棘，发挥过开路先锋的作用。

从史书上看，努尔哈赤这人绝对是个精明人，很有心计和韬略。虽说在李成梁的"培养"和"提拔"下，他的势力迅速崛起，但是，头脑十分清醒的他却并没有因此忘乎所以，恣意妄为，立刻与明朝廷迅速"翻脸"。

而之所以如此，就是因为，在他觉得，他还缺少公然反叛明朝廷与之进行叫板的本钱。

也正因此，努尔哈赤在一开始所采取的策略是：一方面韬光养晦，在表面上一如既往，继续对明朝廷"效忠"，在李成梁面前继续披着"狗皮"，表现得俯首帖耳，显得无限"忠诚"，而在另一方面，则狐假虎威，"剑走偏锋"，牛刀小试，开始不事张扬、不动声色地走上了吞并统一女真的征程。

为了不暴露自己的野心，引起明朝廷的警觉，崛起于苏子河流域（今辽宁新宾）的努尔哈赤以报祖父与父亲之仇为名，以"十三副遗甲"，于万历十一年（1583年）五月率领百余人的队伍，起兵讨伐居住在图伦城（今辽宁新宾汤图乡）的尼堪外兰，并以此为突破口，开始拉开了女真统一战争的序幕。

当时，图伦城十分空虚，外强中干的尼堪外兰一看努尔哈赤气势汹汹地朝自己扑来，知道来者不善，善者不来，一时惊慌失措，于是赶忙丢下部将，只带着家人仓皇逃窜到了鄂勒浑（今辽宁抚顺一带）。如此一来，努尔哈赤便不费吹灰之力就攻破图伦城，大胜而归。

万历十四年，在攻克征服了苏克苏浒河部、董鄂部和哲陈部之后，努尔哈赤再次讨伐尼堪外兰。鄂勒浑城破后，尼堪外兰走投无路，只好逃往明界，逃到明廷抚顺关守将的军营中，企图寻求"政治避难"。

说来，在处理尼堪外兰一事上，在其后期，应该说，无论是李成梁还是整个大明王朝无疑都犯了一个极为愚蠢的"政治错误"，而且是一个非常致命的错误。

平心而论，在前期，明朝廷的做法无疑是正确的，在处理尼堪外兰一事上可谓非常明智，很有分寸。诚如我们所知道的，在努尔哈赤的爷爷和父亲被杀后，明朝廷一方面对努尔哈赤竭力安抚和优待，另一方面，也对有功于明朝的尼堪外兰坚决予以保护并重赏。据《太祖高皇帝实录》记载，当时，为报杀害父、祖之仇，努尔哈赤曾找明朝边臣交涉说："杀我祖、父者，实尼堪外兰唆使之也。但执此人与我，即甘心焉。"

这位"明朝边臣"一听努尔哈赤说这话，当即旗帜鲜明地予以驳斥道："尔祖、父之死，因我兵误杀，故以敕书、马匹与汝，又赐以都督敕书，事已毕矣。今复如是，吾即助尼堪外兰，筑城于嘉板，令为尔满洲国主。"

今天看来，这位明朝守将真的是很有水平，并不糊涂。当时，他对努尔哈赤的这一"无理要求"严词加以拒绝，并认为努尔哈赤不知好歹。在他看来，所谓"父、祖被杀事件"，明廷已经对你努尔哈赤作了补偿，而且还任命你担任都督，你努尔哈赤竟然还是不满意，还要惩办尼堪外兰，是不是得寸进尺，实在太过分了。莫非你努尔哈赤想要怎么样就怎么样吗？真是岂有此理！……好，既然你要惩办尼堪外兰，我却偏要提拔重用他。于是，他便帮助尼堪外兰建筑了甲版（嘉板）城，还任命他为建州诸卫的首领。

事实证明，这位明朝边臣的做法是对的。明朝廷对尼堪外兰的任命起了很大的宣传与示范作用：凡效忠大明王朝，对明朝有功的，明朝绝不会亏待他！难道不是吗？看，尼堪外兰就是极好的例子。

如此一来，建州诸卫的人都相信了，尼堪外兰有明朝廷在后面撑腰，于是便纷纷倒向了尼堪外兰。甚至连努尔哈赤家族的其他五祖的子孙，也都"对神立誓"，扬言要杀掉努尔哈赤，归顺尼堪外兰。

可是，想不到到了后期，在对待尼堪外兰一事上，明朝的态度却莫名其妙地起了一百八十度的大变化。

其中的原委，很显然与李成梁对努尔哈赤的"偏爱"有关。

是的，实事求是地说，尼堪外兰这人论德行，的确算不上是什么好人，但他毕竟是明朝的"线人"，或者干脆就叫"奸细"，在平定女真叛乱中曾经帮助过明朝，算得上是明朝的"功臣"。所以，当尼堪外兰被他的仇人努尔哈赤追杀，逃到明朝军营中来寻求"政治避难"时，按理说，明朝怎么着也不能忘恩负义，过河拆桥，而应该"感恩图报"，设法把这位曾经有功于明朝的尼堪外兰"保护好"。

可是，想不到当努尔哈赤跑到明朝这边来交涉，要求明朝将自己的"仇人"尼堪外兰交出来时，多年怠政不上朝的万历皇帝对此却不置一词，而动辄就喜欢"吵架"的明廷的大臣们则吵来吵去，有的主张不能交出尼堪外兰，交出则有丧国格；有的则主张把尼堪外兰交出去，省得多费口舌，惹是生非。吵到最后，因为同意"交出去"的人占了多数，于是内阁便代万历皇帝拟了一道"圣旨"，极不厚道、极为混账、极其愚蠢地竟然决定将尼堪外兰交给他的仇人努尔哈赤处置。

按理说，事情到了这个地步，李成梁应该主动站出来为尼堪外兰说话，因为当初李成梁讨伐阿台时，身为女真人的尼堪外兰是为李成梁做内应，将阿台杀死并开城投降的。如今，尼堪外兰因为这事遭到努尔哈赤的报复与追杀，于情于理，李成梁都不应该见死不救，坐视不管。

可是，说来李成梁真的是卸磨杀驴，过河拆桥，不知是由于看到尼堪外兰如今已无利用价值，还是由于对努尔哈赤心存偏爱，或者是不敢违抗朝廷的命令，他竟对尼堪外兰眼下的处境毫无怜悯之心，更无保护之意，接到"圣旨"后，他二话没说，便将尼堪外兰给"处置"了，出卖了。

也许是内心中多少还有些歉疚之意吧，当时，李成梁表示自己不方便抓捕躲在自己军营里避难的尼堪外兰，但却允许努尔哈赤自己带人来抓。

就这样，由于明朝的"外交政策"发生了严重的错误，由此导致为明军当过"奸细"立过"战功"的尼堪外兰竟然在明军的军营里被努尔哈赤在光天化日之下明目张胆地带着人来杀死了！

有句古话，叫作"打狗欺主"，努尔哈赤的这一做法实在是太过分了，他不仅是对仇人尼堪外兰的公然报复，其实也是对大明王朝的公然羞辱。

也确实，在今天看来，尼堪外兰的死，至少产生了这样两个相当恶劣的影响：

一方面，他让那些女真人看到了明朝廷以及李成梁的"忘恩负义"，让那些原本想投靠明廷为明朝廷做事或想暗中投靠明朝的女真人彻底寒了心也死了心，从此谁也不再愿走尼堪外兰的老路，以免落得他那样的悲惨下场。另一方面，明朝廷以及辽东总兵李成梁竟然让努尔哈赤肆无忌惮地在明军营里公然把尼堪外兰杀死，不啻是给努尔哈赤做了一则"广告"：努尔哈赤与李成梁乃至大明王朝原来是串通一气的，或者说，

"风水轮流转"，如今，李成梁和明朝廷已经成了他努尔哈赤的后台。因而，在女真部落，有谁胆敢和努尔哈赤过不去，谁就会死！

正所谓"识时务者为俊杰"。既然努尔哈赤已经得势，后台很硬，从此，那些原本对努尔哈赤并不买账的部落便纷纷前来归附，情愿不情愿地都一起倒向了努尔哈赤。

这以后，就因为自恃有李成梁这座靠山，努尔哈赤更是狐假虎威，狗仗人势，到处打着明朝廷的旗号恃强凌弱，恣意征伐。

就这样，到万历十六年（1589年），"身披遗甲"的努尔哈赤顺利统一了建州女真，在实际上已经成了首屈一指的"女真王"，一只名副其实的"东北虎"。

当时，海西女真分为四部，即：叶赫（今吉林四平一带）、乌拉（今吉林伊通）、辉发（今吉林桦甸）、哈达（今辽宁清河流域）。万历十一年（1584年），鉴于海西女真叶赫部的势力逐渐变得强大，其首领清加奴和杨吉奴想兼并哈达部，且不听明朝廷号令，企图以武力胁迫朝廷满足他们的要求，在这种情况下，李成梁决定对其实施"斩首行动"。这年的十二月，李成梁设计，以互市的名义诱骗叶赫部首领清加奴和杨吉奴前来贸易。两人进入市场后，正准备打开场子做买卖，突然明军伏兵四起，杀死清加奴和杨吉奴以及两人手下1500多人。

等到万历十六年（1589年）时，在五年前受到沉重打击的叶赫部又慢慢恢复了元气，清加奴的儿子布斋和杨吉奴的儿子纳林布禄继为部落首领，一心想替父报仇，不仅挑唆哈达部三兄弟间的矛盾，企图兼并哈达，而且不断地纠集部众犯边。在这种情况下，李成梁毅然率军出征，又一次攻陷了叶赫部的城寨。在明军强有力的打击下，布斋和纳林布禄先后投降，发誓决不再叛乱。

从此，海西女真的叶赫部元气大伤，迅速衰落了。

还有就是海西女真哈达部的王台本是明朝的扶持对象，王台死后其子孟格布禄袭职。其时，因为李成梁自觉已在女真人中寻找到了努尔哈赤这位更为可靠的"代理人"，于是便渐渐转变了对哈达部的态度，由原来的扶植一变而为打压。万历十五年（1588年），李成梁突袭哈达部，斩杀哈达兵士500多人。

这些军事行动，客观上帮助努尔哈赤削弱或消除了竞争对手，为努尔哈赤的"崛起"以及不久后统一女真扫清了障碍，创造了条件。

所以，万历二十一年，当努尔哈赤与以叶赫部首领布斋、纳林布禄为首的叶赫、哈达、乌拉、辉发等九部联军在古勒山展开大战时，曾被李成梁的明军实行各个击破的九部联军早已元气大伤不成气候，对努尔哈赤的军队已经构不成任何威胁。所以，还才开战，九部联军便不堪一击，迅速败下阵来，让努尔哈赤很轻易地便取得了这场重大战役的胜利。

古勒山之役成了努尔哈赤统一女真各部的转折点，由于几乎不费吹灰之力便打败了九部军事联盟，从此，努尔哈赤"军威大震，远迩慑服"，成了名副其实的"东北王"。

这一年，努尔哈赤35岁。古勒山大捷奠定了他一生事业的基础。之后，他趁热打铁，对扈伦四部展开攻势，先弱后强，由近及远，集中兵力，各个击破，先后吞并了辉发、哈达、乌拉、叶赫，最后终于统一了东海（野人）女真和黑龙江女真，顺利完成了女真统一的大业。

今天看来，统一女真，固然可以说是努尔哈赤一生最大的功劳，而且，清史对这位大清太祖皇帝的这一功劳也不惜笔墨，大书特书。但追根溯源，应该说，对统一女真真正做出"杰出贡献"的其实还是李成梁。

事实上，如果没有李成梁的"栽培"，就绝对不会有后来的努尔哈赤的"崛起"。然而，由于种种人所共知的原因，清朝的统治者以及"正史"作者对此自然怎么也不会承认。

于是乎，李成梁只好也只能隐退到大清历史的幕后，情愿不情愿地就只好充当一位"无名英雄"。

从这个意义上说，李成梁在爱新觉罗家族心目中的地位，远远不如努尔哈赤那只被神化了的"爱犬"，无论努尔哈赤本人还是他的子孙，几乎谁都不愿将努尔哈赤的崛起以及统一女真各部的"丰功伟绩"同李成梁扯上任何关系。

可是，在内心中，那些清朝的统治者们对李成梁一定会心存感激。是的，爱新觉罗家族之所以能够从关外走进关内，不仅能统一女真，而且最终能够问鼎中原，应该说，在客观上最最要"感谢"的有两个人，或者说最最要"感谢"的就是"二李"：李成梁和李自成。

从某种意义上说，爱新觉罗家族所获得的"天下"，在很大程度上乃是李成梁与李自成双手"奉送"的礼物。

睁着眼睛说"瞎话"

在历史上，努尔哈赤给人的印象，倘若用一句话来概括的话，那么，应该说此人也实在是太阴险狡诈，太忘恩负义。

如果说，在当初羽翼未丰的努尔哈赤竭力把自己伪装得像一只狗，而且还是一只夹着尾巴不断向明朝廷摇尾乞怜的狗的话，那么，等到有一天，当他感到自己的实力已足够强大，已经足以和明朝廷分庭抗礼敢于说"不"时，他便原形毕露，完全显露出了他那吃人的豺狼的本性。

万历四十四年（1616 年）岁首，努尔哈赤在赫图阿拉（今辽宁新宾永陵乡老城村）接受大臣们所上的"承奉天命覆育列国英明汗"称号，建国号金，史称后金，年号为"天命"，意思是要顺应天命，拯救万民。

对这样一种"大不敬"的叛逆行为，中国古代历史上任何一个大一统的政权都断然不会容忍一个不服王化的少数民族首领僭号称帝，对这一明显触犯"政治红线"的叛逆行为一定会发兵征讨，以宣天朝威德。

然而，诚如我们所知道的，这时候正是万历晚年，这位因立储与大臣们赌气冷战以致几十年不上朝不理政的皇帝简直可以说是"天下万事不关心"，他连吏兵两部无人掌印、官员数千人领不到政府文书而无法赴任这样的事情都懒得理会，又哪里会有兴趣去注意关外那个比自己大了四岁的努尔哈赤呢？所以，当"朝鲜来报建酋已立国僭号"，不再奉明朝为正朔，努尔哈赤一直夹着的"狼尾巴"已渐渐开始露出来之时，在政治上仿佛昏昏欲睡的万历皇帝"亦不欲先诘，以为小丑戏侮，见怪不怪，可以了事"，对努尔哈赤根本不屑一顾。

这就在主观上给了努尔哈赤以可乘之机，使明朝失去了一次在其萌芽状态就将其迅速铲除的绝好机会。

所以，瞭诸历史，我们会发觉，努尔哈赤的"运气"实在是太好了，他之所以能够取得成功，应该说，除了与其自身的能力和努力有关，在很大程度上，还是得益于"时运"这个最重要的因素。

是的，在 17 世纪初期，由于接连出现像正德、嘉靖、隆庆、万历这样的昏君，明朝早已走向日暮途穷，日渐式微。再加上万历年间，在国内，由于陕西、山西以及山东一带气候异常，连续几年出现了大旱，饥寒交迫的灾民揭竿而起，群起反抗；而在国外，由于丰臣秀吉率领的日本军队入侵朝鲜，为了"抗倭援朝"，以防唇亡齿寒，明朝的军队不得不全力以赴忙于和日本人交战，严重的内忧外患使明朝早已焦头烂额，应接不暇，由此自然放松了对女真的控制，这就在客观上为女真的发展特别是努尔哈赤的"崛起"提供了极为难得的机遇。

建立"大金"政权，建制称汗后，趁大明王朝昏聩的君臣还没有反应过来，还暂时没有意识到这一事件的严重性之际，努尔哈赤开始抓紧时间扩军备战，在暗中磨刀霍霍，做着侵犯明朝的准备。

努尔哈赤深知，要想同明朝对决，自己必须具备相当的实力，为此他大力发展农业、商业和手工业。为了组织屯田，他把战争中俘虏的汉人编为民户，让他们垦荒生产，从而加快了汉族先进的农业生产技术的传播。同时，他也非常重视工匠，认为他们比金银珠宝珍贵得多。在他的倡导下，建州地区的手工业很快就初具规模。

此外，努尔哈赤还大力发展与汉族的贸易往来，仅在抚顺一地，每年就会有几万两白银的收入。经过两年多时间的内部整顿，发展生产，后金国力大增，势力渐强。

与此同时，努尔哈赤还在暗中严格训练自己的军队，如据《明熹宗实录》记载："奴酋练兵，始则试人于跳涧，号曰水练，继则习之以越坑，号曰火练。能者受上赏，不用命者辄杀之。故人莫敢退缩。"这哪里是一般的军事训练？简直就是特种部队般的魔鬼式训练，其严格甚至严酷的程度，即便是数千年前的斯巴达人也自叹弗如。

也正是因为经过了这样高强度和高难度的艰苦训练，努尔哈赤为自己训练出了一支战斗力极强的"特种部队"。这支部队就像一柄可以随时出鞘的利剑紧握在他的手里，让他终于对早已外强中干的大明王朝不再胆寒。

1618 年，这一年，对于享国已经 250 年的明朝来说，乃是万历四十六年，而对于刚刚建国还才只有 3 年时间的后金来说，则为天命三年。这一年，虽然明朝先后发生了几起大的地震，首先是山西和甘肃，紧接着则是天子所居的京城，但是，这些纷至沓来的来自"上天的警示"，无论在思想上还是行动上都没有给神宗朱翊钧这位大明天子以任何的触动。

这年的春节，与我们的帝国同样暮气沉沉的万历皇帝待在后宫中，不知道是在吸食着鸦片，还是在百无聊赖地陪着自己心爱的郑贵妃与几个小宫女打着纸牌。总之，偌大的紫禁城内，看不出任何的生机与活力。可是，在关外，一直对大明王朝虎视眈眈渴望有朝一日能够饮马黄河问鼎中原的努尔哈赤却在厉兵秣马。

就在这年的一次新年宴会上，努尔哈赤对满堂王公贵族和文武官员发布了一个"重大新闻"，他说：

"诸位贝勒大臣，你们现在不要再安闲下去了！我已决定，从今年起，我们要向大明开战了！"

"噢——，打仗喽，要和'尼堪固伦'（女真人对明帝国的称谓）打仗喽！"也不知道是因为酒精的刺激，还是因为刚刚听了努尔哈赤的这一"重要讲话"，那些正大碗喝酒大块吃肉的女真贝勒大臣们一个个都兴奋得满面红光，手舞足蹈。

到这时，努尔哈赤这只狼终于原形毕露，要张牙舞爪了。

春节后，还只过了两月，努尔哈赤便正式向"尼堪固伦"宣战，公开同明朝"亮剑"。四月十三日黎明，刚在五天前做完六十大寿的他一身戎装，带领他的两万精锐"特种部队"在其都城赫图阿拉烧黄纸，斩鸡头，祭天告地，誓师伐明。

女真人迷信，很相信天意。为了蛊惑将士，努尔哈赤故意选了这天半明半昧的黎明时分誓师。据日本近代学者、清史研究专家稻叶君山在其《清朝全史》第九章中所说：这天"黎明，有黄气贯月中，其光广二尺许，月之上约长三丈，月之下约丈余。努尔哈赤望之，谓左右曰：'天意已如此，汝等勿疑，吾计决矣！'"

也正是在这次很是有些神秘兮兮的出征仪式上，努尔哈赤发表了他那历史上著名的"七大恨"战前动员讲话。在他那所谓的"七大恨"讲话中，努尔哈赤近乎"字字血、声声泪"地对大明王朝进行了愤怒的控诉与声讨：

"我父、祖未尝损明边一草寸土，明于边外，无故起衅，杀我父、祖，此其一也；"

"虽杀我父、祖，我仍欲修好，"然明军"出边驻戍，援助叶赫，其恨二也；"

"明人于清河以南、江岸以北，每岁窃逾边境，侵扰劫掳，……我遵前盟，杀其逾界之人，……责我擅杀，执我前往广宁叩谒港古里、方吉纳，并缚以铁索，……其恨三也；"

"援助叶赫，将我已聘之女，转嫁蒙古，其恨四也；"

"将我数世驻守皇帝边境而居住的柴河、法纳哈、三岔、抚安三堡，珠申耕种的粮食，不令收获，遣兵驱逐，此其五恨；"

"以种种恶语辱我，其恨六也；"

"明朝皇帝助天罪之叶赫部，以非为是，以是为非，妄为剖断，……其恨七也。"

在疾言厉色近乎义愤填膺地控诉了明朝的"七大罪"之后，努尔哈赤咬牙切齿近乎咆哮地说："明欺我太甚，实不堪忍，因此七大恨之故，而兴师征伐！"

可是，不知是因为努尔哈赤强词夺理睁眼说瞎话的水平太差，还是因为他实在找不到许多足以让他对明朝"深仇大恨"的事实与理由，找不到明朝太多的罪证与把柄，结果，他竟生拼硬凑胡编乱造了以上这些怎么看都觉得很没有水平也很没有说服力的"七大恨"。用我们老百姓的话说就是，这"七大恨"几乎没一"恨"能摆在桌面上，经得起推敲。

譬如，他所说的第一恨，也即父、祖被杀一事，事实上，这笔账他曾经一直算在尼堪外兰的头上，当初，为了防止明朝支持尼堪外兰，他还曾表示"此事与朝廷无干"，并且也以"报父祖之仇"为名，以"十三副遗甲起兵"，杀死了尼堪外兰，可谓大仇已报。然而现在，出于某种需要，他竟又出尔反尔，把这笔账算到了明朝的头上；至于其他六恨，其实大多是女真内部的纷争，说白了，其实就是女真人自己"狗咬狗一嘴毛"，跟明朝廷其实没有一点关系。

不说别的，就说所谓的"第四恨"，也即所谓的"援助叶赫，将我已聘之女，转嫁蒙古"这件事吧，当年，叶赫与建州媾和后，叶赫将时年13岁的叶赫美女东哥也即所谓的"叶赫老女"正式许婚给努尔哈赤。可是后来努尔哈赤杀死了东哥的父亲，为报父仇，东哥发誓说："谁若杀死努尔哈赤，报得我父深仇大恨，我便嫁给谁！"就这样，叶赫部便撕毁了与努尔哈赤订立的婚约，而将美女东哥嫁到蒙古，建州与叶赫由此积怨更深，直至努尔哈赤灭掉叶赫。

仅此可见，从始至终，这都是努尔哈赤与叶赫部之间的矛盾，和明朝廷压根没有一点瓜葛，怎么说也牵扯不上大明王朝。还有像所谓的"第六恨"，即所谓的"以种种恶语辱我"，更是荒诞不经、子虚乌有。可努尔哈赤为了挑起民族矛盾，激怒女真将士，却把它们统统一股脑儿泼大粪似的竟全泼到了明朝廷的头上，其目的无非是为自己的"兴师征伐"寻找冠冕堂皇的借口。

诚如当代作家聂作平先生在其《1644——帝国的疼痛》一书中所说："毕竟，他的家族世受明朝封赏，（他）自己还曾经三度进京朝贡，这些割裂不断的历史都在向他和世人提醒：你曾经是接受明王朝统治的藩属。如果没有最为正当的理由，你的兴兵讨明就是逆天而动的叛乱。"

的确，如果单纯只是从道义的立场来看，努尔哈赤的"兴兵讨明"也真的可以说是一场"逆天而动的叛乱"。

对努尔哈赤的"七大恨"，后代历史学家普遍评价不高，语多否定。对此，就连日本近代学者、清史研究专家稻叶君山也颇有微词，在《清朝全史》中，他说："就'七大恨'论之，太祖以祖父之害为恨……明因彼之祖父横死，待彼以破格之礼遇，吾人平情而请，觉太祖利用祖父之死，要求进其职位，已而取尼堪于明人而诛之，是再无所用而嗟怨也。他六恨各有情理，然以此为告天之大恨，为宣战之一大理由，其不当也明矣。"

对于"七大恨"之"理由"，显然连努尔哈赤的儿子皇太极也觉得"不当"，在情理上说不过去，所以，据孟森先生考证认为："《实录》之始修，已在天聪九年，时已觉榜示七恨徒扬己丑，特史中不能不存一告天事实，乃改窜以录之。故有《实录》以后，即是改本。"

由此可见，"七大恨"无论是在事实上还是在情理上都站不住脚，完全可以说是努尔哈赤睁着眼睛说瞎话，是强词夺理，故意找茬。于此也可以想见，努尔哈赤在当时说话完全是一种无赖腔调，完全是一副强盗嘴脸！

发表了"七大恨"之后，很快，努尔哈赤便"名正言顺"、理直气壮地开始了起兵反叛明朝的行动。

这年的四月十五日清晨，努尔哈赤兵临抚顺，他先派遣先头部队化装成商人来抚顺城下叫卖，引诱抚顺城内的商民出城贸易，之后部分后金士兵乘机化装成老百姓混入了城内。正在交易的时候，后金兵突然发起进攻，与城内奸细里应外合，攻陷抚顺，明军游击李永芳投降。很快，抚顺、东州、玛哈丹及其周围台堡五百余皆下，努尔哈赤掠"人畜三十万，编千户"。四月二十一日，努尔哈赤凯旋，在回师途中又击败截击的明军，"阵斩广宁总兵张承荫、辽东副将并千总、把总等官五十余人"。努尔哈赤追杀明军万人四十里，仅三百人得脱，后金军获得了大量的战利品。

事到如今，明朝似乎才如梦方醒。在这种情况下，明朝廷才于仓促间手忙脚乱地将时任辽东巡抚的李维翰革职为民，而起用杨镐为辽东经略兼巡抚。

就这样，大幕开启，明朝与后金的真正较量开始了。

说来，也真的是令人百感交集，在当时，女真人满打满算还不足一百万人，而他们的对手大明帝国的人口在当时已经超过了一亿，然而，就是这样一个看上去非常弱小、与明朝根本不在一个重量级的女真部落，到最后居然奇迹般地打败了大明这个"庞然大物"，创造了又一则新的现实版的"蛇吞大象"的传说。

战争其实是"赌博"

忘恩负义的努尔哈赤兴兵讨明，并主动亮剑，挑起反叛明朝的战争之后，仓促之间，明朝不得不被动接受挑战，在匆忙中调兵遣将，准备用拳头捍卫天朝上国的领土与尊严。

如前所述，第一次与努尔哈赤对决，万历皇帝派出的战将是辽东经略杨镐。

当时，已经行将不久于人世的万历皇帝下这步棋的意思很明确，就是要用杨镐来对付努尔哈赤，把努尔哈赤这个不知天高地厚的家伙给彻底搞掂。

但事实很快就证明，万历皇帝这样做实在是太低估了对手，努尔哈赤不是那么好对付的。所以，让既缺少勇更缺少谋且原本就是"败将一个"的杨镐去打努尔哈赤，也真的是用人不当。

杨镐这人原本是个文官，万历八年（1580年）进士，曾做过知县、御史。他虽没什么本事，为人却很自负，虽不懂兵法，但因为很会巴结讨好上级，所以曾一度被委以重任。

说来，这位杨镐也真的可以称得上是一个"常败将军"，万历二十五年（1597年），他和副将李如梅出边作战，失败了。后来，日本侵略朝鲜，当他以主帅身份率兵进入朝鲜抵抗日本侵略时，结果却因被倭将使诈降之计上当而又一次打了败仗。

要说这杨镐不仅能力不行，而且人品也很差，遭此惨败，他不仅不知悔过，反而"诡以捷闻"，向朝廷谎报军情，说自己如何如何打了胜仗，很是把万历忽悠了一把。

后来杨镐的父亲死了，朝廷下令"夺情"，即违背丁忧三年的风俗，让其继续工作。

御史弹劾他的一些其他罪名，内阁中的大臣也出来包庇，并写了很多褒扬的话语。赞画主事丁应泰听说了杨镐在朝鲜失败的事情，到杨镐那儿问询究竟，杨镐却不去悔罪，反而洋洋得意地出示内阁大臣对他的褒扬书，丁应泰很是愤怒，于是便上书皇帝将朝鲜战役的实情和盘托出。知道实情后，万历很是震怒，于是便想杀掉杨镐。

这种时候，又是内阁首辅出面营救，结果只是罢免了杨镐，让他等待宣判。后来抗倭战争结束，内阁中有人出来为杨镐说情，于是朝廷又启用了杨镐。

要说杨镐这人确实很有手腕，很会做官，当然脸皮也确实很厚，但若论带兵打仗却实在不行，非其所长。可是，不知道为什么，在后金破抚顺之后，明朝廷竟然重新起用这样一个不会打仗而且"官德"也非常之差的人来与努尔哈赤对决，怎么说都是用人不当。

说得重一点，就是清廷那些当权者、用人者，根本就不把国家和民族的安危放在心上，不当回事。

不过，话又说回来，明朝晚期，武备松弛，文恬武嬉，戚继光死后，当时的明朝廷虽然文臣武将不少，但除了擅长党争，擅长权谋内斗，尔虞我诈，以权谋私，要说带兵打仗，整个朝堂之上也真的是无人可选，无人可用。

想必也正是在这样一种无可奈何的情况下，诚所谓"蜀中无大将，廖化作先锋"，万历皇帝才"矮子里面拔将军"，不得不任用杨镐为兵部右侍郎经略辽东。

所以，一点也不夸张地说，明朝起用杨镐经略辽东，这本身就是一个非常致命的错误。而让这样一个"常败将军"去组织指挥那场关乎社稷安危、国家生死的萨尔浒大战，可以说，仗还没打，就败局已定，就已经注定了明朝必然失败的命运，也正式拉开了明朝灭亡的序幕。

当然，倘若平心静气地说，萨尔浒战役的失败，既不能完全怪万历皇帝有眼无珠、用人不当，也不能完全怪杨镐主将无能、指挥失当，因为，从某种意义上说，战争其实就是赌博，胜负原本就很难预料，输赢原本就是兵家常事，所以不能太计较，太在乎。如果真的需要有所怪罪的话，那么，要怪就怪努尔哈赤，怪他对这次"赌博"太投入，太较真，太玩命，不仅把自己的身家性命而且也把整个女真民族的前途命运都做了赌注，一起押宝押进去了，简直是孤注一掷。

而且，更要怪的是，在这场战争的"赌博"中，从始至终，生性狡诈的努尔哈赤就没按照规矩出牌，而是很不厚道地扮演了一个"老千"的角色。

据《明实录》记载，努尔哈赤反叛明朝可谓蓄谋已久，处心积虑，早在当年他三次入京朝贡时，就"以佣工禁内，窥瞷多年"，也派出间谍"寻即匿名"，打入明朝廷以及明辽东军队内部，不断收买腐蚀明朝军政官员，源源不断地向努尔哈赤报送秘密情报。

史载，明万历四十七年，也即后金天命四年（1619 年），当杨镐率大军分四路讨建州，这边，几十万明军还未出发，那边，努尔哈赤就已通过间谍知悉了明军的作战方案，从而及时采取了应对之策，对明军实施了准确有力的打击，最终大获全胜。

所以，萨尔浒之战，无论是对于杨镐还是对于整个大明军队来说，都是一场极不公平的战争，是一场极不正当的"赌博"。这边杨镐还没出牌，那边，"老千"努尔哈赤却早已经知道他将要出什么牌。你说，这仗还怎么打？

当然，话又说回来，诚如《孙子兵法》所言："兵者诈也……且诡谋权术，原在事理之中，人情之内。"事实上，战争就是一场特殊的赌博，战争双方其实所追求的最大目的是胜利，而不是规矩，更不是道德，所以，即便努尔哈赤再用什么卑鄙手段去竞争，仔细想想，原也无可指摘，无可厚非。

相反，两相比较，倒是觉得万历皇帝太过昏聩，而作为主战一方的辽东经略，杨镐这人实在是太过于无能。

行文至此，如果再去用烦琐的文字来回忆和赘述当年那场发生在萨尔浒（今辽宁抚顺东的大伙房水库）附近的战争场景就显得既无必要，也毫无意义。故而，这里只简单说一下战争的结果：萨尔浒之战，明军号称出兵 47 余万，并调朝鲜兵助阵，而后金的总兵力大约在 6 万余人。整个战役共在三个地点打了三仗，前后仅用了 5 天时间。结果，明朝的四路大军阵亡了将近 5 万人，其中文武官员就有 300 多人，而后金方面仅仅只损失了不到 3000 人。后金对明的损失比大约是 1∶16。

萨尔浒之战失败后，作为这次战役明军一方的总指挥，杨镐很快被免职下狱，被处死刑，但由于有人从中转圜，杨镐的死刑没有立即执行，而是在狱中关押了十年后，于崇祯二年（1629 年）才伏法。

杨镐被免职下狱后，很快，万历皇帝又为努尔哈赤找到了第二个对手——熊廷弼。

后来的事实证明，熊廷弼的才能显然要比杨镐强多了，但是，严格说来，他依然还不是努尔哈赤的真正对手。

真正的对手，或者说，努尔哈赤的"克星"，还要等到七年后才会出现。

而这个人，不用说，显然就是袁崇焕。

却说这个熊廷弼，虽然也是进士出身，是个典型的文人，但是，在性格与气质上，他却更像是一名职业军人。此人身高将近七尺，长得膀大腰圆，《明史》称其"有胆知兵，善左右射"，端的是一位"名将"。

显而，把这样一个"有胆知兵"的人派去东北打"狼"，用他来对付努尔哈赤实在是再合适不过。

可是，诚所谓"寸有所长，尺有所短"，熊廷弼这人虽然"有胆知兵"，擅长打仗，但《明史》说他"性刚负气，好谩骂，不为人下，物情以故不甚附"。也就是说，和历史上大多数有才气的人一样，熊廷弼这人恃才傲物，脾气不好，像个猛张飞，而用老百姓的话说就是"会做事不会做人"。在这方面，他恰好与前任杨镐相反。

可是，在中国封建官场，不会做事与不会做人一样都是有害的。因为，像杨镐那样虽然很会做人，玲珑圆滑，但庸碌无能，官即便做得越大，大事即使做得越多，其结果都只能是做不好事，乃至做坏了事，最终只能是蠹国害民。同样的道理，倘若你处不好人，人际关系不好，纵然你有天大的本事，到最后你也干不成事。

不用说，熊廷弼就是那种虽能干但结果却是想干事而干不成事的人。

史载，熊廷弼替代杨镐经略辽东后，鉴于当时开原、铁岭已相继失陷，沈阳军民纷纷逃奔，为了稳住军心，他立即采取措施，立斩逃将，督造军器，修缮城堡，调兵遣将扼守各冲要地点，很快便使明军互为应援，守备大固。在此期间，他还亲巡沈阳、抚顺，察看地形，收集散兵，安抚民心。

熊廷弼虽说是个火爆脾气，但作为一位将军，他却并不盲目冲动地与后金军队逞强斗狠，而是审时度势，决定以守为主，反对浪战，并联合朝鲜牵制后金。

事实证明，他的这一战略决策是对的，由于明军"互为应援，守备大固"，使后金军一年多内不敢轻进。

然而，就在努尔哈赤为此大为头疼，狗咬刺猬，不知道该如何下嘴是好的紧要关头，忽然有一天，他却突然获悉熊廷弼竟辞职不干，从辽东卷铺盖走人了！

导致熊廷弼这次从辽东走人的不是军事原因，而是政治原因，或说是政治斗争。

原来，由于性格的原因，再加上当时宫廷内激烈的"党争"，熊廷弼因得罪人而陷入党争漩涡，被人攻讦自然在所难免。如果只是一般的被攻讦也还没事，但问题是他的那些反对派们老是盯着他不放，大有不把他打倒打垮决不罢休之势。这就问题严重了。

果然，熊廷弼到辽东上任不久，朝廷派一个名叫姚宗文的吏科给事中前来辽东视察。吏科给事中虽级别不高，但权力很大，是可以弹劾任何级别大臣的言官。恰好这个姚宗文数年前又因为请求熊廷弼为他代请补官帮忙一事而遭到拒绝，由此对熊廷弼怀恨在心。所以，姚宗文视察回京后公报私仇，向皇帝反映说熊廷弼"军马不训练，将领不部署，人心不亲附"，在边地只是假名增税，勒索小民，声言筑城御敌，实是误国欺君。而更要命的是，姚宗文这么一弹劾，其他熊廷弼的政敌也立即一窝蜂跟进。当时杨镐的叔父杨渊因为怪熊廷弼不肯保奏杨镐，反把他押解进京，所以便乘机联手与熊廷弼不睦的御史冯三元、大学士顾慥等一齐弹劾熊廷弼。为了置熊廷弼于死地，御史冯三元竟然无中生有、上纲上线地恶毒诬陷熊廷弼"无谋者八，欺君者三"。

面对政敌们的汹汹责难，熊廷弼义愤填膺，以他的火爆脾气，他当然要上书自辩，可是，当时掌权的东林党正忙于党同伐异，根本就不听他的申诉。于是一气之下，他便赌气向朝廷愤然提出辞职，而这正好中了朝中那些宵小之徒的下怀，他们需要的就是要他熊廷弼下台。至于熊廷弼去职后，他们才不会去管辽东将会因此出现怎样危殆险难的局势。

所以，从某种意义上说，在我国古代，对于封建官场许多只知道蝇营狗苟拼了命争权夺利的士大夫来说，所谓的忧国忧民济国安邦其实只是一句自欺欺人"挂羊头卖狗肉"的空话、假话！

熊廷弼愤然辞职后，朝廷任命东林党人袁应泰接任。这个袁应泰做官精敏强毅，治水理财都很有水平，但指挥作战却非所其长，排兵布阵做得很是糟糕。如今，突然要他来主持辽东战事，让一个外行来领导内行，可想而知，其结果不仅比杨镐做得还要糟糕，而且，在事实上也等于是在害他。

如果说，熊廷弼在任期间，努尔哈赤一直心存忌惮，不敢轻举妄动的话，那么，熊廷弼的突然离职让他心中仿佛一块石头一下子落了地，而当看到接任的袁应泰完全就是一个军事外行，甚至连纸上谈兵的赵括都不如时，努尔哈赤这只老狐狸更是心中窃喜，觉得明朝廷纯粹是在与他开"军事玩笑"，拿他也太不当回事了！

于是乎，在天命六年（明泰昌元年，1621年）的三月十一日，他便亲率八旗精兵，水陆并进，围攻沈阳城，迫不及待地发动了一场声势浩大的沈辽之战。

沈辽之战中，努尔哈赤仅用了两天的时间便攻陷了东北真正的大城市而且是战略要冲沈阳。这一战，驻防沈阳城外的七万明军被完全击溃，闻讯赶来救援的总兵陈策及两万四川兵阵亡殆尽。沈阳城陷后，为报复沈阳军民的反抗，努尔哈赤纵兵烧杀抢掠了三天，沈阳城血流成河，尸横遍野，只有少数幸存者苟活了下来。

所谓兵贵神速，努尔哈赤攻取沈阳后，立即又马不停蹄，亲率八旗大军，向辽东重镇辽阳进发。

当时，袁应泰正镇守在那里。获悉努尔哈赤来犯，不懂军事的他亲自率兵出城迎战追赶而至的皇太极，后金主力趁势夹击，明军大败后退回城中。几天后，由于八旗兵攻势凌厉，再加上城内又出了奸细，趁乱打开城门，辽阳城陷落。袁应泰与侄儿及奴仆一同自杀身死，总兵梁仲善、朱万良等高级将领战死。

辽、沈陷落后，明军不能抵挡后金的进攻，辽河以东的三河、静远、镇江、海州、金州等大小七十余城几日之内便仿佛多米诺骨牌似的全部沦陷，河东之地尽归后金所有。

明廷得知辽沈失陷，大为震惊，以致北京城一度实行戒严，九门紧闭。

在今天看来，沈辽之战，完全可说是清朝与明朝兴亡史上的转折点。

沈辽之战距离今天已经将近四百年了，昔日的战争痕迹早已荡然无存。但是，当我们仔细检视这场战争就会发现，沈辽之战，之所以会出现那样一种结局，而且是在短短九天时间之内，努尔哈赤就接连夺取明朝派重兵把守的辽东重镇沈阳和辽阳，其实并不完全是因为努尔哈赤有着多么高超的军事指挥艺术，也并不完全是由于八旗军队有多么骁勇善战、神勇无敌，而在很大程度上乃是因为努尔哈赤巧妙地利用了奸细。

说到这里，忽然想起一个很是发人深省的历史故事：1936年10月，西班牙叛军和德、意法西斯军队联合攻打马德里，当时，包围首都马德里的叛军将领佛朗哥曾不无得意地对一大批围着他采访的记者说："我的四个纵队已经完全包围了马德里。"

这时，有个记者问他，哪个纵队将会最先攻占马德里？

听了这话，佛朗哥诡谲地一笑，回答说："最终拿下马德里的将是第五纵队。"

佛朗哥这里所说的"第五纵队"乃是暗指那些被他收买的当时正潜伏于马德里市

区内企图与叛军里应外合的共和军内奸与叛徒。

很显然，在与明军的历次战斗中，努尔哈赤也动用了他的"第五纵队"。这些被努尔哈赤用金银收买"潜伏"在明军内部的"第五纵队"，几乎每次在明军与后金军的鏖战中都异常活跃，不是暗中源源不断地向努尔哈赤透露明军的军事机密，就是动摇军心，临阵倒戈，在后金军兵临城下时里应外合，打开城门，不战而降……

的确，在战争这一特殊的赌博中，努尔哈赤真的是一个惯于作弊善用奸细的"老千"。从 1618 年努尔哈赤起兵到广宁之战，竟然每一场战争他都成功地利用他的"第五纵队"，从抚顺到清河，从萨尔浒到开原、铁岭，从沈辽之战到广宁之战，他的那些奸细简直比当今各国的特工还要厉害。所以，有学者说，努尔哈赤每次打胜仗的背后，都至少站着一个奸细。也正因此，可以一点也不夸张地说，努尔哈赤最主要的是靠"第五纵队"来打败大明军队的。

可以想见，当年，明军在东北战场上其实是在"看得见的战线"以及"看不见的战线"这样两条战线上同努尔哈赤的后金军队作战的。诚如我们所知道的，在我国历史上，明朝的军队是很强的，其战斗力不比唐朝的军队和汉朝的军队逊色多少，至于比宋朝的军队那实在是不知要强多少倍。

所以，如果单纯只是在"看得见的战线"上，真刀真枪地与八旗军队作战，训练有素的明军其实并不吃亏，甚至因为由于占据数量上的绝对优势，往往还要占些上风。可是，就因为努尔哈赤这只老狐狸用兵很"鬼"，喜欢在背后使暗器，捅刀子，老是在"看不见的战线"上对明军下毒手，给明军以致命的一击，所以，无论明军的战斗力有多么强，作战多么英勇，在这样一种被人算计的不公平竞争的状态下，都是不可能取得胜利的。

这，无疑是大明帝国的悲哀。悲哀就悲哀在它在一个特殊的时代遇到了努尔哈赤这样一个可怕的为达目的可以不择手段的，特殊的，无疑也是强有力的对手。

不过，话又说回来，努尔哈赤在与明军的一次次作战中，尽管屡屡获胜，但平心而论，其实他赢得并不光彩，也正因此，他的那些"不正当手段"、那些幕后的极其肮脏的交易，连他自己以及后代的清朝统治者都羞于启齿，至于那些所谓的"大清正史"，更是不敢公开，于是只好采用"春秋笔法"闪烁其词，只留下一些蛛丝马迹，让我们在清史的字里行间隐隐约约可以窥见当年那段早已尘埃落定的历史的真相。

"克星"原来是书生

　　如果说，在 17 世纪初，碰到努尔哈赤实在是大明王朝的不幸的话，那么，努尔哈赤遇上袁崇焕，则应该说也是个不幸。

　　是的，在我国古代，很多人都相信命理说，都笃信五行相生相克。如《类经图翼》认为："造化之机不可无生，亦不可无制，无生而发育无由，无制则亢而为害。"如果按照这一说不上是迷信还是朴素辩证法的观点来看，那么，很有可能，仿佛命中注定，在冥冥之中袁崇焕就是那个专"制"努尔哈赤的"克星"。

　　熟悉这一段历史的人都知道，在未碰到袁崇焕之前，起兵反明的努尔哈赤在战场上几乎所向披靡。所以，如果在宁远之战前他就终老天年或者见好就收的话，那么，这一辈子，努尔哈赤也真的能称得上是一个常胜将军，就像围棋中一直胜券在握从无败绩的超一流选手一样。

　　但极为遗憾极为不幸的是，在宁远之战中，他竟在不期而遇中碰到了他整个军事生涯中无疑也是他生命中的"克星"——袁崇焕。

　　如此一来，这就使他很像金庸武侠小说《笑傲江湖》中的那位日月神教教主东方不败，虽然练就了绝世武功，虽然成就了枭雄霸业，攻无不克，战无不胜，但最后却被令狐冲、任我行和向问天三个人击中背上要害，且被任我行杀死，一世英名，毁于一旦。

　　说来，努尔哈赤与东方不败的结局也真的何其相似。一个称雄东北的"武林高手"，一个"笑傲江湖"的老江湖，想不到最后竟然被一个"无名之辈"而且还是一个"大明书生"打败，这让努尔哈赤到死都非常纠结，非常郁闷。

　　仔细想想，事实也真的就是这样。在这次宁远之战中，袁崇焕也真的只是初出茅庐，同努尔哈赤打得这一仗可谓他的"处女战"，但令袁崇焕事先怎么也没想到的是，就是这一仗竟然也成了他的"成名战"。

　　行文至此，有必要简单介绍一下袁崇焕这个人。

　　袁崇焕是广东东莞人，也有人说他是广西藤县人，人长得黑瘦矮小。如同明朝的大多数官员一样，袁崇焕也是通过科举考试进入仕途的。此人乃是万历四十七年的进士。在当时，我国东南沿海教育普遍并不发达，一个广东人能够考取进士，说明此人的智商绝对超出常人。

《明史》称袁崇焕"为人慷慨富胆略，好谈兵……以边才自许。"中进士后，他本来在福建邵武当知县，和沙场征战不搭界，可是就因为他喜欢军事，硬是找人活动，结果被改行调到兵部任职方主事（负责掌管疆域图籍等情报）。

按说，到了兵部，他也还和到辽东打仗没有多大关联。

可是，要说袁崇焕还真的是个奇人，有感于当时辽东烽火狼烟，战事危急，有一天他竟"单骑阅塞"，自费到山海关一带去考察辽东战场形势。袁崇焕"单骑阅塞"显然事先没有和任何人打招呼，而是和单位及家人"玩失踪"。等到许多天后回到朝中，他向熹宗皇帝上书说："予我军马钱谷，我一人足守此！"

此人行事的怪异与另类由此可见一斑。

从未带过兵打过仗的袁崇焕说出这话，在当时朝中很多人都认为他在口出狂言，但当时的辽东经略、明朝一代名将孙承宗却慧眼独具，对他非常赏识。在孙承宗的引荐下，袁崇焕如愿以偿地被破格提拔为佥事，监关外军，由此经营宁远，任宁前道之职。

所以，在和努尔哈赤宁远交战，实际上也是袁崇焕与努尔哈赤第一次过招，当然也是最后一次过招前，袁崇焕当时的基本简历就是这些，几乎没有任何战绩，是个不折不扣的毛头小子，初生牛犊，而且是一介书生。

然而比较起来，努尔哈赤却战功赫赫，在此之前，他已身经百战，而且屡战屡胜，他的锋利无比的大刀曾不知砍掉过多少女真仇敌以及明朝将领的头颅。由于曾一次次完胜过大明军队，因而在他的印象里，他还从来没把哪个明朝大将真正放在眼里，更没把兵微将寡书生一个的袁崇焕当一回事。

可是，令努尔哈赤怎么也没想到的是，恰恰是在宁远这样一座弹丸小城，恰恰是在对阵袁崇焕这样一个无名之辈，犹如一个重量级的世界级拳王对决一个轻量级的几乎毫无名气的拳击手时，没想到竟阴沟里翻船，惨败于袁崇焕，在他生命的最后时刻遭遇了人生的"滑铁卢"。

整个事件的经过大致是这样的，明天启六年也即后金天命十一年（1626年）正月十四日，努尔哈赤亲率十三万人马，号称二十万大军，对明帝国发起又一轮进攻，企

图一举拿下山海关外诸城。十七日，十三万大军横渡辽河，分左右两翼，在千里旷野上如同狂飙席卷而来，仅几天时间，便一路势如破竹般连克右屯、大凌河、松山、杏山、塔山、连山七城，然后，又旌旗飞舞、枪戟如林、杀气腾腾地直扑孤立无援的小城宁远。

宁远，位于山海关以北二百里，是当时锦宁战略防线中的重要军事要塞，最早是由原兵部尚书兼东阁大学士孙承宗经略辽东时动议修筑的。孙承宗先命祖大寿（叛将吴三桂的舅舅，先吴三桂降清）筑城，但祖大寿认为此城易攻难守，只修了不到十分之一便放弃了。不久，袁崇焕来到这里，与孙承宗可谓"英雄所见略同"，他认为宁远的战略作用极为重大，于是继续修筑，花了一年多时间将宁远城筑好。后来，孙承宗因朝廷党争被罢职，新任兵部尚书并代行辽东经略高第对坚守山海关外军事战略要地持悲观态度，竟令关外苦心经营多年的屯守兵马全部撤入关内。

对于高第的这一错误决定，当时唯有镇守宁远城和前屯卫的宁前道袁崇焕拒不执行，并竭力与高第据理力争。他对高第说："宁远、前屯卫绝不能丢。宁远、前屯卫完了，山海关也就完了。山海关完了，京师门户随之洞开，则明朝危矣！"

袁崇焕的远见卓识由此可见一斑。但对于袁崇焕的话，一向刚愎自用的高第竟置若罔闻。

说来，袁崇焕也是一个"牛性子"，脾气倔得够呛，见高第不听自己劝告，情急之下，他便只有违抗军令，并斩钉截铁地说："我宁前道也，官此，当死此，我必不去！"硬是与上司对着干，一个人带兵守卫宁远城。

就这样，宁远从此成了明军当时孤悬关外的一座危城。

所以，当努尔哈赤率领他的那些如狼似虎的八旗军将士兵临宁远城下时，甭说努尔哈赤，就是他麾下的那些后金将士也都几乎没有任何一个人把宁远城和袁崇焕放在心上，觉得袁崇焕这个"大明书生"真是迂腐得可以。

然而，诚所谓骄兵必败，也正是在这里，当时可谓世界上最骁勇的一支劲旅、天下几乎莫与争锋的八旗军队竟碰到了一块最难啃的硬骨头。

不知道努尔哈赤这人是否像武侠小说中的大侠那样学过诛心大法，反正，阴险狡诈的他很善于打"心理战""攻心战"。如同先前其他战役一样，在未展开阵地战之前，他先祭出他的"诛心大法"，派遣那些明朝的降将去劝袁崇焕投降，并转告他的原话：

"我将兵三十万来攻此城，破之必矣。尔众若降，即封以高爵"，对袁崇焕既威胁又利诱。

哪知道，袁崇焕也是一个"牛人"，根本不吃努尔哈赤这一套，他对那些充当说客的明朝降将说："我修治之，义当死守，岂有降之理耶！所云来兵三十万，料不过十三万，予也岂少之载？"不仅严词拒绝，袁崇焕对兵临城下的八旗军还表现得非常轻蔑。

所谓"临危不惧，泰山崩于前而面不改色"，第一次指挥作战的袁崇焕竟难能可贵地表现出了一派大将风度，显示出了成为一代名将必备的优秀素质。

既然劝降不成，努尔哈赤便派兵猛力攻城。

战斗开始了。全副武装的八旗军如潮水般向早已被围得水泄不通的宁远城扑去。一时间，城堞上，箭头如倾盆大雨；悬牌上，矢镞如刺猬皮。当时的情景委实就像是一部战争大片，还才开头，便迅速进入了非常激烈尤为惨烈令人惊心动魄的战争高潮。

要说袁崇焕真的是一位无师自通、自学成才、文武兼备的一代名将，当那天他严词拒绝了努尔哈赤的劝降后，这天晚上，他便"集满桂、祖大寿等将士誓死守，刺血为书，激以忠义，将士感奋，咸请效死"。他及时而有效地给大明将士上了一堂爱国主义的"政治课"，从而极大地稳定了军心，鼓舞了士气。

与此同时，他又对即将到来的守城保卫战进行了周密布防，指挥城中军民全民皆兵，从容抗敌。

值得一提的是，当时的宁远城内，袁崇焕新添了一种"秘密武器"———一种新从海外引进的西洋大炮，也就是史书中所说的"红夷大炮"（也称红衣大炮）。这种大炮可谓当时世界上最先进的武器，是明朝廷根据时任河南道御史练兵通州的徐光启的建议从葡萄牙购买的。在徐光启的建议下，明帝国从葡萄牙人手里一次就购买了30门红夷大炮，其中，除一门不慎被毁，18门镇守京城，其余11门全部被袁崇焕弄来架设在宁远城头。所以，当后金军发起进攻时，袁崇焕镇定自若，就像在拍电影似的，带着几个亲信幕僚以及朝鲜使者气定神闲地站在城楼上，仿佛在欣赏宁远城四周美丽的风景。

看到敌人一窝蜂地扑来，袁崇焕心中窃喜，他先令守城将士偃旗息鼓以待，等到八旗军进入红夷大炮射程之内，他一声令下，顿时城上的红夷大炮发出惊天怒吼。

就这样，凭着同仇敌忾的坚强意志以及令敌胆寒的红夷大炮的怒吼，袁崇焕成功打退了后金军一次又一次疯狂的进攻。

见小小宁远城久攻不下，而后金军将士死伤众多，尸横城外，努尔哈赤沉不住气了，于是，他亲自来到前线督战。当时，他怎么也不相信宁远这个屁大的小城真的能够阻挡住后金军的进攻。

很快，在努尔哈赤的亲自指挥下，后金军又如蝗虫般发起新一轮冲击。那些藤牌兵如杀猪般嗷嗷叫喊着，眨眼工夫便冲到了城脚，身手非常熟练地很快架起云梯，一个个如猿猴般拼命往城墙上爬。特别是那些身披铁铠甲的铁头子兵，顶着炮火，前仆后继，拼死猛攻。当攀着云梯爬上城墙的藤牌兵被明军箭射刀砍消灭殆尽后，后金军又挥斧开凿冻土城，很快几丈高的城墙便凿开几个大窟窿。危急时刻，袁崇焕镇定自若地指挥官兵投掷燃烧的油棉、柴火，抛掷火球、炸药罐，火烧铁头子兵，而且在自己负伤挂彩的情况下仍坚持战斗，令麾下的将士激奋不已。

这是一场强者与强者的生死大博弈，如果说努尔哈赤就像是一支自以为可以无坚不摧的矛的话，那么，袁崇焕却用实践充分证明了自己乃是一面坚固无比、无坚可摧的盾。

而且，对于努尔哈赤来说，更为不幸的是，他在指挥攻城时，被一发红夷大炮炮弹的弹片击中，身负重伤，当场昏迷，离死已经不远了。

所以，宁远之战，成为明军与后金军交战以来明军取得的第一个大胜仗。捷报飞来，明朝廷举朝大喜。"木匠皇帝"朱由校龙颜大悦，禁不住对袁崇焕大加称赞，当时，就连与袁崇焕关系不睦的兵部尚书王永光也忍不住大发感慨："八年来贼始一挫，乃知中国有人矣！"

而这"人"，便是袁崇焕。袁崇焕一战成名，名扬四海，由此成为大明历史上一位彪炳千秋的著名人物。

在很多书籍中，都说宁远战役后的袁崇焕没有得到明朝廷应有的封赏，战绩也无人认可，但其实，平心而论，明朝起码在初期或者说在熹宗朱由校时代还是并没有亏待袁崇焕这位"大明英雄"的。史载，宁远之战后的第二个月，熹宗皇帝便提升他为都察院右佥都御史，官至正四品，专理军务，又过了一个月，又提拔他为辽东巡抚，然后是兵部右侍郎。袁崇焕因此成了明帝国的一名高级军事将领。

说句公道话，后来袁崇焕被贬乃至惨遭凌迟，也不能完全责怪明朝廷，这其中也有袁崇焕自身性格方面比较负面的原因，当然，更主要的还是由于当时明朝廷党争激烈，是极其复杂的"政治斗争"或"政治内讧"所致。

再说努尔哈赤，宁远之战对他实在是最为沉重的打击。此战，彻底打破了金国大汗努尔哈赤用兵如神、百战百胜的战争神话。所以，战后身负重伤的努尔哈赤非常郁闷，非常懊恼，非常伤心，但却又很是纳闷很是不甘地说："予自二十五岁以来，战无不胜，攻无不克，何独宁远一城，不能下耶？"

尽管输得有些不服气，但他还是输了，而且还是输给了一个之前从未打过仗的"大明书生"。

由此可见，宁远之战，成了努尔哈赤心中永远的痛。受伤后仅过了几个月，到了这年的夏天，努尔哈赤就因为伤口感染，也即所谓的"毒疽突发"而溘然长逝。

谜一样的努尔哈赤

说来，在中国的封建王朝中，清王朝无疑是一个"历史之谜"最多的朝代，随便数数，就几乎不下百种。这些历史之谜，像一个个历史的死结，即使是到今天，在史学界也还是众说纷纭，莫衷一是。

也正因此，我们看清朝，虽然不能说是整体，但在很多局部，都好像遮蔽笼罩着一层迷雾。不说别的，就说它的开国皇帝努尔哈赤吧，仅在他一个人的身上，就有着许多至今令人费解的历史之谜。譬如说，像他的姓氏之谜，他的入赘之谜，他的"桃色事件"之谜，他的死因之谜，他的立储之谜，他的大妃阿巴亥殉葬之谜，等等。即使是到今天还依然像一团团"历史的乱麻"，让历史学家们理来理去，却怎么也理不清个头绪。

是的，从某种意义上说，努尔哈赤真的是个历史神秘人物，或者说是一个"历史的套中人"，由于种种原因，自觉不自觉地，他和他的子孙后代总是喜欢把他的某些真实历史掩藏起来，有意无意地在他的头上笼罩上一层神秘主义的光环。

这里，且不说他的姓氏之谜，也暂且不管他究竟是姓爱新觉罗，还是姓佟，抑或姓童；也不去讨论他年轻时究竟是否因为穷困潦倒而入赘，也即"倒插门"做了人家佟佳氏的上门女婿。限于篇幅，还是只说说他的"桃色事件之谜"以及他的死因之谜。

从史书上看，努尔哈赤实在是个精力和欲望都很旺盛的人。在其一生中，从某种意义上说，虽然他把这些旺盛的精力和欲望，几乎一大半都用在了对世界的征服上，但另一半则确乎用在了对女人的征服上。如果用我们现代比较流行的话说就是，此人爱江山也爱美人。

说来一切实在是令人难以置信，努尔哈赤曾经征服过的一个女人竟是他的大恩人也是他的"干爹"李成梁的妻子。

尽管清史出于"为尊者讳"的目的，故意对这一段努尔哈赤的"绯闻"遮遮掩掩，但在斑驳庞杂的史料和传说中，我们还是大致能够拼贴还原出这样一个印象：诚如我们所知道的，曾经在很长一段时间里，李成梁一直把努尔哈赤当作儿子一样抚养，在那些日子里，努尔哈赤成天待在李成梁家中，与他们一家生活在一起。

对努尔哈赤这位聪明懂事非常孝顺乖巧的"义子"，李成梁显然始终没有防范之心。可是，令他怎么也没想到的是，努尔哈赤有一天竟会做出对他不忠不孝的事来，而且，这样的事情说出来还非常窝囊，非常憋气，那就是被他一直当成义子的努尔哈赤竟然把自己的小老婆给睡了，结结实实地给他这位"干爹"戴上了一顶非常难看的"绿帽子"！

从种种情形猜测，事情可能是这样的，妻妾成群的李成梁有一位年轻貌美长得如花似玉的六姨太，名叫喜兰，喜兰虽说是位汉族女子，但却与同样青春年少英俊剽悍的"干儿子"努尔哈赤因为日久生情，春心荡漾，终于有一天禁不住"红杏出墙"，男欢女爱，有了一番云雨之情。

爱情特别是偷情很容易使人变得疯狂，失去理智。有了第一次后，热恋中的喜兰和努尔哈赤越来越色胆包天，这以后便经常偷偷地在一起颠鸾倒凤，巫山云雨。但纸终究包不住火，有一天他俩在一起偷情时终于东窗事发。这无异于在太岁头上动土，要是被抓起来，努尔哈赤肯定是死罪难逃，即便有十个脑袋也会被李成梁给砍了。所以，事情败露后，为了救努尔哈赤，在生死存亡的紧要关头，喜兰这位偷情的美人竟不惜牺牲自己的性命帮助心上人努尔哈赤成功脱离了险境，而自己却被处死。为了羞辱她，恼羞成怒的李成梁竟让喜兰完全赤身裸体，暴尸荒野。

相传努尔哈赤起兵后，不忘喜兰舍身救命之恩，封喜兰为"紫薇夫人"，把喜兰当作满族人民的保护神，尊之为"佛多妈妈"，并且还立了神位予以供奉。

对于这一段"美人救英雄"的爱情故事，清朝正史尽管一直都讳莫如深，但在不经意间，《清史稿·太祖本纪》还是不小心露出了这一"历史的破绽"：说是由于努尔哈赤"仪表雄伟，志意阔大，沈几内蕴，发声若钟，睹记不忘，延揽大度"，因而"成梁妻奇其貌，阴纵之归"，把一段其实并不那么光彩的故事竟然轻描淡写，且说得那么冠冕堂皇。

在今天看来，这位红杏出墙的紫薇夫人"美人救英雄"的"爱情壮举"无异于放虎归山，真正是害莫大焉。的确，如果不是她"阴纵之归"，将偷情被抓的努尔哈赤偷偷地放跑了，那么，很有可能努尔哈赤就会难逃一死，而如此一来，统治中国将近300年的大清王朝也许就不会出现了。

但历史往往就是这样，许多看似极其偶然的事件到最后竟然会蓄积演变成历史的必然。

所以，从某种意义上说，大清王朝到后来能够入主中原，最应该感谢的人除了努尔哈赤的"干爹"李成梁，还有就是李成梁的小老婆紫薇夫人。

也正因此，许多年来，在东北地区一直广泛流传着关于"紫薇夫人"的故事：由于上天的启示，李成梁曾经一度对努尔哈赤动了杀机，可是，在努尔哈赤生死存亡的关键时刻，这位"紫薇夫人"不惜牺牲自己的生命，帮助努尔哈赤成功脱险。后来，又有一种传说，说是努尔哈赤成了大金国的天命汗之后，曾经莫名其妙地册封一位不知姓名的汉族女子为"歪梨娘娘"，原因是这位美丽痴情的女子为了保护并拯救努尔哈赤，把自己吊死在了一棵歪脖子梨树上……

当然，这一"桃色事件"究竟是否真实，或者说，究竟真实到什么程度？很显然，在今天已经无人能够说清。

除了"桃色事件之谜"，还有努尔哈赤的"死因之谜"。

诚如我们所知道的，古今中外，但凡一国之领导人的健康状况几乎都被视为国家的"核心机密"，多半是"不足为外人道"的。

同样的道理，作为后金最高领导人，努尔哈赤的健康与否特别是在他生命的最后时光的身体状况自然被当成绝对机密，即使是在事后，在清朝的正史中也严格保密。

也正因此，有关努尔哈赤的死因一直是一个令人费解的历史的谜团。

　　努尔哈赤死于明朝天启六年、后金天命十一年，也即1626年的农历八月十一日，距离宁远之战仅仅只过了半年的时间。关于努尔哈赤的死因，历来众说纷纭，结论不一。归纳起来，犹如辩论赛一样，大致有"正方"和"反方"两种观点：

　　如在"正方"看来，努尔哈赤是在宁远之战中被明军的红夷大炮给炸伤，不久后伤口转化为"毒疽"，也即伤病复发而死的。

　　"正方"的这一观点不妨称之为"重伤致死说"，持这种观点的是大多数历史学家或历史学者，所以应该说是"主流观点"。

　　历史反对"假说"，需要实证，之所以会得出"重伤致死论"，在"正方"看来，乃是因为，有这样的一些历史的"证据"足以佐证：

　　其一，明朝的史籍中有击伤后金"大酋"的明确记载。据《明熹宗实录》记载，明朝兵部尚书王永光奏称，在宁远之战中，明朝军队前后伤敌数千，内有头目数人，"酋子"一人。蓟辽经略高第则奏报，在后金军队攻城时，明朝军队曾炮毙一个"大头目"，敌人用红布将这个人包裹起来抬走了，还一边走一边放声大哭。要知道，在当时，作为上司，王永光和高第对恃才自傲的"牛人"袁崇焕并不好，可想而知，如果不是事实，他俩绝对不会无中生有，编造事实，故意往袁崇焕脸上贴金。还有，明人张岱在其《石匮书后集·袁崇焕列传》中也明确提到红夷大炮击中了"黄龙幕"，伤一"裨王"之事。

　　其二，清代的正史都对努尔哈赤的死因语焉不详，含糊其辞，仿佛是有难言之隐，因而故意避实就虚，躲闪回避。否则，如果是正常死亡，清史大可直书其事，完全没必要这么大玩噱头，故弄玄虚。

　　其三，在当代，一些学者也认为努尔哈赤乃是由于重伤致死。如资深历史研究者金国平和吴志良两位先生在合写的《澳门与入关前的满清》一文中认为，明军使用的红夷大炮是在澳门从红头发的葡萄牙人手里购买的，在宁远战役中，因为不知道这种大炮的厉害，毫无思想防备的努尔哈赤因而被大炮击伤。经过潜心研究，这两位学者还从朝鲜人李星龄所著的《春坡堂日月录》中找到了一条明确记载努尔哈赤在宁远之战中受重伤的珍贵史料。据该书记载，朝鲜翻译官韩瑗随使团来明时，碰巧与袁崇焕相见，因为很喜欢他，宁远之战时袁崇焕曾把他带在身边，于是韩瑗得以亲眼目击这次战役的全过程。据韩瑗后来回忆，宁远战事结束后，袁崇焕曾经派遣使臣带着礼物前往后金营寨向努尔哈赤"致歉"，语含嘲讽说："老将（指努尔哈赤）横行天下久矣，今日见败于小子（指袁崇焕），岂其数耶！"努尔哈赤"先已重伤"，这时又被袁崇焕白白羞辱一番，最后终于"因懑恚而毙"。

这条史料明确记载努尔哈赤是在宁远之战中受了重伤，同时精神上也受到很大的创伤，最后终于郁郁而终。

以上可谓是"正方"所持的论点和论据。

而"反方"自然对此大加否定，不以为然。

"反方"的主辩手应该说是清史专家李鸿彬。李鸿彬老先生在其《满族崛起与清帝国建立》一书中，对"努尔哈赤死于炮伤"一说提出了质疑。

在李鸿彬先生看来，既然朝鲜人李星龄所著的《春坡堂日月录》认为朝鲜译官韩瑗都知道努尔哈赤"先已重伤"，那么守卫宁远的最高统帅袁崇焕就应更加清楚，何况袁崇焕还曾派遣使臣前往后金营中察看过。如果努尔哈赤确实身负重伤，这当然是袁崇焕的特大功劳，也是明军的重大胜利，不仅袁崇焕本人，而且朝廷上下、文武百官都将对此事大书特书，以便激励军民的士气。

但是，无论是袁崇焕本人报告宁远大捷的奏折，还是朝廷表彰袁崇焕的圣旨抑或朝臣祝贺袁崇焕宁远大捷的奏疏，其中都只字不提努尔哈赤受伤之事，故而，李先生认为，这显然是后人附会之说。这是其一。

其二，努尔哈赤在宁远战败是1626年正月，至八月十一日死，其间有八个多月。从大量史料记载看，在这八个多月中，努尔哈赤并没有去治病，而是"整修舟车，试演火器"，并且到"远边射猎，挑选披甲"，积极准备再进攻宁远，以报前仇。四月，努尔哈赤亲率大军，征蒙古喀尔喀，"进略西拉木轮，获其牲畜"。五月，明将毛文龙进攻鞍山，后金后方吃紧，他这才回师沈阳。六月，蒙古科尔沁部的鄂巴洪台吉来朝，努尔哈赤亲自"出郭迎十里"。在李鸿彬先生看来，努尔哈赤的这一系列表现，全不像"重伤"之人。

因此，李鸿彬认为，努尔哈赤在宁远之战中有没有身受重伤，是不是"懑恚而毙"，很值得怀疑。

"反方"的二辩大约要说是《明月几时有？——大明帝国的叹息》一书的作者包瑞。除了对李鸿彬先生的上述观点坚信不疑，包瑞还在自己的这本书中提出了第三个疑点，即认为努尔哈赤的"恶疮"长在背部，"如果是炮伤的话，那么努尔哈赤在攻打宁远城的时候是背对着明军的，傅红雪等大侠在与敌人对峙时常有背对敌人姿势，以显示其过人的武功和深邃的气质，看来努尔哈赤也有类似的大将风范。"在进行了一番幽默诙谐的调侃之后，包瑞先生得出的结论自然是努尔哈赤绝对没有受过炮伤。

实际上，仔细想想，应该说，包瑞先生在这里犯了一个自以为是的错误，因为，努尔哈赤不是冲锋的将士，而是置身在"黄龙幕"中指挥作战的总指挥。在"黄龙幕"中，他的后背究竟对没对着明军谁也说不清，而且，即便是他面对着明军，或者，退一万步说，他纵然当时是和后金将士一道向前冲锋，如果炮弹落在他的背后爆炸，他也完全有可能"背部受伤"。

所以，包瑞先生的"第三个疑点"根本站不住脚，不值一驳。

至于李鸿彬先生的上述两个疑点，严格说来，在事实上也没有多少道理。因为，对于努尔哈赤被炮炸伤一事，后金上层一定对此严格保密，甭说是在信息不畅的古代，即便是在消息灵通的现代，外界也很有可能对真实情况一无所知，而只能听闻一些小道消息不辨真假，四处传播。

还有就是，在时间上，也不能因此证明努尔哈赤没有受过炮伤。因为，从宁远之战到这年四月，他亲率大军，征蒙古喀尔喀，这期间隔了两个多月，即便他在宁远之战中受了炮伤，这么长的时间，他的伤也应该早已疗好了。而他八月份"背疮突发"，很有可能是夏天伤口感染所致，以致成为"压死骆驼的最后一根稻草"。从医学的角度说，这也是完全有可能的。

当然，努尔哈赤究竟是不是"受炮伤而死"，因为史无所载，无从考证，后人谁也不能妄下结论，而只能任其成为一大"历史之谜"。

可是，无论努尔哈赤是怎么死的，他都已经死了，一个属于努尔哈赤叱咤风云的时代就这样永远结束了。

据说，劲敌努尔哈赤之死，令明王朝君臣兴奋不已，欣喜异常。但很快，随着后金第二代"法人"皇太极的出山，大明君臣的情绪犹如过山车一样，从山顶又一下子跌入到了谷底。

是的，后来的历史证明，对于大明帝国来说，皇太极其实是比其父努尔哈赤更为精明，更为能干，显然也更为狡猾凶狠的"豺狼"。

这当然是大清国的幸事，但却是大明帝国的不幸。

也正因此，努尔哈赤去世后，后金政权并没有"二代而亡"，相反，更为优秀的第二代"法人"皇太极上任后，经过重组改造，很快便使一家原本只属于东北的"地方私营企业"成功"上市"，在设法兼并收购了"大明公司"这家"百年老店"后，终于一跃而成为一家入主中原、控股全国、可谓当时世界上最大最强的"大清公司"。

就这样，历史翻开了新的一页，一个属于皇太极的时代开始了。

第二章
这个女人不寻常

在清朝的后宫中，有两个女人名气很大，非比寻常：一个是清初的孝庄文皇后，一个是清末的慈禧太后。这一前一后两个女人都对大清王朝产生过重大影响，并曾一度改变了整个大清王朝历史的走向。

可是，比较起来，孝庄与慈禧却有着很大的不同，如果说清廷入关之所以能够定鼎中原站稳脚跟，在很大程度上应该归功于孝庄的话，那么，大清朝到了末年之所以会江河日下、日暮途穷并最终走向灭亡，究其原因，在很大程度上应该归咎于慈禧。

也正因此，有学者说，大清朝真的可谓"成也女人，毁也女人"。的确，虽然同样是女人，但临朝掌政，权欲熏心、"垂帘听政"的慈禧到最后却身败名裂遗臭万年，而历佐三朝甘居幕后护佑子孙两代当政的孝庄则功成名就流芳百世，为奠定与巩固大清王朝发挥了极为重要的作用，因而理所当然地获得了"清朝兴国太后"乃至"大清国母"的美誉。

所以，倘若要开展一次"中国古代十大贤后"评选的话，孝庄文皇后毫无疑问会名列其中且名列前茅。特别是随着这些年来那些描写清代宫廷历史影视剧的不断上映与热播，孝庄这位"大清第一贤后"已越来越成为当之无愧的"后宫明星"。

"十三嫁做他人妇"

在我国内蒙古自治区东部，有一片一碧如洗一望无际的美丽大草原，它便是著名的科尔沁大草原。在蒙古语中，"科尔沁"乃是"著名射手"的意思。而之所以会叫这么一个名字，相传，乃是因为在元代这里曾是"一代天骄"成吉思汗的二弟哈布图哈撒尔管辖的游牧区之一。想当年，哈撒儿曾在征战中屡立奇功，为辅佐哥哥铁木真登上大汗宝座并进而统一蒙古草原、创建蒙古帝国的大业，做出过重大贡献。也许是受遗传基因的影响，他的后代，那些当年生活在科尔沁草原上的蒙古汉子也即像时下有首流行歌曲中所唱的"套马杆的汉子"多半都是一些盘马弯弓英勇善战的勇士。

其实，美丽的科尔沁大草原不仅盛产勇士，也盛产美女。如出生在这片美丽大草原上的孝庄皇后的家族——博尔济吉特氏家族就可以称得上是一个"美女世家"或曰"后妃世家"。

据有学者考证，在后金与大清朝的后宫中，有许多后妃皆出自此家族，尤其是在清朝初年皇太极的崇德五宫内，五位后妃竟然清一色皆出自博尔济吉特氏家族，其中，光是来自科尔沁博尔济吉特氏家族的就有三位。而在这些博尔济吉特氏家族的后妃中，最为著名的，不用说当然要算孝庄文皇后。

孝庄文皇后名叫布木布泰，亦称本布泰，有野史也把她称作"大玉儿"。尽管，布木布泰是否真的小名叫作"大玉儿"，查无实据，难以确认。但因为"大玉儿"这个名字时下可谓家喻户晓，广为人知，非常具有"明星效应"，故此下文不妨也把她称作"大玉儿"。

史载，大玉儿的父亲是一位宰桑（也称寨桑）。所谓宰桑，乃是明代蒙古官号，从元代沿袭下来，是取汉语宰相的谐音，系非成吉思汗家族的封建领主。清史上多处记载，孝庄的父亲叫宰桑，其实是把职务当作名字，不过是为了表示尊敬。实际上，她的父亲名叫博尔济吉特·布赫（也称布和）。

在古代，蒙古贵族女性自幼在家里娇生惯养，更由于在大草原上长大，通常都会形成无拘无束桀骜不驯的性格，但她们在婚嫁上却由不得自己，只能任其父兄摆布，如大玉儿也即孝庄文皇后的婚姻便属于这样一种典型的包办婚姻。

大玉儿生于万历四十一年二月初八（1613 年 3 月 28 日）。她是博尔济吉特·布赫的二女儿。明天启五年（后金天命十年，1625 年），年仅 13 岁的大玉儿嫁给了努尔哈赤的第八子皇太极，由此开始了她的后宫人生。

在今天看来，大玉儿之所以会从蒙古大草原上嫁到后金，嫁给当时的后金天命汗努尔哈赤的第八子皇太极，一方面固然是由于她的美貌，另一方面，更主要的显然还是由于努尔哈赤所制定并严格实行的所谓"满蒙联姻"这一大清基本国策的结晶。

诚如我们所知道的，明朝取代元朝之后，被朱元璋重新赶回到蒙古大草原上的成吉思汗的后裔一直是明朝的宿敌，为了防止这个喋血好战的民族东山再起卷土重来，大明历代统治者都对其严加防范。且在明朝初年，由于国力强盛，朱氏家族的几任皇帝特别是明成祖朱棣都发扬"宜将剩勇追穷寇"的精神，不断对流亡漠北的元朝残余势力进行清剿，在战略上对这个具有尚武精神的民族一直严格实行长期遏制的政策。

可是，到了明中后期，由于明朝国力衰弱，特别是"万历三大征"之后，大明王朝的统治力急遽下降，我国北方的蒙古族以及东北的女真族得以迅速崛起，因而在16世纪末至17世纪初的中国政治舞台上，出现了明朝、蒙古、后金这样一种"三足鼎立"的局面。

要说努尔哈赤真的是太精明了，此人不仅是一位具有文韬武略的军事家，而且是一位雄才大略的政治家，他一生最大的功绩不仅仅只是整合了女真各部，统一了东北地区，创建了八旗制度，而且，还有一个极易为史家所轻视的重大历史性贡献就是制定并严格实施了"满蒙联姻"这一可谓"二百年不动摇"的大清基本国策。

在今天看来，"满蒙联姻"这一大清基本国策的巨大威力就在于，它不仅使努尔哈赤通过婚姻制度轻而易举地解决了女真与蒙古族的相互杀伐征战问题，而且几乎不用动一枪一刀，仅通过娶媳嫁女，便将蒙古科尔沁部、喀尔喀部等收编到自己的麾下，使之成为满洲统治集团的一部分，并在其后与明王朝的军事战争中发挥了十分重要的作用。

满蒙之间最初的联姻活动应该是在明万历四十年（1612年），史载，努尔哈赤"闻蒙古国科尔沁贝勒明安之女甚贤，遣使往聘，明安许焉。送女至，上具车服以迎筵宴如礼"。这便是满蒙联姻的最早记录。

诚所谓良好的开端是成功的一半，有了第一次满蒙通婚的成功尝试，很快，到了万历四十二年（1614年）四月，努尔哈赤二子巴图鲁贝勒又迎娶了喀尔喀蒙古之扎噜特部钟嫩之女为妻；同时，五子莽古尔泰娶了该部内齐之妹为妻。而到了这年的六月，他的八子也即四贝勒皇太极则娶了科尔沁部大领主莽古思之女博尔济吉特·哲哲为大福晋，也即后来皇太极的皇后孝端文皇后。到了第二年春，努尔哈赤自己又纳科尔沁贝勒孔果尔之女为妃。紧接着，他又将自己的第三、第八以及其弟舒尔哈齐第四女分别下嫁蒙古。

显然，正是这种所谓的"北不断亲"的"满蒙联姻"的大清基本国策使包括科尔沁在内的蒙古各部落王公成为清王朝的亲戚与忠臣。康熙皇帝曾说："本朝不设边防，恃蒙古部落为之屏藩耳。"显然，利用蒙古部落协助维护其统治，巩固其国防，这才是清王朝实行"满蒙联姻"的真正目的。的确，历史证明，这种化敌为亲，以人为长城屏藩溯漠的政策，比土石筑起的万里长城更加牢不可破，坚不可摧。

有清一代，广袤草原上的蒙古族始终没能联成一体来举族叛清，这是中国历代王朝少见的现象，充分显示出大清王朝统治者特别是努尔哈赤在处理民族关系方面比历代统治者都独出心裁，技高一筹，故而使清朝在维护多民族封建帝国完整统一方面取得了重大成就。

说来，人的命运很容易受时代的命运影响和左右。1625 年，正是在这样一种所谓的"满蒙联姻"的历史大背景下，时年还只有 13 岁的大玉儿带着她的贴身侍女苏麻喇姑，在兄长吴克善的护送下，从科尔沁大草原远嫁到了白山黑水间的后金新都辽阳，"十三嫁做他人妇"，由此成了时年 34 岁的后金四贝勒皇太极的第四位妻子。

大玉儿并不是科尔沁博尔济吉特氏家族第一个嫁到后金爱新觉罗氏家族的女子，如上所说，第一个嫁到爱新觉罗家的博尔济吉特氏家族的女子应该是科尔沁冰图郡王孔果尔的女儿，也即努尔哈赤的"寿康太妃"。而且，大玉儿也无疑不是博尔济吉特氏家族第一个嫁给皇太极的女子，很显然，第一个嫁给皇太极的博尔济吉特氏家族的女子乃是她的亲姑姑哲哲，也就是历史上所说的孝端文皇后。

原来，还在大玉儿两岁的时候，她的姑姑时年 16 岁的哲哲就已远嫁给了皇太极。没想到，时隔 11 年之后，她竟也步姑姑哲哲的后尘，与姑姑一起嫁给了同一个丈夫，做了皇太极的侧福晋。也就是说，按辈分来算的话，那么，皇太极则既是她的姑父，又是她的丈夫。而且，更有意思的是，在她嫁给亲姑父皇太极做了小老婆后，又过了 9 年，她的姐姐也即比她大 4 岁时年已经 26 岁的海兰珠竟也嫁给了皇太极。姑姑与两个亲侄女同嫁一夫，甭说是在我国古代的汉族封建王朝中从未有过，即使是在不太注重辈分与伦理的元朝和清朝也实属罕见。

关于大玉儿之所以会嫁给皇太极，历来传说很多，特别是近年来一些小说和影视剧为了好看和"收视率"更是"戏说"多多，有很多版本和桥段。

可事实上，大玉儿与皇太极的婚姻在一开始根本就没有爱情可言，完全就是一桩彻头彻尾的"政治婚姻"。

由于大玉儿与她的姑姑哲哲以及她的亲姐姐海兰珠先后嫁给了皇太极，所以，在当下一些小说和影视剧中，把她们的关系描写得错综复杂，说她们为了争宠夺爱，争风吃醋，三个人都互为情敌，矛盾很深，以致在后宫斗得昏天黑地，你死我活。但在实际上，孝庄、海兰珠再加上哲哲，这三人还是很和睦、团结的。

的确，从某种意义上说，大玉儿和她的姐姐海兰珠后来之所以能够嫁给皇太极，首先要感谢的就是她们的姑姑哲哲。这是因为，正是由于哲哲这个"大媒人"做媒，在中间牵线搭桥，才使她们姐妹俩都先后嫁给了皇太极。

当然，身为姑姑的哲哲之所以要那么热心地做月下老人，把自己的这两个亲侄女介绍给自己的丈夫皇太极做小老婆，其难以言说的目的其实是要让她的这两个侄女帮助自己为皇太极生一个有着博尔济吉特氏家族血缘关系的儿子。究其原因，乃是因为在我国古代，后宫从来都是一个没有硝烟的战场，那些外表美艳内心残忍的嫔妃们为了获得皇帝的宠爱，进而母仪天下，你争我夺，往往比猴子争夺"猴王"还要惨烈、血腥。

在宫中，后妃们要想获得尊贵地位，其第一步也是必需的前提条件首先就是要先为皇帝生下儿子。如果不能生下"龙种"，其他一切都无从谈起。因此，在后宫最容易爆发的就是"生子大战"。

对这些简单的"后宫常识"，明于事理、聪慧精明的哲哲当然心知肚明。

当时，哲哲的处境非常微妙，也非常尴尬。一方面，她的丈夫——刚过而立之年的皇太极不仅有专主一旗、实际指挥两旗的实力，更重要的是已跻身于后金政权的最高领导层，成为后金最高统治集团的五大核心成员之一。原来，英明汗努尔哈赤是八旗的共主、后金最高领导者。四大和硕贝勒辅佐英明汗执掌国政，构成八旗的最高决策集团和统治核心。而且，大贝勒代善受挫，阿敏非汗亲子，莽古尔泰因生母得罪汗被赐死，遇事不敢争，四贝勒中确乎只有皇太极最有希望成为未来汗位"接班人"。诚所谓"夫贵妻荣"，水涨船高，随着丈夫皇太极不断荣升，且行情看涨，哲哲作为和硕贝勒福晋，地位自然也随之提高。

可是，在另一方面，她的处境也非常不妙，前景堪忧。究其原因，乃是因为她嫁给皇太极已七八年，虽然两人很是恩爱，但却始终未能生育，甭说是阿哥（儿子），连个格格（女儿）也没生下一个，这不能不成为哲哲的一大心病。要知道，后金实行的是封建领主承袭制，如果哲哲不能生子，其正福晋的地位将很难得以长期保持。而且，将来皇太极归天之日，其旗主及大贝勒爵位当然还包括汗位，必将由原妻所生之子豪格继承。

如果真是那样的话，到那一天不仅她自己会寄人篱下，受制于人，而且，她的娘家的地位与势力也会大受影响，甚至受到威胁。

因此，当时不仅是哲哲，连她的娘家科尔沁部的亲人也都一个个"看在眼里，急在心里"。可是光着急也没用，为了科尔沁博尔济吉特氏家族的利益，哲哲在无可奈何中便自然想到了这样一步棋，即让自己的亲侄女来为皇太极生子，以此让皇太极的后代中能有博尔济吉特氏的血统，从而巩固和捍卫自己当然也包括博尔济吉特氏家族的利益和地位。或者，换句话说，让侄女大玉儿嫁给丈夫皇太极的目的就是要她为自己也为自己的家族完成"生子计划"。

显然，也正是基于这样一种考虑，为了这样一种目的，当时已经体态丰满、发育良好的大玉儿便成了哲哲大福晋为丈夫娶妻的首选。

而之所以会首选大玉儿而不是大玉儿的姐姐海兰珠嫁给自己的丈夫皇太极，很有可能是因为，在哲哲看来：大玉儿年龄小，十二三岁的小姑娘，虽然身体已经发育完好，曲线优美，但还不太懂事，自己易于对她调教和掌控，而她也会容易安于侧室地位，尊敬她这个姑母大福晋。而且，男人多半重色，看重女人的美貌，而被誉为"科尔沁草原第一美女"的大玉儿长得花容月貌，姿色撩人，对此，皇太极一定喜欢。也许正是基于这样的考虑，所以，哲哲便和娘家人一起竭力玉成了这桩婚事。

大玉儿也即孝庄文皇后的婚姻之起因大抵就是这么复杂而又简单，纯然就是那种所谓的"父母之命，媒妁之言"且掺杂了太多政治成分的"包办婚姻"。

将"生子"进行到底

在我国古代，那些生活在后宫中的女人一生中最伟大的理想莫过于登顶皇后、母仪天下，而其生命中最伟大的工程无疑就是为皇帝生下龙种，且多多益善。

然而，甭说是在古代，即便是在现代，生男生女也还是一件极为神秘且无法掌控的事情。因此，忆往昔，也不知有多少后宫佳丽为了自己总是生不出龙子而抑郁苦闷，甚而至于发疯发狂。

说来真的是很有意思，肩负着科尔沁草原博尔济吉特氏家族"秘密使命"的大玉儿，她的"生子计划"实现起来在一开始也并不顺利。嫁入宫中后，尽管她与姑姑哲哲两人就像两台"造人机器"一样一年四季昼夜不停地运转，但运转来运转去，有很长一段时间，这两人却硬是"生产"不出龙子来，生出来的老是格格、格格、格格。

可想而知，在此期间她俩会有多么失望！

不过，让哲哲多少感到有些欣慰的是，在侄女大玉儿未嫁来之前，她在嫁给皇太极后，整整有11年的时间竟然未能怀孕，就仿佛真的是患了不孕症。可是，自从大玉儿嫁过来后，却像是有什么奇迹发生了似的，哲哲的肚皮竟然魔术般地渐渐鼓了起来，而且居然在当年就生下了一个格格，也就是后来被封为固伦温庄公主的马喀塔，即皇太极的二女儿。而且，这一生从此就一发而不可收拾，后来她竟又先后生下了皇三女也即后来的固伦靖端长公主以及皇八女固伦永安公主。

只是，遗憾的是，作为当初四贝勒皇太极的大福晋以及皇太极称帝后的中宫皇后（又称国君福晋），哲哲一生却未能生下一子，这不能不说是她心中永远的痛。

与姑姑哲哲比较起来，在生子方面，大玉儿虽然还算幸运，最后总算不辱使命，完成了自己的"生子计划"，但是，应该说"生子任务"完成得也并不轻松。从1625年嫁给皇太极，到1638年生下福临，也就是后来的顺治皇帝，竟然整整用了14年的时间。

在这14年中，大玉儿先是于1629年、1632年、1633年分别生下了皇四女固伦雍穆公主、皇五女固伦淑慧公主以及皇七女固伦端贞公主，可是不管怎样努力，生来生去，就是生不出一个阿哥。

难道科尔沁草原堂堂博尔济吉特氏家族的女人们嫁给皇太极都只有生格格的命吗？正是带着这样的疑问与不甘心，布尔济吉特氏家族的又一个女人从科尔沁草原出嫁成了皇太极的福晋。其目的，不用说，仍然是要努力完成"生子计划"这样一个神圣而又秘密的使命，实现这一博尔济吉特氏家族人的共同愿望。因为毕竟三个女人生子的概率怎么说都要比一个人大。

显然，这个第三个博尔济吉特氏家族嫁给皇太极的女人便是海兰珠。

那是1634年，也许是担心大玉儿又会步她姑姑哲哲的后尘，只会生出一众格格，在这样一种迫不得已的情势下，博尔济吉特氏家族又共同做出一个重大决定，即将哲哲的又一个亲侄女、大玉儿的姐姐海兰珠再嫁给皇太极，决意要"将生子进行到底"。

就这样，科尔沁草原博尔济吉特氏家族的三个女人也即一个姑姑、两个侄女为了一个"共同的目标"都先后成了爱新觉罗·皇太极的妻子。

说来，真是皇天不负苦心人，在博尔济吉特氏家族这三个女人的共同努力下，在海兰珠嫁给皇太极后，仅仅过了不到一年，博尔济吉特氏家族的"生子计划"便终于得以实现了！

然而，第一个实现这一"生子计划"的功臣不是大玉儿，也不是哲哲，而是后来居上的海兰珠。

那是大清崇德二年（1637年）七月初八，其时皇太极将国号由后金改为"大清"还不到两年，而海兰珠嫁给皇太极也才只有一年多的时间，想不到她却在这一天为皇太极生下了他的第八个儿子，并由此打破了博尔济吉特氏家族的女人们为皇太极生子的"零的纪录"。

据说，喜讯传来，皇太极当时欣喜若狂，并很快就破天荒地决定立这个婴儿为皇位继承人，且为此大宴群臣，还颁发了大清朝第一道大赦令："今蒙天眷，关雎宫宸妃诞育皇嗣，故而大赦天下，使万民咸被恩泽"，以使普天同庆，万民同欢。宠妃生子，大赦天下，这是不合礼制的事情。因为按规定，只有皇后才能有此荣誉。但皇太极对宸妃一往情深，与她爱得如火如荼，所以才这样兴师动众，破天荒开了特例。

要说海兰珠真正可以说是"后来居上"，在博尔济吉特氏家族的三个女人中，她是最后一个嫁给皇太极的，在她与皇太极成婚时，已经26岁，早已过了豆蔻年华，而且，尽管史无所载，但从种种情形猜测，在她这个年龄的蒙古女人，很有可能之前早已有过婚史。据猜测，她的前夫也许是林丹汗，也许是外扎萨克蒙古的某个王公，然而，即便是这样，也丝毫并不影响皇太极爱她。皇太极对她情有独钟，特别喜爱。几乎从海兰珠嫁到后宫那天起，她便立即宠冠后宫，真可谓"一朝选在君王侧，三千宠爱在一身"。

在今天看来，皇太极之所以那么爱恋海兰珠，可能有如下这么几个原因：

一是因为海兰珠的容貌之美。从史书上看，海兰珠的美是毫无争议的，想必，不仅美，可能还美得令人惊艳，非同一般。当那年，海兰珠跟随她的母亲来到宫中朝见皇太极时，想不到第一次见到海兰珠，年过不惑的皇太极还是情不自禁，竟有一种惊艳般的感觉。他觉得海兰珠实在是太漂亮了，于是一见钟情的他竟全然不顾自己从博尔济吉特氏家族已纳了一后一妃，硬是提出要娶自己的大姨子海兰珠，而且雷厉风行，说娶就娶，真的很快就把海兰珠纳入后宫，拥进怀中。

仅此可见，海兰珠绝对是一枝独秀，艳压群芳。

当然，也有一种可能，那就是情人眼里出西施，当时，海兰珠尽管早已不是二八佳人，但二十五六岁的少妇，丰姿绰约，风情万种，在皇太极的眼中肯定别有一番少妇成熟的美。

二是由于海兰珠的性格之美。也许，在性格上，海兰珠是那种比较淳朴、比较温柔乃至比较清纯的女子，由于从小在草原上长大，且一直生活在大草原上，"无污染，原生态"，可谓"清水出芙蓉，天然去雕饰"，全不像后宫中的那些嫔妃，虚情假意，矫揉造作，言行举止中总有一股让人说不出来的矫情势利之气，逢迎做作之态。又或许，因为在爱情与婚姻上曾有过一段伤心的往事，海兰珠的眼神乃至一颦一笑中总透着一层隐隐约约的抑郁与哀怨，但正是这抑郁与哀怨的气质，仿佛中秋之夜那皎洁如水的月光，又如那雪夜里的点点梅花，暗香袭来，惹人哀怜，令人陶醉，让皇太极禁不住油然生出一种怜香惜玉的感觉。总之，就像同样是鲜花，但因为是在草原在自然中长大，因而海兰珠的性格几乎很少受到污染，这就使她浑身上下总是散发出一股清新脱俗之气，而这也许正是吸引皇太极眼球的地方。

婚后，海兰珠被封为"东宫大福晋"，仅次于皇后，位居四妃之首。其所居东宫也被赐名为关雎宫。之所以会起这么一个充满诗意的名字，显然是因为《诗经》中有"关关雎鸠，在河之洲，窈窕淑女，君子好逑"的诗句。

仅此可见，对海兰珠，皇太极是多么的喜爱与恩宠。虽然不是初恋，但却胜似初恋。一点也不夸张地说，海兰珠这个美若天仙的女子，完全可以称得上是皇太极一生一世最爱的女人。

史载，皇八子诞生之庆典，蒙古各部落的首领均来供奉大量贺礼，一时间，盛京（今沈阳）城内热闹无比。此时的皇太极，开疆拓土，称雄于东北，加之娇妻产子，可谓意气风发，春风得意。而沐浴在爱河中的海兰珠更是感到无比的甜蜜与幸福。

人生至此，夫复何求？

然而，说来也真是天妒红颜，美人薄命。倍受宠爱的"皇太子"还只活了不到半年，尚未来得及命名就躺在襁褓中夭折了！

爱子的死，给皇太极和宸妃海兰珠以沉重的精神打击，特别是海兰珠所遭受的打击更重。皇八子死后，她整日以泪洗面，愁眉不展，且很快便忧闷成病，整个人由此简直成了一个"病西施"。

想当初，当海兰珠生下皇八子的时候，整个博尔济吉特氏家族都欣喜若狂，为自己家族的女人终于能够为大清皇帝诞下一个龙种，一个有着博尔济吉特氏家族血统的龙种而喜不自禁，奔走相告。可是谁会想到，这个几乎一出生就被立为大清皇储的"龙种"来到人世间仅只是犹如昙花一现，很快便像一颗流星划过夜空，陨落到无边的黑暗中。

所以，一点儿也不夸张地说，皇八子的死就像是一记闷棍，不仅重重地打在了海兰珠的头上，把她一下子给打闷了，而且，也极为沉重地打在了整个博尔济吉特氏家族几乎所有人的心上。

就这样，随着皇八子的死，整个博尔济吉特氏家族的"生子计划"又一次夭折了。一切重又回到了它的起点，但失望与疑窦却比以前更沉重地压在了这个家族男男女女的心头。

莫非，一切真的是命中注定？今生今世，博尔济吉特氏家族的女人真的不能为当今皇上生个儿子？

说来，大玉儿真的是一个福星，尽管，在此之前，早在天命十年就入宫的她都一直像她的姑姑哲哲那样怎么也生不出个儿子，在连续生下三个公主之后，她在宫中以及皇太极心中的地位已经非常尴尬，甚至可以说是岌岌可危，但在最关键的时刻，她的肚子却很是为她当然也包括整个博尔济吉特氏家族争了口气。没想到就在皇八子死去的第二天，她却很是有些戏剧性地为皇太极生下了他的第九个儿子。

据清史记载，这一年为崇德三年（1638年），而按我国十二生肖纪年法来算的话，这一年应该是虎年。

虽然在虎年为皇太极生了个"龙子"，然而大玉儿的"月子"却做得非常的冷清，全然没有皇八子诞生的时候宫中乃至举国欢庆热烈的气氛。之所以会是这样，很显然是由于她的这个儿子不早不迟，降临的真的有些不是时候，竟然赶在了皇八子死后的第二天便来到了这个世界。但尽管这样，在后来，大约是在大玉儿快满月的时候，作为父亲，皇太极还是给这个小生命起了个很是有些吉祥而又喜庆的名字：福临。这便是后来的顺治皇帝。

　　尽管福临的出生并没有像皇八子那样倍受瞩目、祝福与赞美，但大玉儿的心中还是感到了从未有过的喜悦与满足，因为，以她的聪慧与世故，她当然知道在这个世上，有很多事情其实并不一定非要在乎形式，而应该在乎内容，对于自己来说，"生子才是硬道理"，只要能为皇太极生下一个儿子就足够了。从某种意义上说，作为一个后妃，这才是最大的资本，至于其他，都只能说是细枝末节。

　　而且，在这样一个特殊而又敏感的时期，为了不过分刺激姐姐海兰珠，以大玉儿的精明，在自己生子一事上，她当然不会去过于张扬其事，而是尽量刻意保持低调。

　　不过，话又说回来，尽管在外表上，或者说在行事方式上，大玉儿处处保持着低调，但在内心中，她当然不想自己生的儿子就这样默默无闻下去。因为，倘若真是这样的话，那么，"生子计划"也就完全失去了意义。

　　尽管史书没有记载，但从种种迹象看，自从福临出生后，大玉儿也即当时的庄妃在宫中显得更老练，更成熟，而且也更有心计，更有手腕了。

　　也难怪，在后宫，一个女人为皇帝生了儿子，用现在的话说，这还只是"万里长征走完了第一步"，而要让自己封后，让儿子立储，乃至承继大统，御宇天下，则无疑还有更多的事要做，还有更长的路要走。而要做这些事走这些路只有也只有依靠自己。对此，甭说是大玉儿，即便是宫中任何一个再没见识的嫔妃，无疑也会心知肚明。

　　是的，"生子计划"费了九牛二虎之力总算是完成了，但接下来要做的事，对于大玉儿来说，绝对会比"生子计划"完成起来更为艰难。

有一种成功叫"坚持"

　　时下一些小说以及一些带有颇多"戏说"成分的电影电视剧常常把庄妃即所谓的"大玉儿"描写得冰雪聪明，人见人爱，在宫中很是受到皇太极的宠爱。事实上，从后金天命十年（1625 年）嫁入宫中，到崇德八年（1643 年）皇太极逝世，与皇太极生活了 18 年以上的时间，庄妃大玉儿虽然并未遭受冷落，但也确乎并不受宠，至少是从未像她的姐姐海兰珠那样被皇太极视为至爱。而之所以会是如此，显然并不是庄妃长得不漂亮，也不是她不聪明，而是恰恰相反，很有可能是因为庄妃太聪明也太精明了，才会因此不那么深得皇太极的喜爱。

的确，古今中外，大凡那些聪明优秀的男人，无论是在事业上还是在爱情上，通常多半都不会喜爱那些过于精明也很有心机的女人，与她们相处，男人们会感到很累，精神上得不到放松与休息，更遑论能得到一种小鸟依人般的温柔与甜蜜。也正因此，在这世上，往往越是优秀的男人，在心理上与生理上，往往越是喜欢那种温柔单纯善解人意、小鸟依人般的女人。

如果说，在皇太极面前总是笑靥如花、温柔如水的海兰珠就像是《红楼梦》中的那个性格虽有些孤高傲世但却玉洁冰清的林黛玉的话，那么，大玉儿则很是有些像那个善于装愚守拙、暗藏机心的薛宝钗。也正因此，从爱情心理学的角度来说，这或许正是皇太极之所以会那样深情地爱着海兰珠，而对同样貌美如花而且还比海兰珠小了4岁的大玉儿却总是不冷不热总也产生不出挚爱真情的最主要原因。

说来，大玉儿也真的是很不简单，当然，仔细想想也实在是很不容易。从13岁嫁入宫中，在后来的那么长的岁月中，她也不知道经受过多少挫折，内心中受到过多少次创伤，但她却总是能波澜不惊，从从容容地熬过来了。仅从这一点来说，她就是个很不寻常的女子。

诚如我们所知道的，虽然年纪不大，但在崇德宫中，大玉儿的资历却很老，如果按照时间先后顺序的话，她应该是第四位嫁给皇太极的妃子，还只13岁就已成了皇太极的侧福晋，资历不可谓不老。可是，在儿子福临即位前，她无论是在宫中的地位抑或还是在皇太极心目中的地位，应该说都并不高。

要说大玉儿真的是一个很有涵养很能沉得住气的女人。崇德元年（1636年），皇太极在盛京称帝，册封崇德五宫后妃，也称五大福晋。虽然大玉儿位列其中，成为崇德五宫后妃之一，但其位次却被排在了倒数第一，被封为次西宫永福宫庄妃，称为西侧福晋，而她的姐姐比她迟了整整9年才嫁给皇太极不久的海兰珠却后来居上，排在了第二位。后来，尽管崇德三年的正月，在盛京皇宫的永福宫生下皇九子福临，可她在宫中以及在丈夫皇太极的心目中的地位却依然并没有明显的上升，对此，她的内心也许会很痛苦，但却并没有因此陷于绝望，动辄抱怨。

所以，一点也不夸张地说，在皇太极生前，大玉儿在宫中都一直只是一个默默无闻的角色。在后宫这座竞争异常激烈的大舞台上，她一直都只是一个配角，演主角的无疑是她的姐姐宸妃海兰珠，再其次，便是她的姑姑孝端文皇后哲哲，而她，却几乎没有一次扮演过主角。

　　要说大玉儿这个女人的"不寻常"就在这里，尽管在此期间她曾遭遇过许多次失落或者说是失败，但她却从未因此感到失望。而是在自己的命运处于低潮时不抛弃也不放弃，在年复一年的黯淡中苦苦坚持着，表现出了一个女人超乎寻常的忍耐与坚强。

　　是的，人这一生，要想有所成就，在许多的时候，特别是在逆境之中，像曾国藩说的必须要学会"挺经"，要能够受得了委屈，耐得住寂寞，经得住失败，且始终必须能够执着一念，不离不弃，锲而不舍地奋斗与坚持。

　　从史书上看，庄妃大玉儿绝对是个绝顶聪明很有手腕且始终能够做到胸有成竹、含而不露的女子，这使她做什么事都显得很有用意、极富心机但却含而不露。而她之所以能够小小年纪就这样少年老成，城府很深，一方面当然是由于天性使然，性格所致，而另一方面，则显然是由于她很小的时候就来到宫中，在宫中这座人世间最大的"名利场"中耳濡目染，静观默察，在做人做事方面见多识广。

　　这其中，最典型的例子就是当初她对儿子福临的成功"包装"。

　　大玉儿是个说话做事目的性很强的女人。想必是为了证明自己的儿子绝非凡夫俗子，以此证明他的身上有着一股帝王之气，她故意把自己在孕育福临时的情景说得很神秘，说自己在怀儿子福临的时候，曾有红光照身，盘旋如龙形，而在她分娩前夜曾梦见神人抱着一个婴儿放入自己腹内，并特地交代说这孩子将来是统一华夏之主。又说福临呱呱坠地后，屋内红光四射，并散发出奇异的香气，经久不散，而福临的头发也不是趴在头顶上，而是一根根直立着。

　　除此之外，仔细想想，还有一件事也确乎有"炒作"的嫌疑。

　　那是发生在皇太极去世前一年的冬天。一天，皇太极带着一帮人马到叶赫去打猎，因龙体欠安，到库尔就走不动了。诸位亲王、贝子和众大臣都劝皇上打道回府，但皇太极却有些犹豫不决：若继续向前实在有些体力不支，就这样两手空空回去则又有失自己的面子。然就在这左右为难之际，发生了一件几乎令所有人都意想不到的事情：当时尚不满5岁的皇九子福临竟然张弓放箭，射杀了一只狍子！

　　据说，当听到这一喜报时，皇太极大为高兴，觉得真是"龙生龙，凤生凤"，连自己乳臭未干还在蹒跚学步的小皇子尚且如此了得，则自己的本领就更不用说了。这样一想，于是，龙颜大悦的他顿时率领大队人马带着仅有的这一战利品打道回宫。

仔细想想，这事很可能有着许多的猫腻，有着许多造假炒作的成分，要知道，一个尚不满5岁的孩子怎么可能会有力气弯弓搭箭，又怎么可能有如此高超的箭术能够射杀一只机敏异常的狍子？十有八九，是有人在暗中编排且导演了这一幕假戏，而这编剧加导演不用说就是跟随皇太极出猎以便照看自己尚未成年的儿子福临的庄妃，当然还有庄妃身边的谋臣。

今天想来，庄妃之所以要既当编剧又当导演，编创执导出这么多的故事，以此证明自己的儿子福临生有异兆，非同常人，其中的用意不言而喻，不说自明。

可是，无论大玉儿怎么煞费苦心，竭力想把福临"包装"成一个真龙天子，然而，从种种迹象看，皇太极似乎并没有受这些异兆的影响，一直到死，他都确乎从来没有考虑过要把自己的皇位传给出生时据说有香气四溢的福临；

说也难怪，当时皇太极的心思有一大半显然是放在了战场上，放在了与大明王朝的雌雄对决上；而另一半则几乎全部放在了自己的爱妃海兰珠的身上。

皇太极即位后，为完成父亲努尔哈赤生前未竟的事业，加紧对辽东用兵。当时的辽东战局犹如一盘棋局，虽然从后来看，对当时的大明王朝来说，已经进入到了最后的苦苦支撑的残局，但从当时的形势看，即使是从后金一方着眼，应该说，整个盘面也还正处于难分难解胜负难料的局面。皇太极自宁锦之役失利后，十年间未在辽西同明军有大的争战。可是，自从皇太极用反间计除掉了他与父亲努尔哈赤的"父子克星"袁崇焕后，局势很快便朝着有利于清朝一方好转。

即便这样，瘦死的骆驼比马大，明朝还是占有着很大的优势。要想在战场上打垮明军，对于皇太极来说，也并不是一件很容易的事情。

崇德四年（崇祯十二年，1639年），清军围困锦州，明军守将祖大寿告急。崇祯帝派洪承畴为总督，率8位总兵、13万步骑、4万马匹，解锦州之围。尽管洪承畴后来降清，大节有亏，但平心而论，此人绝对是一位优秀的将领。在第二年出关上任后，他采取"步步为营，且战且守，待敌自困，一战解围"的战术，于崇德六年七月进军至松山。两军初战，清军失利，几至溃败。

当失利的消息秘密传到盛京，当时正在生病的皇太极顾不上养病立即亲赴前线。史载："上行急，鼻血不止，承以椀"，也就是说，皇太极的鼻子尽管当时还血流不止，他也不去管，而只是用椀（一种木碗）盛着，马不停蹄地昼夜赶路，一直到松山才驻营，且立即开始指挥战斗。

可正当此时，倍受皇太极呵护与怜爱的海兰珠于这年秋天香消玉殒。这对皇太极的打击极大。

据说，海兰珠弥留之际，皇太极正在松山指挥清军与明军激战，可是，当听到自己心爱的宸妃病危时，皇太极却一反常态，在战事那么紧要时竟然立即离开火线，日夜兼程赶回盛京。对此，《清史稿》有一段非常简短但却异常生动的记载："六年九月，太宗方伐明，闻妃病而还，未至，妃已薨。上恸甚，一日忽迷惘，自午至酉始瘥。"只寥寥数字，便把皇太极当时的悲痛欲绝的神情描写得淋漓尽致。

由此可见，对于爱妃海兰珠的死，皇太极真的是非常伤心，那些天里，他不思饮食，夜不安寝，恸哭不止。甚至有一天中午，他竟然哭得突然昏迷了过去，嘴里胡话不止，而所有的胡话几乎都是在呼唤着海兰珠。嫔妃和大臣们都非常害怕，赶忙在神像前摆设祭物，进行祈祷。以致过了好大一会儿，皇太极才苏醒过来。

之所以会那么深深挚爱着宸妃海兰珠，对此，想必就连皇太极自己也说不清楚究竟是为什么？就因此，有一次在提到海兰珠时，他曾含着泪感叹说："太祖（指努尔哈赤）病逝时，我也没有这样悲痛过。我怎么能就为一个妇人而活着呢？"

为了大清的江山，在大臣们的劝慰下，他曾竭力想忘掉自己心爱的亡妃海兰珠，可是，谈何容易？不久，在一次出猎路过宸妃墓地时，这位"爱江山更爱美人"的大清皇帝还是不能自制，放声大哭。对宸妃的思念与难解的忧伤，严重损害了皇太极的健康，以致他的身体日渐衰弱，甚至连日常朝政也"难以躬亲办理"。在宸妃去世两年之后，这位大清实际上的第一任皇帝竟也病入膏肓，死在清宁宫，去追寻先他而逝的宸妃去了，享年52岁。

仅此可见，皇太极对于宸妃海兰珠的用情之专，用情之深！

就因为皇太极的爱情太过于专注，几乎将所有的爱的甘泉都全然浇灌在了宸妃这株美丽的鲜花上，故此，其他嫔妃自然就很少能得到皇帝的恩宠与滋润。

对此，庄妃大玉儿自然也不能例外。

从种种实际情形看，海兰珠死后，皇太极并没有因此移情别恋，另结新欢，把自己的一腔浓浓的情爱转嫁到别的嫔妃的身上。所以，睽诸历史，应该说，孝庄与皇太极的夫妻感情绝对是不咸不淡，不冷不热，谈不上有多么恩爱。有些野史和当下一些小说影视剧说她俩的爱情有多么热烈、多么风流、多么浪漫，绝对荒谬。

但尽管这样，在后宫的博弈中，庄妃大玉儿依然有着她自身的优势。其主要表现在这样三个方面，那就是：其一，她的娘家势力不容小觑；其二，她有儿子，且是嫡出；至于其三，则是她很有心机与手腕。

先说其一，诚如我们所知道的，大玉儿来自于科尔沁草原，她的娘家博尔济吉特氏家族在蒙古族的势力绝对不容低估，对此，无论是努尔哈赤还是皇太极乃至后来的大清皇帝都一直心存忌惮，不敢怠慢。也正因此，爱新觉罗家族与博尔济吉特氏家族的联姻才会一直成为"满蒙联姻"的重头戏，而博尔济吉特氏家族的女人也才会经常在大清朝正位中宫，皇后辈出。无疑，正是由于娘家的独特地位决定了庄妃在后宫的地位绝非一般的庶妃可比。

其二，应该说，儿子福临可谓庄妃手中握有的一张王牌。因为，在皇太极的五大福晋中，排名第一的中宫孝端文皇后哲哲只生有三个女儿，没有儿子；排位第二的东宫宸妃海兰珠虽生有一子但却很快夭折；位列第三的西宫贵妃懿靖大贵妃娜木钟虽生有一子博穆博果尔，但博穆博果尔乃是皇太极的十一子，比福临小了整整 4 岁；而次东宫淑妃巴特玛·璪则没有生育，只领养了一个蒙古女孩。由此观之，在"生子才是硬道理"的崇德后宫，生有福临而且还是嫡长子的庄妃大玉儿自然有着其他后妃无可比拟的优势。

至于其三，如前所述，则是庄妃很有城府也很有谋略，这使她在大清后宫的博弈中尽管不露锋芒、不动声色但却能够以静制动、以柔克刚，从而在长期的默默忍耐与坚持中能够将优势转化为胜势，并最终登上了皇太后的宝座。

大清宫中的"女骑手"

在中国古代后宫，通常那些头发长见识短的嫔妃都只是一些供男人骑乘驱使的牝马，甚或玩偶，只有极少数非常精明很有手段地位特殊的嫔妃才有可能成为驾驭男人们的"骑手"。

很显然，庄妃便是这样的一个"骑手"，而且，还是一个非常高明的骑手。

这样说一点儿也没夸张，因为，在当年，曾被她驯服乃至于骑在胯下的可不是一般的男人，而是当时全中国乃至全世界两个最为优秀且也是最难驯服的男人——洪承畴与多尔衮。

关于洪承畴降清的故事在历史上一直有很多版本，且很有戏剧性，但最流行最具戏剧性的一种说法就是"庄妃色降洪承畴"。

如《清朝野史大观·多尔衮》中有这样一段记载："洪承畴之降于清也，以世祖之母博尔济吉特氏劝降之功居多。"这里的清世祖，就是顺治皇帝，而其母亲博尔济吉特氏自然指的就是庄妃。至于庄妃是用什么手段让洪承畴投降了清朝，《清朝野史大观》只说是"色降"，但具体怎么个"色降"法，却没有细说。也正因此，后代的一些小说家之流便都充分发挥自己的想象，给这一段历史不断注入许多戏说的元素与味精。

如近年来有一部名叫《孝庄秘史》的小说和根据同名小说改编的电视剧便这样描写说，松山之战后明军大败，明军主帅辽东经略洪承畴被俘，被紧急押送至盛京。因为非常赏识洪承畴的才干，皇太极一心想招降这位明朝大将，以便为清所用。可是，无论是威逼利诱抑或还是他和丞相范文程亲自去劝降，洪承畴都表现得大义凛然，不为所动。甚至，有一段时间，洪承畴还在狱中绝食，多次慷慨激昂地说："我洪承畴只求一死明志。"

可是，哪里想到一代名将洪承畴的"名节"最后竟然会毁在了庄妃大玉儿的手里！

事情相传是这样的，说是有一天，洪承畴迷迷糊糊地躺在狱中的光板床上，忍受着饥渴的煎熬，只求速死，然而忽然间他却闻到了一股奇怪的香味。几乎是下意识地，他的精神禁不住为之一振，不由得微微张开双眼，发现面前竟站着一位丰乳肥臀含情脉脉的满洲贵妇人。这位贵妇人袅袅娜娜，一头乌黑油亮、光可鉴人的秀发，挽着高高耸起的云鬓，衣袖下腕似嫩藕，手如葱白，窈窕的身材如风摆杨柳、出水芙蓉。

一时间，洪承畴只觉得整个囚室顿时变得亮堂起来，似乎连饥渴也忘了。

据说，正是在这样一种情境下，洪承畴与庄妃之间展开了一段对话：

庄妃："你就是大明朝的洪经略吗？"

洪承畴："你是谁？"

庄妃并不正面回答她是谁，而是把自己假扮成一个"洪粉丝"，显得很是崇拜地说："我听说经略一心殉国，心中敬佩，特来一睹威仪。"

洪承畴："我殉我的国，与你有何相干？敢情你也是用花言巧语来劝我归降的吧？快省省力气走吧。"

庄妃："这宫里头规矩大，我一旦被发现，立时就有杀身之祸。若不是真心仰慕经略，我何需冒险前来？谁晓得经略疑心这么重？也罢！"

话说到这时，洪承畴心里已经颇有些怜香惜玉的意思了，于是便说："姑娘，我是将死之人，又何劳姑娘枉顾？要是连累了你，我又于心何忍呢？"

庄妃："你跟我想象的一样。虽然饿了些天，但是却仍然英气逼人。"

洪承畴："我死在眼前，顾不得了。求姑娘成全，容我死于花下。我死也瞑目了。"

不知道这个"蒙古第一美人"那天到底使出了什么解数，让原本死也不降的洪承畴最后居然就"降"了她。这孤男寡女的，谁知道他们那天究竟又演了什么好戏，达成了怎样的默契呢？以致后来有很多传言，都说孝庄曾"委身"洪承畴，用"美人计"才把洪承畴这匹烈马给彻底"驯服"的。

当然，洪承畴究竟是否是庄妃"色降"的，正史因无所载，只能存疑。但是，当时大清国的另一位极为优秀的男人多尔衮则毫无疑问是被庄妃这位大清宫中的"女骑手"给彻底驯服的。

说到多尔衮，我们显然并不陌生。他虽说是努尔哈赤的第十四子，但却是努尔哈赤晚年最宠爱的大妃乌拉氏阿巴亥的爱子。相传，天命十一年（1626年），努尔哈赤在清河汤泉疗养地病危前曾紧急召见时在盛京宫中的爱妃阿巴亥火速来见。几天后，在一个名叫瑷鸡堡的地方，这一对老夫少妻相见后，努尔哈赤临终授以遗命。

如果真是这样的话，那么，努尔哈赤在临终前肯定已经交代了后事，即立阿巴亥为皇太后，而让她的儿子多尔衮承继汗位。可是，由于皇太极等众贝勒的阴谋，在这场突如其来的汗位争夺战中先发制人，造成皇太极即位这一既成事实，并假借太祖"遗命"，逼迫阿巴亥自尽殉夫。如此一来，失去母亲这一"政治靠山"的多尔衮便自然被逐出争夺汗位继承人的角斗场。

也正因此，据蒋良骐《东华录》卷四记载，后来多尔衮曾说："太宗文皇帝之位，原系夺立。"

但是，要说多尔衮真的不是一个平庸之辈，在皇太极登上汗位乃至称帝后，尽管他和自己的兄弟多铎、阿济格一度处境微妙，但是，凭借他的过人的精明与能干，特别是他在军事方面的韬略与才能，终于渐渐赢得了当时一心想开疆拓土问鼎中原因而急需要左膀右臂支持的皇太极的信任与重用。

从史书上看，多尔衮文武兼备，绝对称得上是一个文武全才，在当时的八旗贵族中，他不仅英勇善战，很有军事天分，而且善于审时度势，很有政治韬略，完全可以说是一个出类拔萃乃至有些鹤立鸡群的人物。

和历史上许多政治人物一样，多尔衮也很会演戏，尽管皇太极是逼死他母亲阿巴亥的主谋与凶手，但在当时，小小年纪的他便懂得韬光养晦，在皇太极面前，不仅能够表现得若无其事，而且还竭力表现得无限忠于和紧跟皇太极，从不显露自己的仇恨与勃勃野心。不仅如此，他还在战场上出生入死，显示出了超人的勇气和才智，为皇太极当然也为大清帝国立下了不朽的功勋。因此，史书上说他"攻城必克，野战必胜"，令皇太极对他"特别爱重"，并因战功卓著受封为"墨尔根代青"，蒙古语意为"聪明之王"。

的确，从某种意义上说，大清的江山几乎有一大半是多尔衮打下来的。对此，即使是在当时，也是有口皆碑。如当时的著名西方传教士汤若望就说："多尔衮是清帝国的实际创造者。"而在顺治十二年，副理事官彭长庚则评价多尔衮说："太宗创业盛京，同事诸王俱树功勋，而睿王之功为冠。"当时正值多尔衮死后遭到清算之际，在这样一种特殊的"政治气候"下，彭长庚说的这番话显然不是故意阿谀奉承的溢美之词。

由此可见，功高盖国的多尔衮绝非等闲之辈。

但就是这样一个"政治高人"，就像一匹狂野不羁的烈马，却能被庄妃的"套马杆"给套住，并自觉不自觉地被其牵住了笼头，任其驱使，想可以见庄妃真的是功力非凡，很不寻常，委实称得上是一个女中豪杰，御人高手。

一些野史和时下一些小说影视剧把多尔衮和孝庄说成是一对从小青梅竹马两小无猜的恋人，或是两人邂逅在蒙古大草原上，多尔衮对美丽的孝庄一见钟情，于是"敖包相会"私定终身，只是后来由于皇太极横刀夺爱，才使这一对有情人未成眷属。

仔细想想，这是很不现实的。要知道，多尔衮生于建州女真，孝庄生在蒙古科尔沁草原，两人远距百里，儿时别说相爱，恐怕连相识也不大可能。而且，孝庄12岁嫁给皇太极时，多尔衮也只有13岁，小小年纪，依照情理，当时两人之间根本擦不出爱情的火花，既然这样，又哪里会发生皇太极"第三者插足"，横刀夺爱之事？

所以，比较有可能发生的事情是，庄妃嫁给皇太极后，在盛京不大的皇宫中，两人因为接触较多，多尔衮有可能对美丽贤淑被称为"满蒙第一美人"的嫂子庄妃心生"暗恋"，而庄妃也很有可能会对与仅比自己小一岁且精明强干能征善战的"小叔子"多尔衮颇有好感。但在皇太极活着时，从种种迹象看，两人之间显然没有任何暧昧关系，至于那种叔嫂之间的"婚外恋"或是那种"偷情"之事就更是绝无可能。

究其原因，一方面固然是由于多尔衮即便是有此贼心，也不敢有此贼胆，因为皇太极精明强悍，绝对不是好惹的，纵然是骁勇异常的多尔衮也会心存忌惮，断然不敢在"太岁头上动土"，敢"碰"大哥的女人；而从另一方面来说，庄妃其实是一个很有头脑很讲政治的女人，以她的精明与理智，她也断然不敢"红杏出墙"，感情用事，即便真的是那样爱着多尔衮，她也绝对不会拿自己特别是自己的儿子顺治的"政治前途"开玩笑。因为，在这方面是有着非常现实且非常惨痛的教训。当年，多尔衮的母亲阿巴亥就因为被人诬陷说她与努尔哈赤的大儿子大贝勒代善有暧昧关系，说她曾两次给代善送饭并深夜出宫，结果阿巴亥与代善两人都受到努尔哈赤的惩治与离弃。

前车之辙，后车之鉴，既然宫中已有过此事，庄妃当然不会糊涂到如灯蛾扑火一般再步其后尘，重蹈覆辙。

当然，话又说回来，任何事情都不是绝对的。也正是由于庄妃很有头脑很讲政治，所以，诚所谓"此一时也，彼一时也"，如果说，在皇太极在世时，她绝不会稍越爱情的雷池半步的话，那么，而当皇太极死后，为了达到某种目的，她则会情愿不情愿地主动步入到这一爱情的雷池当中，与多尔衮假戏真唱，共同演绎一段若即若离、真假难辨的宫廷爱情故事。

的确，按照情理推测，庄妃与多尔衮的宫廷爱情故事最早应该是在庄妃之子福临登基之后才开始的，而之所以会发生这样的爱情故事，对于庄妃来说，或许一半是出于感恩，至于另一半，而且是在很大程度上，则显然是出于对当时的"政治强人"多尔衮的笼络与利用。

诚如我们所知道的，后金崇德八年（1643年）八月九日的深夜，当了十年皇帝的皇太极在清宁宫一声惊叫后一命呜呼。随着皇太极的猝然离世，一场皇位争夺战迅速爆发了。

当时，最想当皇帝也最有资格当皇帝的有两个人，一个是多尔衮，皇太极的同父异母的弟弟；另一个是豪格，皇太极的长子。

本来，按照推举制的原则，就能力、威望、战功、地位与实力而言，多尔衮最应该被推举为大清皇位继承人，可是，那些亲皇太极派却竭力要拥立先帝之子，甚至有人指名要拥戴豪格。这就使局势变得异常的复杂。

要坐龙椅得凭实力，靠实力说话。可在当时，拥立皇子派与拥立多尔衮派两边势力都不弱，拥立皇子派一方有正黄、镶黄、正蓝三旗实力，而多尔衮一方，则有他和其胞兄阿济格、胞弟多铎拥有的正白和镶白两旗实力，还有其他旗部分势力的支持，两相比较，可谓势均力敌，旗鼓相当。

显然，在这种情势下，如果双方任何一方要强行即位，则必然会遭到另一方的激烈反对，乃至拼死抵抗。

实际的情形无疑也正是这样。史载，就在皇太极死后的第五天，在大清国后继皇帝的推举会上，双方的势力几乎从会议一开始就剑拔弩张，各不相让，空气中俨然散发着一股浓烈的火药味。

要说多尔衮真的是一位"墨尔根代青"（聪明之王），关键时刻他绝不固执己见，非要一条路走到天黑，作困兽之斗。见此情景，他深知：稍有不慎，就会兵刃相见，酿成血光之灾，引发一场大的宫廷杀戮！而在历史上，我国的许多游牧民族也正是在相互的争权、内讧与自相残杀中很快走向衰落走向崩溃乃至灰飞烟灭的。有鉴于此，这位"聪明之王"灵机一动，当机立断地改变了自己的主意，主动退出，出人意料地提出立皇九子福临为帝。

如此一来，多尔衮既满足了拥立皇子派必欲立先帝之子的愿望，同时，又巧妙地将自己的政治对手也即当时的即位大热门豪格逐出了局，谈笑间便将其彻底"封杀"了，此外，又使自己具有了其他人无法拥有的"拥立之功"，如此的妙计，真可谓一举三得，一箭三雕！

当时，他的话说得绝对冠冕堂皇，在两黄旗的人坚持要立先帝之子的情况下，他环顾左右，不紧不慢地对着那些"反对派"说："两黄旗大臣说的有道理，我赞成由皇子即位。"说到这里，他故意略微停顿了一下，这种时候，就见两黄旗的大臣一个个都情不自禁地面露喜色，以为他要推戴豪格嗣位。可是，他假装咳嗽了两声，忽然话锋一转，正色说道："但既然肃亲王豪格谦让不想做皇帝，那就立先帝之子福临吧。可他年纪还小，应由我和郑亲王济尔哈朗两人共同辅政，掌管八旗事务。一旦幼君长大，我们两人立即让他亲政。"

如同对弈一样，当时"反对派们"绝没有想到多尔衮会突然下出这一步"棋"，所以，听了他的这一番话，尽管两黄旗中有很多人都不大满意，一如当时朝鲜人接到来自沈阳的密报所言"九王废长子虎口王而立其第三子，年甫六岁，群情颇不悦"。这里所说的"九王"指多尔衮，"虎口王"指豪格，"第三子"为福临，六岁乃为虚龄，可是，不悦归不悦，但想想多尔衮说得也还合情合理，也就不好再去反对了。于是，大家便按照惯例当即共同盟誓，表示要效忠皇帝，绝无异心。

就这样，"鹬蚌相持"，"幼童"得利，时年还只有五周岁半的皇九子福临白白捡了个"大皮夹子"，出人意料地继承了大清皇帝之位。

翻阅历史，应该说，在原本不立幼君且当时大清正处在马上争天下的年代里，一个懵懂的幼童竟然坐上龙庭，当上了开创新朝的"开国皇帝"，这在中国历史上显然绝无仅有，仅此一例。

在今天看来，多尔衮之所以会在关键时刻推举年幼的福临为帝，很有可能并不是因为一时的心血来潮，灵机一动，而是早有预谋。这想必是有以下两个原因促成的：一是为避免内乱而作退让。从史书上看，多尔衮绝对是个深谋远虑的政治家，关键时刻能够高瞻远瞩，棋高一着，他知道，如果自己真要为争夺皇位与两黄旗的人冲突起来，其结果不仅会造成鱼死网破，两败俱伤，而且还必然会造成清廷内部的严重分裂与仇杀，并很有可能导致大清的衰败。

而这显然是他绝对不愿意看到的。

至于其二，则很可能乃是孝庄在幕后的斡旋，或者说是"美女外交"的结果。在此之前，也许，孝庄乃至孝端皇太后哲哲都曾暗中和多尔衮有过接触，私下有过交易，希望他在关键时刻能够"力挺"先帝的嫡子福临。当然，孝端与孝庄肯定也会许诺，倘若福临能够承继大统，作为回报，到时一定会让多尔衮作为顾命大臣，代行国政，掌管八旗事务。

从种种情形看，对这样的一桩"幕后交易"，一开始多尔衮其实在内心中并不愿意，尽管，在内心中他也许真的爱恋着自己的嫂嫂大玉儿，但他的最大愿望无疑还是想自己去当皇帝，只是后来眼看自己当皇帝的阻力太大，诚所谓识时务者为俊杰，这才退而求其次，迫不得已时便故意卖给孝庄以及孝端皇太后一个天大的人情，推举福临为帝。

这样做，对于多尔衮来说，显然也是一桩只赚不赔的"政治买卖"，因为，如此一来，即使他"独一份"地获取了拥立新帝的大功，而且，拥立幼君，也使他几乎很轻易地便攫取了实际掌控大清国的大权。

当然，在这桩"政治交易"中，其最大获益者应该说还是孝庄母子，因为如果不是睿亲王多尔衮和肃亲王豪格之间的鹬蚌相持，如果不是多尔衮在不得已时出于私心，打他个人的小算盘，福临这个六岁的小毛孩在当时是怎么也不可能坐上龙椅，成为新君的。

所以，当那天忽然听到福临被拥立为皇帝，最喜出望外的其实并不是福临自己，而无疑应该说是他的母亲孝庄。因为，一个六岁的孩子显然还不知道这一切将意味着什么，而只有他的母亲才心知肚明，知道这其中所具有的非同一般的意义。

一点也不夸张，皇太极死后，在异常激烈的接班人之争中，最终胜出的皇九子福临绝对是一匹几乎出乎所有人意料的黑马。那天，也即崇德八年（1643 年）八月二十六日，在这一举国欢庆的大喜日子里，宫中的文武大臣都来参加新皇帝的登基大典，当少不更事的福临被他的乳母玩游戏一般哄着坐上了那把龙椅，并将明年的年号改为"顺治"，已经成了皇太后的大玉儿当时一定会心中窃喜，甚或在暗中喜极而泣。

可是，这样喜悦的心情并没有能够持续很久，很快，她便陷入到了一种比以前更为忧心焦虑痛苦烦恼的境地之中。

究其原因，乃是因为继位人之争虽然暂时告一段落，但围绕皇权所发生的斗争却并没有停止，反而因此越演越烈。

"太后下嫁"又何妨

晚清小说家海上漱石生在《如此官场》中描写宦海风涛时写道：宦海潮"风波险恶"，"白浪滔天，不知掀翻了多少船只"！

其实，在封建社会，"白浪滔天"的宦海潮不仅掀翻过许多封建臣子的"船只"，也毫不留情地掀翻过许多封建君主的"船只"。所以，在封建社会，当官——无论是为臣还是为君，从某种意义上说都是一种"高危行业"。也正因此，历史上许多为官者置身官场都战战兢兢，如履薄冰，表面上风光八面，但在内心中却压力极大，一辈子几乎都生活得很不轻松。

当然，这其中的辛辣与苦涩，由于年龄和阅历的关系，六岁即位的顺治皇帝显然暂时还体味不到，但是，他的母亲孝庄皇太后却深切地感受乃至品尝到了。

说来，孝庄皇太后真的是很不容易，丈夫皇太极去世后，由于种种原因，儿子福临好不容易登基称帝，原以为如此一来可以万事大吉起码可以暂时喘一口气了，但令她始料未及的是，"树欲静而风不止"，接下来的宦海潮却更加"风波险恶"，皇权斗争却更为激烈。

事实也真的就是这样。尽管，在福临登基大典那天，多尔衮与济尔哈朗两位辅政王领着一帮亲王贝勒当众发誓要秉公辅佐皇帝，声言若"妄自尊大，漠视兄弟，不从众议，每事行私，以恩仇为轻重，则天诛地灭，令短折而死"。但明眼人一看便知道，那其实不过是一种"政治作秀"，是一种嘴上说说而已的"官样文章"罢了，对此，自然当不得真。而在实际上，一向自视甚高的多尔衮绝不甘心对一个"儿皇帝"俯首称臣，唯命是从。

可不是吗？这边，多尔衮在登基大典上的誓言还言犹在耳，那边，才只过了四个月，他便抛弃誓言做了摄政王。顺治元年（1644 年）五月初三，多尔衮统兵占领北京，乘坐通常只有皇帝才能坐的辇，入武英殿升座，明朝降官俱拜伏墀下，像拥戴参拜皇帝似的对他山呼"万岁"。而到了第二年，他又"自我提拔"，封自己为"叔父摄政王"。到了顺治三年，他又制定卤簿仪仗，使自己的礼遇高出其他亲王一等，只稍低于皇帝。故而每逢元旦及佳节，满汉文武大臣刚朝罢皇上，便要接着去朝拜皇叔父摄政王。

可以想见，当时多尔衮的专横跋扈、颐指气使真的已经到了无以复加的程度，用当年待在宫中的西方传教士所描述的话来说就是："上上下下都怕他，据说就是达官显贵往往也不能直接同他说话，要趁他外出守候在路旁，借便谒见。"即便是对寡居后宫、颇有姿色的嫂子孝庄皇太后，他也常出言不逊，甚或言行轻佻。

对于这样的变化，六岁的小皇帝当然不知道其中的厉害，但是，以孝庄的聪明与对政治的敏感，她当然能觉察和洞悉得出多尔衮的居心何在。而在当时，多尔衮位高权重，在朝中很有势力，即使是当初竭力反对他做皇帝的两黄旗的大臣中也不断有人见风使舵，明里暗里渐渐向多尔衮靠拢。

在这样的情势下，孝庄深知如果自己以硬碰硬，单靠自己孤儿寡母的实力，即便是再加上姑姑孝端文皇后的势力，是怎么也不能够与多尔衮匹敌的。可是，如果不能迅速有效地阻遏住多尔衮的篡权步伐，而是任其欲望不加节制地迅速膨胀，用不了多久，尚未成年的福临说不定哪一天就会被多尔衮突然以某种冠冕堂皇的借口从皇位上给赶下来，甚至会被其害死然后对外轻描淡写地说是"暴崩"也说不定。

那么，既然这样，这一切的一切究竟应该怎样去应对呢？

很有可能，在那期间，孝庄曾一度忧心如焚，寝食不安，经常长时间地陷入对这一问题的深思之中。

怎么样才能遏制住多尔衮日益膨胀的欲望，怎么样才能勒住多尔衮意欲篡位的缰绳？那些天里，冥思苦想夜不能寐的孝庄一定会经常思考着诸如此类的问题。

显而，也正是在经过了一段时间的深思苦虑之后，这位被历史证明无论智商还是情商都堪称一流的女人或曰一代"女政治家"终于做出了一个重大的在当时可谓两全其美的决定：即一方面继续让多尔衮逐鹿中原，在战场上为大清王朝拼死效力，出生入死，而在另一方面，则又给这匹烈马戴一个"笼头"，尽量用缰绳牵住他，以便能够以柔克刚，使其在政治上不能够横冲直撞，对皇位产生致命威胁。

很显然，孝庄这样一个决定或计策便是"美人计"，即希望能用自己的爱情与温柔作为"套马杆"，设法将多尔衮这匹狂放不羁的烈马给"驯服"。

思想是行动的先导。一旦打定了主意，那么，接下来所发生的事情便可想而知了。以孝庄的美丽、聪明与富有心机，再加上她的皇太后的特殊身份，要想色诱或者说"勾引"本就好色且对她垂涎已久的多尔衮显然不是什么难事。

然而，与多尔衮发生那种关系容易，但要真正能够驾驭得住绝非等闲之辈的多尔衮却显然并非易事，可以想见，当年为了竭力保住自己的儿子福临的皇位，孝庄是怎样的殚思竭虑，煞费苦心！

当然，由于史无所载，关于孝庄与多尔衮究竟有没有"那些事儿"，一直缺少真凭实据，且难以考证，故而，所谓的"太后下嫁"便成了清朝的一大历史之谜。

熟悉清史的人都知道，清朝的疑案很多，光是清初就有"太后下嫁""顺治出家"

"雍正夺嫡"这样三大历史之谜。而在这三大历史之谜中，特别是"太后下嫁"之谜，因为与宫廷绯闻有关，因而历来传说颇多，被野史炒得沸沸扬扬，至于一些现代小说和影视剧对此更是添油加醋，津津乐道，把它作为吸引读者与观众的噱头和卖点。

那么，历史上是否真有"太后下嫁"之事？也就是说，历史上的孝庄文皇后有没有真的"下嫁"给摄政王多尔衮？由于正史"语焉不详"，缺乏片言只字的记载，因而后人对此一直众说纷纭，莫衷一是。

一些史家和学者认为"太后下嫁"确有其事，之所以得出这样的结论，在他们看来，至少有这样几个方面的"证据"：

一是多尔衮由"皇叔父摄政王"改成"皇父摄政王"，摄政王之前居然冠以"皇父"，这说明孝庄确实嫁给了多尔衮，多尔衮已经成了福临的继父，否则，绝对不能称为"皇父"。

二是据朝鲜《李朝实录》记载，顺治六年二月，清廷派使臣赴朝鲜递交国书，朝鲜国王李倧见书中称多尔衮为"皇父摄政王"，问道："清国咨文中有皇父摄政王之语，此何举措？"清使答："今则去叔字，朝贺之事，与皇帝一体云。"朝鲜右议政郑太和说："敕中虽无此语，似是已为太上矣。"国王李倧曰："然则二帝矣。"朝鲜君臣视"皇父"为太上皇，已隐然指太后下嫁。

三是据清蒋良骐《东华录》记载：顺治八年二月乙亥，顺治诏书在议多尔衮罪时，称多尔衮"自称皇父摄政王，亲到皇宫内院"，而《清世祖实录》卷五十三同处却不见这一记载。《东华录》是著名的清代资料长篇，可信度极高。《实录》不载此事，很可能故意隐讳。多尔衮到内宫干什么？答案不难猜测。

四是清初著名抗清志士张煌言在其《苍水诗集》之《建夷宫词》中有"春官昨进新仪注，大礼恭逢太后婚"之诗句，更是言辞凿凿说孝庄文皇后不仅下嫁给多尔衮，而且还举行了隆重的结婚仪式。

五是旧时满州有一种习俗就是"父死子继，兄终弟及"。也就是说，父亲死了，儿子继承父亲的一切财产，同时也要续娶继母；兄长死了，弟弟继承兄长的一切财产，同时也要续娶嫂子。因此，当时正值盛年的孝庄文皇后与壮年的多尔衮结合，也是符合满族旧时风俗的。

六是按清早期的丧葬制度，皇后、妃嫔死后都是要与皇帝合葬的。但是，孝庄文皇后死后不但没有与沈阳昭陵的皇太极合葬，而且还被葬在了清东陵的风水墙外。人们据此猜测，是因为孝庄文皇后下嫁给了多尔衮，无颜与前夫皇太极相见于地下；同时，又因她给皇家丢了脸面，因此才把她葬在风水墙外，罚她给后世子孙看大门。

但是，也有一些史家和学者对"太后下嫁"持否定态度，这方面的代表主要以著名明清史大家孟森先生以及当代中国史学会会长、明清史专家冯尔康先生为主。

如孟森先生在其《清朝大历史》中，力辩太后下嫁之有关证据不足取信。在他看来，张煌言"春官昨进新仪注，大礼恭逢太后婚"虽言之凿凿，"然苍水以邻敌在远，仇恨所敌，因传闻而作揶揄之词，难为信史"，故而"未敢据此孤证为论定也"。

对于"皇父"之说，孟森先生认为："父之为称，古有'尚父''仲父'，皆君之所以尊臣，仍不能指为太后下嫁之确据。'皇父摄政王'是由报功而来，以崇功德，非由渎伦而来，'实符古人尚父、仲父之意'。"

至于"亲到皇宫内院"，在孟森先生看来，这句虽然可疑，但也只可疑其曾渎乱宫廷，决非如世传之太后大婚。而太后死后不与太宗合葬也不能成为太后下嫁之根据。因太宗昭陵已有孝端皇后合葬，孝庄为第二后，孟森先生说："第二后之不合葬者，累代有之。"康熙、雍正、乾隆、嘉庆、道光、咸丰诸帝之第二后均不合葬。故孝庄太后不与皇太极合葬，"不能定为下嫁之证"。

总之，在作了一番精审考订之后，孟森先生遂"急录之以为定断"，认定太后下嫁"确证其无此事"，认为世间浮言可以息止。

那么，"太后下嫁"真的是"确证其无此事"吗？仔细想想，觉得孟森先生对太后下嫁之事的"考实"未免有些理想化、绝对化了，那种以为孝庄与多尔衮没有婚嫁之事甚至"非有暧昧之惨"的观点实在是有些"君子之论"抑或说是"书生之见"，很可能不符合当时的事实。

的确，尽管作为一桩历史公案，"太后下嫁"之谜在今天已经很难解开，真实与否已经很难判断，但从当时的种种实际情形看，下嫁之事很有可能确是实情。退一万步说，即使没有公开的"大礼恭逢太后婚"，没有举行过正式的下嫁大典，起码在私下里孝庄与多尔衮之间的关系也很不一般，说不定，两人在一起"私通"在当时的后宫中乃是"公开的秘密"。

倘若设身处地地想想，就会觉得发生这种事情实在是很合乎情理。

诚如我们所知道的，拥立福临为帝乃是多尔衮的"第二志愿"，他的"第一志愿"乃是想自己当皇帝，只是迫不得已才退而求其次的。但即便这样，他也一直心有不甘。

这样说当然是有事实根据的。因为，据史料记载，后皇太极时代，多尔衮已经成为名副其实的"权臣"，他虽然不是名义上的皇帝，但在实际上已成为大清帝国说一不二的最高统治者。他代天摄政，赏罚等于朝廷。当其入朝时，"满洲诸臣皆跪"，俨然帝尊。他"大权在握，关内关外咸知有摄政王一人"。（《钦定八旗通志》第4册）"臣工或尊之为'上'，与皇帝无别；若摄政王有言，则称"王上曰"；凡有赏赐则曰"钦赐出自圣恩"。（北京故宫博物院编《多尔衮摄政日记》）摄政王在各方面都是实际上的皇帝，"凡一切政事及批票本章，不奉上命，概称诏旨"。（《钦定八旗通志》第4册）顺治帝后来说："睿王摄政，朕惟拱手以承祭祀。凡天下国家之事，朕既不预，亦未有向朕详陈者。"（《清世祖实录》卷88）多尔衮曾发牢骚说："若以我为君，今上顺治帝居储位，我何以有此病症？"（《清世祖实录》卷63）

仅此可见，多尔衮对帝位可谓垂涎已久，其觊觎之心到后来已昭然若揭。

从史书上看，孝庄皇太后聪明睿智，很有政治头脑，史载她曾经"佐太宗文皇帝，肇造丕基"，在清朝开国特别是在皇太极夺嫡过程中表现出了卓越的政治智慧与才干。所以，面对多尔衮的蠢蠢欲动，暗流涌动，"政治敏感性"很强的她绝对不会麻木不仁，无动于衷，更不可能听天由命，坐以待毙。而在当时，她所能采取的措施只有也只能是以柔克刚，纡尊下嫁，即用自己爱情的"笼头"套住多尔衮，让他不至于太过乱来。

是啊，为了儿子能坐稳龙椅，为了让多尔衮能尽可能心甘情愿地为她们孤儿寡母"效力"，孝庄自己纵然受点委屈，乃至受点屈辱，纡尊下嫁，又算得了什么呢？

关于太后下嫁一事，历史没有记载，估计也不好记载，或者，曾有过记载，但到后来，出于"为尊者讳"之目的，孝庄皇太后的后代子孙将这一段并不光彩的故事全部删去，让这一段历史从此成为空白也很有可能。因为，清朝是个文字狱盛行的朝代，有很多的历史事件正史不敢写，野史无疑也不敢去触碰这一"政治雷区"，即使有野史笔记谈及或影射此事，估计也被一次又一次的"文字狱"给彻底清洗屏蔽掉了。

于是，"太后下嫁"便成了一大历史之谜。

但仔细想想，在当时，"太后下嫁"实在是一件非常合情合理的事情，根本不值得大惊小怪。

的确，皇太极驾崩那年，庄妃还只有 30 岁，如此年轻守寡，从人性的角度说，漫漫长夜，独守空房，她又怎能耐得住后宫的寂寞？当时，多尔衮也只有 29 岁，而且其王妃也在不久后仙逝，所以，两个刚到而立之年的孤男寡女异性相吸，能够走到一起相亲相爱也是很正常的。而且，在当时的大清王公大臣中，多尔衮叱咤风云，文韬武略，出类拔萃，身上有着许多的英雄气。再说，当时的满族曾有"妻后嫂"乃至"妻后母"的习俗，也即兄长死后弟娶其嫂，甚至父亲死后，子娶其父之配偶（不是生母）的风俗。更何况，在中国历史上，许多临朝称制抑或垂帘听政的皇后如北魏文成帝的冯皇后还有武则天、慈禧等在皇帝死后，其"后宫"都置有"内宠"或曰"面首"，只不过事涉机密，大多"不得外传""不足为外人道也"罢了。

所以，在当年，无论从什么角度说，太后纡尊下嫁都不能算是什么很出格的事，更不能算是什么伤风败俗的事。只是到了后来，由于清朝统治者日趋汉化，以儒家所谓"正统"的观点去看，才会觉得此事有伤风化，很不光彩，因而也才会删削此事，以掩其"丑"。

"儿大不由娘"

从某种意义上说，孝庄皇太后虽然是一个成功的政治家，但却不是一个成功的母亲。

对她来说，也许一生中最令她愧疚而又伤心的事莫过于没能教育好自己的儿子，处理好母子关系。

的确，从史书上看，孝庄皇太后与顺治之间在一些重大事件上曾经发生过许多次大的冲突，可以说，母子之间的关系很不融洽。而之所以会出现这样的情况，很显然与她以及顺治皇帝童年那段特殊经历有关。

说来真的是"不幸生在帝王家"，顺治皇帝的童年乃至一生其实真的是很不幸。虽然，从表面上看，他在不到六岁时便登基称帝，可以说是一个幸运儿，但在实际上，他却千真万确、彻头彻尾是一个可怜虫。

据史书记载，还才五岁多，他的父亲皇太极便死了，而在冲龄登基后，一个尚未懂事的孩子从此就仿佛清教徒一般，完全生活在一种与平常儿童截然不同的环境中，每日晨昏参拜，四时祭祀叩首，数不清的清规戒律，行不完的繁文缛礼，此外还有汗牛充栋的三坟五典要他死记硬背，委实令他苦不堪言。而更使他伤心失望、痛苦不堪的是，据他后来回忆，乃是在多尔衮摄政期间，"皇太后与朕分宫而居，每经累月方得一见。"多尔衮摄政长达七年，也就是说，顺治从六岁到十四岁亲政之前，每隔几个月才被允许见一次仅有几墙之隔的母亲，这对尚在童年的顺治来说，无疑是一种心灵与精神上的莫大戕害与摧残。

由于缺少父爱和母爱，从小就只和也只能和乳母李氏生活在一起，因而，顺治视"竭尽心力、多方保护诱掖"的乳母李氏如生身母亲，感情十分深厚，而对自己的母亲孝庄皇太后的感情比较起来却反而有些生分与隔阂。

不仅如此，对于顺治来说，他从小就一直生活在另外一重阴影中，即始终无法摆脱那个如同继父般的"皇父摄政王"多尔衮的淫威与控制。

诚如我们所知道的，在丈夫皇太极去世后，有感于多尔衮权倾朝野，儿子顺治的皇位危若累卵，朝不保夕，孝庄皇太后不惜与多尔衮保持着一种暧昧关系，甚至委曲求全，纡尊下嫁，终于用肉体以"爱情的力量"赢得了多尔衮"政治上的妥协"，从而保住了她娘儿俩的地位。

可是，政治上的地位虽然算是勉强得以保住了，但在生活上特别是在精神与人格上，她们母子俩却几乎完全失去了独立与自由，在那些岁月里孤儿寡母受尽欺负，几乎完全需要看多尔衮的脸色、仰着他的鼻息生活。

在多尔衮摄政期间，孝庄皇太后与顺治皇帝母子的处境是非常微妙与尴尬的。诚所谓"经过弯腰树，不得不低头"，对于这样一种尴尬的人生处境，孝庄皇太后当然可以理解，可以忍受，甚至还会在多尔衮面前强颜欢笑，曲意承欢，以便能讨得这位足以左右她们母子命运的"皇父摄政王"的欢心。可是，由于少不更事，小小年纪的顺治皇帝却不仅不理解母亲这样做的初衷与苦心，在内心中对母亲不能给予应有的理解和同情，而且，对母亲的这种纡尊下嫁"恬不知耻"的行为甚至还甚为反感，非常愤怒。至于对多尔衮自然就更是充满了憎恶与仇恨。尽管，这种憎恶与仇恨，在多尔衮在世期间，性格早熟的顺治皇帝不能也不敢有丝毫的表露，而只是尽力埋藏在胸中，但越是这样，就越是会使他的那种压抑的性格发生扭曲以致畸形。

据现代心理学家研究表明，童年的生活对人的心理与性格影响很大，并极易决定一个人一生的命运。显然，也正是由于经受了童年如此不幸的生活，在儿童时期心理蒙受了如此巨大的创伤，在潜移默化中才逐渐形成了顺治那种孤僻古怪、"火烈急暴"、倔强叛逆即所谓"龙性难撄"的性格，并由此决定了他悲剧的一生。

对于顺治皇帝的那种变态与病态的性格，当时生活在宫中被顺治尊为"玛法"的德国传教士汤若望曾经有过生动的描述："他心内会忽然间起一种狂妄的计划，而以一种青年人们的固执心肠，坚决施行。如果没有一位警告的人乘时刚强地加以谏止时，一件小小的事情也会激起他的暴怒来，竟致使他的举动如同一位发疯发狂的人一般……一个有这样的权威、这样性格的青年，自然会做出极令人可怕的祸害，因为谁是敢来向这位火烈急暴的青年人加以谏正的？他略一暗示，就足以把进谏者的性命毁灭了。"

从顺治皇帝短暂一生中许多"失常"行为来看，应该说，汤若望的这段记载无疑是可信的。

就像秦始皇嬴政的阴鸷古怪的"病态性格"不是由他个人造成的，而是由于他童年的不幸所导致一样，显然，顺治性格中的这种"病态与变态"也是由于他的不幸童年造成的，绝非是由于他的天性使然。然而，不管这种怪癖的性格因何而成，它却像一把锋利的双刃剑一样，到头来，不仅一次次地剜伤了别人，而且也一次次地把他自己给刺得鲜血淋漓，遍体鳞伤。

顺治皇帝的这种坏性格，犹如利剑一般，不仅动辄刺伤了他的那些近侍，而且，也使他的母亲孝庄皇太后以及他自己的皇后受到了巨大的伤害。

据史料记载，亲政之前的顺治皇帝，由于内心中暗自痛恨那位身材瘦削、一脸虬须的"皇父摄政王"却又不敢将这种仇恨的怒火直接发泄到多尔衮的身上，于是乎，有意无意地，他便将这种怒火经常间接地转嫁发泄到那些内侍身上，常常莫名其妙地破口辱骂乃至鞭打近侍。直到僧人木陈态于顺治十六年入宫，时距顺治帝之死已不足两年，这位当时的南方著名高僧还见顺治皇帝"不时鞭扑左右"。可见，随意打骂近侍是顺治皇帝多年改不掉的老毛病。

除了经常辱骂鞭打近侍，以发泄胸中无名之火，年轻的顺治还似乎存了心要违忤母亲，与母亲作对。而母子俩的对立与冲突主要集中体现在顺治的婚姻大事上。

顺治五年（1648年），摄政的多尔衮与孝庄皇太后商定，要为顺治择婚。未婚妻不仅是一位蒙古女子，而且还是孝庄皇太后的哥哥吴克善的女儿，孝庄的亲侄女，顺治帝福临的亲表妹。为了表示对这桩婚事的重视，顺治六年八月，多尔衮还亲自去蒙古将选立的这位吴克善之女接到了宫中。

今天来看，让顺治与表妹博尔济吉特氏成婚，很可能主要还是孝庄的主意，因为一方面"满蒙联姻"是清朝的一项基本国策，尤其是在清朝立国未稳的时候，满蒙之间的关系显得尤为敏感而重要，而在另一方面，显然也是更重要的，就是选择自己的亲侄女作为自己的儿子顺治皇帝的皇后，以便能巩固和扩大自己娘家科尔沁博尔济吉特氏家族在朝中的政治势力。

俗话说："姑舅亲，辈辈亲，打折骨头连着筋"。在古代，由于古人不懂得近亲结婚的危害，因而表哥娶表妹被认为是天经地义、亲上加亲的事情。何况这位新娘子也即未来的皇后博尔济吉特氏仪容出众，落落大方，确有母仪天下之风范。

对此，就连顺治皇帝自己也不否认，在后来废黜这位皇后的诏书中，他说："前废后容止足称佳丽，亦极巧慧。"可是，就因为这位美丽温柔的皇后是多尔衮与母亲孝庄皇太后介绍的，因而，就像吃了苍蝇一样，对这桩婚事，年轻的顺治皇帝心里始终都觉得不爽。

尽管在当时，因为畏惧多尔衮的权势，他不敢反抗也无力反抗，在无可奈何中被迫与自己的表妹成婚。婚事办得也非常隆重且热烈，但是，婚后的顺治与博尔济吉特氏生活得却并不美满幸福。究其原因，乃是因为顺治对这桩"包办婚姻"采取了"消极抵抗"的对策，即使是在新婚蜜月期间，他也很可能与这位美丽的新娘没有发生过房事，甚至到后来干脆不与这位自己名义上的皇后同房，而是"择地别居"。因此，这位新婚的皇后虽然貌美如花，体格健壮，但却因为经常独守空房，故而一直未能怀孕，更没有子嗣，可以想见顺治对她有多冷淡和绝情，而顺治皇帝的性格又是多么的执拗与冷酷！

对于儿子顺治皇帝与他的新媳妇夫妻关系的不和，孝庄皇太后早有所闻。因为这位博尔济吉特氏是自己的亲侄女，是自己巩固蒙古女人于后宫的一个政治砝码，是维系自己与科尔沁利益的关键所在，所以，孝庄皇太后一直在暗中做着儿子顺治皇帝的思想工作，希望他能回心转意，改善与博尔济吉特氏的夫妻关系。也正是因为母亲的干预，顺治八年（1651 年）八月，尽管当时"皇父摄政王"多尔衮去世已经快满一年，顺治头上的这一"政治紧箍咒"早已解除，但是，遵从母亲的意愿，时年13周岁的顺治皇帝还是很不情愿地封博尔济吉特氏为皇后，使其成为国母，算是给了母亲一回面子。

然而，强扭的瓜不甜，尽管迫于母亲孝庄的压力，顺治举行了册封皇后的大礼，但这边刚册封完毕，那边，他便择地别居，与新封的皇后分居了。

这无疑是摆明了在打自己母后的脸，是对母亲孝庄皇太后的无声反抗，也是顺治对母亲所公然表示的第一次抗议。

对于儿子顺治皇帝的这种荒谬行径，孝庄皇太后当然不以为然，深表反对。可是，无论她怎样苦口婆心，好言相劝，性格倔强的顺治皇帝都依然故我，我行我素。

诚所谓儿大不由娘，想到儿子福临已经亲政，自己也不能太强迫他，无奈，孝庄只好听之任之，她想，只要能维持现状，总有一天会有挽回的机会。

谁知事情却并未到此为止，随着时间的推移，顺治对这桩"包办婚姻"以及对母亲的反抗竟不断升级。在此期间，他先是一次次流露废后之意，在遭到母亲孝庄的坚决反对与严厉痛斥后，便干脆软磨硬抗，执意要将废后进行到底。在短短不到两年的时间内，顺治帝就因"含忍久之，郁懑成疾"，身体衰弱，容颜憔悴。显然，对于这样的心病，纵然有再多的太医把脉问诊也无计可施，束手无策。

一开始，孝庄皇太后还硬挺着，想以此逼迫儿子顺治就范，可是，到了后来，一看顺治竟然如此固执，而且神情日渐憔悴，觉得倘若自己再和他这样僵持下去，有可能会葬送儿子的性命，于是，在流过好几次泪后，那天，她禁不住长叹一口气，终于在儿子与侄女之间艰难地选择了前者。因为，她深知心病还要心药医，在不能两全的情况下，她只有忍痛牺牲侄女一生的幸福才能够解除儿子的心病，换取儿子的康复，否则，失去了儿子，无论是自己的地位，还是科尔沁博尔济吉特氏家族的利益，一切的一切都会随风而去。而这，是她怎么也不愿看到的。

于是乎，在一种极端矛盾而又痛苦的心境下，孝庄皇太后亲书了一封手谕派人送到了顺治的手中：在废后问题上允许他自行裁酌。接到母后的手谕，顺治喜出望外，精神大振，立即着手废后事宜。

要说顺治这个人脾气真的很倔，在废后时，虽然朝中有许多大臣深表反对，但他还是置若罔闻，我行我素，仅仅过了21天，刚刚封后不久的博尔济吉特氏便永居冷宫，其一生的青春与幸福从此就被表哥顺治给彻底葬送了。

虽然，顺治在废后时挑了博尔济吉特氏一大堆毛病，其中最大的毛病就是说她爱奢华与嫉妒，但其实，这只不过是借口罢了，真正的原因应该说还是因为顺治"恨"屋及乌，因为对"继父"多尔衮以及母亲孝庄皇太后的怨恨与不满，故而对他俩为自己撮合的这桩婚事非常厌恶。如此一来，这位新婚不久的皇后便成了这桩政治婚姻的可怜而又可悲的牺牲品。

就这样，孝庄与顺治母子俩的第一次冲突终于以孝庄的彻底妥协抑或说是失败而宣告结束。

在今天看来，虽然说"知子莫若母"，但精明聪慧的孝庄其实并不清楚儿子顺治内心的真实想法，当然更不清楚顺治在内心中对自己是那样的怨艾与愤恨。她压根不会想到，由于自己在儿子童年时"母爱缺位"，更由于自己与多尔衮的"那些事儿"，在顺治的心中已经形成了一道永远无法愈合的伤口，在他们母子之间也早已形成了一道永远无法弥合的代沟。

也正因此，从某种意义上说，性格叛逆的顺治亲政后的所作所为几乎完全是存了心要与母亲作对。

这样说绝对不是信口雌黄，而是有事实依据的。最典型的例子，第一位皇后被废后，出于对儿子顺治皇帝的关心，同时，也是为了继续巩固自己娘家的地位，仅仅过了不到半年的时间，孝庄皇太后便又开始为顺治皇帝张罗选立新后。这回，她为顺治皇帝选聘的是自己的侄儿蒙古科尔沁贝勒淖尔济的两个如花似玉的女儿。一个月后，姐姐被册封为皇后，即孝惠章皇后，妹妹被册封为淑惠妃。

如果说，第一次婚姻因为有多尔衮染指，顺治故而拼命反对的话，那么，这次的婚姻则完全是由母亲一个人撮合，跟早已去世的多尔衮已没有一点关系，可是，对于这次的婚姻，顺治依然像第一次那样非常反感，竭力反对，这就有点说不过去了。受其影响，虽然因母亲之命，这一对来自科尔沁草原的亲姐妹嫁入宫中，且一个被封为皇后，一个被封为淑惠妃，然而，她俩的命运却并不比顺治的第一位皇后强到哪里去，尽管太后对她俩百般呵护，疼爱有加，可在顺治的眼中，她俩完全就像是"聋子的耳朵——摆设"。自嫁入宫中，乃至一直到死，性格倔强的顺治都连碰都不碰她们，以致姐妹俩至死都未能生育出一儿半女，一辈子真正是"守活寡"。想来，真是人生莫大的悲哀！

就因为是母亲做的媒，对这位新皇后，和对第一位皇后一样，顺治帝不仅看不顺眼，而且还对其百般挑剔，指责她"虽秉心淳朴，却缺乏特长及才华"，并几次想废掉她，只是因为母亲孝庄皇太后的坚决反对而作罢。

然而，对于母亲孝庄反对的婚事，顺治却往往任性胡为。如按照清廷旧制，宫中严禁蓄养汉女，满族贵族更不能迎娶汉女。现在来看，这当然是极不合理的，是清朝对汉人的一种严重歧视和敌对，但在当时，却是清朝一项极为严格的"政治制度"和祖宗家法。对这项制度，顺治当然完全知晓，可是，不知道为什么，他却故意反其道而行之，似乎存了心要气母亲，竟然要纳已故汉将定南王孔有德的女儿孔四贞为妃。

对于这桩婚事，孝庄当然不会答应，因为她知道这孔四贞不仅是汉女，而且早已是别人家的未婚妻。倘若处理不当，硬要将她纳为皇妃，很有可能会激起孔有德旧部的兵变，以致影响大清"以汉治汉"政策的执行。所以，从大局考虑，虽然顺治帝多次向她请求，她都毫不客气地断然拒绝，如此一来，母子俩的关系闹得更僵了。

说来，当年的孝庄皇太后简直就像是一个宫廷"救火队员"，这边，她还尚未把顺治燃起的与孔四贞的爱情之火扑灭，那边，顺治这个"纵火犯"竟又点燃了一起更为震惊朝野的"爱情大火"，想不到，他竟与自己的弟媳董鄂氏上演了一段惊天动地的风流戏剧。

据《汤若望传》记载："顺治皇帝对于一位满籍军人之夫人，起了一种火热爱恋，当这一位军人因此申斥她的夫人时，他竟被对于他这申斥有所闻知的天子，亲手打了一个极怪异的耳刮。这位军人于是乃因怨愤致死，或许竟是自杀而死。"文中所说的"这位军人"便是顺治异母弟襄亲王博穆博果尔。

传说，事情大致是这样的，董鄂氏系满洲宿将鄂硕之女，她的丈夫是博穆博果尔，也就是皇太极的懿靖大贵妃娜木钟的儿子。博穆博果尔经常从军出征，而董鄂氏按照清代所实行的令命妇轮流入宫侍奉后妃的制度又经常要出入宫苑侍候后妃，这就为身为襄亲王妃的董鄂氏同顺治的经常接触与产生"婚外情"提供了机会。董鄂氏虽然是满洲女子，却自幼系统学过《四书》《五经》，对书法也很精通，对这位"美女加才女"的弟媳，顺治帝可谓一见钟情，并很快便坠入情网，与其产生了"婚外情"。

当孝庄听到了他俩的一些"绯闻"，为了避免事态的进一步发展，在顺治十一年四月初五颁布了"停止命妇入侍"的懿命，以"严上下之体，杜绝嫌疑"，想及时斩断多情天子同弟媳董鄂氏之间的来往，让他们把刚刚萌生的恋情冷却、淡化，在无声无息中消逝。

然而，说来顺治真的可说是天下"第一情痴"，尽管孝庄皇太后对此采取了绝缘措施，但却丝毫没有扑灭他心头的爱情之火。为了获得更多接近董鄂氏的机会，顺治十二年（1655）二月，福临封博穆博果尔为和硕襄亲王，以示优宠。后来博穆博果尔得悉其中内情，愤怒地训斥董鄂氏。这事被福临知道后，他竟不顾影响，狠狠打了自己的弟弟一耳光。

遭此大辱，博穆博果尔羞愤自杀——此事发生在顺治十三年（1656年）七月。

博穆博果尔死后，顺治便急不可耐地将自己的弟媳董鄂氏纳入后宫，而且"集三千宠爱于一身"，从此将自己的全部爱情与心思都集中到了董鄂妃一人的身上。但不成想与他的父亲皇太极的爱妃海兰珠一样，这位董鄂妃也是一个红颜薄命的尤物，在嫁给顺治还不到四年，年仅22岁的她便香消玉殒了。

爱妃死后，"不爱江山爱美人"的顺治帝万念俱灰，甚至还一度想去出家为僧，虽然遭到了母亲孝庄的坚决制止，但是，这位"情痴"皇帝竟一蹶不振，终日郁郁寡欢。结果，顺治在爱妃董鄂氏死后仅半年就死在了养心殿（也有传说他去五台山当了和尚）。时年24岁的顺治，一如他的父亲皇太极，为情所伤，为情而逝，从此追随着他的爱妃羽化登仙，随风而去了。

中年丧子，可想而知，孝庄皇太后一定十分悲痛。如顺治十八年正月中书舍人张宸著有《杂记》，书中详细叙述了顺治病故、举哀、出殡的经过，如今已经成为珍贵的历史资料。其中有一个细节，真实记录了孝庄文皇后在顺治出殡时那种白发人送黑发人悲痛欲绝的情景："……仰见皇太后黑素袍，御干清门台基上，南面，扶石栏立，哭极哀。"

由此可以想见，当年，为了辅弼幼主，设法引导儿子顺治走上"正道"，孝庄皇太后是怎样的煞费苦心，耗尽心血，但尽管这样，睽诸历史，应该说，在"教子"方面，这位清朝初年的"政治女强人"最终还是交了一份并不合格的答卷。

或者，换句话说，"儿不教，母之过"。"教子无方"成了孝庄心头永远的痛。

"辅幼主而不谋垂帝"

美国总统尼克松在《六次危机》中认为，激发起政治热情的女人，每个人都是"一只老虎"。

应该说，一生中有着强烈政治热情的孝庄皇太后无疑就是这样"一只老虎"。

然而，从史书上看，就是这样"一只老虎"，对于帝国的最高权力却并不虎视眈眈，垂涎欲滴，像历史上的一些后妃那样权欲熏心，擅权乱政，而是一辈子只愿甘居幕后，毫无怨言地护佑子、孙两代幼帝主政。

熟悉这一段历史的人都知道，清朝从皇太极中道崩殂到康熙亲政将近三十年的时间内，国家政权特别是在皇权问题上曾一度危若累卵，出现了严重的"皇权危机"，由于顺治和康熙均是冲龄即位，少不更事，如果不是孝庄皇太后在这危难期间明里暗里为他们把关掌舵，保驾护航，从而化险为夷，战胜了许多狂风巨澜，绕过了许多浅滩暗礁，大清这艘航船很有可能就会在当时发生搁浅抑或触礁，甚至沉没。

说来，孝庄皇太后也真的是很不寻常，很不容易，从某种意义上说，她完全可以称得上是顺治与康熙这两位父子皇帝的"高级顾问"或者说是"启蒙教练"。无论是儿子顺治还是孙子康熙，在一开始亲政时，她几乎都是手把手相教的。为了护佑顺治与康熙，她真的可谓"鞠躬尽瘁，死而后已"，为此耗费了毕生的心血。

顺治七年（1650年）十二月，14岁的福临开始亲政。顺治亲政后，孝庄为福临制定了"作君之则"。顺治八年（1651年）二月，她诰谕皇帝曰："为天下者，处于至尊，诚为不易……民者国之本，治民必简任贤才，治国必亲忠远佞，用人必出于灼见真知，莅政必加以详审刚断。赏罚必得其平，服用必合乎则。毋作奢靡，务图远大，勤学好问，惩忿戒嬉。"

如果说这都只是一些写在纸上的大道理的话，那么，在一些具体的重大问题的处理上，孝庄则充分表现出了一个政治家善于审时度势临危不乱多谋善断的气度与风范。

顺治十年（1653年），京津地区暴雨，河水泛滥成灾。孝庄知道一个15岁的小皇帝久居深宫，不会知道遭受水灾民众的苦难，于是就教福临筹银赈灾。福临遂遵懿旨而行。

转眼到了第二年的春天，孝庄继续督促福临注意赈济春荒，并要他派得力官员赈灾，对贪官污吏要严加惩处。在母亲的教导下，顺治制订了严厉措施：凡赃银 10 两以上，不管何人，一律抄家。同时，孝庄还教顺治改革钱制，规定一百文制钱可换一钱银子，使清初混乱局面很快得以控制。

顺治十六年（1659 年）六月，南明将领郑成功率十万大军北伐，攻克长江门户镇江，围困江宁（南京），声言要荡平江南，直取北京。消息传来，朝野震惊。年轻的顺治皇帝惊慌失措，竟然提出要放弃北京，退守关外，回到老家。

孝庄皇太后闻言严词斥责："怎么可以把祖先以勇敢得来的江山，竟这样卑怯地放弃呢？"

年轻人喜欢感情用事，被母亲这么一指责，福临从羞愧转为狂怒，为了证明自己绝非胆怯，这位年轻的皇帝竟又从一个极端走向另一个极端，感情冲动地声言自己要"亲自出征，或生或死"。

对于顺治这种不负责任的莽撞行为，孝庄皇太后同样予以了否决。她说皇帝御驾亲征实乃轻率莽撞之举，断不可行。

连续两次受到母亲批评，顺治心中非常窝火，无处发泄，竟拔出佩剑击向几案。

看到顺治如此冲动，孝庄很是不悦，竭力劝阻。她耐心地劝谏顺治说："皇帝贵为天子，不应意气用事，每临大事要冷静对待。"但福临依然怒不可遏。

随后，她又派福临的乳妈去劝，暴怒的顺治竟要把她杀了。于是，孝庄便让与顺治感情甚笃的"玛法"汤若望反复劝说，最后终于使狂怒的皇帝冷静下来，放弃了御驾亲征的打算，留在北京坐镇指挥。后来，由于郑成功决策的失误，最终江宁解围。

顺治十八年（1661 年），顺治帝患痘病卧床不起，谁来继承皇位刻不容缓。顺治帝考虑因为皇子年少，准备立皇弟。孝庄不以为然，她听取了在清廷任职的德国传教士汤若望提出的"因玄烨出过天花，有免疫力，适合继位"谏言，深思熟虑后，坚持立皇三子玄烨。经孝庄的极力推荐，顺治帝依从了母后，立诏由皇三子玄烨继位，从而为清朝选定了一位未来的明君。

从某种意义上说，孝庄委实是个苦命的女人，她虽然贵为三个皇帝的妻子、母亲与祖母，但年轻丧夫、中年丧子，不能不说是其人生的莫大悲哀。

儿子死后，孝庄沉浸在巨大的丧子悲痛中，然而，由于冲龄即位的玄烨毕竟太小，时年还只有 8 岁，没办法，被尊为太皇太后的她这种时候又不得不再度挑起了辅佐皇孙当政的重担。

要说孝庄真的是一个没有权力欲的人，她虽然有从政的才能，但却没有贪权的欲望。玄烨即位那年，尽管安徽桐城一位名叫周南的生员跑到京城向朝廷条奏十款，其中有一款就是拍马屁，要求孝庄"垂帘听政"。

说实在的，这种时候，孝庄要想"垂帘听政"实在只是一句话的事情，绝对比慈禧在咸丰十一年（1861 年）处心积虑要垂帘听政时的条件和环境优越得多，但是孝庄却始终不愿这么做。事实证明，她对朝政的干预，更多的只是一种斡旋、制衡和退让，而且还多半是一种不得已而为之的无奈之举。

的确，孝庄的几次出手都可以说是后发制人，但因为她极具谋略，很有手腕和韬晦之计，因而总能化险为夷，稳操胜券。

历史上，人们常把"智擒鳌拜"这一功劳算到康熙的头上，但从种种实际情形看，时年 14 岁的少年天子康熙不过是这场著名历史戏的演员，顶多只是个男主角而已，而其总策划与总导演则应该说是他的祖母孝庄。

诚如我们所知道的，康熙 8 岁登极，虽比其父顺治登基时年长两岁，但也还只是个孩子。为了避免再出现顺治初年摄政睿亲王多尔衮擅权专断的局面，在顺治病重期间，经过深思熟虑，孝庄皇太后决心对辅政制度进行改革，决定不由皇族宗室中的长辈摄政，而在异姓功臣中选择辅政大臣，并且不由一人而是多人辅政。也正因此，索尼、苏克萨哈、遏必隆、鳌拜被她圈定为四位辅政大臣，"保翊冲主"。

实行异姓四大臣辅政体制取代亲王摄政体制，可以说是孝庄皇太后殚思竭虑所下的一步"政治妙棋"。因为，在她看来，辅政大臣与摄政王相比，更有利于幼主皇位的稳定。其一，两者政治地位差别大。摄政叔王皆为宗室近亲，皇帝叔伯长辈，又为一旗之主，军政地位极其特殊，对皇权极易产生直接的威胁。而辅政大臣皆为异姓臣子，与皇帝除君臣关系外，八旗中尚有严格的主仆名分，因而会受到太皇太后和诸王的双重制约，故不敢轻视太皇太后和幼主，更何况多人辅政，相互制衡。其二，摄政即替君执政，代行皇权。摄政王能独自处理军国大政，并以皇帝的名义颁发谕旨，体现自己的意愿。而辅政大臣职能仅为佐理政务，受皇太后的制约。四大臣不得擅自决定朝政，必须共同协商，呈请皇太后恩准，以皇帝谕旨或太后懿旨发布，很大程度上直接反映了太后和皇帝的旨意。

总之，摄政诸王位高权重，极易排斥皇太后和幼主，而辅政大臣则可以维护皇权，有效防止叔王干政。

不难看出，任用异姓大臣辅政，其目的就是要防止爱新觉罗宗室子孙干预朝政，以此保障皇权的稳定与持久。

然而，孝庄的苦心孤诣很快便变成了泡影。与其子顺治一样，其孙玄烨也未能摆脱被权臣擅权乱政欺君罔上的厄运。

说来，权力这东西真的很容易使正常人变得不正常，使原本理智的人变得走火入魔，丧心病狂。从史书上看，四大臣辅政之初，尚能协力忠诚，辅佐政务，不结党羽，和衷共济，忠实践行他们在顺治灵位前的誓言，但是，随着四大臣之间的势力此消彼长，权力的天平很快便发生了倾斜。特别是四大臣中的鳌拜专横跋扈，居功自傲，在朝中为所欲为，结党营私，排除异己，即使是在康熙帝亲政以后，也全然不把这位少年天子放在眼里，对一些重大事件，常常是先在家里议定后即施行，致使玄烨有帝之名，无帝之实，而鳌拜身为辅臣，却俨然国之君主。

也许是由于正史的过于美化与神化，在后人的印象里，年轻的康熙少年老成，多谋善断，似乎天生就是一个具有远见卓识谋定后动的政治家。但其实，年轻的康熙也曾有过一段青涩稚嫩不太成熟容易冲动的童年与少年时光。

当年，面对着鳌拜的不遵朝仪、目无君上、横行无忌，这位少年天子也曾显得不够冷静，缺少城府，在一份谕旨中他曾毫不隐瞒地发泄胸中的愤懑："鳌拜于朕前办事，不求当理，稍有拂意之处，即将部臣叱喝。又引进时，鳌拜在朕前理应声气平和，乃施威震众，高声喝问……又凡用人行政，鳌拜欺朕专权，恣意妄为。"

的确，鳌拜目无君主，举朝震惊。但当时朝中大部分人慑于鳌拜淫威，不敢作声。辅政大臣中，索尼年老畏缩，遏必隆软弱，依附鳌拜，唯一敢于与鳌拜顶着干的苏克萨哈资历浅，一直受到鳌拜压制，直至被鳌拜矫旨处死并籍没其全家。

在鳌拜上奏苏克萨哈案及其判决书时，由于深知这是鳌拜一手操纵的一大冤案，年轻的康熙帝"坚执不允所请"，但自恃势倾朝野的鳌拜竟然对少年皇帝要横，在大庭广众之下竟然"攘臂上前，强奏数日"，最后硬是强违圣意，将苏克萨哈给处死了。

仅此可见，鳌拜这厮气焰是多么嚣张！

对于鳌拜的这种欺君犯上恣意妄为的嚣张行径，年轻的康熙气得要死。那天晚上，他来到祖母孝庄居住的慈宁宫，在屏退了所有的太监宫女之后，和太皇太后说到白天发生的事情，还禁不住气得浑身发抖，怒不可遏地说："太不成体统了，鳌拜太不成体统了！皇祖母，孙儿不能做阿斗，孙儿不能做汉献帝！孙儿要自己主宰天下，做一代明主！……我要诛奸除凶，擒拿鳌拜！"

孝庄当时坐在那里，半天没有说话，但看得出，听了玄烨的话，她的心里一定很不好受。等玄烨发泄完了，半天，她才从躺椅上仄起身，摇摇头说："鳌拜死党爪牙很多，要是传旨抓他，还不立刻逼他反了呀！"

"那怎么办？"发泄过后，玄烨这时清醒了，也觉得事情没有那么简单。

"对于鳌拜，只可智取，不能力敌。"说来真是"每逢大事有静气"，关键时刻，孝庄从容不迫，且义无反顾充当起了少年皇帝的军师。她劝玄烨要学会隐忍，凡事谋定而后动，千万不能感情用事。

可以说，正是在太皇太后孝庄的言传身教下，康熙才逐步走向成熟的。

那天，经过孝庄、康熙也许还有那位孝庄的贴身侍女玄烨的启蒙老师素有"女诸葛"之称的苏麻喇姑在一起共同密谋策划，一个智擒鳌拜的妙计形成了。

第二天早朝，康熙帝不动声色，好像什么都没发生似的。这样又过了几天，他轻描淡写地宣布了一项人事任命，将自己最宠信的人、首辅索尼的二儿子、皇后叔父索额图从吏部侍郎改任皇上的一等侍卫，京城的卫戍大权也落入那些效忠少年皇帝的人手中。而几乎是在同时，年轻的皇帝又假装玩心很重，喜欢贪玩，特意招来十几个宫中的没上学、不识字的小太监，让他们成天陪他玩一种被满洲人叫作"布库戏"的摔跤游戏。

也许是压根就没把少年康熙放在眼里，所有这一切，都未能引起鳌拜的警觉。

康熙八年（1669 年）五月的一天，康熙传旨，召鳌拜入宫下棋。接到圣旨，鳌拜心里好笑，觉得少年皇帝还是一个贪玩成性的大男孩，竟然下棋也要下旨。到了宫中，老远见到小皇帝在那儿与十几个小太监玩他喜欢的"布库戏"，鳌拜也没在意，可是到了近前，正要和皇帝招呼，这时就见小皇帝忽然使了一个眼神，顿时十几个正在玩布库戏的小太监嘻嘻哈哈地一窝蜂朝他围了上来，然后扯胳臂抱腿地一下子把他按倒在地捆了起来。

鳌拜起先还以为是小太监们恶作剧，故意与他闹着玩儿，可是，到了这时，就听康熙忽然疾言厉色地说："鳌拜，你死到临头，还不知罪吗？"

就这样，在孝庄太皇太后的授意与"导演"下，年轻的康熙用少儿游戏的方式轻而易举便除掉了大清第二个权臣鳌拜，从此名副其实地开始亲政。

历史也由此真正进入到了康熙时代。

但是，即使到了这个时候，从小失去父母的康熙皇帝依然离不开其祖母孝庄的辅佐。

有史学家认为，除了智除鳌拜，还有平定三藩，其谋略也无不主要出自孝庄。

诚如我们所知道的，清初吴三桂投降清廷，引清兵入关，成为压死明朝廷这头早已奄奄一息的"病骆驼"的最后一根稻草。但其在后来康熙削藩时又发动叛乱，企图以武力逼迫年轻的康熙与他一起坐到谈判桌上，同意他的"裂土罢兵"的诉求，从而使他继续能够"苟安云南"，好歹做个称雄一方、风流快活的藩王。

在吴三桂等三藩叛乱后，朝廷内围绕撤藩与否曾发生过激烈的争论，康熙亦曾有过动摇之念，但孝庄力排众议，主张坚决撤藩，并毅然要求玄烨发兵平叛，立志要"将削藩进行到底"。

可是，说来真是祸不单行，就在清军的主力部队全部南下平叛时，以前一直安分守己的察哈尔的蒙古王公布尔尼企图趁清廷京师空虚夺取政权，竟突然发动了叛乱。

由于清军主力南下，京城"宿卫尽空"，形势十分危急。遭此变故，少年康熙大为震惊，却又一时不知如何是好。

在这紧要关头，又是孝庄临危不乱，主动站出来坐镇指挥，她对向她问计的玄烨说："（大学士）图海才略出众，可当其责"，让玄烨赶紧起用图海，带兵平叛。

原来，这图海是正黄旗人，顺治时即为大学士和太子太保，兼刑部尚书，他曾"辅翌世祖、圣祖二朝，功业卓然"，后因罪被削职。康熙听祖母孝庄的话立即起用图海。图海召集八旗家奴骁健者，迅速组成万人队伍开赴前线，与布尔尼的叛军作战。一路上，这支未经训练的"军队"一路骚扰民众，图海都不问罪。到了前线，图海下令说："察哈尔王爷们多有珍宝，打败他们每人都可发财！"由于诱惑巨大，在他的"激励"下，一群乌合之众竟然"超水平发挥"，夜袭叛军，在战场上无不以一当百，一举打败了布尔尼的叛军，擒获布尔尼，使京师很快转危为安，从而有力地支援了清军主力在南方平定吴三桂的叛乱。

在平定三藩期间，每逢玄烨遇到棘手之事，孝庄便为之出谋划策，并凭借自己在朝中的崇高地位和威信，给予孙儿有力支持。举朝官员对此无不知之，一致认为："吴三桂叛乱以来，太皇太后心甚忧劳。"

所以，一点也不夸张地说，在顺治与康熙初年，孝庄文皇后真的就像是清廷的一根"定海神针"，一个镇国之宝。对此，也许"龙性难撄"的顺治皇帝至死都认识不到，但"自幼龄学步能言时，奉圣祖母慈训"的清圣祖康熙却深切地感受到了。在祖母孝庄死后，他曾亲自撰写悼文说："忆自弱龄，早失怙恃，趋承祖母膝下二十余年，鞠养教诲，以至有成。设无祖母太皇太后，断不能致有今日成立，罔极之恩，毕生难报。"

因此，康熙皇帝一直对自己的这位祖母无比崇敬，且充满了无限感激之情。

康熙二十四年（1685 年）八月二十八日夜四更时分，孝庄文皇后突然右侧身瘫痪，右手伸展不直，言语不清。经御医诊断，患的是中风病。这时玄烨正在外地巡视，得知祖母患病的消息后，他心急如焚，昼夜兼程赶回。从九月初二到九月十七日这 16 天中，玄烨看望祖母竟多达 30 次。

康熙二十六年（1687 年）十一月二十一日，孝庄文皇后再一次病倒，而且病情很重。康熙昼夜守候在祖母的病榻旁，衣不解带，"隔幔静候，席地危坐。一闻太皇太后声息，即趋至榻前。凡有所需，手奉以进"。为了给祖母治病，玄烨"遍检方书，亲调药饵"。每次祖母吃药前，他先"亲尝汤药"。当时，他一连熬了 35 个昼夜，身体消瘦，容颜清减。

然而，玄烨的至孝，也没有能够挽救孝庄文皇后的性命。康熙二十六年（1687 年）十二月二十五日子刻，这位"清朝兴国太后"永远地闭上了眼睛，享年 75 岁。

纵观孝庄的一生，可谓坎坷曲折，却又丰富多彩，且充满了传奇色彩，也正因此，不仅她的生前传说颇多，即便其死后，也迷影重重，充满了悬疑。

其中，最大的谜案就是孝庄死后为何"葬不从夫"？

孝庄死后，其梓宫暂安（下葬前安放某处叫"暂安"）奉殿长达 38 年之久，直到雍正二年（1724 年）才匆匆动工营建陵寝，而陵工仓促，不到一年就草草修就，并命名为"昭西陵"。而其之所以没有与皇太极合葬，按照正史的说法，是因为她病危时，曾对康熙皇帝说："太宗文皇帝梓宫安奉已久，不可为我轻动，况我心恋汝皇父及汝，不忍远去，务于孝陵近地择吉安厝，则我心无憾矣！"

但有学者认为，孝庄遗嘱中"不忍"云云，不过是一种托词，其实是因为下嫁多尔衮，无颜于黄泉下复见其夫皇太极；也有人认为，遗嘱本身可能是一种宫廷精心设计的伪词，为下一步丧葬处置作铺垫，而之所以要精心设计这样的"伪词"，追根溯源，很有可能还是因为"太后下嫁"之故……仔细想想，这些说法也真的很有些道理。

当然，历史的吊诡之处就在这里，由于史无所载，且又时隔太久，今天，对于"孝庄死后为什么不与皇太极合葬"已经很难考证，只能作为一桩"历史谜案"永远存放在历史的档案中。可是不管怎样，这些其实都无损于孝庄在历史中的形象，而只能增益其光辉。

想当年，朱元璋的皇后马氏死后，有感于她生前的贤德与仁慈，宫人曾专门谱曲填词歌唱怀念她道："我后圣慈，化形家邦。抚我育我，怀德难忘。怀德难忘，於万斯年。毙彼下泉，悠悠苍天。"

应该说，与历史上的"大脚马皇后"比起来，孝庄文皇后更是一个"圣慈"贤良令人"怀德难忘"的皇后。她用她的"圣慈"与贤良，用她的智慧与辛劳乃至忍辱负重、坚忍不拔以及自我奉献自我牺牲精神证明了她的伟大，稳固了爱新觉罗家族得来不久也得来不易的江山，并因此谱写了"一个女人的史诗"。

显而，这样一个女人委实是一个很不寻常的女人，是一个需要后人仰视且值得纪念的女人。

第三章
雍正夺嫡有高招

1722 年 12 月 20 日，也即大清康熙六十一年十一月十三日，时年 69 岁的康熙帝玄烨走到了生命的尽头。那天，大约在晚八点前后，一座让大清帝国的臣民几乎整整聆听守望了 61 年的"政治大钟"的钟摆在北京西郊避暑听政的畅春园永远停止了摆动。而几乎是在同时，45 岁的雍亲王爱新觉罗·胤禛宣布继位，改次年年号为"雍正"，由此开创了永载史册的雍正王朝。

康熙帝龙驭上宾后，由雍亲王爱新觉罗·胤禛登基嗣位，执掌大清朝政，真的是很出人意料。据清史记载，胤禛是康熙的第四子。清世祖康熙一生共生了 35 个儿子，除 11 人夭折外，在存活下来的这 24 个儿子中，胤禛是个一向不显山不露水的角色，无论是按序齿排行即长幼排序，还是按当时诸皇子在朝野内外的声誉以及各方面的综合实力来看，他都不占什么优势。在这之前，如果要做一个民意调查，对有可能即位的储君作一个预测的话，整个大清朝，上至朝廷命官，下至平头百姓，恐怕很少有人会看好胤禛。

可是，天下事有时真是令人难以预料。在波诡云谲异常激烈的皇位竞争中，想不到以前一直不显山不露水的四阿哥胤禛竟然能够异军突起，出奇制胜，在几乎不被当时任何人看好的情况下，像一匹黑马一样突然横空杀出，最后居然能够出其不意地登上龙廷，君临天下，真的是很令人惊讶！

说来，在政治博弈中，雍正实在是个高人，真可谓"平时不常见，险而露峥嵘"，就像武侠小说中通常所描写的那种超一流的武林高手一样，平时一向深藏不露，不动声色，但到最后，他却以无招胜有招，令一个个武功原很了得的大内高手最后竟都纷纷败在了他的剑下，而他，自然也便成了一剑封喉、万人臣服的天下盟主。

雍正夺嫡有高招。时隔近三百年之后，即使是在今天看来，也令人不得不佩服他高超绝妙深不可测的夺嫡谋略、手腕与心机。

"聪明反被聪明误"

爱新觉罗·胤禛，也即雍正皇帝，生于康熙十七年（1678年），崩于雍正十三年（1735年），享年58岁。康熙三十七年（1698年），20岁的胤禛被封为多罗贝勒；康熙四十八年（1709），31岁时被晋封为和硕雍亲王。

虽然身为皇子，但由于胤禛的生母乌雅氏原系满洲正黄旗一位护军参领威武（中上级军官）的女儿，如同后来的慈禧一样，是以秀女的身份而入宫的，而且一直并不受宠，所以庶出的他，身份并不高贵。加上他在众多弟兄中排行第四，早在他出生之前，他的二哥、康熙帝的嫡长子胤礽就被名正言顺地立为太子，所以，在青少年时期，恐怕胤禛连做梦都不会想到有朝一日自己会问鼎神器，登上大宝，成为大清国威势赫赫而不可一世的皇帝。

可是，世事如棋，就在皇太子胤礽即位将成定局，胤禛与其他诸皇子一样，都以为承继大统已经没有希望的时候，可有一天，没想到平地一声惊雷，在大清国的历史上，忽然发生了一件震动朝野的大事！

那是康熙四十七年（1708年）的九月初四日，当时正在木兰围场西巡行围的康熙皇帝，突然将诸王和副都统以上大臣召集到次布尔哈苏台行宫紧急召开帝国"高级干部大会"。会议一开始，气氛就显得异常紧张。当时，康熙帝龙颜大怒，声色俱厉，大庭广众之下竟然令皇太子胤礽下跪，然后一反常态，声音嘶哑地哭着宣布废黜皇太子，并将其拘禁！

册立近33年的皇太子胤礽就这样突然被废黜了！这在当时来说，绝对是大清帝国的特大政治新闻。都说山雨欲来风满楼，可是，在康熙帝宣布这一重大政治决定前，几乎没有任何政治风声和迹象，所以，面对这突如其来的政治事件，一时间几乎所有的大臣都感到非常之震惊，且在头脑中迅即画上一个大大的问号，那就是：皇太子胤礽何以会突然遭到废黜？难道真的是像康熙帝所说的那样，皇太子胤礽只是因为缺少爱心和"窥视朕躬"就惨遭废黜的吗？

恐怕问题绝对不会如此简单。

这里，姑且不管皇太子被废黜是何原因，也不管这对当事人胤礽是怎样沉重不堪的打击，对康熙帝本人是怎样痛苦不堪的折磨，但对其他诸皇子来说，"太子被废"绝对是一件让他们幸灾乐祸的事情。这就像一块长时间压在他们头顶上原以为让他们一个个永世不得翻身的巨大石头，忽然有一天竟意想不到地被彻底从他们的头顶上推开，让他们一下子看到了头顶上的天空和阳光一样，可想而知，许多皇子的心头当时是怎样的喜出望外，而几乎是在同时，那种妄图成为储君的欲望像春笋一样在他们蠢蠢欲动的心中迅速破土而出，不可遏制。

就这样，一场没有硝烟但却激烈异常的储君争夺战开始了。

第一个向储君之位发起冲击的是大阿哥胤禔。

胤禔是康熙帝的长子。在他看来，父皇康熙废黜皇太子胤礽后，自己毫无疑问乃是继任太子的最佳人选。

胤禔之所以作这样的估计，当然自有他的理由。其一，嫡长子也是唯一嫡出的皇太子胤礽被废黜了，其他诸皇子和他一样都是庶出，在当时一般人看来，废嫡必立长，论资排辈，作为皇长子，而且自认为自己才华横溢，胤禔因而自然自我感觉良好。其二，这些年来，胤禔襄助父皇康熙处理了一系列军国大事，除了在众兄弟中最先获得领兵打仗的权力荣耀外，他还先后被委以代父皇祭祀华山、董理永定河等重任，可以说一直深受皇父的信赖与宠爱，年方26岁就被封为多罗郡王，享受每年五千两银子的优厚待遇。因此，在众兄弟中，除了皇太子，就数他地位最高，最受器重。其三，在废黜太子前后，皇父康熙总是把他留在御前护驾防卫，以防不测，而且将看守废太子的重任也交给他，这足以说明父皇康熙对他的格外垂青和高度信任。

所有这些，都让胤禔觉得皇父对自己格外看重，以为册立新太子肯定非他莫属。

对于皇长子胤禔，曾经一直待在康熙身边的法国传教士白晋（若阿基姆·希凡）就对他好评有加，非常称赞，在其《康熙帝传》也即他写给法国皇帝路易十四的信中，他这样写道："皇帝还把他年已23岁的长子留在宫中，尽管那时他的长子已经结婚生子，但仍没有特殊的侍从。皇帝十分宠爱这位皇子，因为他十分英俊、聪明，并且具有许多优良品质。"

作为身临其境的"旁观者"，法国传教士白晋的眼力想必绝对没错，也就是说，胤禔这人可能无论能力还是品质都很不错，堪称优秀，以致一度赢得了其父康熙皇帝的信任与宠爱。也正因此，胤禔才会这么信心满满，感觉良好。

　　自我感觉良好倒也无妨，起码不会有什么大的害处，但问题的关键是，权欲很容易使人变得冲动，变得丧心病狂。如果说，以前的胤禔聪明能干，乃是一个深受父亲喜爱与器重的大阿哥的话，那么，在弟弟胤礽突然被废黜太子之位，权欲的诱惑猝然间降临到自己的头顶上时，猛然间他竟一下子变得利令智昏，好像完全变了一个人。

　　事实上，以他的智商和情商，他其实应该能料想得到：退一万步说，即使是父皇康熙永远废黜嫡长子胤礽的太子之位，身为父亲，康熙也断然不会狠心因此杀了自己的这个儿子，更何况，胤礽也真的没有犯下什么不可饶恕的罪过！所以，性格并不残暴的康熙又怎么可能会去杀自己的嫡子胤礽呢？

　　说来真是聪明反被聪明误，关键时刻，一向显得很是精明的胤禔竟变得是那样沉不住气。这边康熙帝才宣布废黜皇太子，还没完全搞清楚康熙接下来究竟是何想法和意图，那边，他便迫不及待，急吼吼地向康熙进奏，建议由自己为父皇代劳，去杀掉自己的弟弟胤礽！

　　要知道，被认为是有着"克皇后命"的康熙帝生前册立的三位皇太后，只有第一位皇后赫舍里氏给他生了个儿子，也就是胤礽。而且，这位皇后在给他生下嫡长子胤礽的当天就因为难产死去了。也许是因为心中一直怀念这位难产而死的爱妻的缘故，再者胤礽毕竟是嫡长子，因而，康熙帝非常心疼这个一出世就没了娘的孩子，对胤礽比对其他儿子当然更多一分呵护与关爱，对他的教育与培养自然也就理所当然地花费了更多的心血。现在，康熙帝虽然宣诏废了他的太子之位，但这只是不得已而为之的无奈之举，其实，在内心中他并不希望这样做。而且，即使是不得已这样做了，他的心也一直在疼痛，在滴血。据记载，当时，康熙帝当着那么多大臣和诸皇子的面宣布废黜皇太子时，是一边宣谕，一边哭泣，宣谕完后，竟泣不成声，昏倒在地上。因为过于伤心，他竟连续七天七夜不吃不睡，并因此得了中风，以致右手从此以后不能写字，而改用左手批答奏章。

　　可想而知，废黜太子对康熙的打击有多大，伤害有多深！在他想来，胤礽儿时聪明伶俐，好学听话，后来怎么就变成不肖之子了呢？如今，胤礽成了这样子，康熙自然深感对不起死于难产的爱妻赫舍里氏。伴随着怀旧与反省，他曾一度陷入到了一种极为痛苦与自责的境地而不能自拔。

也许是不愿看到其他的儿子陷入储位之争，或者，虽然废黜了皇太子，但在内心中对嫡长子胤礽还并没有彻底绝望，还希望他能够从此脱胎换骨，重新做人。所以，幽禁胤礽后，一向善于审时度势政治敏锐性极强的康熙帝立即下谕宣布："诸阿哥中如有钻营谋为皇太子者，即国之贼，法断不容！"这在实际上，其实已经向众阿哥发出了警告，提前打了"预防针"：谁也甭想打歪主意，想通过搞阴谋诡计来争夺皇太子之位！同时，在暗中无疑也给皇太子胤礽预留了一条仍可以起死回生再次"复活"的后路。果不其然，后来，胤礽也真的曾被二次册立，入主东宫。当然，到了后来，由于种种原因，这位皇太子又第二次被废。

从某种意义上说，政治战其实就是一种心理战，我国古代的宫廷政治博弈虽然在本质上其实就是一种权力的博弈、利益的博弈，但在形式上则往往更多地表现为一种心理上的博弈。

然而，胤禔却是一个不懂得宫廷心理学、不善于揣度父皇心理的浅薄之徒。他偏偏在这种时候，不知深浅，非要违反这一禁令，触犯这一禁区，结果弄巧成拙，像只笨熊一样一下子就撞到了康熙帝早已设防瞄准的枪口上。

所以，一看胤禔这用心险恶而又昭然若揭的奏章，康熙帝顿时火冒三丈，大骂胤禔"凶顽愚昧，不知义理"，而且，立即给了胤禔一个下马威。他当着众皇子和大臣的面宣布："朕命直君王胤禔善护朕躬，并无欲立胤禔为皇太子之意。胤禔秉性躁急愚顽，岂可立为皇太子？"

至于说到胤禔企图要杀废太子之事，康熙帝更是怒不可遏，大骂胤禔"不谙君臣大义，不念及父子之情""洵为乱臣贼子，天理国法皆所不容者也"。就这样一个人，一个跟自己的父亲说要杀自己的弟弟的人，一个全然不念骨肉亲情连禽兽都不如的人，又怎么能够承继大统，御宇天下？

康熙帝把话说得直截了当，一针见血，这就等于公开宣判了胤禔政治上的死刑。

惨遭"暗算"的八阿哥

偷鸡不成，反蚀把米，胤禔算是彻底没戏了，细想想，就他的行事鲁莽样，在储位之争中提前出局是再正常再合理不过的事，倒也不值得同情与惋惜。但是，令人颇为遗憾的是，他竟弄巧成拙，不仅搬起石头砸了自己的脚，而且，他竟然临死拉个垫背的，由此也把八阿哥胤禩给害了！

原来，胤禔在给康熙帝的那封奏章中曾这样说道："胤礽所行卑污，大失人心。相面人张明德曾相胤禩，后必大贵。今欲诛胤礽，不必出自皇父之手。"这就不仅在康熙帝面前不打自招，暴露了自己的狼子野心，而且，也把八阿哥胤禩生生给"出卖"了！

很显然，胤禔在自己的奏章中之所以要扯上八阿哥胤禩，完全是别有用心，其本意无非是要一箭双雕，既对被废黜的皇太子落井下石，踹上一脚，同时也想把人气很旺也很有希望成为新的储君的八阿哥胤禩给推下水。

胤禔的这点小聪明当然糊弄不了他的老爹康熙。在看了他的奏章后，一眼就看穿他的险恶用心的康熙当即用朱笔批示道："朕思胤禔人凶顽愚昧，不知义理，倘果同胤禩聚集党羽，杀害胤礽，其时但知逞其凶恶，岂暇计及于朕躬有碍否耶？"如此一来，虽然胤禔咎由自取，罪有应得，但不幸的是，八阿哥胤禩竟也"躺着中枪"，莫名其妙地被大阿哥胤禔给牵连进去了。

因此，从某种意义上说，雍正之所以能够登上大宝，问鼎神器，在很大程度上是胤禔自作聪明弄巧成拙使然。其结果，缺少城府的皇长子允禔不仅害了自己，也害了原本很有希望成为继位人的八阿哥胤禩，这就为雍正夺嫡在客观上铲除了一个最强有力的竞争对手。

爱新觉罗·胤禩（1681—1726年）是清康熙帝第八子。其生母卫氏系满州正黄旗包衣人、宫内管领阿布鼐之女。就现有史料看，卫氏不仅是康熙朝，而且是清代各朝所有受封妃嫔中，母家地位最为卑下者。

胤禩自幼聪明机灵，心气很高，由于不甘心因母家卑贱而屈居众皇子之后，因而不但千方百计地讨得父亲欢心，而且尽量交结一切可资利用的各阶层人物。他的交际能力很强，很善于与其他皇子搞好关系并使其中的一些人成为自己的拥趸与粉丝。如大阿哥胤禔、皇九子胤禟、皇十子胤䄉都先后党附于他，就连与雍正一母所生的亲兄弟皇十四子胤禵也与他非常友善，心甘情愿地为其所用。至于其他王公大臣、各级官吏，甚至江湖术士，只要有利用价值，胤禩都尽量收买和笼络。除此之外，他还想方设法在社会上博得好名声，以为将来夺嫡获取更多的资本和舆论支持。以致当时有许多文人儒士王公大臣都对他交口称赞，公认他机敏好学，是个好王子。

事实上，胤禩的确是众皇子中出类拔萃的人物。他聪明好学，精明能干，而且性格谦和，平易近人，很有组织领导才能，所以，应该说，刚开始康熙还是很赏识他的，曾不无夸奖引以为荣地称赞他说："八阿哥的为人，大臣们都称赞。"

这说明，知子莫若父，康熙对八阿哥胤禩的为人与才干知道得很清楚，也曾一度很赏识。

而康熙之兄、裕亲王福全为人真诚，也非常公允，很是正派，他曾对康熙说："八阿哥心性好，不务矜夸，聪明能干，品行端正，宜为储君。"深受康熙帝信任的大学士李光地，直到康熙五十六年（1717 年），即便是在康熙几年前就咬牙切齿地宣布与胤禩彻底脱离父子关系之后，还不避嫌疑，不怕惹祸，在康熙面前直言不讳、实事求是地坚持认为"目下诸王，八王最贤"。甚至，就连胤禩的仇敌四阿哥胤禛也即雍正皇帝自己在坐上金銮殿当上皇帝之后也不得不承认："胤禩较诸弟颇有办事之材，朕甚爱惜之""论其才具操守，诸大臣无出其右者"。

所以，完全可以说，八阿哥胤禩的人品才干在当时众皇子中的确首屈一指，世所公认。

也正是因为胤禩的贤能，所以，康熙三十七年（1698 年），康熙皇帝首次分封皇子，时年仅 17 岁的胤禩就受封为多罗贝勒，是得爵皇子中年龄最小的一个。

不过，正是大阿哥胤禔的"告密"彻底改变了胤禩的命运，将太子胤礽被废后原本很有希望嗣位的八阿哥胤禩推下了万劫不复的深渊。

康熙帝紧抓住胤禔奏章中提到的张明德相面这一线索，顺藤摸瓜，深挖细查，很快便挖出了一个"皇八子党"，蓄意制造了一起骇人听闻的"张明德事件"。

今天看来，所谓"张明德事件"，显然只不过是康熙帝借此来整治打击胤禩为首的皇八子党的一个借口。其实，张明德事件本身很简单，只不过是一个自称很有些法道或法术、很会忽悠人的相面人来到宫廷，在暗地里为一帮急于想知道自己未来命运的皇子看相算命，预测前程。而且，装神弄鬼的相面人张明德在给八阿哥胤禩相面时也没有说什么很出格的话，只是说："八阿哥丰神清逸，仁义敦厚，福寿绵长，诚贵相也！"

有道是"当差的腿，算命的嘴"，其实这种话是哪个相面算命的人都会说的，真的没有什么大不了。但问题是康熙帝从中又看到了一个窥视大宝、妄图夺嫡的皇子，而且，康熙帝深知，以八阿哥的为人和能量，如果不加以打击，他将会比胤礽对自己产生的威胁与危害更大。于是，康熙便小题大做，果断出手，重拳打击。

康熙先下令将相面人张明德抓获审讯。审讯结果，据《圣祖实录》二百三十五卷记载："上谕领侍卫内大臣、大学士等曰：张明德于皇太子未废之前谋欲行刺，势将渐及朕躬，据彼言有飞贼十六人已招致两人在此，但好汉俱经皇上收录，若于其中不得一二人，断不能成事，又言，得新满洲一半，方可行事。如此摇惑人心，幸朕之左右持心坚正，故不为所摇惑耳。此等情节直郡王（直郡王即大阿哥胤禔）早已详悉密奏。王布穆巴，公赖士、普奇等乃乱之首也。著将布穆巴、赖士、普奇、阿禄一并锁拿。尔等会同议政大臣即严加质训具奏。张明德所犯情罪极大，不止于斩，当凌迟处死。"

如果单纯从以上的"供词"或"罪状"看，这显然是一起有组织、有计划、有预谋妄图犯上作乱篡国夺权的事件，作为主犯，八阿哥胤禩的确用心险恶，罪大恶极。但事实是否真的就是这样？在今天看，会发现这其中有很多疑点，需要打许多问号，因为即使是在当时，也查无实据，而且，康熙帝当众宣布的八阿哥胤禩的"罪证"就连一帮皇子如五阿哥、九阿哥以及十四阿哥等都不相信，而且为这事竟然一齐为八阿哥申辩，甚至不惜冒犯父皇，与康熙帝据理力争。可见，这很可能又是一桩"莫须有"事件。

一言以蔽之，八阿哥的"罪过"就在于他"太有才了"，在朝中也太有人缘了！以致连他的父皇康熙都对他既嫉妒，又害怕，生怕有朝一日众大臣们会拥戴"人皆称之"的八阿哥，冷不丁来一个宫廷政变，届时一不小心"逼朕逊位而立胤禩者"，从此让八阿哥黄袍加身，秉持国政。

所以，胤禩越是能干，越是得到众多大臣的称赞，就越是犯了康熙帝的忌讳，康熙帝也就越要整垮他，越不会立他为皇太子。

有这样一个例子可以佐证：那是康熙四十七年（1708年）冬，也不知是出于什么考虑，康熙帝竟命诸大臣在皇子中举荐太子。

也许在康熙当时看来，诚所谓"墙倒众人推"，当时已被自己降为闲散宗室的八阿哥胤禩一定会遭到一向善于见风使舵的宫中大臣们的普遍冷淡与鄙弃，可是，令他意想不到的是，按照他的旨意，左都御史、理藩院尚书、户部尚书、议政大臣、武英殿大学士马齐等在"民主推荐"时不谋而合，竟一起推举已被削爵降罪为闲散宗室的八阿哥胤禩为皇太子。对这样的一个"民主推荐"结果也许是深感意外，康熙帝竟公然违背自己事先许下的"众议属谁，朕必从之"的金口玉言，决不认账，硬是将中国封建社会第一个完全由众大臣"民主直选"出来的皇位接班人给活活地扼杀掉了！

细想想，这真的是很残酷，在一个封建的人治的社会里，即使身为皇子，也会深受专制独裁统治的摧残与迫害，也一样逃不脱"说你行你就行不行也行，说不行就不行行也不行"的封建家长制用人魔咒。

综观胤禩的一生，委实是个天大的悲剧。自从这一次被打翻在地后，胤禩的身上此后竟然一直被他的父亲康熙有形无形地踏着一只脚，以致让他永世未能翻身。他的命运就这样被他的父亲钳制着，就像《西游记》中的孙悟空一样，即使有天大的本事，也始终逃不脱他父亲康熙帝这一如来佛的手心，被重重地压在了皇权政治的"五行山"下，始终没有翻过身来。

"天下第一闲人"

说来，真的是很令人讶异和惊叹，就在众皇子出于各种目的，纷纷自觉或不自觉地卷入到争夺储君之位的宫廷政治旋涡之中而不能自拔，宫中为此几乎已乱成一锅粥的情势下，有一位皇子竟然能够气定神闲，超然物外，仿佛宫中所发生的一切都"事不关己"，全然与他无关。

不用说，这位皇子便是四阿哥胤禛，也即后来的雍正皇帝。

从史书上看，胤禛这个人绝对可以说是古今中外屈指可数的天才的政治演员，很会演戏，善于伪装，而且有着超强的自制力。在太子胤礽第一次被废那年，他30岁。在此之前，也许是对储君之位从来不抱希望，所以，那时的他的性格表现出了这样两个特点：一是遇事急躁；二是喜怒无常。因此，据《康熙起居注册》三十七年三月初二日记载，在胤禛20多岁时，康熙曾评价他说："四阿哥为人轻率。"甚至有一次，康熙曾当着许多大臣的面说四阿哥这人"喜怒不定"。

仅此可见，雍正当年曾是怎样一个人。由此也说明，康熙帝当初对他其实印象并不好。

可是，自打太子胤礽被废之后，他竟然像是换了个人似的，变得那么沉静，那么淡定，那么超脱，在夺嫡斗争中，虽然与其他阿哥一样，也处心积虑，磨刀霍霍，但他却能瞒天过海，深藏不露，实在是个本事了得无与伦比的高人。

像历史上许多政治人物都很会演戏也很会伪装一样，胤禛显然也是这方面的高手。他曾经自号破尘居士、圆明居士。所谓居士，也就是在家信佛修行的人。今天看来，胤禛之所以能够"修成正果"，登上帝位，绝对不是天上掉馅饼，丝毫没有偶然的成分，而应该说，纯粹是由于他的夺嫡策略非常高超。他的奇谋妙计几乎骗过了所有的对手，甚至连他精明一世的父皇康熙至死都被他蒙在了鼓里。

另外，胤禛还是个非常善于审时度势的人。作为一个有追求的政治家或者说是野心家，他的高人一筹之处就在于，他不仅知道他需要什么，而且更知道他在不同时期或不同场合应该干什么。

在当时，有感于太子胤礽被废后，宫中形势波诡云谲，扑朔迷离，犹如狐狸一样狡猾的他果断采取以静制动的策略。而在后来，当看到大阿哥胤禔和八阿哥胤禩在夺嫡之战中一个个都相继"中枪"，被父皇"挑落马下"，诚所谓"前车之辙，后车之鉴"，有大阿哥和八阿哥的教训做反面教材，本就异常阴险极其狡诈的胤禛就更是装愚守拙，竭力表现得大智若愚，在表面上尽量把自己与"政治"切割开来，以此证明自己对夺嫡没有任何兴趣。

也正因此，在夺嫡的全过程中，胤禛所采取的总体策略是韬光养晦，深藏不露，始终把"戒急用忍"作为自己的座右铭，就像大海中的章鱼、乌贼那样，为了不让天敌们发现自己的行踪，于是便故意施放毒汁，想方设法将自己遮蔽隐藏起来。

从有关史料来看，胤禛当初和其他阿哥一样，对储君之位一直虎视眈眈，梦寐以求，对攫取帝国的最高权力一直非常渴望。但是，在觉察到父皇康熙对自己紧握在手中的皇权看得很重，对皇子觊觎皇位非常反感，因而，为了迎合父皇，投父所好，同时也为了遮人耳目，蒙骗对手，他便以参禅信佛为掩护，不仅经常前往与自己的雍王府相邻位居雍和宫之东的柏林寺进香礼佛，同时还拜章嘉喇嘛作为自己的证道恩师，经常邀请章嘉喇嘛以及迦陵性音和弘素等大师到自己的雍王府内大做佛事，以此表明自己一心向佛，潜心佛事，根本就不关心什么夺嫡之事。

仿佛这样还嫌不够，与此同时，他还经常故意公开声称自己是"天下第一闲人"，而且还刻意摘抄编撰了一本《悦心集》，书中收录了许多充溢逍遥遁世思想的文章，以此表明自己无心问政、皈依佛门的心志，如：他经常喜欢将那首《好了歌》反反复复地抄在纸上，念在嘴上：

南来北往走西东，看得浮生总是空。

天也空来地也空，人生渺渺在其中。

日也空来月也空，来来往往有何功？

田也空来地也空，换了多少主人翁！

金也空来银也空，死后何曾在手中？

妻也空来子也空，黄泉路上不相逢！

《大藏经》中空是色，《般若经》中色是空。

朝走西来暮走东，人生恰似采花蜂。

采得百花成蜜后，到头辛苦一场空。

夜深听得三更鼓，翻身不觉五更钟。

仔细从头思想起，便是南柯一梦中！

此外，他还将宣扬佛家万般皆空思想的《三五么》以及明代著名画家、文学家唐伯虎的《一世歌》等编入《悦心集》中，经常在人前人后吟诵。

由于善于伪装，因此，无论是诸阿哥还是父皇康熙，都觉得他思想消极，没有夺嫡野心，所以大家都不把他当成是自己的夺嫡对手，自然便对他没有任何防范和戒备之心，更不会与他明争暗斗，致使他在暗中活动起来游刃有余，由此少了许多对立面与障碍，从而最后出人意料、出其不意并顺利地登上了皇帝宝座。

所以，仔细分析起来，胤禛之所以能够最后问鼎神器，承继大统，绝对不是侥幸所致，而是由于他太像一个政治上狡猾的狐狸，有着一般人所没有的政治手腕，有着不同寻常的夺嫡高招。像这样的一个人，一个"政治人精"，在夺嫡之战中，其他皇子又怎么能玩得过他？又怎么能够是他的对手？

而且，在夺嫡之战中，胤禛其实还并不只是一个人作战，在他的背后，还有着"高人指点"。也正因此，我们说"雍正夺嫡有高招"，而这些"高招"，虽然有一些可以说是他自己的"独门秘籍"或"独门暗器"，但有许多则很可能是出自于他背后的"高人"。可以说，"高人指点"为胤禛最终取得夺嫡的胜利起到了相当大的作用。

幕后"高人"

历史上，对胤禛夺嫡起到了重要作用的"高人"，应该说是戴铎。

戴铎这个人生平不详，从有限的史料看，他显然是个富有真才实学、真知灼见的汉族文人。因为在当时歧视防范汉人的清政府中，汉人多半不被重用。想必因为不得志，他才投奔到雍亲王府，成了胤禛的门下属人、幕僚师爷。

可以说，戴铎完全是由胤禛一手发现、培养并加以重用的。虽然，戴铎最初只是个地位卑贱的小人物，但胤禛这个人却很有慧眼，很会识人，他很快就发现到戴铎身上所具有的与众不同且难能可贵的才识，因而将他引为自己的心腹。而戴铎也真的是个不可多得的王佐之才、帝王之师，他投桃报李，感恩图报，为胤禛夺嫡殚思竭虑，献上了自己的诸般锦囊妙计。

康熙五十二年（公元 1713 年），也即康熙帝第二次废黜太子胤礽的次年，戴铎给自己的主子胤禛写了封密信，为胤禛争夺皇位继承人之位进行了周密系统而且极为深刻的谋划，可谓为胤禛提供了一套夺嫡秘籍和制胜法宝。

在这封密信中，戴铎首先对胤禛所面临的处境进行了具体分析，指出"当此君臣利害之关，终身荣辱之际""皇上有天纵之资，诚为不世出之主；诸王当未定之日，各有不并立之心"。他认为"处英明之父子也，不露其长，恐其见弃；过露其长，恐其见疑""处众多之手足也，此有好竽，彼有好瑟，此有所争，彼有所胜"。也正因为在英明的皇父面前，不展示自己的才华不好，过分崭露自己的才华也不好；在众多兄弟面前争强好胜，必然会互有胜负，甚至会两败俱伤，所以，戴铎给胤禛提出了十六字的夺嫡策略或方针，即"孝以事之，诚以格之，和以结之，忍以容之"，他忠告胤禛对诸王阿哥"俱当以大度包容，使有才者不为忌，无才者以为靠"。

其次，戴铎建议胤禛要和康熙身边的人打成一片，只要是和皇上亲近的人，哪怕是一些地位身份卑微的人，也一个都不能得罪，而应该想办法和他们处好关系。在他看来，联络感情并不全靠请客送礼，有时随口说几句好话，就会产生意想不到的效果。也就是说对皇帝身边的人要尽量一视同仁，切忌狗眼看人低，把人分成三六九等，以防无意中把人给得罪了。

同时，戴铎还建议胤禛要洁身自好，不要整天打探和传播小道消息。

很显然，胤禛后来的夺嫡策略以及所作所为，都是由戴铎在这封密信中为他详细而又具体地制定了纲领与计划的。在整个夺嫡过程中，戴铎就像是一个总设计师或总策划人，或者说，就像是一个高级指导教练，而胤禛则像是一个非常具有悟性和天赋的运动员，从始至终都忠实地贯彻执行了教练为他量身定做的"训练计划"和正确的"战略战术"抑或"夺嫡方略"。

概要说来，戴铎为主子胤禛夺嫡所制定而且被胤禛忠实地贯彻并创造性地运用的高招或"夺嫡方略"主要有"诚孝"皇父、"友爱"兄弟、敬老尊贤、不贪财色，以及培植党羽等。

所谓"诚孝"皇父，就是对皇父要孝顺，尽力讨皇父的欢心。因为，在一个人治的封建社会，选谁承继大统，只有"一把手"皇帝才能说了算。因而，身为皇子，只有设法博得皇父的信赖和喜欢，才有可能被立为太子。而要赢得皇帝的信赖，博得皇父的欢心，就必须要"诚孝"皇父，多拍、善拍皇帝的马屁，讨皇帝的欢心。舍此，别无他途。

所谓"友爱"兄弟，就是要和众阿哥都处好关系。在表面上任谁都不得罪，但也不去和任何一个皇阿哥走得太近，拉帮结派，表面上是不惹是非，与世无争，其实，更深层次的用心则是先坐山观虎斗，让其他阿哥在党同伐异的争斗之中，鹬蚌相持，两败俱伤，以便自己坐收渔翁之利。

所谓敬老尊贤，最主要的就是要亲近、尊敬经常围在康熙帝身边的人，敬重那些有才能、有声望、有权势的人，特别是那些勋贵元老，千万不能得罪、冒犯他们，要对他们恭而敬之。因为这些人不仅自身具有一种有形无形但却非常强大的力量和势力。同时，他们在皇上心中往往很有影响，说话很有分量，会影响或左右皇帝的决策。

在戴铎看来，平时，这些人在皇上面前为你说好话，也许并不能有多大的用处，但如果在皇上面前时不时地说你的坏话，哪怕是随口说出的一句坏话，都很有可能给你种下意想不到的祸根，结果，很可能会坏了你的大事，毁了你的前程。所以，这些"老领导""老干部"绝对得罪不起，怠慢不得，要想方设法和他们搞好关系。

贪财好色是古往今来一切想成就大事业者的大忌。历史上，一些原本很有才干、很有作为也很有希望的人往往就害在这两方面。所以，戴铎忠告胤禛不要贪财好色，要目光远大，放眼长远，洁身自好。只要能当上皇帝，将来天下所有的好东西还不都是你的，又何必现在在乎这些美女玉帛，害了自己呢？他劝胤禛要胸怀远大，放眼未来，切忌贪财好色，鼠目寸光。

除此之外，戴铎又重点建议主子要笼络提拔那些"才智之士"，对人才要"加意作养，始终栽培"，且"恩上加恩"，也就是要笼络人才，培植党羽，让这些人因为对胤禛感恩戴德，感激涕零，因而对他忠心耿耿、死心塌地，情愿为他竭忠尽智，乃至肝脑涂地。

此外，在密折的最后，他劝主子要做最坏打算，请主子为他谋补台湾道之缺，以备将来万一争夺皇太子之位失败，主子能有一条逃命的活路，逃往台湾，保全性命。

你看，戴铎想得多周到啊，不仅为主子想好了进身之道，而且，也防患于未然，连一旦遭遇不测的退路都想好了！仅此可见，作为幕僚或师爷，戴铎真的是一个"高人"。

有道是：响鼓不用重锤，明白人一点就通。要说胤禛无疑也真的是一个"高人"。以他的智商，对戴铎的指点或"教唆"当然心领神会，诚所谓"英雄所见略同"。可是，在表面上，他却把自己的真心包藏起来，伪装起来，故意表现得不以为然，假模假式。在看了戴铎的密信后，他违心地在信上批示道："语言虽金石，与我分中无用。我若有此心，断不如此行履也。况也大苦之事，避之不能，尚有希图之举乎？至于君臣利害关系，终身荣辱之际，全不在此。无祸无福，至终保任，汝但为我放心。凡此等居心语言，切不可动。慎之！慎之！"

那意思是说，戴铎你说这些干什么啊？你又不是不知道，我四阿哥早已看破红尘，就差没有出家了，哪还去考虑这些事情啊？以后这样的话就不要跟我再说了，免遭杀身之祸。

虽然话说得如此冠冕堂皇，但在内心中和行动上，他却言听计从，完全接受了戴铎的建议。

为了赢得父皇的信任与欢心，胤禛真是煞费了苦心。大凡能让康熙所喜欢的事，他都削尖了脑袋去做。如在诸皇子争夺皇位激烈之时，他竭力表现出对皇父的"诚"与"孝"，不但不去公开竞争，以便惹康熙生气，而且屡屡劝慰父皇保重。康熙帝第一次废太子后，身心憔悴，大病一场。胤禛首先站出来对皇父说，他愿冒死择医，为皇阿爸治病。为此，他选择太医及皇子中稍知药性者胤祉、胤祺、胤禩和自己一起精心检视方药，没日没夜地服侍皇父吃药治疗，使康熙帝服药后日渐恢复健康。甚至，有些药因为害怕有毒，他还自己先尝，真正让其父康熙好生感动。

有这样的"孝子"，康熙帝当然非常满意，于是，康熙帝命内侍梁九功等传谕："当初拘禁胤礽时，并没有一个人替他说话，只有四阿哥深知大义，多次在我面前为胤礽保奏，像这样的心地和行事，才是能做大事的人。"后来，事隔多年，连胤禛自己也说："四十余年以来，朕养志承欢，至诚至敬，屡蒙皇考恩谕。诸昆弟中，独谓朕诚孝。"要知道，康熙帝绝对不是那种糊里糊涂的人，能把他老人家"搞掂"，得到他的夸奖，可以想见，胤禛真的手段高超，绝对不是等闲之辈。

的确，胤禛很会"做人"，很会讨父皇欢心，凡是康熙所不喜欢的事，他都在公开场合从不沾边。康熙喜欢天伦之乐，胤禛心知肚明，便经常表现得自然而非刻意地向皇阿爸表达自己的"孝心"。就在康熙帝临死前的那个春天，康熙帝到胤禛所居住的圆明园赏花，趁康熙帝高兴之际，胤禛投其所好，不露痕迹地带着自己的儿子弘历即后来的乾隆皇帝去见皇父，狠狠地秀了一把全家欢。祖孙三代在一起享受天伦之乐，康熙心中非常高兴，再加上看见弘历这位小皇孙眉清目秀，聪明伶俐，惹人喜爱，康熙就更是龙颜大悦，当即下令将活泼可爱的小弘历招到宫中养育，又亲笔写下"五福堂"三字赐给胤禛。

胤禛将此视为至宝，特意制成匾额恭而敬之地悬挂于自己的王府后室，以此提高自己的身价，暗中为自己宣传和造势。可以说，对皇父的"诚"与"孝"可谓一本万利，胤禛由此得到了最丰厚的回报。

胤禛知道，善于处理兄弟之间的关系，是自己一生事业中仅次于诚孝皇父的重要事情。和其他皇子急吼吼的样子形成鲜明对比的是，胤禛不露锋芒，韬光养晦，八面玲珑，谁也不得罪，从不表现出对皇位过于明显的觊觎之心。

一次，胤禛在随驾出京途中，故意诗兴大发，泼墨挥毫，写了一首《早起寄都中诸弟》的诗，诗云："一雁孤鸣惊旅梦，千峰攒立动诗思。凤城诸弟应相忆，好对黄花泛酒卮。"此诗有意标榜他愿做群雁而不做孤雁的心愿。

很显然，胤禛写诗"寄诸弟"是假，其醉翁之意，乃是要故意"秀"给皇父康熙看的。因为跟随皇父随驾出京，在康熙的身边，胤禛当然要好好表现，除了表现自己的孝道，对父皇的忠孝，再有自然便是要"秀"一下自己对兄弟的"友爱"，更深一层的意思当然是向康熙帝表明，自己绝对不会为了夺嫡而干那种手足相残之事。由此可见他的心机之深，真的绝非一般人可比。

为了显示自己对兄弟的"友爱"，胤禛平日既不拉帮结派，也不对失势的兄弟落井下石。相反，他还经常抓住一切可能的机会帮助兄弟，以博得自己的好名声。比如皇太子胤礽被废后，他就常在父皇面前帮他说话，当预感到康熙有可能将重新册立胤礽为太子，他便主动站出来，请求皇兄代自己向皇父上疏，要求解除胤礽身上的锁链。八阿哥遭康熙臭骂时，他又主动在父皇面前为胤禩说情，这和大阿哥喜欢落井下石的表现迥然不同，康熙对此很满意，说他"深知大义，颇得我心"。而康熙帝晚年曾一再表明自己选择继位人将"以朕心为心者"。很有可能，胤禛就是因此成为康熙心中的属意之人。

由于有高人指点，在继位之前，胤禛处理兄弟关系的主要原则是不结党、不结怨。胤禛没有参加皇太子党，也没有参加皇八子党。他表现出既诚孝皇父，也友爱兄弟的态度，使他因此能够躲避开皇父与兄弟两方面的明枪暗箭，"独善其身"而安然无恙。后来，在做了皇帝后，雍正禁不住也自己表扬自己，在《大义觉迷录》中他自我标榜说："予之所以登大位者，即以此无偏私朋党之习故也。"

胤禛做人做事非常有城府，遇事胸有成竹但却含而不露。他表面上装得笃信佛教，沉迷其中，但暗中却一刻不停地加紧夺嫡行动，苦心网罗了一批"才智之士"，除了像礼部侍郎蔡廷、步军统领隆科多，还有川陕总督年羹尧，以及才干过人的皇十三子胤祥等。胤禛网罗的党羽人数虽然不多，但却拥有掌握京师卫戍大权和九门管钥的步军统领，领兵西北可谓扼住了京师咽喉要道的川陕总督年羹尧，以及才干过人的皇子，当然还有在康熙面前说话很有分量的章嘉活佛，此外还有一些善于谋略的文臣武将。这些心腹党羽在胤禛夺嫡过程中无不赴汤蹈火，竭忠尽智，发挥了极其重要的作用。

背后的靠山

在今天看来，在夺嫡斗争中，胤禛之所以能够胜出，有"高人"指点固然是其制胜的秘诀，但如果认为他夺嫡成功完全只是因为有高人指点，那显然是不全面的。事实上，胤禛最后之所以能够登上皇位，其实最关键的还是因为他的背后一直有着很大很硬的后台与靠山使然。

熟悉历史的人都知道，当时，康熙皇帝的几个参与储位之争的皇子如皇太子胤礽、皇长子胤禔以及皇八子胤禩的背后或明或暗其实都有后台，如皇太子胤礽的后台与靠山乃是索额图，当然还有太子的老师汤斌。

索额图乃是胤礽母亲的亲叔叔，是他的舅爷爷。索额图曾经是康熙初年朝廷最有权势的大臣，康熙当年曾非常宠信他，但后来树大招风，太子集团遭到了其他皇子集团的一次又一次狙击，致使康熙帝渐渐对太子及其亲信疑忌与疏远起来，再加上皇太子胤礽当了几十年的太子，看老爸康熙还依然活得好好的，皇帝还当得有滋有味的，于是便多少有些不耐烦了，有一天私下发牢骚说："古今天下，岂有四十年太子乎？"这边，话一出口，那边就有人把小报告打到了康熙那里，康熙自然大为生气。如此一来，胤礽自然会引起康熙的警觉与猜忌。因为害怕他会抢班夺权，于是康熙便采取釜底抽薪的办法，将索额图处死。索额图一死，皇太子胤礽没有了靠山，自然也就蹦不起来了，被废自然是迟早的事。

还有皇长子胤禔，他的后台是当时康熙身边的另一位手握重权的大臣明珠。明珠是康熙皇帝惠妃纳拉氏的哥哥，而皇长子胤禔便是惠妃那拉氏所生，所以，明珠是皇长子的亲舅舅。既然有了这样一层关系，明珠当然便成了皇长子胤禔的总后台，并与皇太子的总后台索额图成了死对头，以致皇长子党与皇太子党针锋相对，最后到了水火不容的地步。而争斗的结果自然是两败俱伤。

相比较起来，八阿哥胤禩是最没有后台的，因为他的母亲出身最为低贱，其娘家毫无势力，甚至连胤禩小时候也不由其母亲自己抚养，而是交给了皇长子胤禔的母亲惠妃纳拉氏将其带大。所以，胤禩在朝中虽然获得了一大帮朝臣以及皇兄皇弟的青睐与支持，大家都觉得他很有才干，是最理想的德才兼备的皇太子人选，但这些支持毕竟是有限的，关键时刻，并没有人能够豁出去帮他，不惜一切代价力挺他。

可是，四阿哥胤禛就不同了，可以说，他的靠山很大，后台也很硬。

众所周知，胤禛的最大后台就是隆科多。

隆科多，姓佟佳氏，熟悉清史的人知道，有清一代特别是在清初，佟佳氏可不得了，相传当年努尔哈赤曾倒插门到佟佳氏家族，并改姓为佟，又相传当年佟佳氏在东北乃是富商巨贾，富可敌国，努尔哈赤起兵打仗需要的巨额资金都是由佟家给友情赞助的。因此，清朝建立后，佟家便成了皇亲世族，其名望与地位几乎无人可比。

隆科多是满洲镶黄旗人，是一等公佟国维的三子、康熙生母孝康章皇后的侄儿、康熙帝孝懿仁皇后的弟弟。

按说，隆科多与雍正也并没有直系亲属关系，雍正的生是母孝恭仁皇后乌雅氏（康熙德妃），但就因为雍正出生后交由孝懿仁皇后佟佳氏抚养长大，而佟佳氏又一直将其视为己出，所以，隆科多也便因此成了雍正的舅舅，当然不是亲舅舅。

因为有了这一层关系，隆科多当年在皇储之争中当然很帮四阿哥胤禛。而且，正好康熙到了晚年，昔日的宠臣在"各领风骚三五年"后已一波接一波地离去，到了临终前几年，正好隆科多得宠，成了皇帝身边形影不离的红人，因而对垂垂老矣的康熙皇帝的一举一动自然看得一清二楚，于是便在暗中经常给胤禛秘密提供重要情报。所以，像雍正这么脾气暴躁的人竟然能够讨得康熙皇帝晚年的欢心，很显然与隆科多为他提供这些秘密情报从而使他能够及时采取对策不断投康熙所好有着很大关系。

不仅如此，康熙晚年，隆科多身居要职，掌管京师卫戍大权，这就非同小可了。

康熙六十一年的十一月，康熙病重，隆科多奉命侍疾御榻前，这就给了隆科多帮助四阿哥胤禛夺嫡嗣位提供了绝好的机会。果然，康熙在畅春园死后，隆科多宣读真假难辨的"遗诏"，宣布由胤禛继位。康熙死后，胤禛正在痛哭之际，隆科多又及时提醒他，现在不是伪装作秀的时候，说："大行皇帝深唯大计，付授鸿基，宜先定大事，方可办理一切丧仪。"

经他这么一提醒，胤禛顿时吃了一惊，于是立即依计行事，决定护送康熙遗体进城，令隆科多和十三阿哥负责备仪卫，清御道，同时，又令隆科多率军警警卫京城，关闭九门六天，"诸王非传令皆不得进"，也就是负责安全保卫，军事戒严，以确保自己稳稳地当上皇帝，控制住局面。

不妨假设一下，如果隆科多不是四阿哥胤禛的"舅舅"，而是八阿哥胤禩的"舅舅"，那康熙死后，承继大统当上皇帝的又将是谁呢？很难说不是八阿哥胤禩。而如此一来，清朝的历史将会从此改写。

当然，这只是一种假设。但不管怎么说，胤禛能当上皇帝，隆科多绝对功不可没，也正因此，雍正即位初，对隆科多感恩戴德，竟称他为"隆科多舅舅"，但也正是因为这样，后来，隆科多知道的秘密太多了，便成了雍正的心腹之患，最终被雍正皇帝"永远圈禁"，再次印证了心腹多半难善终的封建官场铁律。

当然，胤禛夺嫡时还有一个重要的靠山，便是年羹尧。年羹尧的妹妹是胤禛的侧福晋，所以，年羹尧也就成了四阿哥胤禛正儿八经的大舅子。由于年羹尧文武兼备，尤其擅长军事，且屡立战功，因而深得康熙器重，成为手握重兵镇守边关的大将。

民间戏传，康熙帝临终时已指定皇十四子胤禵嗣位，隆科多矫诏让胤禛继位，年羹尧也参与其中。他受胤禛指使，拥兵威慑在四川的十四阿哥胤禵，使其无法兴兵夺位。也正因此，雍正登基后，年羹尧与隆科多一起受到雍正的重赏，不断加官晋爵，荣宠无比，但到后来，他与隆科多一样，都成了雍正的心腹之患，最后的结局当然是被皇帝卸磨杀驴，兔死狗烹。

永远的秘密

康熙六十一年（1722 年）十月二十一日，康熙驾临南苑皇家猎场，一边打猎一边散心。此时，由于多年积劳成疾，更由于在选择接班人问题上被折磨得"心思用尽，容颜清减"，焦头烂额，乃至中风瘫痪，造成身体残疾。此时，康熙身体赢弱，容颜枯槁，已是风烛残年。料峭的寒风轻轻刮过，枯树一下子就倒了。这年的十一月初七，康熙感到身体不舒服，立即赶回畅春园斋戒休养。当天，宫中发布官方消息说，皇帝"偶感风寒，本日即透汗，自初十至十五日静养斋戒，一应奏章，不必启奏"。一向宵衣旰食的康熙皇帝不得不临时停止办公，安心养病。

一次小小的感冒，凭借皇家那么多医术精湛、全国一流的太医的医治和特级护理，本以为吃点药就会好了，没料到这回却因此彻底要了康熙的老命。

十三日，康熙的病情突然加剧，戌时，大约在晚八点前后，一座让大清帝国的臣民整整聆听守望了 61 年的"政治大钟"的钟摆在北京西郊的畅春园，也在大清国的大地上，永远停止了摆动。

随着钟摆的停摆，康熙的时代从此彻底结束了。

康熙临终前，只有胤禛以及隆科多在他跟前。也正是这个隆科多，即胤禛的舅舅和心腹党羽，与胤禛合谋，在康熙帝驾崩时，又是封锁消息又是戒严，在没有确凿充分的传位密诏及其他证据的情况下，急急忙忙地将皇位传给了胤禛。

至此，胤禛夺嫡最终以他的胜利而告终。胤禛由此成了永载史册的一代帝王。

雍正夺嫡有高招。即使是在今天看来，胤禛这个人也非常具有政治手腕。论心计，论城府，在中国古代的封建帝王中，很少有人能出其右。但"智者千虑，必有一失"，雍正即使再有心机，再会算计，也还是给历史留下了破绽，给他的同代人以及后代留下了话柄。所以，清史研究专家一直将太后下嫁、顺治出家、雍正夺嫡认定为清朝前期的三大疑案。

时过境迁，雍正嗣位已成了一个永远的秘密。甭说现在，就是在当时，人们在谈论这事时，也一头雾水，不明真相。

关于雍正的继位版本很多，即使是在雍正年间也传说颇多，围绕着雍正继位，在学术界和民间有无数争论和见解，可谓众说纷纭，莫衷一是。最主要的一是"弑父夺位说"，即胤禛在给康熙喝的人参汤里暗中下了毒药，毒死了其父皇康熙；二是"改诏篡位说"，也即所谓的将康熙传位遗照中"传位十四子"篡改成"传位于四子"这两种传说，一言以蔽之，就是认为雍正以非法手段夺取了皇位。

但据正史《清圣祖实录》和雍正继位后自己写的那本历史上有名的《大义觉迷录》中的记载和辩解，雍正根本没有改诏篡位，而是合法登基。

有意思的是，雍正究竟是怎么登基的？就连雍正自己也说不清楚，在替自己辩解时前后矛盾，不能自圆其说。

原来，康熙帝龙驭宾天后，对于胤禛的突然即位，朝野内外一时议论纷纷，茶坊酒肆中颇多皇位出自篡夺的传闻异说。有感于此，雍正亲自操刀捉笔，编撰了一本《大义觉迷录》，专门予以上谕驳斥，对"谋父""逼母""弑兄""屠弟""贪财""好杀""酗酒""淫色""好谀""任佞"等十项大罪逐一进行驳斥，并将此书刊印颁行天下。

然而，诚所谓"此地无银三百两"，没想到雍正的这一做法竟事与愿违，弄巧成拙，可谓欲盖弥彰，愈描愈黑，由于他的解释确实存在着许多明显的破绽，如此一来，反而给人留下了更多的想象与猜疑空间。结果，无论是朝中臣僚，还是乡野草民，无不对他继位的合法性充满了狐疑，并由此生出了许多生动而离奇的"历史八卦"。

平心而论，也难怪人们对雍正继位疑窦丛生。因为，据历史记载，康熙六十一年（1722 年）十一月十三日，也即在康熙皇帝临死之前，他所患的不过是风寒，也就相当于现在的感冒，顶多是病毒性感冒，而且在十一月十日"偶患风寒"后，病情已一天比一天好，何以到了十三日"甲午戌刻"（十三日晚上大约八点钟左右）会忽然急转直下一命呜呼了呢？

所以，康熙之死因很值得人怀疑，这是其一。

另外，康熙死时，只有胤禛和他的舅舅隆科多在其身边，康熙临终前，是胤禛为他换的"老衣"（人死的时候穿的衣服），而且秘不发丧，当夜将康熙帝的遗体从郊外的畅春园悄悄奉还大内，安于乾清宫，等到第二天一大早，等一切布置停当，各重要部门都分兵把守，胤禛的亲舅舅也是他的党羽隆科多便"暗箱操作"，迫不及待地宣布先帝"遗旨"，由四阿哥胤禛承继大统。而当众阿哥且信且疑，要隆科多拿出先帝的传位遗诏时，隆科多则推说先帝没有纸质遗诏，只有口头遗诏。后来，据《雍正实录》记载，坐上龙椅的雍正皇帝于雍正元年（1723年）八月十七日早晨九时，在乾清宫西暖阁特地召开"朝中高级干部大会"，也特地对此事做出解释，说："我圣祖仁皇帝（康熙）为宗社臣民计，慎选于诸子之中，命朕缵承统绪。于去年十一月十三日、仓猝之间一言而定大计……"

诚如我们所知道的，康熙帝这人处事持重，老谋深算，以他的性格与处世的风格，怎么可能会对传位之事处理得如此草率，竟然于"仓猝之间一言而定大计"？

这就难怪当时众皇子以及朝中许多大臣乃至后人要怀疑此事的真伪了。

因此，过了七十年以后，就连他自己的亲生儿子乾隆皇帝也将信将疑，不相信官方正史的记载。乾隆六十年（1795年），在谈到前朝皇权交接时，乾隆认为："圣祖大渐，授位皇考，其时系内大臣隆科多宣传顾命。"为了不致使《大义觉迷录》存留世上，老让人从中挑三拣四，寻出破绽，乾隆干脆下诏禁毁《大义觉迷录》，已颁行者严令收回，有敢私藏之罪之。因此《大义觉迷录》在其后一个多世纪中一直成为禁书，极少流传，只在日本留有存本。

显然，就连乾隆也有些心虚，不那么相信老爸雍正在其《大义觉迷录》中所说的话。

这，实在是一个绝妙的讽刺，也是一个流传后世值得玩味的政治笑柄。

但不管怎么说，在政治博弈中，雍正都绝对是一个超一流的高手，一个政治高人，在夺嫡斗争中，几乎不露痕迹、兵不血刃地就一举抢夺了皇位。这，也实在是皇权统治下一个政治的奇迹、一个历史的奇迹。

第四章
康雍乾朝非盛世

这些年来，随着一些当代作家创作的"帝王系列"小说的热销以及一些清宫剧的热播，清朝的康熙、雍正与乾隆皇帝已越来越成为在中国可谓家喻户晓、妇孺皆知的"明星皇帝"，而这祖孙三位皇帝所统治的大清时代，也被一些清史学者所热炒与推崇，且被堂而皇之地称之为"康乾盛世"，或曰"康雍乾盛世"，认为这一"盛世"是中国历史上最为伟大辉煌的一页，是中华民族的自豪与骄傲。

但其实，倘若我们真正静下心来对那一段过往的历史予以仔细检视和解剖，就会惊奇地发现，所谓的"康雍乾盛世"只不过是一个虚妄的传说，一个似是而非的谎言。

马戛尔尼的"发现"

1793 年，在世界史上，应该说是个极不寻常的年份。当时，在古老的欧洲大地上，法国大革命正在如火如荼地展开。就在这样的历史大背景下，这一年的 1 月，新成立不到一年的法兰西第一共和国召开国民大会，公开宣判了法兰西波旁王朝复辟前最后一任国王路易十六的死刑，并在当月执行，从而将这位特别喜欢修理摆弄锁具的法国国王彻底送上了断头台。到了这年的 2 月，法国的新兴政权年轻的法兰西第一共和国毅然对荷兰和英国宣战。而在这一年的 3 月，美国第一位总统乔治·华盛顿在当时的首都费城宣誓连任总统，并发表了仅有 135 个词，可谓迄今为止最短的美国总统就职演说。

而对于中国来说，这一年虽然不能说是一个特别重要的年份，但仔细想想，也还发生了几件多少还算有些分量和影响的"大事"：其一就是"内政"，在这一年（乾隆五十八年）的 1 月 21 日，在法国国王路易十六被送上断头台的那天，清政府批准了福康安所奏《藏内善后章程》，后以此为蓝本，制定了《钦定西藏章程》。《钦定西藏章程》规定，清政府在西藏设驻藏大臣，驻军，册封达赖喇嘛和班禅大师。活佛转世的时候，规定了即使是到今天也仍然还在执行的"金瓶掣签"制度。

在今天看来，《钦定西藏章程》是中华民族史上一份极其重要的文献，标志着清朝对西藏进行全面有效的管辖。

至于其二，则显然应该说是"外交"，在这年的 7 月，以马戛尔尼为首的英国政府代表团来到中国，并于 9 月 14 日在承德避暑山庄受到了大清帝国乾隆皇帝的接见。

说到马戛尔尼以及马戛尔尼访华事件，很多人也许并不知晓。但是，在中国外交史上，应该说，无论是马戛尔尼本人还是马戛尔尼访华事件都有着非同寻常的意义。以致到今天，每当人们回忆起马戛尔尼当年访华这一段历史时还禁不住浮想联翩，感慨良多。

那是 1792 年（乾隆五十七年）的秋天，为了进一步加强与清朝的经贸往来，打开清朝的海上通商大门，与清政府建立正常的贸易伙伴关系，英国政府派遣一个访问团从地球的另一端乘船前往遥远的中国访问。当然，英国人此来名义上是为了祝贺乾隆皇帝八十大寿的。

当年，这一访问团的团长便是马戛尔尼。

马戛尔尼是一位英国贵族，有着勋爵身份，是位任职很久经验丰富的著名外交官，当然也是一位地地道道的英国间谍。他曾担任过英国驻俄国圣彼得堡的公使，任过英国印度殖民地的马德拉斯总督，后来英国政府委任他为孟加拉总督，他辞而未去。1792 年，英国政府委任他为访华全权特使，而让斯当东爵士作为他的副使兼秘书。

对于这次访问，大英帝国特地组成了规模庞大的访问团队。这个庞大的团队，光是正式人员就有近百人，包括外交官、青年贵族、学者、医师、画家、乐师、技师和仆役等。如果再加上水手和一路护航的士兵的话，则总共将近有 700 人。这么多人分乘三艘战舰，即"狮子号""印度斯坦号"和一艘"豺狼号"小型护卫舰，于 1792 年的 9 月 26 日从英国的朴次茅斯港起锚向中国进发，1793 年 7 月来到了中国。

可是，这次当时在中西方也是世界上最大的两个国家之间展开的外交活动却并没有取得理想的效果。

而之所以会是这样，平心而论，一方面固然应该归咎于马戛尔尼的访问团队有"黄鼠狼给鸡拜年——没安好心"之嫌，但另一方面，应该说，问题还是出在清政府以及乾隆皇帝身上。

仅仅只是为了顾及那些可怜而又可笑几乎毫无实质意义的面子与礼节，怪罪那些傲慢的"红毛外夷"不肯行双膝下跪叩头大礼朝拜乾隆皇帝，双方因此发生了激烈的"礼仪之争"并各不相让，最后竟让一次原本非常正规极为重要的外交活动演变成了一场极为滑稽非常搞笑的"外交闹剧"。

是的，当时的清政府中的一帮稀里糊涂、蒙昧无知的大臣以及坐井观天、自高自大的乾隆皇帝对西方各国可以说完全处于一种全国性的"集体无意识"当中，由于"对外国实力的无知"，因而"对外国人一概蔑视"。所以，当以马戛尔尼为首的英国使团来到中国，且又不愿在"天朝上国"的皇帝面前弯下膝盖，跪地朝贡，理所当然会遭到清政府的怠慢与冷眼。如此一来，马戛尔尼这次访问的不成功也就可想而知、在所难免了。

因此，乾隆皇帝断然拒绝了马戛尔尼的全部要求。

对于这次访问的失败，马戛尔尼的随员安德逊做了非常形象生动的描述，他说："我们整个的故事只有三句话：我们进入北京时像乞丐；在那里居留时像囚犯；离开时像小偷。"

不过，话又说回来，尽管这次的访问对于马戛尔尼来说，虽然没有达到预期的目的，没有完成其所肩负的英王赋予的外交使命，但是结果却歪打正着，有了意外的收获或发现。而这"意外的收获"或者称之为"马戛尔尼的发现"就是：在来中国之前，在他的心目中，中国应该是马可·波罗笔下的那个犹如乌托邦般的美丽国度，遍地金银，普通人都穿着绫罗绸缎，有宏伟繁华的城市和富庶美丽的乡村。可是，一踏上大清国的土地，他亲眼所看到的这个东方古国竟然与他心目中的印象截然相反。

打一个比方，在这以前，如果说无论是马戛尔尼还是英国使团的其他成员，都一直以为遥远的中国是一只异常强悍凶猛无比的老虎的话，那么，当他们有一天真正来到中国，诚所谓"百闻不如一见"，令马戛尔尼们感到非常惊讶的是，原来，他们所亲眼看到的大清帝国其实根本就称不上是一只老虎，而只能说是一头外强中干的"黔之驴"！

的确，在马戛尔尼之前，西方人对中国一如中国人对西方一样不甚了解，如果硬要说多少有所了解的话，那也只是一知半解，而且还是一种不真实的"道听途说"。

显而，这种"道听途说"几乎多半是从马可·波罗那儿得来的。

诚如我们所知道的，马可·波罗是 13 世纪意大利的世界著名旅行家和商人。据称17 岁那年，他曾跟随他的父亲和叔叔途经中东历时三年于 1275 年来到中国。在中国游历了 17 年后他回到威尼斯，后来在一次海战中被俘入狱，于狱中由自己口述并请狱友笔录写下了一部著名的《马可·波罗游记》。

《马可·波罗游记》是欧洲人撰写的第一部详尽描绘中国历史、文化和艺术的游记。在这部很快便风靡畅销整个欧洲的书中，马可·波罗盛赞了中国的繁盛昌明：发达的工商业、繁华热闹的市集、华美廉价的丝绸锦缎、宏伟壮观的都城、完善方便的驿道交通、普遍流通的纸币等。在这部书中，马可·波罗把中国简直描写成了一个"世外桃源"，一座"人间天堂"。

显然，也正是马可·波罗不无夸张且近乎神话传说般的描写在欧洲人心目中形成了对中国近乎乌托邦似的美好印象，在以后的漫长岁月里，激起了无数西方人对这一东方古国的无限憧憬与热烈向往，并由此在欧洲上流社会刮起了一股时髦的"中国风"，产生了一股"中国热"。以致这以后欧洲有许多冒险家，纷纷驾船出海去寻找新大陆。而在寻找新大陆的航程中，无论是哥伦布还是麦哲伦，他们的船上都无一例外在自己的驾驶台上恭恭敬敬放着两本书：一本当然是《圣经》，而另一本则无疑就是《马可·波罗游记》。

可以想见，马戛尔尼极有可能就是怀着犹如淘金者乃至朝圣者一般的心情来到中国的。可是，自从乾隆五十八年（1793 年）五月十四日到达中国，到这一年的十二月初七由广州返航回国，在前后大约半年多的时间内，在中国的所见所闻却让这位英国的资深外交家与"国际间谍"大失所望。在此期间，他惊奇地发现：现实中的大清凋敝景象与传说中的中国美丽印象竟是如此的大相径庭，云泥之别。倘若用他自己的话说就是，此时的大清帝国只不过是一艘"破败不堪的旧船"罢了。

由于在大清帝国受到的耻辱，原本对中国印象非常美好且非常友好的马戛尔尼真可谓"高兴而来，扫兴而归"，由此生出对大清帝国极端的仇恨和蔑视。回国以后，他和他出使中国的副使斯当东爵士一起向英国政府秘密提交了一份"访问报告"，后来又把在中国访问时所记的日记编印成了一本书。该书在中国最早是由刘半农先生翻译的，书名叫作《1793 乾隆英使觐见记》。

在这本书中，马戛尔尼对中国得出了与马可·波罗截然相反的结论，做出了完全不同的评价和预言。这位西方外交家无疑也是正宗的英国间谍毫不留情地把当时的大清帝国狠臭了一把，并一针见血地戳穿了"盛世中国"的神话。

他说："他们恒久不变的体制并不能证明他们的优越……中华帝国是一个神权专制的帝国……它翻来覆去只是一座雄伟的废墟……任何进步在那里都无法实现"，人们"生活在最为卑鄙的暴政之下，生活在怕挨竹板的恐惧之中……他们给妇女裹脚，残杀婴儿，他们胆怯，肮脏而且残酷"，所以无可避免地"最终将重新堕落到野蛮和贫困的状态"。

为了证明自己观点的正确，马戛尔尼列举了大量的实例。

首先是在百姓生活方面，他所看到的乾隆年间的大清帝国可谓民不聊生。在大清国访问期间，让马戛尔尼和整个英国使团成员触目惊心的却是："遍地都是惊人的贫困……人们衣衫褴褛甚至裸体……我们扔掉的垃圾都被人抢着吃"。

应该说，由于访华所受到的侮辱，马戛尔尼明显对中国存有着一种明显的偏见，甚至还有一种明显的敌意。但是，平心而论，他在书中所说的在中国的所见所闻确乎也是事实，并没有造谣撒谎的迹象。因为，他的另一位副使约翰·巴罗在其《我看乾隆盛世》一书中也有着与其类似的记载。约翰·巴罗说："不管是在舟山还是在去京城的途中，都没有看到任何人民丰衣足食、农村富饶繁荣的证明……除了村庄周围，难得有树，且形状丑陋。房屋通常都是泥墙平房，茅草盖顶……不管是房屋还是河道，都不能跟雷德里夫和瓦平（英国泰晤士河边的两个城镇）相提并论。事实上，触目所及无非是贫困落后的景象。"

据约翰·巴罗说，面对洋人，清朝的官员们还是颇有礼数的。他们雇用了许多老百姓来到英国使团的船上，给英国人端茶倒水，扫地做饭。但这些老百姓都太消瘦了，显然是营养不良。在他们中间，"很难找到类似英国公民的啤酒大肚或英国农夫喜气洋洋的脸"。每次英国人用餐完毕，把残羹剩饭留给中国老百姓打扫时，他们都要千恩万谢，然后像乞丐一样狼吞虎咽，抢着吃英国人的残羹剩饭。而且，英国人泡过的茶叶，也遭到了这些老百姓贪婪地哄抢，抢到的人会继续煮水泡这些剩茶叶喝。不要说老百姓衣衫褴褛，就是军队的普通士兵也穿得破破烂烂……"

如果说马戛尔尼和约翰·巴罗这些"洋鬼子"有可能戴着"有色眼镜"，所见所闻也许并不真实，或者说是故意丑化糟蹋处于"乾隆盛世"年间的中国人的话，那么，当时曾在山西做过知县的诗人唐甄应该不会闭着眼睛说假话，故意丑化现实。可是，在唐甄所著《潜书》中竟然也有这样一段文字："清兴五十年来，四海之内，日益困穷，农空、工空、市空、仕空。"他亲眼看到山西妇女多无裤可穿，而"吴中之民多鬻子女于北方"。

除了"遍地都是惊人的贫困"，在访问期间，马戛尔尼还发现清朝的造船技术与军事装备也非常落后。

据阿兰·佩雷菲特在其《停滞的帝国——两个世界的撞击》一书中介绍，当时马戛尔尼率领的英国访问团"惊奇地发现中国的帆船很不结实，由于船只吃水浅，无法抵御大风的袭击"，他们由此得出的判断是"中国船的构造根本不适应航海"。故而，马戛尔尼禁不住发出了这样的感叹："中国人首次看见欧洲的船只，至今已经有 250 年了，他们毫不掩饰对我们航海技术的赞赏，然而他们从未模仿过我们的造船工艺或航海技术。他们顽固地沿用他们无知祖先的笨拙方法，由于世界上没有一个国家能比中国更需要航海技术，因而中国人这种惰性更加令人难以置信。"

这里，需要特别指出的是，马戛尔尼这里所说的"中国"其实只是清朝，而且，他的这种傲慢的说法也实在是有些以偏概全。事实上，在明朝以前，中国的造船技术与航海水平一点儿也不落后于西方任何一个国家。如在 1598 年，也即明神宗万历二十六年，明朝海军出动 500 艘战舰，开赴朝鲜露梁与侵略朝鲜的日本交战，此战一举击沉日本战船 450 艘。

据有学者考证，当时强大的明朝舰队无论从船只数量、兵力人数、火炮数量、船舶排水总量，火炮技术水平（后装填速射炮，弹丸不弱于 1815 年英国海军的 24 磅炮）、单艘船只的战力，都超过了 1588 年共有船舰 130 艘的西班牙"无敌舰队"。而在明朝嘉靖年间出使琉球的封舟"长一十五丈，阔二丈六尺，深一丈三尺，分为二十三舱，前后竖以五桅，大桅长七丈二尺，围六尺五寸，余者以次而短"。如此巨大的"封舟"，简直就是一艘"航空母舰"，即使是和同时期在 1637 年由英国建造的当时西方最大的战舰"海上君王"号相比也毫不逊色。

可是，令人感到非常遗憾极为痛心的是，历史进入到了清朝，中国的造船与航海技术却一下子落后了。

当然，乾隆年间，清朝更为落后的应该说还是军事。在1793年的这次访问中，作为礼物，马戛尔尼还带来了榴弹炮、迫击炮以及卡宾枪、步枪、手枪等。在马戛尔尼想来，这些当时世界上较为先进的武器一定会引起清朝军官们的兴趣。但让他和英国使团成员们始料未及且大失所望的是，"天朝"的军官们大多是文人出身，他们对此丝毫不感兴趣。在他们看来，这些洋人的枪炮，不过是些无用的"奇技淫巧"罢了。

所以，当后来马戛尔尼穿过中国本土前往广州，看到那些宽衣大袖的清朝士兵并没有受过严格的军事训练，使用的又都是一些西洋早已淘汰了的刀枪弓箭之类的落后武器时，想到不久前他在北京邀请清军的高级将领、乾隆皇帝身边的大红人武英殿大学士兼军机大臣福康安观看英国使团警卫准备已久的军事训练，竟遭到福康安的拒绝一事，他禁不住在自己的日记中写道："真蠢！他一生中从未见过连发枪，中国军队还在用火绳引爆的枪。"

要说马戛尔尼的眼光真的是非常狠毒，在经过了对清朝乾隆年间长达半年多的实地考察后，这位西方的外交家以及间谍得出结论说："满洲鞑靼征服以来，至少在过去150年里，没有改善，没有前进，或者更确切地说反而倒退了。"

也正因此，在马戛尔尼看来，清朝"不过是一个泥足巨人，只要轻轻一抵就可以把他打倒在地。"而这样一个朝代，无论从哪个方面说，都不能说是一个"盛世"，否则，那"盛世"的标准也实在是太低了。

在今天看来，马戛尔尼说的真是一点没错，因为仅仅过了不到50年，闭关自守、盲目自大的清政府这一"泥足巨人"，就真的被以英国为首的西方列强的鸦片加大炮很轻易地打倒在地。

历史的"大倒退"

历史常识告诉我们，对特定历史人物或历史事件的评价必须要有一定的"历史参照物"，而由于选择参照物的不同，对同一历史人物或历史事件的评价就会很有可能得出截然相反的结论。

很显然，对于康雍乾三朝究竟是否是"盛世"的评价，无疑也是这样。

的确，如果对康雍乾三朝作孤立地、单一维度地关照与评价，那么，在清朝的单一"抛物线"中，康雍乾三朝很显然正处在这一历史抛物线的最高阶段，处于清朝鼎盛时期的康雍乾三朝完全称得上是一个"盛世"。

而之所以会得出这样一个结论，乃是因为，如果仅仅只是孤立地就清朝一个朝代而言，康雍乾三朝也的确称得上是成就显赫，无与伦比。

熟悉这一段历史的人都知道，康雍乾三朝处于清代前中期，共历 134 年，恰好是清史 268 年（从 1644 年清军入关算起）的一半。在这三朝中，正所谓由天下大乱达到天下大治的时期。定鼎中原后，为了坐稳天下，这三位清朝统治者都前赴后继，平乱扶治，也真的可以说是励精图治，战绩显赫。如康熙时，平定"三藩之乱"，收复台湾，两度北击沙俄，西北攻灭噶尔丹，西南入藏作战；雍正时，西北再战准噶尔之乱，西南平土司之乱；至乾隆朝，乾隆皇帝更有所谓"十全武功"，南征北战，甚至出入异国，艰辛备尝，付出巨大努力，也取得不菲业绩。

平心而论，康雍乾时代，无论满洲、蒙古、汉军八旗，还有绿营兵，无不显示了强大的战斗力，从而有效地拱卫了国家领土不受侵犯。

而在综合国力方面，在康雍乾三朝，据有中外学者考证，无论是国家整体还是人均 GDP，都达到了当时的世界最高水平。

所以，倘若事实真的就是这样的话，则不仅在清代，即使是在整个中国历史上，也可以称得上是首屈一指。

然而，假如以当时的世界或者以它之前的明朝作为历史参照，即把康雍乾这三个朝代放到一个大的坐标轴上与世界以及明朝分别做横向与纵向比较，去予以宏观关照与审视，就会发现，所谓的"康雍乾盛世"其实只是一种历史的假象。退一万步说，即便是勉强可以称之为是"盛世"，其实也只能说是一种历史的巧合，而与这三位清朝皇帝压根并没有多少因果必然联系。

一般来说，一个真正优秀的国家最高统治者，应该像是一个文章高手那样，不仅要善于布局、谋篇，而且更应善于构思、立意。要高瞻远瞩，审时度势，善于站在国家和民族大局的高度来统筹规划，不仅要有效地警惕应对随时可能出现的"内忧"，而且，更要善于防范和化解犹如洪水猛兽一般突如其来的"外患"。而不应该抱残守缺，削足适履，愚不可及、迂腐不堪地老是妄图通过阻碍经济、文化与科技的发展，通过实行愚民政策来企图达到国家长治久安的目的。

可是，我们看清朝的历史，看康雍乾生活的时代，帝国的最高统治者就始终抱残守缺，削足适履，而又始终执迷不悟。由此造成了整个国家经济、文化以及科技、军事等各方面的大倒退。不仅严重坑害了当时的民众，而且也为后来的清朝的衰败以及积贫积弱、积重难返埋下了祸根。

诚如我们所知道的，康雍乾所处的时代，欧洲已经从中世纪的愚昧与黑暗中走了出来，此时的西方正处于几千年未有之世界的大变局时代。14 世纪，随着工场手工业和商品经济的发展，资本主义生产关系已在欧洲封建制度内部逐渐形成。在政治上，封建割据已引起欧洲民众普遍不满，民族意识开始觉醒。欧洲各国大众表现了要求民族统一的强烈愿望，从而在文化艺术上开始出现了反映新兴资本主义势力的利益和要求的新时期。

这便是历史上所称的著名的西方"文艺复兴运动"。

而之所以称之为"文艺复兴运动"，乃是因为，在当时，新兴资产阶级认为中世纪文化是一种倒退，而希腊、罗马古典文化则是光明发达的典范。他们力图复兴古典文化，并由此最早从意大利的佛罗伦萨拉开了"文艺复兴"的序幕。

发生在 14 至 17 世纪的欧洲"文艺复兴"运动，被恩格斯称赞为"这是一次人类从来没有经历过的最伟大的、进步的变革"。可以毫不夸张地说，文艺复兴是"黑暗时代"的中世纪和近代的分水岭，是资产阶级革命的舆论前提与思想基础。文艺复兴是使欧洲摆脱中世纪腐朽的封建宗教束缚，向全世界扩张的一个前奏曲。因为，文艺复兴运动作为一场弘扬新兴资产阶级文化的思想解放运动，在传播过程中为早期的资本主义萌芽发展奠定了深厚的思想基础，同时也为早期的资产阶级积累了原始财富。资本主义工商业开始苗壮发展，且同时进行的新航路开辟，为后来的欧洲各国资产阶级革命奠定了必要的思想与物质基础。

英国历史学家、作家保罗·约翰逊在其《文艺复兴：黑暗中诞生的黄金时代》一书中认为："文艺复兴的背景是一段世界历史中从未有过的财富累积和扩张的过程，以及一个中级技术正变为标准的社会的兴起，这样的科技不久将产生极为惊人的革命。"的确，"文艺复兴"运动直接催生了世界历史上这一"惊人的革命"——欧洲各国的资产阶级革命，并进而孕育和诞生了后来西方著名的"工业革命"。

从历史上看，早在顺治六年（1649 年），英格兰便爆发了资产阶级革命，而在康熙执政时期，正是英国资产阶级革命时期。在这次后来很快席卷几乎整个欧洲的大革命中，新兴的资产阶级不仅将国王查理一世送上了断头台，而且彻底推翻了落后的封建专制制度，确立了君主立宪制的资产阶级统治，为英国资本主义迅速发展扫清了障碍。

也正因此，从 16 世纪到 17 世纪初，由于社会制度的革新，英国的工业化水平不断得到大幅提高。不但那些老工业部门，而且新出现的一些工业部门也都发展很快，英国东北部的煤矿工业发展尤其迅速，在工业发展过程中，陆续产生了一些大规模的企业。

与此同时，英国的商品贸易也有了很大的发展，在对外贸易方面，出口的商品不再以羊毛等原料为主，而是越来越多地出口制成品，如呢绒成了英国出口商品的大宗。为了发展对外贸易，许多股份贸易公司应运而生。最初它们由一些商人自愿共同出资装备从事长途航行的船只进行自发的海外贸易，后来则发展成为有组织的领有政府正式特许状的对外贸易，从而取得了一定的特权和专卖权。在政府的支持与推动下，这些公司的贸易范围几乎涵盖了大半个世界，包括波罗的海沿岸各国、地中海沿岸、美洲英属殖民地、东方的印度以及"香料群岛"印度尼西亚等。

显然，正是由于文艺复兴以及后来的启蒙运动有力地促进了人的思想解放，促进了社会生产力的大踏步前进，16 至 18 世纪，也即康雍乾生活的时代，诚如马克思、恩格斯在《共产党宣言》中所说，在欧洲各国"以前那种封建的或行会的工业经营方式已经不能满足随着新市场的出现而增加的需求了，工场手工业代替了这种经营方式""市场总是在扩大，需求总是在增加，甚至工场手工业也不能再满足需要了，于是，蒸汽和机器引起了工业生产的革命"。

事实也真的就是这样。到了 18 世纪后半期，也即乾隆统治的时代，英国在世界上首先发生了工业革命。乾隆三十年（1765 年），英国纺织工哈格里夫斯发明了新式纺织车珍妮纺织机；乾隆五十年（1785 年），卡特拉特发明了水力织布机。同年，瓦特改良并发明了蒸汽机。到 18 世纪晚期，世界市场的巨大需求产生了机器大工业。同时，英法等国已具备了自由贸易的条件。到 19 世纪中叶，英国已一跃而成为当时世界上经济最发达的国家，号称"世界工厂"。

由于工业革命的推动，当时的法国、德国以及意大利等西方国家，也都很快成为较为发达且富裕的资本主义国家。可当时的中国正处在大清乾隆时代，无数吃糠咽菜的大清朝的农民还在那儿"面朝黄土背朝天"，整个社会仍处于刀耕火种极其落后的封建时代。

大量历史事实表明，由于社会制度的革新，新制度代替了旧制度，英国资产阶级革命对全欧洲都产生了重要影响，并最终导致了法国资产阶级大革命与美国独立战争的爆发，迅速推进了世界资本主义的发展。

可是反观中国，由于在这期间清朝取代了明朝，不要说和当时的欧洲那些国家相比，即使是和被它推翻的明朝相比，历史也出现了惊人的大倒退。其突出表现在这样两个方面：

首先是社会制度的大倒退。

诚如我们所知道的，明朝虽说从总体上仍然是一个封建社会，但到了晚明时期，社会内部已经出现了资本主义的萌芽。这种萌芽不仅体现在经济上，同时，也体现在社会制度上。

从某种意义上说，晚明社会已经处于从封建社会向资本主义社会的孕育与转型之中。尽管这种孕育与转型是自发的、微妙的，而且，旧的封建制度也还尚未被新型的资本主义制度所取代，但却毕竟已经蔚然出现了这样一种封建制度在弱化资本主义在孵化的风气或态势。

可是，由于入主中原的清政权在入关前后仍然还处于一种半封建半农奴制的社会制度当中，因而，清朝取代明朝之后，整个中国的社会制度便在突然间出现了惊人的可怕的倒退。甭说是在康熙时代，即使是到了乾隆年间，那种属于落后的游牧民族的农奴制生产方式还依然存在。一点也不夸张地说，在明末已经日渐消解、日益式微的封建皇权专制到了康雍乾时代却一下子达到了极盛，乃至超过了我国古代的任何一个封建朝代。

因此，明末原本绽露出的那一点资本主义的曙光没有了。随着清朝的建立，整个中国重又进入到了更加漫长、更加专制的黑夜之中。

事实胜于雄辩。从历史上看，清朝取代明朝真的是劣胜优汰，而绝非优胜劣汰。

想当年，欧洲各国的封建制度已经不适合历史的发展要求，结果在"文艺复兴"的浪潮中纷纷被资本主义所取代。这是一种历史的"进化"，应该说是"西方人的幸运"。

可是，在中国，当"明朝的制度已经不适合新的历史发展的要求"，由于种种原因，结果却被更为落后而且极其野蛮的清朝农奴制所取代。这是一种历史的"退化"，野蛮战胜了文明，取代了文明，委实是"中国人的悲哀"。

其次是民众自由与民主意识的大倒退。

从史书上看，明朝到了中后期，由于种种原因，皇权统治已经日渐减弱，统治者已经相对包容。而此消彼长，与之相伴生的则是民众的自由与民主意识的日益增强与高涨，或者，更具体地说就是当时民众的思想、言论与行动的自由，文人集会结社谈论国事针砭时弊蔚然成为一代风气。

从某种意义上说，"启蒙运动"其实最早并不是出现或产生在18世纪初至1789年的法国，而应该说是最早出现或发生在16世纪末至17世纪初的中国明朝。因为，熟悉这一段历史的人都知道，明中后期，程朱理学的统治地位已经发生动摇，以王阳明为代表的心学逐步发展起来，人的自主意识与独立人格已经开始增长。

虽然在今天看来，王阳明的心学与程朱理学一样都是一些唯心思想，但无论如何，心学在明代的壮大都是思想领域乃至政治领域的一件大事。

究其原因，乃是因为心学顺应了明代中期以后人们思想独立、个性张扬的潮流。与理学面对君主不同的是，心学更多的是面向市民阶层，更注重人的独立、自由发展。

显而，正是在这样一种思想的启蒙下，明中期以后，士大夫的主体意识日益高涨。他们集会结社，思想空前活跃，言论也非常自由。由于注重人的思想与人格独立，官员们在皇帝面前不仅不点头哈腰，显得唯唯诺诺，唯命是从，而且还动辄说"不"，敢于坚持原则，敢于对抗皇帝的意愿与旨令，即便因此受到惩处也在所不惜，甚至还引以为荣。

这其中，最典型的例子莫过于发生在嘉靖年间的"大礼仪事件"和万历年间的张居正"夺情事件"以及后来的"国本事件"。晚明时期，即使是身为一国之主的皇帝，许多事情也不是"一个人说了算"，面对大臣们的劝谏与反对，甚至是公然的谩骂与羞辱，很多的时候也无计可施，徒叹奈何。

还记得当年一代名臣海瑞上书大骂嘉靖皇帝一事吗？在这封向嘉靖皇帝上的《治安疏》中，海瑞几乎是指着嘉靖的鼻子大骂道：

"天下的人不满意你已经很久了，并取你改元的年号说：'嘉靖者，言家家皆净而无财用也'。"

海瑞的话骂得不能说不刻薄。

可是，对于海瑞的这种目无君主肆无忌惮的谩骂乃至人身攻击，嘉靖皇帝尽管气得要死，但却不敢杀他，而只好一个人躲在宫里生闷气，实在气不过了，顶多也只是拿那些宫女们出出气，冲她们发发脾气。

试想，这种事如果要是换成清朝的康雍乾三位皇帝，海瑞纵然有十个脑袋也早被砍光了。可是，在明朝，海瑞的脑袋不仅没被砍掉，而且"大骂皇帝"的结果也丝毫没有影响他的"政治前途"。到了隆庆时代，在狱中待了不长时间的他出来后因为"一骂成名"，知名度竟然骤然升高，反而因此升了更大的官，竟先后任南京吏部右侍郎、南京右都御史。

还有像万历皇帝当初一心想册立自己心爱的郑贵妃的儿子福王为太子，但由于遭到群臣的反对，虽然一直躲在宫里一个劲地郁闷，乃至几十年不上朝。但郁闷归郁闷，拖到最后，这位大明天子还是没辙，只好认输。

然而，同样是立储，想当年康熙在废了太子胤礽后，曾让朝中大臣们推荐一位新太子，可是当马齐等大臣按他的旨意"民主推荐"了八阿哥胤禩后，没想到康熙却言而无信，断然否决。而对此，自始至终，朝中的一帮形同奴才的大臣们却连屁都不敢放一个。

说来，在明中后期，真的是中国历史上的一个非常特殊的时期，倘若称它为"中国的启蒙运动"时期或许一点也不为过。在那期间，不仅封建专制受到了强有力的挑战，皇权在逐步减弱，而且，连皇帝的威严也大打折扣，风光不再。

的确，在君权意识不断淡化的同时，明中后期的民本意识却在日渐增强。正德年间，如果说，当明代"泰州学派"的创始人王艮提出了"圣人之道，无异于百姓日用；百姓日用即道"这一具有民本思想的命题，也许还不为许多人注意和重视的话，那么，到了崇祯年间，当明末思想家黄宗羲大声疾呼，对封建君主政治口诛笔伐予以猛烈的批判，认为天下为主，君为客，君主是天下的奴仆，显然，这样的思想和观点则无异于一语惊醒天下人的黄钟大吕，无疑在当时乃至后世起到了石破天惊、令人振聋发聩的作用。

也正是从这个意义上说，明朝的士大夫与一般的知识分子在思想与言论上真的是获得了非常大的自由，有了非常大的操控舆论的力量，并由此推动了明代后期市民运动、东林清议、党社运动的产生。

可是，清朝入主中原后，这个落后的民族却采取了极端高压专制的政策，残暴地取缔了一切非政府组织。大清律规定："凡三十人聚会，一律处斩"。特别是自康熙始，封建专制独裁统治达于极盛。这种时候，不仅连封建士大夫上书言事的言论自由没有了，而且连文人学者的思想自由也彻底失去了。

想来，用清朝诗人龚自珍的诗句来说，在这样一个专制的时代，也真的是"万马齐喑究可哀"！

至于在明中后期所标榜且已在社会上潜滋暗长的人的自主意识与独立人格就更是"黄鹤一去不复返"，从此销声匿迹，不复存在。

这里，需要特别指出的是，有清一代，特别是在康雍乾时代，整个社会所弥漫的乃是一种令人窒息的奴性意识，朝野内外，几乎每天都能听到那种动辄被人呵斥或自贬身价近乎甄嬛体的"奴才以为"的话语。而这种"奴才"的称呼，甭说是在明代，即便是在宋代、唐代乃至更久远的汉朝，在中华大地上都是从来没有过的。然而，在清朝，在康雍乾时代，这种"奴才"的声音却始终不绝于耳，袅袅回荡，以致"不以为耻，反以为荣"，进而成为一种时尚，成为一种独特的"大清帝国景观"。

于是乎，在清朝这样一个中国最专制的朝代，臣子不再能够像明朝的大臣那样敢于与皇帝面折廷争，而只成了在皇帝面前卑躬屈膝摇尾乞怜的"奴才"。而这种"奴才"，还只有满族人才有资格自称或被称。至于汉人，即便是在朝为官，也不能自称或被称为"奴才"，而只能说是"奴才的奴才"。这，实在是一种历史的大倒退，是我们中华民族历史上的大悲哀。

试想，就这样一个充满奴性的朝代，一个文人和士大夫在极端高压政策下不仅噤若寒蝉也毫无尊严的朝代，无论是康熙朝抑或还是雍正朝、乾隆朝，又怎么能够配得上称之为"盛世"？

当然，如果硬要称之为是什么"盛世"的话，那么，从某种意义上说，则完全能够称得上是一个"文字狱的盛世"。

"文字狱"的血腥

开宗明义，所谓文字狱，乃是统治者出于巩固专制权力的需要，故意从文人学士的著作、言论中寻章摘句，罗织罪名，制造冤狱的一种"政治案件"，是专制社会特有的一种病态现象。

说到中国的文字狱，可谓源远流长，似乎秦朝的"焚书坑儒"还不能称其为源头或滥觞。我国古代最早的文字狱，想必应该说是公元前548年齐国史官大史兄弟秉笔直书"崔杼弑其君"而相继被权臣崔杼杀害的事件。秦以后，文字狱伴随着专制权力的强化而日益蔓延，诸如东汉末曹操杀崔琰、孔融，崔浩编修北魏史书《国记》而被诛杀五族……

所以，在中国古代，作为一个文人，特别是那些平时有吟诗作文之癖的文人，或者有写日记又喜欢将其"自费出版"的文人士大夫，一不小心就会落入"文字狱"的陷阱，有时甚至莫名其妙就会因文字狱而惨遭封建专制"政治"的迫害。这方面的例子实在太多，而且，几乎每一个例子都浸透着太多的泪痕与血迹。

因此，倘若设立一个"中国古代文字狱展览馆"，那展览馆里一定阴森森的。每到夜晚，这里一定会"新鬼烦冤旧鬼哭"，有许多的冤鬼阴魂在那里无声地控诉或哭泣，令人感到说不出的沉痛与窒息。

尽管，在封建时代，文人因言获罪的事件比比皆是，文字之祸史不绝书，但"文字狱"闹腾得最厉害也最为长久的朝代确乎应该说是清朝。而清朝，又无疑以康雍乾三代为盛。

诚如我们所知道的，"文字狱"在宋朝与明朝闹腾得也还算厉害，但宋朝的几次"文字狱"譬如像苏轼的"乌台诗案"却从未杀人。皇帝只不过是将苏轼等几个当事人或涉案者撤职的撤职，贬官的贬官，而且到后来这些人即便不被平反昭雪也几乎都官复原职。而在明朝，文字狱主要只发生在洪武年间，因为骨子里自卑与多疑，当过和尚、做过乞丐的朱元璋当然会杀人，但每次的"文字狱"中倒霉的一般只有一两个不小心犯了他忌讳的人，而绝对不会牵连到一大批人。

说白了，"文字狱"在明朝只是一种偶然现象，根本没有上升到成为一种"国家制度"。

可是，在清朝就不同了，从康熙到雍正再到乾隆，文字狱几乎完全成了一种"国家制度"，成了一根不能触碰的"政治高压线"。因此，几乎每次的文字狱一杀就是一大批人，其惨烈恐怖程度远远要比历史上其他任何一个朝代更为严重。

据记载，清朝开国以来的第一桩"文字狱"大案要案乃是庄廷鑨明史案。看过金庸武侠小说《鹿鼎记》的读者想必都知道，小说一开头即以这桩充满血雨腥风令人毛骨悚然的"庄氏冤案"开场。

庄廷鑨明史案发案于顺治十八年（1661 年），结案于康熙二年（1663 年），历时近三年，其株连之广、屠戮之惨烈，实乃有史以来所罕见。

案件的来龙去脉大致是这样的：清朝初年，浙江湖州府乌程县南浔镇上有个名叫庄廷鑨的人，15 岁就进了国子监，可是后来生了场怪病，眼睛瞎了，成了瞎子。庄廷鑨不甘心自己就这样毁了。他很想像春秋时写《左氏春秋》的左丘明那样在眼睛失明以后还能够撰写一部史书，以便青史留名，但又一直苦于自己并没有这样的才能，故而心中一度非常纠结。

说来真是事有凑巧，当时在南浔镇上正好住着一个明朝天启朝宰相朱国桢的后代，因贫困，想把家藏朱国桢《明史》手稿出卖。庄廷鑨家是湖州府方圆几十里的豪门富户，家里的银子是从来不缺的。所以一听到这个消息，他想都没想，便用一千两银子将那部朱国桢《明史》稿本的手稿买了下来。

由于所买的朱国桢的《明史》尚缺崇祯一朝史实，需要增补，但凭庄廷鑨自己的才学是无法完成的，于是乎，就像当下一些名人大腕虽然不学无术但却附庸风雅不惜重金请人代笔出书一样，家财万贯的庄廷鑨便又花大价钱雇来江、浙名士茅元铭、吴之铭等十多人充当"枪手"，对朱氏《明史》加以增补润色，编成一本《明史辑略》（也称《明书辑略》），然后堂而皇之地署上自己的大名，将著作权据为己有，算是自己的传世之作。

可是，一心想"青史留名"的庄廷鑨至死也不会想到，正是这部《明史辑略》像一颗巨大的"定时炸弹"，到最后，不仅将他的家族，同时也将几乎所有与此书有关的人都给炸死了！

　　说来，这庄廷鑨也真的是很不幸，书成不久，疾病缠身的他便死了。其父庄允诚为了纪念他，完成他的遗愿，于顺治十七年（1660 年）冬将书刻成。由于书中提到了明末建州女真的事，并增补明末崇祯一朝事，且直呼努尔哈赤为"奴酋"、清兵为"建夷""夷寇"，触犯了清朝的忌讳，所以该书刻成后，很快便惹出了一场弥天大祸。

　　原来，当地有一名叫吴之荣的前任归安县令，因贪赃获罪赦免后闲居在家。此人秉性恶劣，经常对民间进行敲诈勒索。当有一天他偶尔看到这本《明史辑略》，发现其中有许多"毁谤语"，顿时心中窃喜，觉得自己发财的机会来了。于是，他急忙跑去找到庄允城以及庄廷鑨的岳父朱佑明家实施敲诈。因为敲诈数额巨大，庄、朱两家不但不买他的账，还买通官兵将他逐出湖州。

　　要知道，吴之荣是个官痞，"偷鸡不成蚀把米"，恼羞成怒的他当然不会就此善罢甘休。一气之下，这个无赖干脆跑到京城，于康熙元年（1662）八月将自己的"检举信"直接递呈刑部。刑部官员一看事关重大，立即将此案奏报康熙皇帝的顾命四大臣之一的鳌拜。

　　就这样，庄廷鑨明史案算是彻底爆发了，而且很快便成了一桩全国性的大案要案。

　　康熙元年冬天，朝廷派刑部满族官员罗多等官员来到湖州彻查此案。下车伊始，凶神恶煞般的一众官员便实行"有罪推定"，将《明史辑略》定为"逆书"，且罗列了其褒明、贬清的八大罪状，然后，对涉案的相关人士一律抓捕归案，予以严惩。

　　严刑逼供下，庄允诚供出了作序人李令皙。李令皙曾当过礼部侍郎，现早已退休在家，本想在老家安度晚年，没想到因此惹祸，经不起拷打惊吓，加上老病，很快死在狱中。康熙二年正月二十日清晨，湖州城门禁闭，官兵按书内名单挨家搜捕，凡父子兄弟姐妹祖孙，以及内外奴仆，只要株连其中，一律擒拿；仅李令皙一家被捕的就有百十口，连前来他家拜年的亲戚和看热闹的邻居也莫名其妙，一齐被捕入狱。

　　康熙二年（1663 年）五月二十六日，庄廷鑨明史案正式结案。此案先后被牵连千余人。那天，所有被羁押的犯人在杭州虎林军营被集中宣判执行，囚犯集中在弼教坊广场上等候发落。被杀者共七十余人，其中，凡作序者、校阅者及刻书、卖书、藏书者均被处死。刻字工汤达甫、印刷工李祥甫，书店老板王云蛟、陆德儒惨遭屠戮。庄允诚被逮捕上京，后来不堪虐待死于狱中。早已死去的庄廷鑨被掘墓开棺焚骨。庄廷鑨之弟庄廷钺也被凌迟处死，全族获罪。李令皙及其子李初焘等四人、朱佑明及其子朱念绍、朱彦绍、朱克绍和侄子朱绎先后被斩首，妻子徐氏吞金自尽。

更有甚者，上任才三个月的湖州知府谭希闵、推官李焕宁、库吏周国泰等也被以隐匿罪处以绞刑。归安训导王兆桢到任不及半月，以放纵看守罪被绞死。赵君宋不仅未因献书立功，反而被判私藏逆书之罪，被砍了脑袋。浙江将军柯奎受贿包庇，革职为民，原湖州知府陈永命，坐受贿包庇罪，虽已在山东自杀，亦追尸置杭州法场，当众分尸三十六块，并株连其弟江宁知县陈永赖也同时被斩。

在今天看来，清廷对于这起案件的处理实在有些小题大做，骇人听闻。因为，此书的所谓"犯法"之处，无非就是有的地方按照汉人的习惯，语含轻蔑，依旧把满人称为"狄夷"而已，而且，这样的地方并不多。更何况，在吴之荣赴京告发之前，庄家害怕惹祸，实际上已经删掉了这些"犯法"的文字。所以，倘若实行民族怀柔政策，惩前毖后，只要适当采取一些惩罚性的措施宽大处理一下就行了，完全没必要去杀人，而且一口气竟杀了这么多人。仅此可见，清朝统治者是怎样的狠毒与残暴。

除此之外，在康熙年间，还曾发生过其他许多次文字狱，如康熙五年（1666年）山东所发生的"黄培诗案"。黄培是山东即墨人，明末官至锦衣卫都指挥使，明亡后，隐居在家。就因为他曾写有"一自蕉符纷海上，更无日月照山东""杀尽楼兰未肯归，还将铁骑入金徽""平沙一望无烟火，惟见哀鸿自北飞"等诗句，而且和一帮志趣相投的文朋诗友在一起结社，因而被人告发。最后，黄培等十四人被捕入狱，惨遭处斩。

如果说，在康熙初年，由于尚未亲政，像庄廷鑨明史案和黄培诗案这些账还不能够完全算在康熙头上的话，那么，在后来发生的《南山集》案以及民间说唱艺人徐转案则完全可以说是康熙皇帝在查处所谓的"文字狱"案件中亲自执导的"杰作"了。

《南山集》，又名《戴南山集》，其作者是清朝的戴名世（1653—1713年）。这位出身于安徽桐城的才子虽然从小家境贫寒，人生坎坷，但却自幼刻苦上进，力学古文不辍，并如其《初集原序》所言，年轻时就立下了"欲上下古今，贯穿驰骋，以成一家之言……则于古之人或者可以无让"的远大理想。据说，戴名世常以史才自负，并很想仿效《史记》的形式，列出纲目，然后广泛搜罗资料，相互参证，力求真实，写出一部有价值的历史著作。就因此，他曾广游燕赵、齐鲁、河洛以及江苏、浙江、福建等地，访问故老，考证野史，搜求明代逸事，不遗余力，陆续整理写出了许多记录明末历史的珍贵文献资料。

康熙四十一年（公元 1702 年），他的弟子尤云鹗把自己抄录的戴氏古文百余篇刊刻行世。由于戴氏居南山冈，遂命名为《南山集偶抄》，即著名的《南山集》。此书一经问世，即风行江南各省，成为一本畅销书。其发行量之大，流传之广，在当时同类的私家著作中是罕见的。

可是，也正是这本书，虽然使被人称作"狂生"的戴名世流芳文坛两百多年，却也使他因此遭至杀身灭族大祸。

那是在《南山集》刊印出来十年后，有个名叫赵申乔的左都御史向皇上状告他恃才狂妄，私刻文集，影响恶劣，居心叵测。接到这封"告状信"，康熙立即令刑部严察审明。结果，由于书中用南明年号并涉及多尔衮不轨之事，康熙帝十分震怒，下旨将戴名世凌迟处死。戴氏家族凡男子十六岁以上者立斩，母、女、妻妾、姐妹，子之妻妾，十五岁以下子孙、伯叔父兄弟之子配给功臣作奴婢。同乡方孝标因曾提供参考资料《黔贵记事》，也和戴名世同样治罪。戴氏同族人有职衔者，一律革去。虽然方孝标已死，但却仍被开棺戮尸。本来，给《南山集》作序的"桐城派"代表人物方苞原本也要杀头，所幸清廷重臣大学士李光地在康熙面前说情，才得以免死。

据不完全统计，由《南山集》受到牵连的有三百多人，后来康熙帝故作慈悲，改判戴名世凌迟为斩刑，而本来应处斩刑之人如戴家、方家男女老幼一干人等则都被流放黑龙江宁古塔。

如果说，庄廷鑨也好，戴名世也罢，其遭受文字狱之祸多少也还有一些道理的话，那么，到了后来，一位名叫徐转的民间说唱艺人遭受文字狱之祸则真的可以说是"没来由犯王法，不提防遭刑宪"，简直是比窦娥还冤了。

那是康熙五十三年（1714 年），民间有说唱艺人徐转，用说唱的方法讲历史。在今天看来，这本是一种文艺创新，是历史创作中的一种"通俗唱法"。退一万步说，即使是这种说唱方法不很严肃，却也无伤大雅、无可厚非。可是在思想文化上极端专制的康熙皇帝却认为他是在亵渎历史，竟不由分说硬是将徐转给开刀问斩了。

从史书上看，康熙这人虽说凶狠残忍，但还算并不阴毒刻薄。然而，比较起来，雍正却比他的父亲要厉害得多，此人不仅凶狠残忍，而且非常阴毒刻薄。至于在查处文字狱方面，更是花样翻新，比他的父亲康熙委实多了许多的"创新"。

诚如我们所知道的，年羹尧与隆科多曾是雍正的党羽，其中隆科多与雍正的养母佟佳氏一族，曾被雍正皇帝公开称为"隆科多舅舅"。想当年，在夺嫡斗争中，年羹尧与"国舅"隆科多曾为雍正的最终问鼎发挥了至关重要的作用。可是，就因为他俩对雍正的秘密知道得太多，所以，雍正登基后，他俩很快便成了雍正的"心腹之患"，以致到最后雍正连做梦都必欲除之而后快。如此一来，年羹尧与隆科多自然也就凶多吉少，在劫难逃了。

年羹尧与隆科多的死且不去说它，这里只简要说一说与他俩有关的"汪景祺西征随笔案"以及"钱名世名教罪人案"。

汪景祺西征随笔案完全是被年羹尧案牵连出来的雍正年间的又一大文字狱案件。汪景祺是康熙年间举人，此人在当时的文坛小有名气，但仕途蹭蹬，一直不那么发达，在不得已时为生计所迫只好做了年羹尧的幕僚。在幕府期间，他曾将自己所著《读书堂西征随笔》二卷，献年羹尧收藏。其中有篇文章叫作《功臣不可为》，文中谈到"狡兔死，走狗烹"，提醒年羹尧要以史为鉴。不幸的是，在年羹尧被抄家时，他的这些作品皆为清廷查获。

和康熙一样，雍正也喜欢小题大做，动辄"上纲上线"。当看到汪景祺的《读书堂西征随笔》，读到其中"狡兔死，走狗烹"等一些文字时，生性易怒的雍正气得咬牙切齿，当即在首页用朱笔批示道："悖谬狂乱，至于此极！惜见此之晚，留以待他日，弗使此种得漏网也。"

既然雍正在政治上已经定调，刑部当然很快将案犯汪景祺拿下，并依照"作诗讥讪圣祖仁皇帝，大逆不道"之罪，判处汪景祺处斩且枭首示众。

可怜汪景祺这个落魄文人，一辈子郁郁不得志，就因为在"随笔"中感慨古今，借古人之酒杯，浇心中之块垒，发了几句牢骚，到最后竟落得如此下场，其头骨竟然在北京菜市口枭示了十年。他自己倒了血霉不说，而且还害得其妻子儿女发配黑龙江给披甲人（满洲军士）为奴；兄弟叔侄辈流放宁古塔；即使他的一些远房亲戚凡在官的也都深受其害，一律革职，交原籍地方官管束。由于牵累的人多，汪景祺侨居的平湖县城甚至一度传出"屠城"的谣言，以致许多居民背井离乡，惊惶逃窜。

如果说，对汪景祺一案，雍正所采取的措施乃是血腥镇压的话，那么，对于另一起同样与年羹尧有关的文字狱案件——钱名世"名教罪人"案，别出心裁的雍正皇帝则完全采取了另一种方式，对案犯钱名世可谓竭尽羞辱之能事。

有"江左才子"美称的江苏武进人钱名世与年羹尧是乡试同年，且两人私交甚笃。雍正二年（1724年），年羹尧平定青海叛乱，作为老同学，钱名世闻讯欣然题诗八首赠之，诗中有"分陕旌旗周召伯，从天鼓角汉将军""钟鼎名勒山河誓，番藏宜刊第二碑"之句。细想想，这其实不过是文人在诗歌中惯有的夸大其词而已。没想到，还才过了两年，因年羹尧受诛，钱名世牵连其中，他的这些诗句便成了"罪证"。雍正给他定的罪名是"曲尽谄媚，颂扬奸恶"，虽然没有杀他，但却将他革职回家。

在暴君手下，钱名世能捡回一条小命应该说是不幸中的万幸了。但令他怎么也没有想到的是，雍正却特地给他"钦赐"了一条"政治尾巴"，让他从此活得人不人鬼不鬼的，简直生不如死。

原来，在他革职回乡前，雍正竟亲自御书"名教罪人"四字，命钱名世原籍地方官制成匾额，悬挂在钱家中堂上。对这样的奇耻大辱，不但钱名世感到无脸做人，就连他的子子孙孙也都一个个灰头土脸，觉得抬不起头来。

不仅如此，雍正还命常州知府、武进知县每月初一、十五去钱家查看匾额悬挂情形，如未悬挂则呈报巡抚奏明治罪。这还不够，当钱名世离京时，他竟又别出心裁，专门为钱名世举办了一场"诗会"，命京官自大学士、九卿以下都作讽刺诗为钱名世"赠行"，结果共有三百八十五人奉诏作诗。雍正一一过目后，竟然交付钱名世辑成专集，题为《名教罪人诗》，刊印后颁发全国学校，让天下士子人人知晓。

由此可见，雍正这人做人做事也实在是太阴损、太缺德了！有道是：士可杀而不可辱。可是，雍正却偏偏要对钱名世这位读书人一辱再辱。所以，生活在这样一个时代，不仅是"江左才子"钱名世的悲哀，无疑也是天下读书人的悲哀。

而这样一个让天下读书人感到郁闷感到悲哀的时代，又怎么能够称之为"盛世"？

睽诸历史，应该说，雍正时代比康熙时代发生的文字狱案件还多。这些案件无一例外都是血淋淋的，其中在历史上最著名的恐怕还是"清风不识字"这桩近乎传说的案件。

关于这桩案件，有好几个版本，其中比较真实可信的应该说还是徐骏诗文集案。

据说是在雍正年间，徐骏任翰林院庶吉士。从某种意义上说，徐骏绝对算是一个"官二代"。他的父亲徐乾学曾任康熙朝刑部尚书，而他的舅舅则是历史上大名鼎鼎的顾炎武。可是就因为他平时好写诗作文，其诗文集内有"清风不识字，何故乱翻书""明月有情还顾我，清风无意不留人"等诗句，并且还将"陛下"写成"狴下"，故而于雍正八年被仇家告发。结果，据《雍正实录·八年十月己亥》载："刑部等衙门议奏，原任庶吉士徐骏，狂诞居心，悖戾成性，于诗文稿内，造为讥讪悖乱之言，应照大逆不敬拟斩立决，将文稿尽行烧毁。从之。"

一位堂堂的翰林院庶吉士，只是因为写了"清风不识字"这样的诗句就遭来横祸，被杀身亡，说来也真是千古奇冤！

无独有偶。与徐骏一样，雍正四年（1726 年）的江西乡试主考官查嗣庭也"不小心犯王法"，最后也莫名其妙地成了一桩震惊全国的文字狱案件的冤鬼。

查嗣庭是清代诗人查慎行的弟弟，而查慎行则是我国当代香港著名武侠小说作家金庸的先祖。雍正四年，在出任江西考试官时，他出了一道作文题"维民所止"。这句话出自《诗经·商倾·玄鸟》。意思是说，国家广阔土地，都是百姓所栖息、居住的，有爱民之意。平心而论，这个题目中规中矩，完全合乎儒家的规范，绝对没有什么"政治问题"。但是，当时盛行文字狱，不知什么人向朝廷告御状，说"维止"两字是"雍正"两字去了头，其用意是要杀皇帝的头。

被这么"上纲上线"地胡乱一联系，查嗣庭一下子便"摊上大事了"！很快，雍正便下令将其全家逮捕严办。查嗣庭受到残酷折磨，含冤死于狱中。可是，事情并没有到此为止，查嗣庭死后，依然受到戮尸之辱。他的儿子也惨死狱中，族人遭到流放。此外，浙江全省士人六年不准参加举人与进士的考试。

在这一冤案中，曾经深受康熙器重并入直南书房但此时已告老还乡的查慎行也受到牵连，奉旨带领全家进京投狱。他在途中写下这样的诗句："如此冰霜如此路，七旬以外两同年。"后来他虽然得以放归故乡，但遭此打击，不久即谢世。

查慎行原名查嗣琏，平白无故遭此大劫后，他特地将自己的名字改为"查慎行"，字"悔余"，想以此时时告诫自己以及自己的后代子孙要谨言慎行。可想而知，他在垂暮之年的思想与心态是多么糟糕。

雍正生性多疑，且嗜杀成性，但好在，他在位的时间并不长。雍正十三年（1735 年）八月二十三日子夜，时年 57 岁的雍正皇帝突然在京城西郊的圆明园里暴卒。这年的九月初三，大清国紫禁城内举行盛大的新君登基仪式，穿上龙袍走向太和殿坐上龙椅的弘历成为大清国的新皇帝，改元乾隆。

历史由此进入到了乾隆时代。

从某种意义上说，一生喜欢吟诗作文、写了四万多首近乎"打油诗"一样的乾隆皇帝完全可以说是一个"诗人皇帝"，然而，就是这样一个"诗人皇帝"，上台以后，却依然对文化人非常刻薄，对文字狱非常热衷。在他的手里，可以说，不仅当时的文人被他作践得要死，而且，更有甚者，连中国的文化也遭受了比秦始皇"焚书坑儒"还要大的"文化浩劫"与"政治劫难"。

"文字狱"猖獗之时，其实就是封建专制达于极盛之世。可以说，在我国古代，还没有哪个朝代像清朝那样极端专制。

文化的浩劫

在康雍乾三位皇帝中，如果说康熙皇帝给人的印象过于严厉和凶狠，雍正皇帝给人的印象过于隐忍与狠毒，可谓戾气十足的话，那么，一生经历相对较为顺坦、政治运气颇佳、自称"朕一书生皇帝耳"的清高宗乾隆皇帝给人的印象则似乎要显得温和开明得多。

但温和开明只是一种表面现象，在实际上，乾隆与他的祖父康熙以及他的父亲雍正一样，也是一位极端封建专制的君主。在思想与文化上，其专制的程度，甚至比他的祖父与父亲还要有过之而无不及。

也正因此，文字狱的血雨腥风，在乾隆一朝依然肆虐狂暴，甚至更为阴森可怖。

说来，清朝的皇帝特别是前几任皇帝，一个个都很有心计，很有手腕，虽然身为"蛮夷'，但对我国古代的帝王御人术或曰帝王南面术却都可谓无师自通，非常在行。

不用说，乾隆皇帝在这方面就是一位高手，一位大家。

诚如我们所知道的，为了树立自己的"仁君"形象，刚即位时，在世人面前，乾隆曾经狠"秀"了几把，一度对父亲雍正的"严政"实行"拨乱反正"，竭力要纠正雍正"过正"的政策。如在处理文字狱一事上，由于以前一直对祖父康熙和父亲雍正大兴文字狱腹诽不已，所以登基后，他很快便接二连三地做了几件大快人心的事情，"平反"了几桩当年雍正制造的文字狱冤案，想以此笼络天下士子之心。

首先，他听从左都御史孙国玺的谏言，下令刑部将雍正四年就悬挂在菜市口枭示的汪景祺头骨取下"制竿掩埋"，接着又降旨赦免了被发配的汪景祺及查嗣庭的亲属。在实际上算是给父皇雍正生前制造的这两桩文字狱冤案予以了平反昭雪。

紧接着，他又从谏如流，听从山东道御史曹一士"请宽妖言禁诬告折"，很快批准刑部的建议，规定：今后凡告发旁人诗文书札等悖逆讥刺的，如审无实迹，一律照诬告反坐；如果承审的法官率行比附成狱的，以"故入人罪"论。

就这样，由于乾隆的一纸令下，曾经祸害多年的文字狱风潮一下子被刹住了。

显然，也正是由于乾隆在即位时开了这样一个好头，因而乾隆初年可以说是清代为数不多的文化宽松时期。那些在康熙雍正年间曾经一直噤若寒蝉的文人学士们仿佛突然间从冬眠中醒来，重又变得生气勃勃，开始吟诗弄月评古论今。

一时间，大清文艺界似乎又呈现出一派百花齐放百家争鸣的繁荣景象。

所以，有学者说："乾隆十六年（1751 年）以前的乾隆是中国历史上对读书人最理解包容的统治者之一"。

的确，对于乾隆皇帝这一时期的上佳表现，当时天下文人士子无不拍手称快，交口称赞，纷纷上表称颂乾隆"上下无隐情""为政以宽缓"。甚至还有文人创作民谣，对其感恩戴德，大唱赞歌道："乾隆宝，增寿考；乾隆钱，万万年。"以此对比反衬雍正时的歌谣"雍正钱，穷半年"。

如果事情到此为止，那么，乾隆无疑真的称得上是中国古代的一位"贤君"，而他所统治的那个时代也真的能够称得上是一个令中国古代文人神往不已的"乾隆盛世"了。

可是，令人遗憾的是，这样的一个"乾隆盛世"实在是太短暂了，很快，到了乾隆十六年（1751 年）的秋天，由于"孙嘉淦伪奏稿案"的发生，之前一直标榜"朕从不以语言文字罪人"的乾隆皇帝却突然像变了一个人似的，竟"觉今是而昨非"，认为自己以前乃是"妇人之仁"，觉得之所以会出现"孙嘉淦伪奏稿案"，究其原因"皆因以往实行的宽大之政"所导致，于是乎，他毅然决定改变过去的"宽缓方针"，从此恢复实施列祖列宗的严苛猛政。

就这样，曾一度绝迹的文字狱如瘟神一般重又死灰复燃，且很快达到了历史的顶峰。而自诩为"十全武功"的乾隆皇帝也因此后来居上，成为一个制造文字狱的"行家里手"。

与他的祖父康熙和父亲雍正一样，乾隆也很善于联想，在文字狱方面喜欢捕风捉影，疑神疑鬼。如进士出身曾任翰林院学士及广西学政等职的胡中藻曾将自己写的诗编成一本诗集《坚磨生诗抄》，且刊行于世。没想到，到了乾隆十八年，有人忽然拿其所著的这本诗集"说事"，向乾隆告密，说《坚磨生诗抄》中有"一世无日月""一把心肠论浊清"等句。乾隆看后大怒，认为日月合写为"明"字，是胡妄图恢复明朝的"悖逆讥讪怨望之词"，他指斥胡诗说："加浊字放在国号（清）之前，是何心肝？"

此外，胡诗中还有"穆王车驾走不停"之句，乾隆又认为是胡讽刺他多次南巡，等等。据此推理，乾隆认为胡的整部诗抄活脱脱就是一部有预谋的反清诗集。

就这样，到了乾隆二十年（1755 年）结案后，胡中藻和其族人处斩，即使是他的师友，也未能幸免，结果被贬官的贬官，流放的流放。

这便是历史上所说的"胡中藻《坚磨生诗抄》案"。

还有像江苏东台的举人徐述夔去世后，其子徐怀祖为纪念亡父而刊印《一柱楼诗集》。只因为集中有"大明天子重相见，且把壶儿搁半边""明朝期振翩，一举去清都"等诗句，乾隆四十二年时便被一个想讹诈徐家家财的无赖诬告。乾隆皇帝极为震怒，遂降谕云："徐述夔身系举人，乃丧心病狂，所作《一柱楼诗集》内系怀胜国，暗肆讥讪，谬妄悖逆，实为罪大恶极！虽其人已死，仍当剖棺尸，以申国法。"

结果，可怜徐述夔一家不是被杀就是被充军，而且还株连了许多与徐家有关的人无辜受害。

再有像李一夔《糊涂诗》里有"天糊涂，地糊涂，帝王师相，无非糊涂"这样的打油诗、牢骚话，被仇家乔延英举报。后来查办大臣发现乔延英也写有"千秋臣子心，一朝日月明"的诗句，乾隆认为，日月为明，原来这乔延英是要做明朝的"千秋臣子"啊，这还了得？于是将李一夔、乔延英抓来一同凌迟处死。两家子孙均处斩，妻媳为奴。至于那个卓长龄因编有《忆鸣诗集》，被乾隆发现，认为"忆鸣"乃是"忆明"，是怀念明朝，顿时大怒，说卓长龄"丧尽天良，灭绝天理"，结果当然又是将卓长龄一家满门抄斩。

当然，平心而论，乾隆朝没有大规模的文字狱，镇压、屠杀的手段也没有康熙、雍正那样严酷。但是，他却创造了一个世界"吉尼斯纪录"，成为历史上制造文字狱案件最多的一个皇帝。

有这样一组数据可以佐证，据当代学者朱纮、安宁在其《清代顺、康、雍、乾时期文字狱的地域分异研究》论文中考证，"顺治时期，文字狱仅发生在苏、豫两个省份。而康熙时文字狱则在苏、皖、豫、鄂、浙、鲁、湘七个地区出现。到雍正时期文字狱已扩散到全国九个省。在乾隆时期文字狱更是遍布全国二十多个省份。可见，随着时间的推移，文字狱影响波及的地域范围逐渐扩大。在顺治、康熙、雍正各时期，各地区的文字狱数量分别都不超过五起，地域分布属于离散型的散点式分布，并没有集中点。但到乾隆时期，文字狱在各地的分布出现了巨大的差异，全国二十个地区竟有一百三十多起文字狱发生。其中四十七案的案犯被处以死刑，至于受株连者则更是难以计数。"

于此可见，在乾隆中、后期，"文字狱"是怎样的为害甚烈，泛滥成灾。而这，完全可以说是乾隆的"杰作"！

从史书上看，自乾隆十六年开始，直到嘉庆时代，文字狱的阴影一直笼罩在大清帝国的上空，以致天下几乎所有文人学士都心惊胆寒，噤若寒蝉。用生于乾隆年间的李祖陶《迈堂文略》卷一中的话说就是："今人之文，一涉笔唯恐触碍于天下国家，此非功令实然，皆人情望风觇景，畏避太甚。见鳝而以为蛇，遇鼠而以为虎，消刚正之气，长柔媚之风，此于世道人心，实有关系。"也难怪龚自珍会发出"避席畏闻文字狱，著书都为稻粱谋"这样深长而又无助的叹息。

在这样的大气候下，因为害怕被人望文生义，因诗惹祸，诗是不敢再写了，而文自然更不敢去写，因为即便是谈天说地，白纸黑字的，也怕有一天被朝廷说成是含沙射影，"谤讪君上"，遭来横祸。既然这样，除非真的是活得不耐烦了，否则，有谁会去没事找事、没事找死呢？于是乎，为了逃避文字狱的血雨腥风，文人们便都只好一个个走进后院，躲进书斋，从此一门心思地钻进故纸堆中，去研究那些所谓的"考据学"了。

考据学即所谓的汉学，又称朴学，其内容主要是从文字音韵、名物训诂、校勘辑轶等方面从事于经书古义的考证。长年累月，老是和这些东西打交道，有时未免感到无聊和枯燥，可又有什么办法呢？用现代作家夏坚勇在其《湮没的辉煌》一书之《走进后院》中的话说："一个文人，总期望能有所建树，在青史上留下点什么……既然不敢从事敏感的经世致用之学，不敢吟诗著文，甚至不敢研究历史，不敢读书，那就只有远离现实的文网，钻进泥古、考据的象牙之塔，用死人的磷火来照亮活人的精神世界。"

就这样，许多的文人都络绎不绝钻进这"泥古、考据的象牙之塔"中去了，惠栋、戴震、段玉裁、王念孙、王引之、龚自珍、魏源……当然还有许多不知名的文人，不是出于自愿，而是出于无奈，在别无选择的选择中被迫走上了考据学的道路。就像魏末晋初，由于政治的高压以及战乱频仍，有感于死生无常，许多文人名士在百无聊赖中只好放浪形骸，寄情山水，甚至以酒以药来麻醉自己，大抵是一个道理。

这，应该说是大清乾隆无疑也是康熙雍正时代中国文化界世所罕见的"文化景观"。

显然，在这样的一个时代，中国的文人们当然包括那些士大夫们，活得应该是最痛苦的。当然这种痛苦主要是精神的痛苦，灵魂的折磨。所以，假如说就连这样一个时代也被美其名曰所谓"盛世"的话，那么，当年生活在这样一个时代的文人士大夫们一定会大摇其头，大为不满，一致说"不"！

是的，乾隆时代，不仅创造了有清一代文字狱的最高纪录，无疑也创造了中国历史上文字狱的最高纪录。愈演愈烈的文字狱不仅造成了社会的恐慌，摧残了人才，使许多优秀的人才不敢过问政治，而且也严重禁锢了思想，使整个社会失去了创造的活力，阻碍了清朝社会的发展，想来，真是"罪莫大焉"！

不过，仔细想来，乾隆对于思想文化的钳制与危害，最大的应该说其实还不是文字狱，不是对于当时天下文化人的作践与迫害，而应该说是在编纂《四库全书》时对于中国古代文化的严重摧残与破坏。

通常，说到中国古代文化的浩劫，人们多半只想到秦始皇的"焚书坑儒"，但在实际上，与乾隆这位后来居上的"后起之秀"比起来，秦始皇只能说是"小巫见大巫"，完全应该自叹不如，甘拜下风。

的确，在今天看来，乾隆在编纂《四库全书》的过程中，对于许多优秀文化书籍的删改与禁毁，绝对称得上是中国历史上一次空前绝后的"文化浩劫"。

诚如我们所知道的，禁毁图书乃是清朝初年的一项长期政策，早在顺治年间就有对图书管制的法令，如顺治九年（1652年）规定："坊间书贾，止许刊行理学政治有益文业诸书。琐语淫词，通行禁止。"康熙五十三年（1714年）又由九卿议定："凡坊肆市卖一应小说淫词，严查禁绝，将版与书一并严行销毁，如仍行造作刻印者，系官革职，军民杖一百，流三千里，市卖者杖一百，徙三年。"到了雍正二年（1724年），不仅"造作刻印者"和"市卖者"要依前法处置，而且连"买看者"也要"杖一百"。乾隆三年（1738年）、乾隆十八年（1753年）又相继严令禁淫词小说和禁评《水浒》《西厢记》，理由是"使人阅看，诱以为恶"。

可见，这一时期的禁书内容，名义上还主要集中在淫秽图书方面，而且数量也很有限。所以，严格说来，却也无可厚非。

可是，到了乾隆中后期，也即从他准备着手编纂《四库全书》开始，情况就完全不同了。一向自称"朕一书生皇帝耳"的乾隆忽然成了一个"文化破坏狂"，一个禁毁图书的"大恶魔"。

在今天看来，乾隆之所以要如此不遗余力地大肆禁毁图书，究其原因，主要是因为：

首先，明末清初的野史、杂史，有许多记载对清廷不利。清人本是我国的一个少数民族，也即女真支属，居建州地，因名建州女真。明代设建州卫，大明帝国一向待建州女真不薄。因而，清先世曾长期臣服明朝，受官袭爵，朝贡不辍。可是，到了明末，由于明朝廷政治日趋腐败，清人忘恩负义，趁火打劫，不断侵扰，朝野之士对清人犯边和国事败坏十分痛心，在史事记载中当然免不了对清人有所指责，甚至还沿用一些蔑称。清人入关后，自名其发祥地为满州，禁人称金；民族为满族，禁人称女真。"建州卫"三字更为有清一代所忌讳。对入关前世为明代臣仆、受过明代册封等都不愿提起。由于怕人揭清人入关前的这些老底，乾隆决心要湮灭这些史迹。

的确，让一个国家一个民族失去记忆的最好办法就是删除或篡改历史！以乾隆的精明与世故，他对此当然心知肚明。

其次，乃是要禁绝明末清初一些进步思想家、文学家如李贽、顾炎武、黄宗羲、王夫之等人著作中的民族意识和进步思想，并企图把这些不利于清廷专制统治的图书付之一炬，以达到消灭异端、实行文化专制的目的。

也正因此，从史书上看，乾隆禁毁书籍的范围在四库开馆前主要包括小说、戏曲、明季野史，但到了开馆后则一下子扩大到志书诗文、笔记小品等，除了经部之外，其余史、子、集三部均遭删改，无一幸免。这在乾隆四十三年（1778年）十一月颁布的《查办违碍书籍条款》中记载得十分清楚，其具体内容为：反清的书籍绝对不许留存，必须全部焚毁；涉及辽东及女真诸卫字样的也视情况销毁；反清名士的书籍，俱应销毁；凡宋人之于辽金元，明人之于元，其书内记载事迹有用敌国之词，都要改正或销毁；各违碍文集俱应清毁或抽毁。同时，这个条款还把查缴禁书的时限上溯到宋元甚至更远的朝代，大大超越明末清初的界限，禁毁的范围更大了。

与秦始皇当年杀气腾腾地"焚书坑儒"有着很大的不同，应该说，乾隆的禁毁图书在一开始有着很大的欺骗性。他先是以编修《四库全书》为名，向天下百姓征书，即所谓"寓禁于征"。乾隆三十七年（1773年），他发出访求遗书的诏旨，在诏旨中，他假惺惺地哄骗天下读书人"今内府藏书不为不富，然古今来着作之手，无虑数千百家，或逸在名山，未登柱史，正宜及时采集，汇送京师，以彰千古同文之盛"。第二年再下诏旨"民间藏书，无论刻本、写本，都要借抄，抄后仍将原本还给，岂可独抱密文不欲公之同好。既或字义偶有触碍，亦是前人偏见，与近时无涉，何必过于畏首畏尾"，并一再打包票"书中即有忌讳字面，并无妨碍，或有妄诞字句，亦不过将书毁弃，传谕其家不必收存。朕办事光明正大，可以共信于天下，岂有下诏访求遗籍，愿于书中寻摘瑕疵，罪及藏书之人乎？"

尽管乾隆把话说到这种份上，但在一开始，由于心存疑忌，害怕因此招惹是非，许多藏书者并没完全听他忽悠，傻里吧唧地把家里的藏书如数上交朝廷，而一些地方官对此确乎也不很卖力。但到后来，一看软的不行，于是乾隆便原形毕露，发出狠话"明季末造，野史甚多，其间毁誉任意，传闻异辞，必有抵触之语，正当及此一番查办"，并威胁说"若此次传谕之后，复有隐匿存留，则是有意藏匿伪妄之书，日后别经发觉，其罪转不能逭，承办之督抚等亦难辞咎。"

正是在这样一种政治的高压态势下，全国各地的藏书者才不得不把自己家中的一些藏书心不甘情不愿地上交地方，再有各省督抚上交朝廷。而一些人家因为害怕交书惹祸，又不敢收藏，于是便只好偷偷地自行销毁。许多珍贵的图书甚至是绝版孤本之书就这样永远地毁灭了，失传了。

这，或可以称之为是一种"书籍的自杀"。

而"书籍的他杀"，则是清朝廷对于这些图书的查禁与焚毁。

显而，无论是"书籍的自杀"还是"书籍的他杀"，其始作俑者与罪魁祸首则毫无疑问都是清高宗乾隆。

时隔多年，对于乾隆时期总共销毁多少书和多少版片，以及一些石刻碑文？由于没有精确统计，今天，人们已经很难能够考查清楚。但有学者通过对现存的《禁书总目》《掌故丛编》《文献丛编》和《办理四库全书档案》诸书仔细考证，得出结论说，除去重复书名，共有全毁书2400多种，抽毁书400多种。每种应毁的书都焚毁了许多部，焚毁的书籍在四库开馆十年间有10万部以上，烧掉或铲毁的书版有6万多片。其销毁书籍的总数几乎与四库现存书相等。至于人们因害怕获罪把书籍自行悄悄销毁的当也不在少数，这就更无从计算了。

所以，吴晗先生说："清人纂修《四库全书》而古书亡矣！"

由于大量珍贵的历史文献被禁、被毁、被篡改，所以，后人已很难能知道当年的历史真相，许多历史就这样被以假乱真，而一些历史上的重大事件的真伪也因此成了永远难以考证无从知晓的"历史之谜"。

由此可见，乾隆对中国历史与文化的破坏也实在是太大了！

也正因此，一点也不夸张地说，乾隆皇帝简直就像是一个"文化屠夫"，一个中国历史与文化的刽子手，说他是中华民族中国文化的"千古罪人"真是一点儿也不为过。

"亡天下" 的悲剧

明末清初著名思想家顾炎武认为明朝的灭亡被清朝取代是"亡天下"而非"亡国"。

在顾炎武看来，所谓"亡国"就是"易姓改号"，皇帝由张姓变成了李姓，是一个王朝的改性易帜，说白了，亡国只关乎肉食者的利益，对于普通老百姓并没有太大的意义。可是，"亡天下"就不同了，它可是遭遇外族入侵后所出现的"仁义充塞，而至于率兽食人，人将相食"这样一种可怕而又可悲的结局，在实质上乃是一个民族的沦丧与消亡。

诚所谓英雄所见略同，明亡抗清兵败隐居家乡余姚拒不仕清只以著书讲学终老天年的黄宗羲也认为"明亡于闯贼，乃亡国也，亡于满清，则亡天下""亡天下者，衣冠易改，披发左衽矣"。

在今天看来，顾炎武与黄宗羲的说法虽然未免有些夸张，因为站在今天的角度看，其实满族也是中华大家庭的一员，而并非真正的"外族"，但在实际上，当年清朝入主中原，确实是给中原各族特别是汉族人民带来了深重灾难。

毋庸讳言，清廷在入关前后，曾对关内外之"尼堪"（满语之谓汉人）一次又一次地实施过血腥屠杀，表现了落后民族的野蛮残忍。攻破扬州、江阴等地后，又接连发生了历史上著名的"扬州十日""江阴屠城"以及"嘉定三屠"等血腥残暴的屠城事件，攻占杭州后，更将美丽的西子湖畔变成了一座马场。仅在广州一地，据《广州市志》记载："清顺治七年（1650 年），清军攻广州，死难 70 万人。在东郊乌龙冈，真修和尚雇人收拾尸骸，'聚而瘗之，埋其余烬'，合葬立碑。"西方人魏斐德写道："尸体在东门外焚烧了好几天……直到 19 世纪，仍可看见一座积结成块的骨灰堆。"

由于清廷的入侵与疯狂杀戮，清朝初年，社会经济遭到严重破坏。全国各地一片荒凉，许多地方真正可谓是"白骨露于野，千里无鸡鸣"。如河南地区"满目荒榛，人丁稀少"；江南各省"大兵所至，田舍一空"；湖南两广"弥望千里，绝无人烟"；江西、福建以及广东、广西等地，也无不万户萧疏，满目疮痍。

熟悉这一段历史的人都知道，"圈地"曾被喻为清初的三大暴政之一。事情的起因是，清朝入主中原后，满族贵族、官吏、八旗士兵以及随从人员、奴仆等大量涌入关内。为了满足这上百万满族"移民"的生活享乐需要以及保证军事供给，颟顸的清政府曾三次颁布"圈地令"，对中原百姓的土地疯狂地进行掠夺。从顺治元年（1644年）首颁圈地令到康熙二十四年（1685 年）颁布停圈令，圈地的时间持续了 40 余年，波及的地区极为广泛，除了直隶省外，各地驻防八旗，如在山东、河南、山西、陕西、江苏、宁夏、四川等省的一些地区，也同样进行大规模的圈地。

当年，清朝统治者通过圈占的手段究竟掠夺了多少中原百姓的土地？至今难以做出确切的统计。根据各种不同资料的计算，有学者估算，总共约在 16 万余倾至 20 万余倾之间。数字之巨，实为惊人。其中，光是在北京地区，皇帝所圈占的内务府庄田就多达 9000 顷。至于各旗王公宗室为重建农奴制庄园，在北京周围 250 公里内的各州县所圈占土地就更多，大约在 1.33 万余顷。而八旗官兵的旗地则达到 14 万多顷。也就是说，偌大一个北京，在当时，基本上好一点的地段都被这些新入关的满族统治者极其野蛮圈占了。

虽然在表面上，清政府要求圈占的是战争留下的无主空地，然而，实际上被圈占的都是有人耕种的良田沃土。如京畿附近，河北一带农民长期经营的大片耕地、良田被圈占为满族贵族的牧场和庄田。不久，圈地扩展到山东、河南等地，致使北方大批农民无所依傍、流离失所、家破人亡。而在被圈占的土地上，生产方式则完全倒退到极端落后的农奴制甚至奴隶制。

说来真的很有意思，在当时的英国，也几乎是在同一时间与我们的大清帝国上演着同样的"圈地戏剧"：由于工业革命的到来，一些有钱的英国贵族开始投资养羊业。因养羊需要大片的土地，贵族们便纷纷把原来租种他们土地的农民赶走，甚至还把他们的房屋拆除，把可以养羊的土地圈占起来。一时间，在英国到处可以看到被木栅栏、篱笆、沟渠和围墙分成一块块的草地。"世上哪有安乐窝？英国农民无处躲。"被赶出家园的农民，则变成了无家可归的流浪者。

这就是世界历史上著名的英国"圈地运动"，也称为"羊吃人运动"。

然而，颇为吊诡的是，虽然同样是"圈地运动"，却出现了两种截然相反的结果，英国人也在圈地，但那是为了发展资本主义，而中国的圈地却在向农奴制以致奴隶制倒退。

除了圈地，清初的另一暴政就是"投充"。所谓投充，乃是圈地的后续与延伸，由于直隶畿辅地区大量土地被圈占，必须有大量的人力耕作。顺治二年（1645年）春，摄政王多尔衮颁布投充法，允许八旗官民招收贫民屯垦，成为近似佃农与欧洲农奴性质的农户。当时，许多旗人士兵强逼汉人"满洲威逼投充"。同时，许多圈地后的原有农民也因家产被夺占，走投无路，只好"带地投充"，为满族权贵们耕地服役，充当奴隶。就这样，大量的战争俘虏、被掠人口、失地的农民以及罪犯家属被沦为奴隶。

为了防止和严惩那些"投充"的奴隶逃亡，顺治年间，摄政王多尔衮又颁布了严苛的"逃人法"。这便是被称为清朝初年的第三大暴政。"逃人法"规定：查获的逃人鞭打一百，归还原主。藏匿逃人者从重治罪，本犯处死，家产没收，邻里、甲长、乡约，各鞭打一百，流徙边远地区。

虽然在后来，到了康熙年间，迫于无奈，康熙不得不废除了圈地、投充以及逃人法这三大暴政，在此之后，大规模的霸占土地、人口的现象算是基本停止了，但满洲贵族恃势抢占土地、俘掠奴隶的现象仍然时有发生，奴隶制残余像个幽灵似的仍然在大清帝国境内四处游荡，祸害百姓。

诚如我们所知道的，中国的"禁海"政策并非自清朝始，最早大约是在元朝，随后在明朝也曾实施过，但"禁海"政策实施最严厉的朝代无疑却是清朝。据《清世祖实录》等记载，清朝始建，由于明末郑成功等人雄踞海上，进行反清复明斗争，清朝无力海上制胜，于是便申严海禁，以封锁沿海水陆交通联系来遏制郑成功等的反清力量。从顺治四年七月开始，清政府颁布《广东平定恩诏》，明确规定"广东近海，凡系漂洋私船照旧严禁，"以对"其海寇则严禁接济，设法提防"。到了1655年也即清顺治十二年，清廷又进一步全面颁布禁海令，规定："沿海省份，应立严禁，无许片帆入海，违者立置重典。"敕谕浙江、福建、广东、江南、山东、天津各地督抚，严厉禁止商民船只私自出海，一旦有人"将一切粮食货物等项与逆贼贸易者"，不论官民，俱行奏闻正法，货物入官，家产尽给告发之人。其该管地方文武各官不行盘诘擒缉者，俱革职，从重治罪。地方保甲通同容隐，不行举首者，皆论死。凡沿海地方大小船只及可泊船舟之处，严敕防守，"不许片帆入口，一贼登岸"。

"禁海令"推开后，虽然尚未强迫迁移，然世代依海而居以出海捕捞和贸易为生的沿海居民从此失去了生活来源。至于那些常年生活在岛上的居民顿失生产、生活基本条件，更是无法生存，不得不放弃家园内迁，或远逃海外谋生。中华民族的先民本来经营多年的一些岛屿顿时变成渺无人烟的荒岛。这严重阻碍了国家、民族开发南海诸岛的脚步。

1661年3月，郑成功经澎湖顺利在台湾登陆，一路所向无敌。色厉内荏的清廷闻讯大为恐慌，立即颁布了更为残暴的"迁界令"，严令要求将江、浙、闽、粤、山东、北直六省等沿海居民内徙，要求必须在10至15日内迁离海边30至50里，寸板不许入海。界外房屋村舍一律拆毁焚烧，以暴力制造出了一个无人居住区作为隔离带。对于近海岛屿也同样坚壁清野，不留人迹，据《清史列传·李之芳传》记载："（顺治）十八年十二月，令定海总兵牟大寅率兵巡海，见岛屿而木城草屋者，悉焚毁搜斩。"从此，这些原本生机勃勃人丁兴旺的岛屿真正成了荒岛、死岛。

康熙元年（1662年），盘踞台湾的荷兰总督签了投降书，郑成功全面收复台湾，"聚岛欢庆"。消息传来，清廷再次颁布"迁界令"，勒逼从广东饶平、澄海、揭阳、潮阳、惠来至廉江、合浦、钦州24州县居民再内迁50里。除澳门外的附近海岛洲港，皆封港毁船，禁止居住。圣旨还谕令将界外地区房屋全部拆毁，田地不准耕种，渔民不准出海捕鱼，出界者立斩不赦。当时，迁界时限只有3天，必须"尽夷其地，空其人"，不愿迁走的居民无分男女老幼一律砍掉脑袋。而仓皇迁走、背井离乡的人也生计无着，一家家露宿野地，不得不卖妻卖子。实在没有办法的，只好合家饮毒，或上吊投河。一时间，南粤大地真是哀鸿遍野，死者相藉，一片凄惨景象。据粗略估算，仅粤东八郡死亡人数便达数十万。对此，明末清初著名学者诗人、被称为"岭南三大家"之一的屈大均在《广东新语》中沉痛地写道："自有粤东以来，生灵之祸，莫惨于此。"

就这样，尚嫌不够，到了康熙三年的五月，康熙又颁谕旨，第三次下达"迁界令"，称"时以迁民窃出鱼盐、恐其仍通海舶"，下令再内迁30里。原来不在界内的顺德、番禺、南海及海阳居民也要内迁。

当时，清朝官吏往往先定一界的两端，用绳拉直，作为定界，实行"强拆"，凡划界从中通过很多居民的房子，百姓便被迫要放弃房子的半间。界上掘深沟，以分内外，稍有跨越深沟，走出界外的，便是死罪。清廷的巡海使者来新会勘界，更以潮水涌至的河面定为划界的标准，以致"逼城为界，近廓腴田悉弃界外"。即今之广东新会环城、礼乐、江门郊区也列入迁徙范围，致使迁民"扶老携幼，流离载道，行乞街市，露宿街道，往往饿死。"

长达20多年的沿海迁界，几乎使中国一度从世界上海岸线最长的国家之一完全变成了一个"内陆国家"。而在迁界过程中清朝廷所表现出来的野蛮与暴行，更是令人发指。据《东山县志》载，仅一个小小的东山岛，一次迁界就被杀被掳3万余人。对此，即便是《清圣主实录》也不得不承认："迁移之民，尽失其业。"

可是，不知道为什么，对于发生在康熙年间的"沿海迁界"事件，现今很多历史书却往往讳莫如深，绝口不提，即便谈到也多半是轻描淡写、一笔带过，仿佛无足轻重、无伤大雅。

然而，仔细想想，历史是无法也不应该忘记的。在今天看来，发生在清初康熙年间的沿海迁界这一事件的危害性实在是被严重低估了：其残暴程度，可以说是骇人听闻，世所罕见。这不仅是中国历史上的一个重大事件，在世界历史上也绝对能算得上一个重大事件。

沿海迁界对中国历史的影响程度是空前绝后的。它无疑是清初又一大暴政。

康熙二十二年（1683年），虽然由于清军攻取台湾，康熙终于次年下谕各省，认为海氛廓清，先前所定海禁处分条例尽行停止，海禁遂开，但据《清史列传·郑芝龙传》记载，康熙很快又以"朕临御多年，每以汉人为难治"为由，再次颁布谕旨强调："诏如顺治十八年例，迁界守边"，概不批准任何请求放宽海禁的奏请，对海船出洋严加限制，其律令且逐年严密。

到了雍正、乾隆年间，虽然海禁政策间有废止，但更多的时候还是严格执行，特别是在乾隆期间，由于担心"民俗易嚣，洋商杂处，必致滋事"，惧怕外国人支持汉人反抗清朝的活动，因而清政府一再严申"华夷之别"。乾隆二十二年（1757）又正式发布谕令，仅限广州一口通商，所有外国船只仅在广州停泊、交易，这种状况一直持续到鸦片战争之前。

所以，一点也不夸张地说，禁海令就像是一条巨大的铁锁链，曾经在那么长的时间内捆住了中国人的手脚，束缚了中国的发展，特别是海洋发展，不仅使中国的普通百姓同时也使清朝统治者本身长期生活在一种闭目塞听、孤陋寡闻的"集体无意识"的状态中，为近代中国的愚昧贫穷与落后埋下了许多悲惨的祸根。其教训极为惨痛，无限深刻，即使是在今天想来，也依然让人心痛不已。

除了圈地、投充、逃人法以及禁海令、迁界令，清初所实行的"剃发易服"无疑是又一项更为臭名昭著且空前绝后的暴政。

熟悉这一段历史的人都知道，早在入关以前，还在占领辽东地区时，清朝的统治者就强迫当地的汉人剃发梳辫，改从满俗。清朝入关后，清廷更连下剃发令，也称"薙发令"，在全国范围内强迫汉人仿照满人习惯剃发，并公开叫嚣："留头不留发，留发不留头。"在发布剃发令的同时，清朝廷还颁布了"易服令"，规定"官民既已剃发，衣冠皆宜遵本朝之制"，强迫各族人民改穿满服。

这就是历史上所谓的"剃发易服"。

可是，受中国传统儒家思想影响，汉族自古以来就非常重视衣冠服饰。《孝经》有言："身体发肤，受之父母，不敢毁伤，孝之始也。"汉人成年之后就不可剃发，男女都把头发绾成发髻盘在头顶。所以，当"剃发令"下达后，理所当然地遭到了汉族以及其他中原少数民族人民的强烈反对。

在立足未稳时，为了缓解民族矛盾，多尔衮曾一度废止了这一法令。可是，到了顺治二年（1645 年）五月，在占领弘光政权都城金陵之后，自以为已经坐稳了江山的清政府又再次向全国发布"剃发令"，规定："全国官民，京城内外限十日，直隶及各省地方以布文到日亦限十日，全部剃发。"六月初五日，多尔衮给在江南前线的总指挥豫亲王多铎下达指令"各处文武军民，尽令剃发，傥有不从，以军法从事"，要求在江南推行剃发令。

一时间，就见清军在许多街道、路口搭个棚子，旁边竖一根旗杆，上面悬挂着"薙发令"圣旨，谁要敢不剃头，割下头颅挂在旗杆上；剃发匠人被命令游行于市，见蓄发者，不问青红皂白，把人当成牲口一样，按住脑袋就剃，稍有反抗，即杀之。

如果说武力征服犹如暴风骤雨，那么"剃发令"就像晴天霹雳，使许多的江南百姓在突然间惊恐万状。但这惊恐只是瞬间，很快便化作满腔怒火，激起了人们的强烈反抗。在这反抗的怒潮中，最英勇最悲壮的无疑要说是"江阴屠城"了。

顺治二年六月，清朝委派的江阴知县方亨在江阴城发布"剃发令"。江阴人民群情激愤，10余万人召开集会，宣告："头可断，发决不可剃！"集会群众杀掉知县方亨，推举本县主簿陈明遇与前任典史阎应元为领袖，高高举起抗清义旗。

不久，清军兵临城下，但江阴人民并没有屈服，而是在阎应元与陈明遇的带领下誓死抗击清军。

这年的七月初，清兵重炮猛轰，万弩齐发，蜂拥攻城，均为守城军民击退。清军派明朝降将刘良佐劝降，阎应元慨然答复："有降将军，无降典史！"八月二十日，江阴城内弹尽粮绝，清军又以大炮轰破城门，才得攻入城内。陈明遇、阎应元壮烈牺牲。

说来，小小江阴城不过是个弹丸之地，而阎应元仓促组成的抗清队伍不过是支"业余队"，甚至连业余都谈不上。可是，面对如狼似虎杀气腾腾的清军重兵，他们却毫不怯战，视死如归，把一场历史的大悲剧渲染上演得是那样感天动地，气壮山河。

而且，更令人始料未及肃然起敬的是，在这场力量原本就极为悬殊、根本就打不赢的"不对称"战争中，没想到在阎应元、陈明遇的领导下，这支抗清"业余队"竟然奇迹般地坚守城池81天，且多次击败清军30万大军，杀死清军7.5万余人，使清廷3位王爷和18员大将丧命于江阴城下，用自己的鲜血、尊严谱写了一曲惊天地泣鬼神的英雄壮歌。

史载，江阴城破后，清军痛恨江阴人民的顽强抵抗，屠城三日。全城人民均以先死为荣，无一人投降。三日之内，17万余人被杀，仅老幼53人幸免于难。

这便是历史上所说的"江阴屠城"。

而几乎与"江阴屠城"同时，为了反对"剃发易服"，江浙境内的松江、昆山、苏州、嘉兴、绍兴的百姓也奋起反抗，英勇斗争，特别是嘉定民众在明朝进士黄淳耀等人带领下，用大木、巨石填塞城门，誓死拒守。为了镇压民众的反抗，毫无人性的清军竟然先后三次对嘉定实施屠城，史称"嘉定三屠"。

据史料记载，仅仅因为"剃发易服"事件，清廷在各地都留下了血腥的、种族灭绝式的屠城记录，发生大规模屠城和大屠杀的省份先后有辽宁、山东、山西、河南、江苏、安徽、江西、湖南、广东、四川、福建、新疆，把中国几乎所有省分都屠戮一遍，其中四川人几被屠尽，"民无遗类，地尽抛荒"。康熙六年，四川总督苗澄在奏疏中写道："蜀省自屠戮以后，百里之内绝无人烟。"而在康熙十八年，浏阳知县曹鼎新曾供认康熙统治下的清廷兽行说："自甲寅吴逆倡乱……以至王师赫怒，整兵剿洗，玉石难分，老幼死于锋镝，妇子悉为俘囚，白骨遍野，民无噍类。"见此情景，就连当时居住在中国的一位西方传教士都禁不住惊呼这样因服装发式的屠杀是绝无仅有和甚为荒唐的。

就这样，经过清廷大规模屠杀后，中国"县无完村，村无完家，家无完人，人无完妇"。明成祖时期全国人口为6600多万人，到清世祖顺治时期，全国人口竟骤减到不足1500万人。

经过清朝统治者血腥残酷的镇压，汉族民众公开的反抗渐渐被扑灭了，但暗中的特别是内心的反抗终大清一朝却一直潜流涌动，始终没有停止。有清一代，许多汉人，尤其是知识分子，始终怀有民族感情，怀念汉族的衣冠制度，有关衣服的话题始终戳着汉族中国人的心理痛处。如乾隆年间，江西抚州金溪县生员刘震宇著《佐理万世治平新策》一书，抒发了"更易衣服制度"的痛苦与愤懑，被乾隆发现，认为他大逆不道："刘震宇自其祖父以来，受本朝教养恩泽已百余年，且身到黉序，尤非无知愚民，乃敢逞其狂诞，妄訾国家定制，居心实为悖逆"。为打击与刘震宇有同样思想的人，拿他开刀，以儆其余，"文化暴君"乾隆毅然决定"将其处斩，书版销毁"。

在今天看来，早期的清廷统治者之所以要一而再再而三地强行颁行"剃发易服"这一政策，无非是想将剃发易服当作汉人是否服从满州人统治的外在标志，同时也希望透过剃发易服来打击、摧残汉人（尤其是上流阶层的士人）的民族气节与民族精神。而恰恰就因为被"剃发易服"，使得原本就遭受国破家亡之痛的汉人如同被人在脸上刺字或是被戴上枷锁一样，始终有着一种挥之不去的成为"亡国奴"的感觉，因而在精神上感到了一种莫大的痛苦与耻辱。

也正因此，纵观大清的统治历史，几乎每一次发生的农民武装暴动，所提出的口号无一例外都是"复我大汉衣冠"，即便是明朝叛臣吴三桂后来反清，其公开提出的口号也是反清复汉，恢复衣冠，散辫留发。而乾隆末年的白莲教起义，上百万教众打开发辫横行江南数省，甚至到了太平天国农民起义，加入太平军的首要条件就是不留发辫。

由此可见，"剃发易服"就像一个永难愈合的伤口总在一代又一代汉族文人士大夫包括普通民众的内心滴血，他给汉民族造成的精神创伤实在是太大了。而之所以会是这样，显然是清朝的封建统治者从始至终都未能有效处理好民族关系，未能实行正确有效的民族和解、民族团结以及民族友爱政策造成的。

一个有着将近三百年历史的封建帝国，竟然从始至终未能成功地化解民族矛盾，实行民族融合。这，怎么说都是清朝的一大"政治败笔"！

所以说，清朝的民族政策是非常失败的。而这样一种非常失败的民族政策，这样一大"政治败笔"，追根溯源，应该说多半都是由康雍乾这祖孙三位皇帝所一手造成的。

不妨想象一下，假如历史真的可以穿越，假如有记者去采访康雍乾时代的那些汉族中国人，去问他们："你幸福吗？"他们一定会大摇其头，且内心中也一定会翻江倒海，无限伤悲。

而这样一个物质生活并不富裕精神文化生活更是遭受严重禁锢让人的心情从始至终都感到悲愤和压抑的朝代，是无论如何也不能称之为"盛世"的。

尽管，平心而论，康雍乾时代，在中国的大历史坐标轴上，也还不能算是一个最黑暗的时代，而无论智商还是情商都非常之高的康雍乾三位皇帝，也的确各有优点，怎么说都不能称之为是中国历史上的昏君。

但即便这样，就这样一个愚昧落后且充满血腥的专制时代，离真正的"盛世"还是相距甚远。

康雍乾朝非盛世。是的，一个人们的精神普遍感觉不到自由，无论是物质生活还是精神生活都遭受到极端的统治和压迫，甚至在人格与尊严方面都不仅得不到应有的尊重而且还长期被侮辱的时代，是怎么也没有资格也不应该被称之为是"盛世"的。否则，则不仅是对"盛世"的亵渎，也是对那个时代那些长眠于九泉之下曾长期遭受过那么多苦难、痛苦与迫害的人们的侮辱。

第五章
道光选错接班人

　　提起道光皇帝，想必一般不研究历史的人极有可能不知道这位皇帝是何许人也。然而，倘若说到这位皇帝手下的一位大臣以及他的儿媳妇，恐怕只要是中国人，就会无人不知无人不晓。他手下的那位大臣名叫林则徐，而他的儿媳妇则是慈禧。如果有哪位中国人说自己不知道这两个人的话，那么，人们一定会以为此人孤陋寡闻。

　　的确，当年在虎门销烟的林则徐就是这位道光皇帝手下的大臣，而慈禧的丈夫咸丰皇帝则是这位道光皇帝的儿子。

　　想当年，为了选立好自己的接班人，一向谨小慎微的道光皇帝曾煞费了许多苦心，可到头来还是枉费心机，用人失当，为大清帝国选立了一个比自己还要平庸无能的昏君。

品学兼优的"好皇帝"

　　平心而论，清朝的皇帝不像明朝的皇帝那样，昏君较多，瞎胡闹的混蛋皇帝一个接着一个，比较起来，无论智商还是情商，从努尔哈赤起，爱新觉罗氏家族的子孙整体素质都明显要高于朱元璋的后代。但这样说，并不意味着清朝的皇帝个顶个的都很能干，事实上，他们中的一些人特别是到了中后期的一些皇帝，应该说以庸君居多。

　　如清朝的咸丰皇帝就是这样一位庸君。

　　咸丰皇帝名叫爱新觉罗·奕詝（1831—1861年），是清朝的第八任皇帝，道光皇帝的第四子，生母为孝全皇后，道光三十年（1850年）正月二十六日，举行新皇帝登基大典，正式即皇帝位，改元咸丰，时年19岁。

　　从他在位11年的执政实践来看，咸丰皇帝绝对称得上是一位庸君，虽然在做人方面不乏有些小精明，也颇有些心计，但在治国理政方面却轻才小惠，缺才少智，以致政荒民弊，四维不张，乏善可陈。而这样一位庸君之所以能够成为大清帝国的接班人，用现在的话说，完全是由于他的皇父道光皇帝选人用人失察失误所致。因一个人的选人不当，而给整个国家整个民族造成了万劫不复的深重灾难，这虽然是封建专制政体通常所难以避免的政治通病，但怎么说都与当时作为独揽朝纲的"一把手"道光皇帝个人的用人导向和个人喜好与鉴人眼光有关。

所以，倘若要追究选人用人方面责任的话，应该说，道光皇帝难辞其咎。

说起来，道光皇帝绵宁和他的儿子咸丰皇帝一样，其实在本质上也是一位治国无方、执政无能的庸君。虽然，他的体内遗传有爱新觉罗氏家族的高智商，少年时期就勤勉好学，才智超群，曾受到祖父乾隆皇帝的青睐。《清宣宗实录》说他"乃武乃文，心传若揭"，也就是我们通常所说的能文能武，文武双全。据《清史稿·宣宗本纪》记载：乾隆五十六年（1791 年）八月，八十岁的乾隆皇帝带着他外出围猎，时年只有九周岁的绵宁弯弓射箭，竟然射死一头雄鹿。乾隆一时喜不自禁，即兴赋诗，对自己的这位小皇孙赞誉有加，并对他"期勖之意深矣"！用现在的话说就是对他寄予了很大的希望，但是，这一切并不足以证明他长大以后就一定能够顺理成章地成为一个好皇帝。

平心而论，如果仅仅只是从为人方面来说，道光皇帝绵宁真的不能算是一个糟糕的皇帝，甚至，还可以说是一个好皇帝。

道光皇帝名叫爱新觉罗·绵宁（1782—1850 年），即位后遵照祖父乾隆皇帝生前关于"绵"字系民生衣被经常性之称谓，难以回避，将来即位宜将"绵"字改为"旻"字的嘱托，将自己的名字绵宁改为旻宁。为了避讳，当时北京的广宁门，也同时改为广安门。

旻宁是清朝的第七任皇帝、嘉庆皇帝的第二子。之所以说他是一位庸君，乃是因为他在许多方面都表现出小事精明、大事糊涂的特点。有道是：大人不算小账。可我们看有关道光皇帝的史料，常常会觉得他真真切切地就像是一个勤俭持家的旧社会的中国农民，一年四季，长年累月，只知道一味地辛苦劳作，节衣缩食，省吃俭用，以致到了吝啬成癖不近情理的地步，可是因为缺少见识，思想迂腐，没有经国济世之才能，用我们老百姓的话说，就是没有什么大出息，成天到晚只会打小算盘，只会大处不算小处算，贪小便宜吃大亏，其结果是无论怎样辛勤，怎样节俭，却始终摆脱不了穷苦窘困的境地。

如果从道德的层面来说，或者，只是按照常人的标准要求，道光皇帝旻宁其实在本质上的确是一个很少瑕疵甚或可以说是品德高尚的人，甚至于，如果仅就个人品德而言，在中国古代的皇帝中，他即便不能说是一位尧舜一样的贤君，起码也可以称得上是一位心慈好善、私生活几乎可以说是无懈可击的好皇帝，绝对能够成功当选"十佳道德模范皇帝"。

的确，在他的性格中有许多非常好的甚至可以说是值得称赞的优良品质。比如说勤勉，虽然出生在皇宫，但道光皇帝旻宁从小就是个勤奋好学的好皇子。据他自己后来回忆说："予自六岁（虚龄）入上书房，受诵经史。稍长，即于讲肄之暇，留意篇章，积累岁时，渐成卷帙，非欲雕琢曼词，盖陶冶性情，典学不废，借以自励而已。"如果按今天的标准来说，简直就是一个品学兼优的"三好学生"。

当然，道光帝所说的这番话虽然难免会有自诩的成分，但应该说多半还是比较真实可信的，因为，就在当时，清朝著名历史学家、诗人赵翼就曾亲眼目睹并在其《曝杂记》中真实记录了嘉庆、道光在皇子时代的读书情景，认为："本朝家法之严，即皇子读书一事，已冠绝千古。"并由衷地感叹说："吾辈穷措大，专恃读书为衣食者尚不能早起，而天家金玉之体，乃日日如是……我朝谕教之法，岂唯历代所无，即三代以上，也所不及矣。"其中对道光皇帝年少时用功读书的表现大加称赞。

由此可见，爱新觉罗氏皇室自入主中原后，对后代子孙的教育是多么严格，道光皇帝在皇子时代读书又是多么用功刻苦。

及至即位后，他更是经常夙兴夜寐，朝乾夕惕，一心想励精图治，干出一番辉煌业绩，以便能捍卫爱新觉罗家世的荣耀，守住自己的祖先留下来的大清基业。

据说，道光帝很注重修身养性，他曾亲笔书写"至敬、存诚、勤学、改过"四个条幅挂在自己"养正书屋"的墙上，以此经常勉励自己、警醒自己要做一个好皇帝。他常告诫自己："事愈大，心愈小；情愈急，气愈和。"凡此种种，都说明他一心向善，立志有为，绝对不是那种荒淫无道、恣意妄为的混账皇帝。

在孝悌方面，他也堪称典范。最能够说明问题的就是他对孝和睿太后的孝顺之举。我们知道，道光皇帝旻宁系嘉庆帝嫡妻孝淑睿皇后喜塔腊氏所生。母亲喜塔腊氏去世后，旻宁由仅年长自己 6 岁的孝和睿太后抚养长大。孝和睿太后虽并非道光帝的亲生母亲，但因为从小由她抚养长大，故而道光帝对她一直十分敬重，即便是当上皇帝后也经常循例向孝和睿太后请安问候，嘘寒问暖。道光二十九年年底，74 岁的孝和睿太后病危，当时年近七旬的道光帝圣躬违和，也在经受疾病的折磨，但一片孝心的道光皇帝却依然坚持经常到寿康宫侍奉汤药。

孝和睿太后于同年十二月十一日（1850 年 1 月 23 日）去世。当时正值三九严冬，已年近七旬的道光帝竟悲恸万分，"哀恸号呼，擗踊无数""哀恸深至，哭无停声，水浆不御"。道光帝不但按照当时的丧仪礼数规定，每日早、午、晚三次至孝和睿皇太后灵柩之前祭奠行礼，而且每一餐仅以素菜、素粥果腹，夜间则住在简陋的"倚庐"守灵，真是虔诚备至，极尽孝道。

道光这样做，显然绝不是故意作秀、装模作样地虚应故事，而是发乎真情地追思怀念，因此每次哭奠都极其伤心。结果，因哀痛过度而伤神，丧事过劳而害身，再加上年事已高，仅一个多月的时间，他竟也因此病情恶化，并很快龙御宾天，于道光三十年正月十四，死在了圆明园的慎德堂，结束了他那平庸而又不幸的一生，享年 69 岁。

凡事不能做过分

实事求是地说，身为堂堂一国之君，终其一生，道光皇帝都克勤克俭，严于律己。历史上，在自我约束、自我修养方面能做到像他这样的皇帝还真不多。所以，如果仅就个人品德而言，从某种意义上说，道光皇帝真的是很难能可贵，也真的非常令人钦佩。

然而，毋庸置疑，对于统治者特别是一国之君的评价显然不能也不应该和普通人持同一标准。从某种意义上说，对于一个执掌国柄的统治者来说，其个人的见识、谋略、才能与作为在很多情况下远比其个人品德与操守要重要得多，对一个国家和民族的社稷黎民要有益得多。而在这方面，道光皇帝却正好相反，德有余而才不足。特别是在节俭方面，其所作所为，有时，根本就不像是一个做大事的国君。

众所周知，道光皇帝的节俭是出了名的。在历史上，即使是素以节俭敦朴著称的汉文帝，恐怕也自叹弗如，惭愧莫及。

表面看来，节俭无论是对一个普通百姓还是对一个九五之尊来说都是一种美德，但是，就像哲学上所说的那样，人们做任何事情都不能超过它的度，否则，就会南辕北辙，适得其反，甚至过犹不及。

显然，道光皇帝在节俭方面就完全可以说是"过犹不及"，以致到了极为吝啬的地步。

据说，因为深感乾隆一朝奢靡成风，国库逐渐空虚，道光帝刚一即位就力倡节俭，并以身作则。他先从后宫开始，下令裁去了嫔妃宫娥们每年上百万两银子的脂粉费，又把皇宫的日常开支账目都细细地查了一遍，最后经过"财政预算"，得出明确结论，认为皇帝一家的花销，一年有二十万两银子就绰绰有余了，因而传下谕旨规定"宫中岁入不得超过二十万"。此外，还严格规定：后宫女子级别在嫔以下的，必须日日吃素，不遇庆典不得吃肉。

想当年汉文帝以节俭闻名，也就是诏令宠妃衣裙不绣花饰，在这方面，道光皇帝真是有过之而无不及。他规定嫔以下非但不能衣上绣花，就连颜色稍微鲜艳一点的衣服，也只允许在节庆之日穿那么一回。

在他的严格要求下，可怜他心爱的佟佳皇后便只好亲自领着宫里的一帮嫔妃宫女经常去做针线活，不但为皇帝补衣，最后连日常穿的内外衣物也都是由她们自己去裁剪缝纫了。

关于道光节俭，历史上流传有许多故事，说来真的是很有意思，从中也可看出，道光皇帝活脱脱就像中外文学作品中经常描写的但却是迄今为止地位最高的"吝啬鬼"形象。

说是有一年，大学士长龄平定回疆叛乱后凯旋，并将逆首张格尔随军一起押送到京师。道光帝亲临午门受俘后，便举办庆功宴会。事先，他怕内膳房筹办宴会大手大脚，太耗费银钱，便特地传旨嘱托内膳房须格外节俭。当时宴请的客人除长龄外，还有15位老臣。吃饭时，桌上只摆着很少的几道菜，而且分量很少。看着这几道菜，大臣们都不敢举箸，只怕一动筷子，三下两下便会风卷残云将这些菜吃光，让皇上难堪。

吃饭时，道光帝坐在主席，既不劝大家吃菜，也不请大臣们喝酒，只是一个劲地和大家谈些前朝的武功，后来又谈到作诗，于是便下令让大家即席联起句来，做成一首八十句的七言古诗，以记录当时的君臣之乐，然后又叫人把当日君臣同乐的场景画成一幅图。就这样，在席上干干地谈论了足足两个时辰，结果，君臣们在一起既没动筷子，也没碰酒杯，庆功宴便在众位大臣一个个饿得饥肠辘辘、两眼发花的情形下草草地散席了。

招待大臣抠门，没想到，为皇后过寿，道光皇帝也一样小气。史书上说，道光皇帝平常年份从不为自己和妻子庆祝生日，但在道光十年（1810年）五月，因为这年是佟佳皇后四十整寿，道光皇帝决定要破例为自己心爱的皇后过个生日。

对于这一次道光皇帝为皇后筹办的"千秋"筵席，无论正史还是野史都做了较为详细的记载，说是佟佳皇后生日那天，成百上千的王公大臣及其内眷，还有后宫嫔妃宫女太监等，都不约而同地前来为皇后祝寿。可是，到吃寿筵时，谁知道光皇帝招待大家的不是丰盛大餐、满汉全席，而只是每人一碗所谓的打卤面，除面条上零星地飘着几片细得不能再细的肉丝外，桌上竟然连一盘菜也没有。可见，道光皇帝真是太抠了！

皇帝请客小气到这种程度真是旷古未闻。

据说，当时有一位武英殿大学士曹振镛，也是生性吝啬。此人在升官发财方面是个人精，所谓的"多磕头少说话"这句清朝著名的"官场名言"就是出自此人之口。相传，道光皇帝原来很喜欢封疆大吏中的陶澍和阮元，有心想让他俩出将入相，担任宰辅，于是有一次就和曹振镛说起这事。像中国历史上许多当官精明、做事糊涂的无聊而且无耻的政客一样，要说老曹这人，大智慧屁都没有，但做官的小精明却是绰绰有余，一听道光说起这事，因为生怕有人在朝中超越自己，曹大学士立马就说："两江离了陶某，恐怕漕运无人可及。"

被他这么一忽悠，原本就很昏庸且胆小怕事的道光皇帝当然也就不敢将陶澍调来中央重用了。

但是，诚所谓是人都有软肋，都有"短板"，甭看曹大学士做官贼精，平时在皇帝面前拍马溜须阿谀奉承从不吝啬，可是在花钱方面却出奇地抠门，平时花一个钱，都要仔细盘算半天。他家中有一辆破旧的驴车，家里的厨子又兼着赶车的差使。曹学士每天坐车，早朝回来，赶到菜市，便脱去袍褂，从车厢里拿出菜筐秤杆，亲自买菜，且往往为了一个铜钱和小贩们耗上半天功夫磨嘴皮子讨价还价。相传，曾经有一个小贩被他纠缠不过，恼怒之下对他破口大骂，曹振镛眼见买不着便宜菜，很不甘心，立即打出"大学士"的金字招牌，直把那小贩吓得跪在地上一个劲地磕头求饶，连呼"老爷饶命"，并说青天大老爷您想要什么菜尽管白白拿去得了，小的一个子儿都不要。

一听这话，老曹顿时眉开眼笑，结果，白白让他占了便宜。

除了小算盘打得贼精，这曹学士还有另外一大本事，就是会拍马屁，很会做官。据说，他的门生曾经向他请教为官之道，想必这门生一定是曹学士的得意门生，关系很铁，曹学士便真人面前不说假话，把自己轻易决不外传的"为官真经""官场秘籍"传授给这门生，对他说了一句在后代封建官场非常有名也非常流行的话，即："无他，但多磕头，少说话耳。"

显然，宫中有这样一位大臣，道光帝当然很快便将他引为知己，对他格外赏识，认为如此节俭之人定是善于治国理政的栋梁之材，因而，不但提拔重用曹振镛当了"宰相"，还见天儿地把曹大学士召进皇宫密谈。

起先，大臣和太监们还以为皇帝和大学士成天商量什么国家大事，谁知一留心打听才知道，俩人每天谈的都是些鸡毛蒜皮的家庭琐事。

说来好笑，道光帝只因宫中菜蔬很贵，就竭力节省。可是因为宫中管理漏洞很大，大家心照不宣，谁都存心暗中去敲皇帝的竹杠，所以，无论道光帝怎样节省，每餐御膳，照例总要花到八百两银子。为了节约，道光帝后来索性只吃素菜，不吃荤菜，但即便这样每餐也总要花到六七十两银子，就是吃一个鸡蛋，也要花五两银子。

一次，他和曹学士像两个老妇女似的说家长里短，坐在一起谈心。谈起吃鸡蛋，曹学士奏称，他每天清早起来，总要吃四个水煮鸡蛋。

道光皇帝听了吓一跳，说道："每个鸡蛋要五两银子，你每天吃四个鸡蛋，岂不是每天要花二十两银子吗？"

曹学士忙回奏道："臣吃的鸡蛋，都是臣自己家中母鸡下的。"

道光皇帝听了很受启发，笑道："有这样便宜事，养几个母鸡，竟可以吃不花钱的鸡蛋？"于是，他当即便下诏吩咐内务府去买母鸡，在宫中养起鸡来。

说来，为了节俭，道光皇帝真是煞费苦心，虽然贵为皇帝，但他平时上朝却经常只穿着破旧衣衫，一件衣服常总是补了又补，就连皇后宫里也铺着破旧的椅垫。有道是："上有所好，下必甚焉"，满朝大臣见了他这样便都不约而同、心照不宣地效仿起皇帝的样子，个个穿着破旧袍褂上朝。所以，每当早朝时，从殿上望去，皇宫里好似站着两排叫花子，而道光皇帝则简直就像是那武侠小说中的丐帮帮主一样。

如此一来，官员们既不敢在公开场合穿新袍褂，有许多官宦人家，便把崭新的袍褂，拿到旧衣铺子里，去换一套破旧的穿。一时间竟使京城里旧衣铺子里的破旧袍褂供不应求，甚为紧俏，以至到后来旧袍褂越卖越少，价钱飞涨，买一套旧袍褂竟然比做两套新袍还贵。

弄虚作假、"政治作秀"到了如此地步，真乃今古奇观。

道光皇帝一天到晚只算小账，打小算盘，纯然一个没出息的小男人，经常只关心一些细枝末节鸡毛蒜皮的小事，而对一些事关国家兴衰成败和长远利益的大事却目光短浅，既无深思，更无熟虑，缺乏胸有成竹的应对之策。所以，被人誉为"一代史家，千秋神笔"的近代著名作家蔡东藩评价道光帝，认为这位大清皇帝"徒齐其末，未揣其本，省衣减膳之为，治家有余，治国不足"。应该说，真是入木三分，恰如其分。

今天看来，"治国不足"的道光皇帝至少在两件事关国家长治久安的大事上明显应对失措，处置不当，缺少一个政治家应有的高瞻远瞩、审时度势和则善而从、当机立断。

这两件大事其一就是鸦片战争，其二就是选立储君。

鸦片战争是大清帝国的耻辱，也是中华民族的耻辱。其罪魁祸首当然是以英国为首的英、法、俄、美等一帮帝国主义侵略者和强盗。

面对来自东南海上的鸦片流毒和英军入侵，道光皇帝忧心忡忡，寝食不安。一开始，他也想严厉禁烟，也曾想下决心抗击侵略者，但是，可悲可叹的是，偌大一个国家，那么多的王公大臣，竟没有一个人能说得清英国来自何方，没有一个人知道殖民主义为何物。而身为一国之君，道光皇帝平素既无知人之明，临危又无应变之策，以至战守茫然，应对无措，盲人瞎马，毫无方略，面对洋鬼子的侵略，只能在自恨自愧中顿足叹息，结果，只有也只能忍辱接受英国的城下之盟，签订了近代史上第一个丧权辱国的不平等条约——《南京条约》。该条约除了割让香港和向英国人开放广州、福州、厦门、宁波、上海等五处通商口岸不算，光是赔款，大清朝就给人家英国赔了白银2100万元。说来真的是像坊间老百姓说的那样，"省着省着，窟窿等着"，平时连花点小钱给裤子打个补丁都嫌贵的道光皇帝一生中没想到会做上这么一大笔买卖，而且是如此蚀本的买卖，想想，也真的是让他痛彻心扉！

据说，这一丧权辱国的条约签订后，消息传到北京，道光皇帝非常惶愧和难过。他痛苦万分，觉得死后实在是无颜去见爱新觉罗家族的列祖列宗。

可是，让人感到可悲的是，穷其一生，道光皇帝都没有认识到自己究竟错在哪里，败在何处？他上台时，拼命想有所作为，妄图重振先祖雄风，可结果却事与愿违，没想到却把自己钉在了历史的耻辱柱上。

虽然，实事求是地说，不能将签订卖国的《南京条约》的历史责任全部推给道光，鸦片战争的责任也不能完全由道光皇帝一人承担。但是，如果深究起来，倘若不是由于道光皇帝和一帮大臣对世界大势和外国知识的混沌无知，妄自尊大，面对内忧外患，只"守其常而不知其变"，处于历史的重大转折时刻不知道审时度势，何去何从，灵活应对，很有可能，就不会发生第一次鸦片战争。而且，即使是发生了鸦片战争，如果不是因为作为当时国家的最高领导和决策者的道光皇帝优柔寡断，战和不定，胸无韬略，应对失措，也很有可能，鸦片战争就会是另外一种结局，而那些让大清帝国丧权辱国的不平等条约也很有可能不会肆意强加到中国人民的头上，使中华民族由此遭受到后来一系列的奇耻大辱和深重灾难……

立储前的斟酌

如前所说，道光皇帝在本质上是一位庸君，见识浅陋，孤陋寡闻，性格软弱，遇事犹疑，当断不断；而在用人上，则更是缺乏知人之明，用人之智，以至在立储问题上不能黜陟幽明，知人善任，没有能够在选立国家接班人时作出明智正确的选择。

据史料记载，早在嘉庆四年（1799 年）的春天，时年还只有 16 岁的道光皇帝旻宁便被皇父嘉庆帝秘密确定为皇位继承人。可是，39 岁继位，在做了 22 年皇帝后，虽已年过花甲，他却迟迟没有确定自己的接班人。

众所周知，清朝的秘密建储之法最先是由雍正皇帝创立的。其具体方法就是由在位皇帝写好立某皇子为储君的朱谕，但并不公开宣布，而是将建储朱谕密藏于特制的匣盒之内，用锁锁上，放置于乾清宫"正大光明"匾额的后面。等先皇帝临死之前或驾崩之后，由朝廷诸位大臣共同开启秘匣，宣示立储朱谕，让先皇秘密册立的储君在灵柩前即位。

显然，按照雍正的这一秘密建储之法，确定皇储和帝国接班人乃是皇帝一个人的事，而且还是在极秘密的情况下所做的决定，其他任何人都不许过问，更不许插手。谁不识时务，不知天高地厚，倘若硬要插足，谁就绝对不会有好果子吃。因而，尽管朝廷内外许多王公大臣眼看道光皇帝到了晚年还不确立自己的继位人，对此无不忧心忡忡，暗自焦急，但也只好干瞪眼，徒叹奈何。

话说回来，道光皇帝之所以迟迟不确定自己的接班人，倒不是因为自己过于贪恋权位，想一个人长时间地独自坐在金銮殿的龙椅上安享尊荣，也不是他根本就不把立储之事放在心上，对如此重大事关国家长治久安的"国本"大事不负责任，恰恰相反，正是因为道光皇帝是个非常有责任心且做事非常谨小慎微的人，所以他才因为太过于慎重，以至在确定接班人时有那么长时间总是举棋不定，犹豫不决。

据记载，道光皇帝共有后妃20多人，这些女人先后给他生了10个公主和9个皇子。其中，皇长子奕纬生于嘉庆十三年（1808年），11岁被封为贝勒。按清宗室设立的12个爵位，这个封爵仅次于和硕亲王、多罗郡王，属于第三等。对于一个还只有11岁的皇子来说，这个爵位显然不算低了，由此可见当年道光皇帝对他的喜爱和厚望。

奕纬17岁时，奉皇命到撷芳殿居住，为此，当时道光帝还特别为他选了个吉日入住。当年，嘉庆皇帝在做皇子时就是在被皇父乾隆帝秘密立为储君后才入住撷芳殿的。道光帝有没有过将皇长子奕纬秘密立为储君的意向或打算？尽管史料没有确切的记载，无从考证，但可想而知，他让皇长子奕纬入住撷芳殿的意义绝对非同寻常。

说来，皇长子奕纬真是个倒霉蛋。道光帝爱子心切，责子更严，一心巴望自己的这位长子能够好好读书，将来能够成就大业。可是，偏偏这奕纬天生羸弱，而且智力平平，对读书骑马都没有悟性，无论望子成龙的道光帝如何煞费苦心，谆谆教诲，奕纬在这两方面就是不见长进，也不感兴趣，这使道光皇帝非常失望。

据一位名叫信修明的太监在其《老太监的回忆》一书中说，一天，奕纬在上书房读书不好好用功。一向督责甚严的授业师傅苦口婆心，教训他要好好读书，以便将来当皇帝好治理天下。谁知奕纬一听非常反感，瞪着眼睛冲自己的这位老师大声嚷道："我要做了皇帝，第一个就先杀你！"

授业师傅一听很是吃惊，以致以后几天都寝食难安，所以过了几天，实在按捺不住，于是便到道光皇帝面前告了御状。

道光皇帝听了火冒三丈，忙命人将奕纬叫来。这边奕纬刚要跪下请安，那边怒火中烧的道光帝早已忍耐不住，还没说话便气咻咻地走上前飞起一脚，没想到一下子正好踢到了奕纬的裆部那要害部位。只听这奕纬忽然惨叫一声，顿时便倒在了地上不省人事，太监们忙将奕纬抬回撷芳殿。

可怜这奕纬，还只 24 岁，正值青春年少，被自己的父皇就这么不知轻重地踢了一脚，没几天就死了。奕纬死时是道光十一年（1831 年）四月。

踢死皇长子后，道光帝非常后悔，因为，在此之前，皇二子奕纲和皇三子奕继已先后于道光七年（1827 年）和道光九年（1829 年）夭折。六年内，已届五十虚龄的道光皇帝仅有的三个儿子全部死光，一时膝下无子，龙脉断绝，这对他的精神打击实在是太大了！

好在天无绝人之路，就在奕纬死后不到两个月，皇四子奕詝和五子奕誴就相继降生了。到了第二年，皇六子奕訢又降临到人间，紧接着，皇七子、皇八子、皇九子也接二连三，纷纷出世。一时间，对于道光来说，简直就是一个生子"大丰收"，这给日渐步入黄昏的道光皇帝带来了莫大的欣慰。

不用说，对这六位皇子，道光皇帝无不令人悉心照料，用心培养，同时，他也很留意他们的成长，时常在一旁暗中观察，看谁更有资格做皇太子，将来更适合君临天下，统治大清江山？经过长时间的留心审察，他渐渐将青睐的目光聚集到皇四子奕詝和皇六子奕訢的身上，把他两作为继位人选，暗中进行考察。

皇四子奕詝和皇六子奕訢，俩人究竟谁更适合作为自己的接班人呢？有很长时间，道光皇帝左思右想，盘算来盘算去，心中都拿不定主意。

究其原因，当然是因为即使是在皇权统治下的封建社会，接班人的选立取舍也是天底下的第一大难题。遇到这样的难题，即便是一言九鼎的皇帝，也不敢贸然做出决定，很少有人能够交上令自己也令天下人满意的答卷。

两场特殊的"考试"

很显然，在选立储君问题上，道光皇帝就没有能够交上一张合格的答卷。

其实，如果按照我国古代皇权传承传统的嫡长制，储君之位无疑非皇四子奕詝莫属。

因为，首先，奕詝是皇后之子，即所谓嫡出，而皇六子奕訢则不是。据记载，皇四子奕詝生于道光十一年（1831 年）六月初九，他的母亲钮祜禄氏时为全贵妃。如前所述，皇四子奕詝可谓"应运而生"，生的实在真是时候。因为他的出生，给当时正处在连丧三子的巨大悲痛中的道光皇帝重又带来了光明和希望，使道光皇帝感到喜从天降，如获至宝，因而对这降临到人世间来的小生命格外呵护和关爱，而对分娩这小生命的母亲全贵妃自然便也格外宠爱有加。由于道光皇帝的原配福晋钮祜禄氏和皇后佟佳氏都很短命，已相继离世，六宫无主，道光皇帝这时正好将全贵妃先晋封为皇贵妃，第二年又册立她为皇后，真可谓母以子贵。

其次，奕詝是长子。皇四子奕詝比皇六子奕訢早出生一年零五个月。在道光皇帝的前面三个儿子因为种种原因都相继离开人世后，皇四子奕詝成了事实上的长子。身为兄长，这也许是道光皇帝最终选皇四子奕詝做继位人的第二条理由。因为，虽然满族皇室入主中原，并不像中原皇室那样过分看重嫡长制，但长期受中原文化的侵染，特别是道光皇帝受儒家正统思想影响很深，恐怕很难在立储时对封建嫡长制能够置之不理，不管不顾。

不过，话说回来，如果要立皇六子奕訢，当然也有很充足的理由。

因为，无论是论文才，还是论武功，皇六子奕訢都要明显优于皇四子奕詝，而且，从生理和面相上看，皇四子奕詝因为小时候到南苑打猎时曾从马上重重地摔下来，摔断了腿，从此成了跛子，走起路来一瘸一拐的，很不雅观，而且，因为小时得过天花，脸上还有明显的麻子，所以，又瘸又麻的皇四子奕詝怎么说都显得有些其貌不扬，缺乏人君之相。而与其形成鲜明对比的是，皇六子奕訢则要帅气威严得多，颇有帝王之相。

应该说，道光皇帝虽然平庸，而且或多或少还有些迂腐，但还没迂腐到不识贤愚好坏的程度。对于这俩儿子的优劣长短，虽然道光皇帝没有做出过公开的评论，起码正史上没有这方面的记载，但在实际上，从种种迹象看，他似乎也很清楚奕訢要比四阿哥奕詝聪明能干，在心里更看重奕訢，而且曾一度想立奕訢为太子。这些，正史上当然不会有所记载，就像对咸丰皇帝的生理缺陷，官家正史从不去涉及描述一样，但在许多非官方的野史中，却有许多有关这方面的传说。尽管，传说难免会有道听途说捕风捉影的成分，但有时也并不完全都是一些空穴来风，无稽之谈，所以，这里不妨姑妄听之。

据说，道光帝曾一度十分看重奕訢。清末士大夫李岳瑞在其所著的《春冰室野乘》一书中记载说：道光帝晚年时最为钟爱恭忠亲王奕訢，"欲以大业付之，金合缄名（书写建储朱谕）时，几书恭王名者数矣"。李岳瑞是光绪年间进士，曾一直在朝中供职，且参与过戊戌变法，想必他的这一说法并非子虚乌有、捕风捉影的主观臆说。

无独有偶，有一本晚清文人天嘏写的野史叫《清代外史》，其中竟也有类似的记载称，道光帝在位之时，对于诸位皇子，尤其"酷爱第六子奕䜣，谓其类己，欲以神器付之，于金匮缄名时，几书奕䜣名者数矣"。而清末民初徐珂编撰的《清稗类钞》中，对此事的记载则更为详尽，其中云：由于奕䜣"天姿颖异，宣宗极钟爱之，恩宠为皇子冠，几夺嫡者数"。意思是说，道光帝曾数次欲立奕䜣为皇太子，好几次都差点夺了嫡长子奕詝之位。甚至道光帝于即将崩逝弥留之时，不问皇太子奕詝情况如何，反而"命内侍宣六阿哥"。当奕詝闻讯赶至慎德堂之时，道光帝见到他时只是微叹，并无特别的嘱咐交代，而是于昏迷之中，犹问六阿哥到否。徐珂又记载说：道光帝"以恭王奕䜣最为成皇后所宠，尝预书其名，置殿阁内"，也就是说，道光帝确曾打算书写立奕䜣为皇太子的朱谕，准备将它放置于宫殿"正大光明"匾后。

显然，以上都是一些野史稗说，当然不能完全当真，但也从中透露了一个信息，就是道光帝确曾对奕䜣一度非常青睐，很有可能有过想将他立为皇太子的念头。

可是，道光皇帝为什么最终却选择了奕詝而没有选择奕䜣？对此，清代也有着许多的传说，其中，有一种传说认为，道光帝为了在奕詝与奕䜣兄弟俩之间选择一合适的储君，曾经暗中对他俩进行了一系列的自然观察和测试，而最为关键和重要的"考试"有两次，一次我们不妨名之曰"南苑校猎"，而另一次则姑且名之曰"皇宫问对"。

令后人感到万分遗憾的是，正是这两次特殊的"考试"，使唯一的"考官"道光皇帝一度难于取舍的天平自此开始向奕詝一方倾斜，由此不仅决定了奕詝与奕䜣兄弟俩的命运，也同样不可逆转地决定了大清末年整个国家和中华民族的悲剧性命运。

"师爷" 间的对决

说来，"师爷"或高参的作用真是不可小觑，我们看历史上有许多朝代，在接班人之争的台前幕后，总是活跃着一个个胸有韬略道行深厚的"高人"或曰"帝王师"，如当年曹丕与曹植争夺储君之位时其各自背后的"高人"吴质与杨修；李世民与其兄李建成争斗时各自倚重的"高参"房玄龄与魏征；对雍正夺嫡起重要作用的高参戴铎；

等等。而在奕詝与奕訢兄弟俩暗中进行的储位之争中，兄弟俩的背后同样也都有着各为其主的"高参"。

历史总是有着许多惊人的相似。回溯历史，我们会惊讶地发现，奕詝与奕訢兄弟俩之间的储位之争的故事与传说，与当年三国期间魏国的曹丕与曹植兄弟俩之争，有许多相似甚或雷同之处。只不过，一方的主角与配角由曹丕和吴质换成了奕詝和杜受田；而另一方的主角与配角则由曹植和杨修替换成了奕訢和卓秉恬。

杜受田（1788—1852 年），字芝农，清滨州旧城里人（今山东滨城镇南街），生于久有"书香官宦门第，进士多人之家"。其家"一门七进士""父子五翰林"，在当时属于当地赫赫有名的名门望族。

史书记载，清道光三年杜受田会试第一，殿试二甲第一，选庶吉士，授编修，后为山西学政。道光十五年特召进京，直上书房，从此成了四皇子奕詝的老师。

尽管还担任其他官职，但在上书房教授四皇子奕詝，杜受田显得格外认真，一门心思履行为师之职，教育奕詝"朝夕纳诲，必以正道"。他所传授的知识学说，"悉本唐虞三代圣圣相传之旨"，均以儒家思想为主体，摈弃一切可能扰乱正统观念的旁门左道。

不过，从实际情况来看，杜受田绝对不是那种只会读四书五经抱残守缺拘执迂腐的书生，理论归理论，但在实际教学过程中，他却教育四皇子要学以致用，活学活用。他所传授的帝王之道，很可能不仅仅只是中庸正统的儒家思想，十有八九掺杂了许多法家思想，如韩非子所提倡的"术""势"等，因而具有很强的实用性和针对性，能够启迪心智，开启智慧，使皇四子大受其益。

实事求是地说，在上书房执教，身为皇子们的老师，谁都一心指望自己所教的学生将来能够坐上龙椅，成为九五之尊。为达此目的，可以说，历朝历代，也不知有多少皇子的师傅与自己的学生结成了政治上的利益共同体，在皇子们的夺嫡斗争中深陷其中，或心甘情愿或无可奈何充当了幕后高参的角色。

很显然，杜受田就心甘情愿扮演了这样一个角色，而且，还相当成功。

然而，与杜受田比较起来，六阿哥奕訢的师傅卓秉恬则要相形见绌得多，两位师傅的内力与功夫确乎明显不在同一个档次。

据记载，卓秉恬是四川华阳人，嘉庆七年中进士，曾历任兵部、户部、吏部尚书，召还京师兼管奉天府尹事，道光二十四年拜文渊阁大学士、晋武英殿大学士。

其实，卓秉恬这人德才兼优，很有本事，学识方面没的说，十年寒窗，一举成名，没点学问根本就甭想中进士，而且，他的行政治理能力也很优秀，无论是任地方官还是京官都非常能干，很有政绩。但是，像历史上许多有才能的人一样，卓秉恬的优点其实也是他的短处就是往往过于清高，有丈夫豪气，平时处人处事正身直行，光明磊落，不耍政治手腕，搞阴谋诡计。而偏偏封建官场又恰恰是玩弄权谋的角斗场，上书房就更是处于封建政治旋涡的中心。

由此可以想见，以卓秉恬的性格和为人，在较量智谋或者说是"智斗"方面显而易见不是杜受田的对手，所以，受其影响，作为他的学生，六阿哥奕䜣在与四皇子奕詝的竞争中，也就无一例外地一次次处于下风。

据之后由小横香室人编著的《清朝野史大观·清人逸事》记载，身为四皇子奕詝之师的杜受田，绝对是个政治上的"有心人"，非常懂得权谋，似乎从道光帝让他担任四皇子奕詝师傅的第一天起，他就有了拥戴奕詝成就帝业的野心。因此，他平时在宫中可谓"眼观六路，耳听八方"，尤其十分注意窥探揣摩道光帝的心思。

史载，道光二十六年（1846 年）的春天，当西方列强把大清帝国同时也把道光皇帝当成个"大肉头"肆意凌辱横加敲诈，硬逼着大清帝国签订了一系列丧权辱国的不平等条约之后，满怀屈辱心情沉痛的道光皇帝踏上了祭祖之路。

想必正是在这种时候，道光皇帝想到了一直悬而未决的接班人问题，于是，在祭祖之后，他特意顺道来到皇家猎场南苑，在这里举行了一场具有特殊意义的"考试"。

清朝尚武，皇室每年都有围猎的传统。通常这也是皇帝对众皇子马上功夫骑射才干的最好检阅，因此，每一年的围猎都被天下看作各位皇子表演展示自己才干的绝好舞台，而各皇子也都心知肚明，心照不宣，把行围看作一次比武、一次打擂，优胜者得到的很可能将会是无价之宝，甚至有可能还是一顶金光闪闪的皇冠！

道光皇帝行猎南苑，诏令各皇子也一同前往骑射。按照当时皇室规矩，正在读书的皇子要奉命外出，临行前必须向师傅请假，以示对师傅的尊重。

动身前，奕詝先到上书房，把自己将随同道光帝前往南苑围猎之事，如实报告给师傅杜受田。杜受田对此显然早已深思熟虑，胸有成竹，他对自己的弟子说，此去南苑，非同寻常，四阿哥当郑重其事，不可大意。

奕詝听了发愣，不解其意，知道一向足智多谋的师傅话里有话，于是便恭恭敬敬地施礼道："弟子不才，还请师傅指教！"

于是，杜受田便走到奕詝近前，小声对奕詝面授机宜，叫他南苑校猎须如此如此，这般这般。那奕詝得了锦囊妙计，自然心领神会，便欣欣然地上路了。

南苑校猎，场面壮观。旌旗猎猎，千骑驰骋。从皇宫的高墙深院中暂时解放出来的众皇子，一个个精神抖擞，好不威风，好不兴奋。围猎那天，一个个都一身戎装，手持弓箭、猎枪，骑马站在各自整齐威风的骑兵方队前，耀武扬威，接受检阅。

随着道光皇帝一声令下，皇子们不甘示弱，一个个跃马扬鞭，奋勇向前，在父皇面前八仙过海，各显神通。

可是，令人纳闷的是，在这热闹但却充满竞争的场合，唯独奕詝与他的随从从始至终不发一矢一枪，不伤一禽一兽，与这千骑狩猎的气氛和场面显得颇有些格格不入。

围猎结束后，众皇子都有收获。六阿哥奕訢因为马上功夫出众，所获猎物最多，稳获第一，不免"顾盼自喜"。当他看到四阿哥奕詝一无所获，默坐一旁，随从都垂手侍立，神情凝重，心中很是疑惑，急忙上前询问其中缘故。奕詝一切遵照师傅杜受田临行前的嘱托行事，这时便微笑笑，只轻描淡写地回答奕訢说："没什么，只不过今天身体有些不适，不敢纵马逐猎罢了。"

落日时分，众皇子纷纷带着自己的"战利品"去向自己的父皇复命。奕訢的战利品最多，道光看后非常高兴。可是，看到其他皇子多少也都有所收获，只有奕詝两手空空，道光帝心中未免有些疑惑和不快，于是便沉下脸来责问奕詝何以如此？

因为有老师事先所授机宜，奕詝这时神色略显忧郁但却从容镇定地回答说："父皇曾经多次教导孩儿，要有仁爱之心。如今春光明媚，正值万物复苏滋生，各种鸟兽怀春生育之际，我实在不忍心去猎杀它们以干天和；而且，我也不想以弓马一日之长，在这种时候非要与各位仁弟争个你高我低！"

奕詝说的这一番事先由师傅杜受田教导的话非常厉害，不仅很自然地标榜彰显出自己非同寻常的仁爱与道义，而且，又极为巧妙地将这天大出风头的奕訢陷于不仁不义之中。如此一来，倒反显得奕訢喜欢争强好胜，不念手足之情。

道光帝听了深为感动，顿时转怒为喜，龙颜大悦，啧啧称赞奕詝说："其所思所为，真乃符合人君的标准啊！"于是，在继位人问题上一直摇摆不定的感情天平，不由暗自倾向了皇四子奕詝一边。

这一故事显然绝对不会是子虚乌有的凭空杜撰，而且，也许很有可能就是当时历史的实录，想必很少甚至没有任何虚构的成分，因为，除了野史笔记《清人逸事》对此做了如上所述详细而又生动的笔记，正史《清史稿·杜受田传》也作了大致相似的记载，说是：

> 至宣宗（道光帝）晚年，以文宗（指奕詝）长且贤，欲付大业，犹未决。会校猎南苑，诸皇子皆从。恭亲王奕訢获禽最多。文宗未发一矢。（道光帝）问之，对曰："时方春，鸟兽孳育，不忍伤生以干天和。宣宗大悦，曰："此真帝者之言！"立储遂密定，受田辅导之力也。

如果说，"第一次考试"时，皇四子奕詝依靠老谋深算、极具智慧的师傅杜受田的锦囊妙计"以愚示仁"，出人意料地取得了胜利的话。那么，在皇四子与皇六子一争高下的"第二次考试"中，又是这个杜受田，在给自己其实并不高明的学生出谋划策时，明显比皇六子的老师棋高一着，教自己的弟子"以愚示情"，结果，效果极佳，比赛中，皇四子奕詝又侥幸成了胜利的一方。

据野史笔记《清人逸事》记载：道光晚年体弱多病，因为自觉不久于人世，所以迫切想把立储之事定下来。于是，有一天，他便召见两位皇子，打算通过最后考察以决定把皇位传给谁。

此时，两位皇子都已懂事，都深知父皇此次召见的意义非同寻常，因而都不敢大意。于是在觐见之前两人自然都悄悄问计于自己的老师，讨教该如何应对。

那天，奕訢去找自己的老师讨教，卓秉恬告诉奕訢说："如果皇上问你治国安邦的大计，你就知无不言，言无不尽，只管尽情展示你的才能好了。因为，你有这个本事。"卓秉恬这样讲的意图实际上很明显，因为奕訢人很聪敏，反应也快，知识丰富，他完全可以凭借自己的才华压倒奕詝，赢得父皇的赏识与信任。

然而，杜受田在深入分析了两位皇子的实际情况后，却别出心裁，为皇四子量身定做、精心制订了一套独特的"面试"战略，他认为皇四子应该扬长避短，避实就虚，只有用自己的特长来使道光皇帝产生好感，才能以弱胜强，出奇制胜。

临行前，他对奕詝说："如果你的父皇问起国家政事，你在这方面的才识智慧是远远不能与皇六子相比的。要取胜，只有一个办法，那就是当皇上在谈及自己年老多病，可能不久于帝位时，你切记此时此刻什么也不用说，只要一个劲地跪在地上，痛哭流泪，显得悲痛万分的样子，以此表现出你对父皇的'孺慕真诚'就行了。"

于是，当躺在病榻上的道光帝召见时，奕䜣按照老师卓秉恬的吩咐，只管在自己的父皇道光皇帝面前口若悬河，滔滔不绝，发表自己对治国理政兴利除弊等方面的真知灼见，奇思妙想，而根本就没顾及到此时因病痛在身精力不济的道光皇帝是否有精力和心情去耐心听他的高谈阔论。

可是，奕詝在去面见自己的父皇时，却按着老师杜受田的话去做了，在道光帝的病榻前什么话也不说，除了对父皇嘘寒问暖，便只管一个劲地泪流不止，痛哭失声，整个一副孝子贤孙的模样。

据说，道光帝果然被奕詝的"孝心"和"真情"所打动，一时动了恻隐之心，认为奕詝这孩子实在是太仁孝了，当时就对身边的大臣说："皇四子如此仁义孝顺，应该可以担当重任。"于是便决定将皇位传给奕詝。

由此可见，关键时刻，又是师傅杜受田的锦囊妙计帮了奕詝的大忙！

所以，在某种意义上，与其说是皇四子奕詝蒙骗了道光皇帝，还不如说是他的师傅杜受田欺骗了道光皇帝。

后来的事实证明，能得到像杜受田这样的师傅，是皇四子奕詝的幸运，但却是整个大清帝国、整个中华民族的不幸！

可以想见，像杜受田这样精明的人，他其实内心里非常清楚自己的学生皇四子奕詝的德行和能耐，非常清楚皇四子奕詝其实与极具才干的皇六子奕䜣根本就不在一个重量级上！至于谁更适合当皇帝，他老兄其实一清二楚。

但是，为了一己之私利，他却处心积虑，设计骗局，硬是置国家利益和民族大业于不顾，不遗余力地帮助自己的学生奕詝一步步登上了皇位。

说来，这杜受田看似聪明，其实也真是糊涂透顶，当时，大清帝国内忧外患，危机四伏，国事已经到了不堪收拾的田地，已到了迫切需要期待和召唤能有一个救世明君出来"玉宇澄清万里埃"的时候，皇六子奕䜣虽不能说就是这样一个众望所归的"救世明君"，但相比较而言，却是当时大清帝国匡时救世的最佳人选，可是，仅仅只是为了个人日后的荣华富贵，杜受田便贤愚不分，毅然决然地做出了错误的选择。

所以，虽然杜受田是咸丰帝的功臣，但却是整个中华民族的千古罪人！

咸丰嗣位："错""错""错"

说来，大清帝国的皇帝，虽然也有"想当年金戈铁马，气吞万里如虎"的时代，但到了嘉庆、道光以后，已经完全可以说是麻布袋草布袋，一代不如一代。

咸丰帝奕詝虽然经过自己的老师杜受田的不断"包装"，依靠弄虚作假行为能够坐得上金銮殿的龙椅，但却坐不稳大清国的江山。

平心而论，在即位之初，咸丰帝也还多少有些雄心，很想发奋图强，有所作为，而且，当时的朝中也还有诸如曾国藩、李鸿章、胡林翼、左宗棠等一批精明能干的"治世之能臣"。如果是在承平年代，咸丰帝或许还是个挺不错的守成之君，可是，令人遗憾的是，他身处的是"千年未有之大变局"，面对的是"千年未有之强敌"，由于深感大清朝此时已是千疮百孔，积弊丛生，自己心有余而力不足，于是正如茅建海老师在其《苦命天子》一书中所说，慢慢地，"勤政的咸丰帝，此时愁肠百结，渐渐地倦怠于政务了……"。

说来真是屋漏偏逢连夜雨，就在洪秀全的太平天国农民起义、捻军起义折腾得咸丰皇帝焦头烂额之时，1856 年 10 月，以英国为首的帝国主义列强又趁火打劫，发动了第二次鸦片战争。咸丰十年（1860 年），英法联军攻陷天津。危难时刻，才智平庸、胆小如鼠的咸丰帝置社稷苍生于不顾，仓皇逃亡热河（今河北承德）行宫。最后，干脆破罐子破摔，在那里苟且偷安，纵情声色起来，至死也未敢再回京城。

史书记载，在热河期间，咸丰完全把国家大事晾在一边，在国家到了最危急的时刻，他却躲在热河行宫里寄情于声色，自我沉沦，放浪形骸。他有所谓汉女"四春"：牡丹春、海棠春、杏花春、陀罗春，成天与这些妖冶妩媚的妃嫔云雨游乐。此外，咸丰还眷爱着"天地一家春"，就是慈禧。

原来，慈禧见他整日与汉女"四春"厮混在一起，大为吃醋，于是就和咸丰吵闹不休。见一个爱一个的咸丰没办法，遂赠封慈禧为"天地一家春"，意思是说，天地之间，你是朕最大的春意！这下，工于心计、嗜权如命的慈禧才善罢甘休。

此外，有野史说咸丰还包养了一位民间寡妇。据《野史叟闻》记载：咸丰在逃难热河时看上了一位山西籍的漂亮寡妇曹氏。这位曹氏有一双小脚（满族妇女不缠足），在鞋上缀以明珠，所以走起路来，弱柳扶风，真可谓"纤纤作细步，精妙世无双"，故此，"咸丰帝召入宫中，最为眷爱"。

由此可见，这位大清皇帝咸丰已堕落沉沦到了何种程度！像这样一个皇帝，在国家最危亡的时刻，又怎能扶大厦之将倾，拯救斯民于水火？

可见，咸丰皇帝第一错是错坐上皇帝宝座，第二错是英法联军入侵时错逃离皇都北京，第三错是临终之前错定了顾命八大臣。"

可是，话说回来，千错万错，"错坐上皇帝宝座"绝对不是咸丰自己的错！

如果真要追究责任的话，如前所述，这中间第一当然要追究咸丰皇帝奕詝的师傅杜受田的错，而第二，则要追究道光皇帝用人失察、选人不当的错！

如果道光皇帝九泉有知，看到自己经过深思熟虑所选定的接班人奕詝无德无能，竟会是这样一副德行，而被自己最终弃之不用的皇六子奕訢历经四帝（道光、咸丰、同治、光绪）、一后（慈禧）掌权，虽政治上屡遭挫折，常遭压制，但每当关键时刻，却总能临危受命，扭转危机，半个世纪中，总能顺应历史，因时制宜，如重用汉臣（曾国藩等），兴办洋务，创办近代军事工业，开办铁路、电报、机器制造业，等等，由此开创了被史家称之为"同光中兴"的局面……恐怕，虽然治国无能但却有着高度政治责任感的道光皇帝一定会追悔莫及，感慨唏嘘！

不妨想象一下，如果当年杜受田不是皇四子奕詝的师傅，而是皇六子奕訢的师傅，如果当年道光皇帝在犹豫了很长时间后，最终"立嫡以贤"，让富有聪明才智的皇六子奕訢即位，那么，以奕訢的能耐，在处理一些重大问题时怎么着也会比咸丰或慈禧好得多。而如果历史真的是这样一种情形的话，可以肯定地说，19世纪的中国历史一定会是另一种情景，另一种结局！最起码，会少一些屈辱，少一些灾难。

是的，道光选错接班人。否则，中国近代史特别是晚清的历史中有很大一部分就会因此重新改写，而我们的民族很有可能也不会惨遭那么多的屈辱与劫难。

但历史就是历史，它留给后人的实在有太多的遗憾！

第六章
鸦片，打败中国

鸦片原名阿芙蓉，又称阿片，俗称大烟，是从一种名叫罂粟的植物果实中提取的麻醉品。说来，真是往事不堪回首，早在一百多年前，从某种意义上说，近代中国就正是被这种名叫鸦片的进口毒品给打败的。所以，虽然历史已经发展到现在，往昔的一切早已尘埃落定，可是每当说到鸦片，相信许许多多中国人的心里还是会感慨唏嘘，很不好受，有一种难以言喻且非常沉痛的感觉。

回眸鸦片的历史

相传，用来制鸦片的罂粟最早产于公元前 15 世纪的古埃及。当年，古埃及人曾把它当作治疗婴儿夜哭症的灵药。但也有人说它最早产于南欧及小亚细亚地区，大约在公元前 5 世纪，也就是早在我国春秋战国时期，古希腊人就发现它有安神、安眠、镇痛、止泻、止咳、忘忧的功效，于是将罂粟的花或果榨汁入药，并把它称为"阿扁"（译音）。如在古希腊和罗马的书籍中就出现了有关对鸦片的详细描述。当年，古希腊大诗人荷马称它为"忘忧草"，而古罗马大诗人维吉尔则称它为"催眠药"。到了6 世纪初，阿拉伯人把罂粟传到了波斯，波斯人变"扁"音为"片"，称其为"阿片"。

那么，罂粟和鸦片究竟是在什么时候传入我国的？有人认为，早在公元前 139 年也就是汉武帝时代张骞出使西域时，鸦片就传到了中国。三国时名医华佗已开始使用大麻和鸦片作为麻醉剂。但一般认为，在 7、8 世纪，也就是在我国唐朝的时候，随着阿拉伯帝国的对外扩张，阿拉伯医生、学者与商人一起，追随着他们的军队的足迹将鸦片贸易不断拓展到了马格里布、西班牙、印度以及中国。也就是说，在唐朝初年，鸦片才从中东经由印度传入我国。在当时，这种阿拉伯鸦片被称为"阿芙蓉"。相传，当年，阿拉伯人在征服欧、亚、非三大洲的过程中，用大麻叶制成兴奋剂供给军队，以增强战斗力。

唐乾封二年（667年），东罗马帝国遣使向唐朝廷献"底野迦"，说它是一种"善除万病"的复方制剂，而其主要成分就是鸦片。当时，中国人把"阿"音发成了"鸦"音，将"阿片"发音成了"鸦片"。从此，"鸦片"一词便在中国逐渐传开了。

虽然在那时，人们就知道了罂粟的药用价值，但由于它是一年生或两年生的草本植物，开出的花特别美丽，所以，罂粟最初在中国多半是作为观赏植物的。据考证，李白的《妾薄命》诗中"昔日芙蓉花，今作断根草"中的"芙蓉花"即指罂粟花。再如唐郭震诗："闻花空道胜于草，结实何曾济得民？"以及宋杨万里咏罂粟诗："东君羽卫无供给，控借春风十日粮。"这些诗句也都是描写罂粟花的。

历史上，尽管鸦片早就传入了我国，但有很长一段时间，人们都对它的使用非常谨慎，几乎一直都将它严格限定在药用方面。而且，即便是这样，那些悬壶济世的郎中还是一再告诫人们千万不要乱用它，以免受到危害。如宋代杨士瀛《仁斋直指方》云："粟壳治痢，人皆薄之"。元代朱震享《金匮钩玄》也指出"鸦片其止病之功虽急，杀人如剑，宜深戒之"。明代医家龚廷贤所著《药性歌括四百味》更是总结为"粟壳性涩，泄痢祛嗽，劫病如神，杀人如剑"，意指其虽然药效很强，但毒性也很大，弄不好就会像剑一样把人杀死，告诫世人对它千万要注意防范。

所以，打一个不一定恰当的比方，如果把鸦片比喻成一条狼狗的话，那么，在唐宋元以致到明朝中期，这条狼狗都一直是被拴在铁链上为人们看家护院，而从来没有或者说很少出现过"疯狗咬人"的事件。

可是，到了明朝中后期，鸦片的副作用便渐渐显现了出来。由于人们疏于对它的管控，"这条疯狗"便渐渐逞凶肆虐，开始出现了"疯狗咬人"的现象，而且，其所咬的还不是一般的穷人，而是地位非常显赫的达官贵人乃至身为九五之尊的皇帝。如明朝的万历皇帝朱翊钧相传就是这样的一个鸦片吸食者，用坊间百姓的话说就是一个地地道道的"鸦片鬼"。

对于万历皇帝究竟是否吸食鸦片成瘾？史学界以前一直存有争议。但到了1958年，定陵被挖掘后，考古学家对万历皇帝的尸体进行化验，结果发现他的骨头中含有吗啡成分，由此得出结论，万历皇帝生前确实长期服用过鸦片。

然而，也有专家考证指出，万历皇帝虽然生前没少服用鸦片，但由于那时的中国人尚未发明出吞云吐雾式的吸食鸦片的方法，所以当时万历的吸毒方式只能是和着其他药物一起吞食，而并不是像后来清朝时那样抽大烟，因而严格说来他还不能算是一位真正的"瘾君子"。

不过，诚所谓"楚王好细腰，宫中多饿死"，显然，皇帝的"榜样力量"对于他治下的百官乃至天下的百姓，无疑具有巨大的示范作用。由于堂堂的大明朝万历皇帝整天躲在深宫里以吞食鸦片为乐，树立了一个极坏的"榜样"，因而"上有所好，下必甚焉"，渐渐，朝野内外，便有越来越多的人开始效仿起他来，以致服食鸦片逐渐成为一种雅好与时尚。

但尽管这样，应该说，那时服用鸦片的人还是少数。究其原因，乃是因为当时鸦片还属于进口商品，价格昂贵，绝对算是奢侈品，一般人根本消费不起，故而吸食者人数极为有限。也正因此，所以这时鸦片的社会危害性还不算大，还没成为当时中国社会的一大公害。

可是，到了17世纪上半叶，特别是在明清易代之后，情况就不同了，由于其时东南亚热带地区的苏门答腊人首先发明了服食熟鸦片的方法，特别是罂粟的栽培技术开始传入中国，于是乎，中国东南沿海的一些地区，尤其是厦门、台湾等海外贸易较发达的地区，渐渐便也开始流行使用吸食法享用鸦片了。到了乾隆年间，即18世纪中后期，中国已开始流行起了用竹管（即烟枪）吸食鸦片，即用鸦片拌和烟丝，搓成丸粒，放在烟枪上就火吸食。

这种时候，鸦片作为药品的性质便渐渐弱化了，而其作为毒品的特性却愈发凸显了出来。在当时，吸食鸦片不仅被当作一种时尚，而且鸦片也已成为日常生活和人际交往中不可缺少的东西，以致一些地方"以大烟款待客人已成牢不可破之习惯"。

在今天看来，吸食鸦片之所以在当时泛滥成灾，成为一种社会风气，究其原因，乃是由于当时鸦片是一种价格不菲的奢侈品，吸食鸦片"高端大气上档次"，俨然成为上流社会的一种时尚，成为一种有身份有地位的象征，故而当时皇帝、亲王、贝勒、皇后、公主、太监、高级官僚以及一些文人学士都孜孜不倦地吸食鸦片，并以此为荣。

的确，当代有学者说得好，在明末清初，鸦片一直是宫中御用品，连皇帝都用它，因此是高贵的象征；它极其昂贵，远渡重洋而来，因此是财富的象征；吸食它需要充足的闲暇功夫，只有那些不为生计奔忙的人，才能优哉游哉地躺下来吸食，因此是悠闲的高品质生活的象征。有清一代，高级官僚和文人爱好包养戏子和高级妓女，在她们的服侍下一起吞云吐雾，更是风流的象征。因此，吸食鸦片一度成为清朝上流社会乐此不疲的"雅事"。

由于吸食鸦片一度成为整个上流社会的一种时髦，于是，受其影响，民间便也渐渐开始仿效起来，有意无意地也把吸食鸦片作为一种有钱有地位的象征。甚至媒人说媒也竟然以日吸几钱烟膏为衡量家财的标准，遇红白喜事，又以排出多少张烟榻为场面大小。就这样，上流社会对毒品的追求，对下层社会产生了如此强烈的示范效应和导向作用，以致在当时形成了一种麻木、奢靡的社会风气，如贵州不少地区"几乎家置烟灯，以为日常生活及供应酬客之必需品"。

在明末清初之时，偌大的中国对于鸦片的危害基本处于一种"集体无意识"的愚昧境地当中。在当时，即便是那些原本应该最有头脑最有思想的文人士大夫都对鸦片的危害浑然不觉，更遑论社会上那些一般民众在这方面的麻木与无知。

可是，随着吸食鸦片的人群越来越多，鸦片提炼的纯度越来越高，鸦片对于人体以及整个社会的危害便日渐暴露出来，如清代的俞蛟在其《梦厂杂著》一书中就生动而又逼真地记录了当时一些鸦片吸食者吸毒上瘾后的痛苦：

> 瘾至，其人涕泪交横，手足委顿不能举，即白刃加于前，豺虎逼于后，亦唯俯首受死，不能稍为运动也。故久食鸦片者，肩耸项缩，颜色枯羸，奄奄若病夫初起。

吸鸦片吸到最后就是这样一种情形，把人弄得人不人鬼不鬼的。由此可以想见，鸦片对人的毒害是多么大！

也许正是逐渐意识到鸦片烟这东西最能淫荡人心，伤风败俗，祸国殃民，害莫大焉。于是，雍正七年（1729 年），在一些地方官员的呼吁下，雍正皇帝下令禁止鸦片贸易。禁令规定：贩鸦片烟者，枷号一月，近边充军；私开鸦片烟馆者，拟绞监候；失察之官吏交吏部严加责处。

睽诸历史，这不仅是中国第一次禁毒，也是整个世界所颁布的"第一禁毒令"。

但是，不难看出，雍正的禁令明显有两个缺陷或漏洞，即：第一，他没有正本清源，没有实行源头治理，而是仍允许鸦片进口纳税；第二，吸食者不见入罪，所以，在实际执行过程中，禁烟令便形同虚设，无异于一纸空文。

也正因此，在雍正以及乾隆时期，贩卖和吸食鸦片非但没有减少，反而有愈演愈烈之势。至于到了嘉庆即位的时候，鸦片的危害更是到了触目惊心的程度。嘉庆四年（1799 年），两广总督觉罗吉庆向皇帝上疏，无限沉痛地说："鸦片这东西，其实是洋人地里的泥，却拿来换中国的银子，太可恨了。而且老百姓吸了鸦片，就成了病人，连工作都找不着，从今以后，请皇帝就不准鸦片进口了吧！"

显而，也正是在这样一种情势下，在看了两广总督觉罗吉庆的奏折后，嘉庆皇帝在嘉庆四年实际上也就是在他"亲政"的第一年便颁布了他当皇帝后的第一道禁鸦片令，明确规定停止征收鸦片税，严禁鸦片进口；宣布严禁内地种植罂粟；内外管制，切断鸦片源头；在流通环节，打击鸦片的贩运、销售者。同时，嘉庆谕示两广总督觉罗吉庆："唯当严密稽查杜绝，毋容透漏"，并责令驻军介入地方禁烟，军政合力堵塞贩售鸦片的流通。

此后，为了坚决执行"外禁"政策，嘉庆二十年（1815 年），嘉庆皇帝又一次向天下颁布了《查禁鸦片烟条规》，对贩售罪、走私罪、失察罪、诬告罪等刑责均作了具体规定，并增加举报、禁毒有功的奖励条规。由此可见，嘉庆皇帝对于查禁鸦片的决心与力度是多么大。如果说，当初雍正的禁鸦片令还很不完善的话，那么，嘉庆皇帝先后两次颁行的禁鸦片令则已经非常详尽，非常完善。

纵观嘉庆禁鸦片令，应该说它的一个最大特点就是：对吸食者罪罚重于劝诫，量刑与贩售者相当；官民同罪同惩，惩官重于惩民。倘若用亚里士多德的话说，作为一部"法律"，它完全可以称得上是一部"良法"。

在一般人看来，在封建时代，皇帝说话从来都是一言九鼎，既然雍正和嘉庆这两任大清皇帝都下谕旨严令禁止进口、销售鸦片和种植罂粟，按理说，即便不能在全国完全做到令行禁止，弊绝风清，但最起码，贩卖、吸食鸦片之风从此也会大为收敛，大为减弱。

可是，说来清朝的很多事情就是这么奇怪，令人匪夷所思，那么专制的一个封建王朝，那么强势的两位皇帝，到头来，前后几次下达的禁鸦片令竟然都成了一纸空文。禁鸦片的结果非但没有把鸦片给禁住，却反而使进口、销售以及吸食鸦片变得更为猖獗更为泛滥，以致到了道光时代，最终不可避免地酿成了一场危及大清帝国政权的鸦片战争。

这，不能不说是清朝的一大"怪现状"。

"生不逢时"的道光皇帝

从某种意义上说，清宣宗爱新觉罗·旻宁也即道光皇帝真的是有些生不逢时，运气不佳。如果把他和他的爷爷乾隆皇帝"对调"一下，相互"穿越"一下，也许，一生勤勉自励的道光皇帝在其任上做的不一定比他的祖父乾隆差，而以乾隆那种风流倜傥公子哥儿似的性格也不一定就会比他的孙子道光做得更好，甚至还会更差。

诚如我们所知道的，道光这个人虽然没有什么大智慧、大出息，身为皇帝，应该说其能力与魄力都很不够，但是，他一生却谨小慎微，兢兢业业。所以，倘若是在太平年间，没准他也会成为历史上第二个为人称道的汉文帝那样风风光光，流芳百世。退一万步说，即使成不了"汉文帝第二"，做个合格的守成皇帝估计也不是什么问题。

可是，就因为道光在位的时期正是大清帝国的多事之秋，内忧外患纷至沓来，而他又偏偏缺少统揽全局、驾驭和应对各种复杂局面的能力，如此一来，他自然也就在劫难逃，无可避免地要成为一个"倒霉皇帝"、一个"卖国皇帝"，并被永远绑在中华民族的历史耻辱柱上。

说来，历史有时真的是有许多运气的成分。从史书上看，以英国为首的鸦片贩子大肆向中国倾销、贩卖鸦片最疯狂、最猖獗的时代大致是在18世纪末与19世纪上半叶，而这个时期正好是清朝的嘉庆与道光时代。所以，生逢其时，这样的"历史的坏运气"就正好被嘉庆和道光两位父子皇帝不幸给碰上了。

有这样一组数据足以说明当年英国人的鸦片贸易是多么疯狂。据史料记载，清朝前期，鸦片每年的输入量不到200箱；到了1821年，也即清仁宗嘉庆二十五年，鸦片年输入量已达5959箱；12年后的1833年（道光十三年），输入量竟飙升到了20486箱；而在鸦片战争前的几年，每年输入的鸦片已达40000箱左右。

这，实在是一些令人触目惊心的数字！

试问，罪恶的鸦片贸易为什么会在当时的中国如此泛滥和猖獗？要回答这一问题，必须从世界史的角度先了解一下当时那特殊的时代背景。

记得马克思曾说过这样一句名言："资本来到世间，从头到脚，每个毛孔都滴着血和肮脏的东西。"纵观英国资本主义发生发展的过程，也真的就是这样。如 14 和 15 世纪，在它的孕育与起始阶段，就是通过"圈地运动"把农民从土地上赶走，强占农民土地及公有地，剥夺农民的土地使用权和所有权来进行罪恶的原始积累的。而到了 18 世纪以及 19 世纪初，在完成了工业革命之后，迅速崛起的西方资本主义国家又都纷纷成了"海盗国家"，争先恐后地向外扩张，对外掠夺，不仅疯狂地倾销自己过剩的商品，而且，还大肆侵略和扩张，不断在海外建立自己的殖民地。用胡绳先生在其《从鸦片战争到五四运动》一书之绪论中的话说就是："他们手里拿着基督教的圣经，他们的行为是海盗。"

对此，马克思在其《资本论》中也一针见血地指出："关于基督教殖民制度，有一位把基督教当作专业来研究的人，威·豪伊特曾这样说过：'所谓的基督教人种在世界各地对他们所能奴役的一切民族所采取的野蛮和残酷的镇压，是世界历史上任何时期，任何野蛮愚昧和残暴无耻的人种都无法比拟的。'"

平心而论，尽管在 16 和 17 世纪，西方资本主义拼命向外扩张，葡萄牙人、西班牙人、荷兰人、英国人、法国人不断把罪恶的黑手伸向美洲印第安人，伸向印度人、印度尼西亚人、菲律宾人，肆意用欺诈、掠夺、奴役等手段来对待他们所遇到的当地居民，把这些人当作奴隶乃至牲口一样贩卖与奴役，把他们世代居住的土地占为己有，甚至采取种族灭绝政策使整个部落、整个民族灭绝，应该说，在当时，也许是一时半刻还没有摸清大清帝国的底细，误以为这个"天朝上国"十分强大，所以，有很长一段时间，这些西方列强对待中国还算比较"客气"，对其一直"高看一眼"，不敢轻举妄动。

也正因此，1792 年，当时的英国还恭而敬之地派出了一个以马戛尔尼为团长的庞大代表团前来大清帝国访问，想通过外交谈判的"文明的方式"而不是靠那种"殖民侵略的方式"与清朝商谈双边贸易，想让大清帝国开放通商口岸。

但没想到马戛尔尼却在这次的访问中结结实实碰了一个硬钉子。这让马戛尔尼这位傲慢的英国人感到了一种从未有过的羞辱。

不过，在今天看来，当时的中国还是一个小农业与家庭手工业相结合的自然经济占主要成分的封建社会，中国人日常所需的生活资料，完全能够自给自足。即使是经过鸦片战争，在 19 世纪末，中国仍然可以不依赖外国商品。

于是，从 18 世纪到 19 世纪初，由于中国茶、瓷器、丝和其他产品输出的增加，在中外贸易方面，中国一直存在巨大的贸易顺差，使得当时英国的白银就像长了翅膀一样不断向中国飞来。如 1793 年，东印度公司为扩大英国工业品在中国的销售量，付出了 92 万元的活动费以后，英国工业品卖出的总值还没有达到 400 万元。可是，据统计，整个 18 世纪的 100 年中，英国因购买中国产品而输入中国的现银竟达到了 2 亿零 890 万元。

既然靠正当贸易打不开中国巨大的市场，赚不到中国人的钱，那么，怎样才能和中国人做生意赚到中国人的钱呢？经过一番深入细致的研究和观察，那些精明的英国生意人发现，那些非常爱面子的中国人有一个普遍的也是最大的特点就是好赌博，再就是喜欢抽大烟。在把中国的国情研究得很透以后，英国人便开始采取对策，干脆正的不行来邪的了。

显然，正是在这样一种形势下，为了打破长时期的贸易逆差，防止英国的白银大量流入中国，在正当的贸易无法达此目的的情况下，那些海盗般的英国商人便渐渐开始了罪恶的鸦片贸易，不断把黑手伸向中国，不择手段地向中国倾销鸦片，由此开始了利用鸦片侵略、毒害中国人民的历史。

如此一来，大量的中国白银便又像长了翅膀一样不断向英国飞去。大量的白银外流，从根本上改变了自 16 世纪以来中国外贸出超、白银入超的局面。据考证，在 19 世纪的最初 10 年，中国的国际收支结算大约盈余 2600 万元。从 1828 年到 1836 年，从中国流出了 3800 万元，使国际收支逆转的正是鸦片烟。

由此可见，19 世纪初，由于大量的鸦片像洪水般流入中国，由此导致中国白银大量外流，开始出超，并影响到国内银钱比价，给社会经济生活带来了灾难性后果。

有道是：物必自腐而后虫生。当今天，我们仔细检视大清帝国那一段极为悲惨且又极为悲哀的历史，就会发现，当年英国的鸦片之所以会像蝗虫一般铺天盖地朝中国袭来，酿成巨大的灾难，一方面固然是由于那些海盗般的英国商人丧尽天良，利用欺骗的手段故意将害人的鸦片说成是令人延年益寿龙精虎猛的"福寿膏"，从而使许多大清子民上当受骗，深受其害使然。但在另一方面，也应该说是由清朝官场贪污腐败造成的。

其中，最主要的有这样两个方面的原因。

首先是鸦片烟在中国有巨大的消费市场，或者，换句话说，在中国，吸食或潜在吸食鸦片的人太多了。据考证，道光年间，中国吸食鸦片的人数大约有 400 万以上，光是 80 万清军中就大约有 20 万之众的"鸦片鬼"。如此众多的鸦片烟民，如此丰厚的鸦片利润，也难怪那些英国的鸦片烟贩们会垂涎欲滴，两眼放光，乐此不疲乃至不惜铤而走险不断向中国大量倾销鸦片，以致在嘉庆与道光年间形成了一个倾销鸦片的狂潮与高峰。

其次，更为主要的原因无疑还是清朝内部各级官吏的贪渎腐败所致。

在民间，有一句谚语叫作不怕老鼠多，就怕猫不逮老鼠。而在当年嘉庆、道光年间，之所以会出现鸦片屡禁不止的现象，究其原因，应该说关键还是"猫不逮鼠"，不仅不逮鼠，而且猫和鼠多半还同流合污，沆瀣一气，或者干脆就是同案犯。如据魏源记载：当时广东水师的缉毒巡船，竟然收鸦片烟贩的"保护费"，每月公然受规银三万六千两，然后把走私商人放入。水师副将韩肇庆，其职责就是专管鸦片缉私，可是为了收取巨额的"保护费"，他不仅不去"缉私"，反而暗中专门护送走私，鸦片由水师包办运输。更可恨的是，韩肇庆居然从每万箱里抽出数百箱，作为截查的战利品拿去报功，由此韩肇庆还得以保擢总兵，赏戴孔雀翎，风光无限。见此情景，福建水师和浙江官军自然也不甘落后，竞相效仿。甚至连后来成为禁烟英雄、与林则徐一道查禁鸦片的邓廷桢也一度深陷其中，中饱私囊，故而当时广东有歌谣讽刺他道："邓公仗钺东海滨，实行聚敛肥私门。"

由此可见在鸦片问题上，当时大清官员是怎样的贪污腐败，包庇纵容。

就这样，鸦片不是越查越少，而是越查越多。对此，嘉庆皇帝显然也有心无力，徒叹奈何。但是，从某种意义上说，嘉庆皇帝还算"幸运"，竟在 1820 年那年在出外巡狩时暴崩，民间传说被雷给击死了，好歹总算得到了解脱，从此完全可以"天下万事不关心"了。

如此一来，早已风雨飘摇、百孔千疮的大清帝国这副烂摊子便不幸由他的二儿子爱新觉罗·绵宁也即道光皇帝给接了过来。

当时，整个大清帝国已经烂得不能再烂了，面对那么多的贪官、滑吏、奸商、兵痞，此外还有那么多的刁民，以及那么多人不人鬼不鬼的"鸦片烟鬼"，再加上那么多的外国海盗、不法奸商虎视眈眈，兴风作浪，试想，这样的皇帝还怎么当？这样的大清国又该怎么去治？

在道光皇帝所撰的《养正书屋全集》中有这样一篇文章，名叫《赐香雪梨恭记》，该文很有明清闲雅小品的味道，写得文字洗练，清新活泼。其文中有云："新韶多暇，独坐小斋，复值新雪初晴，园林风日佳丽，日唯研朱读史，外无所事，倦则命仆炊烟管吸之再三，顿觉心神清朗，耳目怡然。昔人谓之酒有全德，我今称烟曰'如意'嘻！"寥寥百字，竟然寓情于景，情景交融，把自己闲暇读书的情形栩栩如生地描摹勾勒了出来，于此可见道光皇帝的文章的确颇有几分功力。

但也正是这篇小品，让一些学者抓到了"把柄"，据此认为道光皇帝在即位之前曾经吸食过鸦片，因为在文中道光说他"倦则命仆炊烟管吸之再三，顿觉心神清朗，耳目怡然"，且由此由衷地"称烟曰'如意'"。

如果真是这样的话，那么，反而能说明道光这个人真的是有非同寻常的毅力，因为在当了皇帝以后，他不仅居然戒掉了年轻时的烟瘾，而且还严令禁止鸦片，这真的不是一般人能够做到的。

当然，也有人对此提出异议，认为该文中道光所说的"炊烟管吸之再三"所吸的烟很可能不是鸦片，而是一种普通的烟叶。

可是，不管怎么说，道光即位以后，为了大清帝国的长治久安，还是很快便举起了禁烟的大纛，和他的父亲嘉庆一样，不断采取措施严禁鸦片。说句公道话，即便是在第一次鸦片战争之后，在鸦片问题上，他也只是"不敢禁"，而绝对不是"不想禁"。

的确，自继位之日起，道光就陆续发布了一系列查禁鸦片进口及银两出口的谕旨，主张严禁鸦片。如道光元年（1821 年），根据两广总督阮元的奏请，决定摘除循隐夹带鸦片之洋商伍敦元所得顶戴。道光二年（1822 年），命令广东并各省督抚，严行查禁银两出口，不准有偷漏情弊，如有放纵之官员，"即行参革治罪"。道光三年（1823年），命吏、兵二部酌定失察鸦片烟条例。到了道光九年（1829 年），又命两广总督李鸿宾等妥议截禁鸦片来源及严禁洋钱流通章程。

说到两广总督李鸿宾，这里不妨多说两句。历史上，这位嘉庆六年的进士的确很有些才干，当年在执掌广西道监察御史时，他因成功破案并迅速拿获东字门命案凶犯，受到朝廷嘉奖。后来他又在治理微山湖等水患时表现出了杰出的治水才能，受到嘉庆嘉奖，以致道光即位后先后重用他为湖广总督、两广总督。

可是，要说李鸿宾这人虽然很有能力，但此人的缺点就是贪财。如道光六年五月，他被调任两广总督。当时广州十三洋行允与外国商船贸易，获利甚厚，英领事频地"欲以洋厮容阿华充商，诸商不允，乃贿鸿宾得之"，也就是通过贿赂李鸿宾办成了事情。

就因为李鸿宾接受了英领事频地的贿赂，以致鸦片走私日增，屡禁不止，贻患海疆。同时，这些外商以为大清的官员都不过是一些"狗"，虽然对人狂吠，但只要给他些好处，他便立马对你摇尾乞怜。对这样的"狗"，他们在内心里当然看不起。

由于李鸿宾受了洋人的贿，结果，他手下的那些原本乃是为了专抓鸦片走私的水师缉私船，很快便"执法犯法"，变成了帮助和保护鸦片走私船的"保护船"，条件自然是按比例收取一定的"保护费"。而只要收取到了"保护费"，便一切放行。

当时，因为有了李鸿宾这把"保护伞"，英国的鸦片贩子当然会为所欲为，有恃无恐，贩卖走私鸦片变得更加猖獗了。

说来，像历史上的许多贪污犯一样，李鸿宾显然也是一个很会演戏的两面派高手，虽然在暗地里大肆收受英领事的巨额贿赂，但是，在表面上，在口头上，对于查禁鸦片他却显得比谁都积极，"屡疏陈查禁之法及禁种罂粟"，也就是经常给皇帝写信，情绪激昂地呼吁对鸦片严格查禁，对贩卖走私鸦片狠狠打击。看了李鸿宾的这些奏折，被蒙在鼓里的道光皇帝信以为真，因而大为称赏，认为他是"禁烟英雄"，于是便提拔李鸿宾为协办大学士，但仍留总督任。

但是，正所谓纸包不住火。道光十二年，因李鸿宾所率领的军队中军士多吸食鸦片而丧失战斗力，因而在镇压瑶民起义时几乎全军覆没，于是，钦差大臣禧恩等奏言"粤兵多食鸦片，不耐山险，鸿宾陈奏不实"等罪责，将其告发。

李鸿宾原形毕露后，道光皇帝大为愤怒，立即将其拔除顶戴花翎，褫职逮治，并于第二年秋将他流放到乌鲁木齐。

这应该说是道光皇帝即位后因鸦片问题所惩治的第一位封疆大吏。

为了"将禁烟进行到底"，道光十三年（1833 年），道光帝命令各省督抚严防外国船只侵入内地洋面，此后又不断下令命内阁通谕各省严禁兵弁吸食鸦片；通饬禁烟禁纹银出洋；命闽浙总督程祖洛等妥善斟酌肃清洋面私贩鸦片之策；命两广总督卢坤严查私贩鸦片船只不使行销及越驶他省，等等。

所以，有学者说道光皇帝在查禁鸦片一事上犹犹豫豫，举棋不定，这样的评价虽然从总体上说是对的，但在一开始，暌诸历史，平心而论，应该说道光的禁烟态度还是坚定的。

对此，就连远在德国的马克思也给予了充分肯定。对于当时的鸦片问题，马克思显然做过深入的调查与研究，他指出，英国"在1820年，偷运来华的鸦片，达五千一百四十七箱，1821年七千箱，1824年一万二千六百三十九箱。在这个时候，中国政府除向外国商人发出严厉的抗议书外，同时还惩办了本国吸鸦片的人，在本国海关上施行了更严厉的办法"。（《马克思论鸦片贸易》，载《鸦片战争》第一册，第5页。）

诚哉斯言！

然而，在查禁鸦片一事上，尽管道光皇帝可以说是三令五申，不遗余力，但从实际看，其执行效果却很不理想，或者干脆说就是非常糟糕。以致到最后，终于矛盾激化，导致中英之间爆发了一场战争。而战争的结果，则毫无疑问也毫无悬念，乃是洋枪打败了"烟枪"。

这，当然不能说只是道光皇帝一个人的悲哀，而应该说乃是整个大清帝国的悲哀。

林则徐的悲剧

想来也真是"时势造英雄"，如果没有1840年之前那一段特殊的"时势"，想必林则徐绝对不会从当时的大清官场中脱颖而出，并最终成为一位彪炳史册的民族英雄。

可是，"时势"能造出林则徐，应该说既是林则徐的幸运，同时也是他的不幸。幸运的是他能够因此而成为一个流芳百世的民族英雄，而这样的"幸运与机遇"可谓千载难逢，并不是什么人都能够侥幸得到的。但不幸的是，所谓"成也时势，毁也时势"，像历史上许多英雄人物一样，他却因此扮演了一个时代悲剧的角色。

林则徐是福建莆田人，他的父亲是一位私塾先生，因为收入微薄，所以，林则徐的母亲只好经常剪纸去卖，以此补贴家用。

有道是穷人家的孩子早当家。由于在这样的家庭长大，林则徐从小就刻苦好学而又勤俭懂事。嘉庆十六年（1811年），时年26岁的他考中进士，授庶吉士，自嘉庆二十五年起，先后外任浙江杭嘉湖道、盐运使、江苏按察使、江宁布政使。为官后，他一心想做一个匡时济世为民造福的正直官吏。平时在为官之余，林则徐几乎很少应酬，更不去与那些只想着升官发财的同僚在一起蝇营狗苟，同流合污，而是一直"文学而潜修""益究心经世学，虽居清秘、于六曹事例因革。用人行政之得失，综核无遗"。

长期"修炼"的结果自然使他很具有真才实学，几乎无论在何任上都堪称能臣，颇有政绩。因此，史学界称他为近代中国的"第一人臣"。

但是，在中国的历史上，大凡有才能而又为人正直的人多半在仕途上都不会走得很顺。林则徐无疑也是这样。

据说，初入官场时，由于自觉自己性情过于急躁，说话有时太直，为此得罪了不少人，他便请人书写了"制怒"二字悬挂在自家中堂以自警。但即便这样，诚所谓"江山易改，禀性难移"，林则徐还是感到在官场难以应付，为此，他曾在自己的诗中无可奈何地感叹说"支左还绌右""三叹作吏难"！

是啊，做人难，做官更难，而要在"潜规则"盛行的中国封建官场做一个左右逢源八面玲珑的官员就更是难上加难。甭说是像林则徐这样一个"官场书生"，即便是那些深谙厚黑学之道的"官场达人"要想做到游刃有余显然也绝非易事。

不过，平心而论，在早期，林则徐还是幸运的，因为，他遇到了一个还算能够任人唯贤且非常赏识他的皇帝道光。由于他在署浙江盐运使时，整顿盐政，很有绩效，受到道光皇帝的青睐与宠信，因而很快便在仕途上青云直上。道光三年（1823年）正月，他被提任江苏按察使。在此任上，他积极整顿吏治，清理积案，平反冤狱，并把鸦片毒害视为社会弊端加以严禁。

有一天，林则徐给道光皇帝上了一封《钱票无甚关碍宜重禁吃烟以杜弊源片》奏折，在奏折中振聋发聩地指出：如果不严禁鸦片，"是使数十年后，中原几无可以御敌之兵，且无可以充饷之银"。在看了这封奏折之后，原本一直徘徊于严禁和弛禁之间的道光帝大为震动，由此才转而采取严禁鸦片这一立场的。

但在事实上，最早向道光皇帝上书揭露鸦片祸害并强烈要求严禁鸦片的其实并不是林则徐，而是鸿胪寺卿黄爵滋。

黄爵滋是清代著名政治家、思想家、文学家，是积极倡导禁烟的先驱者之一，与林则徐、邓廷桢等均为道光年间禁烟名臣。自道光十一年（1831年）始，他就陆续向皇帝上《纹银洋银并禁出洋疏》《综核名实疏》《六事疏》，多次提出禁银出海、严禁鸦片的主张。道光十八年（1838年）四月，时为鸿胪寺卿的黄爵滋力主严禁鸦片，又一次上《严塞漏卮以培国本疏》，列举大量事实说明银两外流与吸食鸦片的关系，认为"耗银之多，由于贩烟之盛，贩烟之盛，由于食烟之众"，再加上官吏的贪赃枉法，致使禁烟难成。为此他提议禁烟应重治吸食者，逾期不戒者皆应处以死刑，从而掀起了在全国各省军政大吏中关于"严禁"与"驰禁"的一场大辩论。随后，他又接连上疏两次，提出禁烟必派主禁大臣，严惩私通番夷首恶者。

显然，也正是由于受到黄爵滋奏疏的影响与感染，道光十八年八月，时任湖广总督的林则徐便亦上《筹议严禁鸦片章程摺》和《钱票无甚关碍宜重禁吃烟以杜弊源片》两疏，对黄爵滋的禁烟主张予以积极响应。

林则徐是个办事顶真、言出必行的人，既然上疏表示支持禁烟，于是他便立即付诸行动，及时制定了禁烟章程六条和具体的戒烟药方，在自己管辖的湖北地区大刀阔斧地实行禁烟和戒烟运动，并且很快便做出了成绩。

道光十八年八月初二日，林则徐向道光帝奏报了湖北地区查拿烟贩收缴烟具的成果。八月十七日，道光帝收到林则徐的奏折，即刻颁发上谕，对林则徐在湖北地区拿获及首缴烟土、烟膏、烟枪和拿获烟犯多起，所办甚属认真予以了肯定和嘉奖，指出："可见地方公事，果能振刷精神，实心查办，自可渐有成效。"

仅此可见，道光皇帝对林则徐当时的这一雷厉风行的作风与所取得的实效是非常满意的。

不久，直隶总督琦善也奏报了天津拿获贩卖鸦片人犯审办情形一折。道光帝在此折上也欣然批示道："向使各省早能实力查禁捕治，亦不至流毒如今日之甚也。总缘朕德薄才疏之所至，思之可谓寒心。此时若再事因循，其害尚堪设想乎。"据军机处上谕档记载：八月二十一日，在给琦善的谕旨中，道光皇帝这样写道："可见认真查拿，不难即时获案……至此案搜缉各员，著该署督择其尤为出力者，酌保数员，候朕施恩，毋许冒滥。"

可见，道光帝其实心里非常清楚，鸦片之所以屡禁不止，其症结主要是从地方到中央，各级官员都不"实心查办""认真查拿"，都在为各自的私利集体敷衍塞责所致。

也正因此，从上述两道谕旨可知，道光帝不仅对林则徐在湖北禁烟和琦善在天津禁烟所取得的成效非常满意，而且还从他们在两地的禁烟实践中看到了禁烟的希望，由此深刻地认识到，若官员们从上到下"果能振刷精神""实心查办"，严禁鸦片不但在理论上是完全成熟的，并且在实际中也是完全可行的。

　　显而，正是基于这样一种认识，道光帝遂在心中下定了禁止鸦片的决心，决定从禁止鸦片进口这个"源头"来解决鸦片危害问题，于是便在这年的十一月十五日任命林则徐为钦差大臣，前往广东禁烟。

　　今天看来，道光帝之所以要选定林则徐作为这次广东禁烟的钦差大臣，乃是因为当时全国的督抚大员当中，最能干的而且也是主张禁烟的一共只有四个人，即直隶总督琦善、两江总督陶澍、湖广总督林则徐以及云贵总督伊里布，两个旗人两个汉人。可是，比较起来，林则徐无疑是道光帝最中意的一个，因为林则徐为官一向清正，办事言出必行，是当时大清官场中少有的实干派、务实派。而且，更为重要的是，他在湖广总督任上的禁烟实践让道光帝眼前一亮，并由此对他寄予厚望，把他当成了一个实施禁烟的"先进典型"。如此一来，林则徐也就理所当然地成了这次钦差大臣的不二人选。

　　但是，对于道光帝的这一重要任命，实事求是地说，林则徐似乎显得并不高兴，因为从道光十八年九月二十三日道光召林则徐来京陛见，到这年的十一月十五日正式任命林则徐为钦差大臣，这期间，道光帝竟连续八次召见林则徐单独谈话。由此可见，这其中，除了向林则徐面授机宜，很有可能也是道光帝在做一直不愿就任的林则徐的思想工作。

　　的确，从种种情形推测，对于道光帝的这一任命，一开始林则徐很有可能没有很爽快地立即就答应下来，而是有过一段时间的犹豫与"长考"，甚至有过婉言谢绝与推辞，只是到后来，由于道光帝一次次做他的思想工作，且第四次召见还"紫禁城赐椅"，以示恩宠，让他感到实在是圣意难违，却之不恭，才不得不慨然接受了这一重任。

　　这样说绝对不是主观臆测，信口雌黄，而是有一定的事实根据的。因为，在林则徐受任钦差大臣离京时，他的朋友晚清著名诗人龚自珍就很是为他担心。

　　龚自珍当时是礼部的主事，官位不过是六品。作为志同道合的朋友，龚自珍为林则徐写了一篇送行的文章，"友情忠告"他说，在广州禁烟，外国人可能动武，应该有所准备。林则徐回信同意他的这种看法。同时，龚自珍还"友情提醒"林则徐说，在广东的官员绅士中肯定会有阻挠禁烟的人，甚至会有设计陷害你的人，对此，也不可不防。林则徐回信也表示同意。而且，林则徐显然还话里有话，说他所担心的并不仅仅只是广东那边有人阻挠。其言外之意，无疑是说，除此之外，还会有更大的阻挠，而这阻挠毫无疑问会来自京城，来自清廷高层。所以，他禁不住感慨地说："如履如临，曷能已已！"

除此之外，还有一个细节也颇值得人玩味，那就是在临出发时，林则徐曾情不自禁地对在京为官的他的坐师时任侍郎的沈鼎甫说："死生有命，成败在天，但要有利于国家只好竭所能不辱师门！"说后，师生二人相顾流泪。

凡此种种，说明"官场书生"林则徐并不糊涂，对封建官场的激流险滩可谓心中有数，对这次广东禁烟可能遭受的明枪暗箭更是一清二楚。也正因此，可想而知，对于道光皇帝的这一任命，当初林则徐其实并不想接受。而在离京赴任的途中，当时他的心情也一定很不轻松，非常复杂。

但是，尽管他知道此去广东，充满凶险，但在国家利益与个人利益的利弊权衡中，他最终还是毅然选择了前者，用"国家的大我"战胜了"自私的小我"。不管前面是地雷阵还是万丈深渊，林则徐最后都选择了义无反顾，勇往直前。

所以，可以想见，早在赴粤禁烟之前，林则徐事实上就已经做好了最坏的打算。而在他离开京城的时候，很可能也会有那种"风萧萧兮易水寒"的感觉。

据记载，林则徐是在道光十九年正月（1839年3月）到达广州的。虽然一路风尘仆仆，车轿劳顿，但是一到任，顾不上休息，他便立即开展了一场声势浩大的禁烟运动。令他感到欣慰的是，原本并不赞成严禁鸦片的两广总督邓廷桢此时也已转变了观念，成了铁杆禁烟派的重要人物，并向他承诺一定要"合力同心除中国大患之源"。然而，令人悲哀的是，到最后，这两位当时官场中最能干也最正直的大臣非但没能联手除掉鸦片这一"中国大患"，自己反倒因这一"中国大患"而被除掉了。

要说林则徐真的是一位能臣，还在赴广州途中，他就已经派人先期抵达广州暗中调查广州鸦片走私与贩卖等情况，开列了一长串汉奸名单。这批汉奸都是勾结外国鸦片商人从事走私贩运的人。一到任，他便让邓廷桢派人迅疾查封烟馆，逮捕烟贩，且下令处死了中国烟贩冯安刚，这就在实际上等于一到任就杀一儆百，结结实实给了那些汉奸一个下马威。

狠狠惩治了这些内奸后，林则徐会同邓廷桢以及广东巡抚怡良又迅速传讯十三行洋商，责令转交谕帖，并派人对英国鸦片商的大本营——驻广州的英国商馆进行控制，且通过洋商伍崇曜到英国商馆命令把停泊在伶仃洋面上的22艘船只上的鸦片在三日之内交出，并要求这些外国商贩具结保证"嗣后来船，永不敢夹带鸦片，如有带来，一经查出，货尽没官，人即正法，情甘服罪"。

起先，那些英国鸦片贩子还心存侥幸，因为他们根据多年与中国大小官员打交道的经验，认为清朝的官员都是可以用银子买通的。所以，对于林则徐这位新来的钦差大臣，一开始那些英国的鸦片商贩真的没在乎，以为这些大清钦差大臣无一例外都姓"钱"，只要到时候扔给他几个"肉包子"把他像狗一样给打发走就行了。

然而，令他们万万没有想到的是，这回，这位新来的钦差大臣却全然不是这样，其整个人简直就是一个出淤泥而不染的大清"官场另类"。只见他刚来到广州就立即通知外国商贩把运抵海口存在趸船上的鸦片全部缴出，而且毫无通融余地。为了表明自己禁烟的决心，他严正声明："若鸦片一日不绝，本大臣一日不回，誓与此事相始终，断无中止之理。"这，不仅是他自己给自己立的军令状，而且更是一封致外国鸦片商贩的公开信、宣言书。

当时的十三行总商伍绍荣平时和洋人做鸦片生意，可谓狼狈为奸。林则徐来了后要治他的罪，杀他的头。伍绍荣不当回事，以为林钦差不过是吓一吓他，从他身上捞些油水罢了，于是便私下找到林则徐说："我伍某有的是钱，只要你不杀我，你想要多少钱我都给你。"

林则徐一听怒不可遏，大骂道："本大臣不要钱，要你脑袋尔！"

伍绍荣听后顿时吓得小便失禁。

一看这阵势，少数外国烟商被迫交出自己的鸦片，但大部分的烟商却继续采取拖延的办法等待观望，指望在林则徐说两句狠话做一做样子之后一切又回到从前。

但林则徐显然没有把这次的禁烟当作自己的"秀场"，而是决意要"将禁烟进行到底"，一看许多外国鸦片贩子拒不执行自己的命令，他便派兵围困了在广州的外国商馆，撤走了在外国商馆内服务的中国人，停止外国商馆的一切饮食供应。

就这样，在林则徐的铁腕手段下，两百多英国商人被迫在当年三四月间共交出了鸦片两万零二百八十三箱，美国在广州的商人也交出了一千五百四十箱鸦片。英美两国商人交出的两万多箱鸦片，合计二百三十多万斤。

1839年6月，林则徐下令将这些从英国和美国走私商贩手中缴获的鸦片在虎门海滩当众销毁。销烟那天，虎门上空旌旗飘扬，鼓声震天。放眼望去，只见人山人海，兵丁将勇，分列两旁。正中间是两个销烟池，两个销烟池两边，堆积着收缴来的两百多万斤鸦片。随着林则徐的一声令下，几千名兵丁迅速将这些缴获的走私鸦片倒入两个销烟池中，让鸦片同加了石灰、盐的海水一起焚烧，彻底销毁，然后被潮水冲入茫茫大海之中。

这就是中国近代史上著名的"虎门销烟"，事实上也是世界历史上规模最大、销毁鸦片数量最多的一次销烟行动。

"虎门销烟"后，因为预感到英国有可能会发动战争，林则徐便大力整顿海防，积极备战，组织团练，招募兵丁，还从外国购买了包括克房伯在内的200门大炮，以加强防务。也正因此，是年9月4日，英舰在九龙附近向清朝水师进攻，有备无患的清军奋起还击，致使英舰败遁香港尖沙咀。

由于是役牛刀小试，旗开得胜，满心喜悦的林则徐与邓廷桢乘船出巡，泼墨挥毫写下了一首令国人扬眉吐气的《高阳台》，词曰：

> 玉粟收余，金丝种后，番航别有蛮烟。
>
> 双管横陈，何人对拥无眠。
>
> 不知呼吸成滋味，爱挑灯，夜永如年。
>
> 最堪怜，是一丸泥，损万缗钱。
>
> 春雷歘破零丁穴，笑蜃楼气尽，无复灰燃。
>
> 沙角台高，敌帆收向天边。
>
> 浮槎漫许陪霓节，看澄波，似镜长圆。
>
> 更应传，绝岛重洋，取次回舷。

此词上阕写英国用鸦片烟毒害中国人民，诈骗财富，令人痛心疾首。下阕写虎门军民奋勇抗英，击退敌舰，抒发了作者的喜悦之情。

但林则徐显然高兴得太早了！

的确，在后人看来，虎门销烟在当时怎么说都是一个震惊世界的壮举，其所释放出来的"正能量"是应当充分肯定的。可实际上，在许多年的鸦片走私中早已形成了一条官商勾结的利益渠道，早已形成了一个势力强大的既得利益集团。而如今，林则徐突然将这条利益渠道从源头上给堵住了，这就不仅把那些中外鸦片烟贩给得罪了，同时把他们背后的那些黑后台也给彻底得罪了，这无疑是犯了封建官场之大忌！

都说，在封建官场，"太有才了"不行，可是"太正直了"也不行，而偏偏林则徐这人是既太有才又太正直，所以，他在官场的命运也就可想而知了。

诚如我们所知道的，对于林则徐在广州的禁烟功绩，道光皇帝最初是充分肯定的，甚至还在虎门销烟后表扬林则徐说："卿之忠君爱国皎然于域中化外矣。"事实上，从某种意义上说，林则徐在广东的所作所为，其幕后的总指挥与总导演应该说就是他道光帝本人。但后来，由于英国政府恃强凌弱悍然发动了1840年的"第一次鸦片战争"，一向胆小怕事的道光皇帝害怕了，所以，当英军进犯天津时，那些被林则徐禁烟得罪了的巨大既得利益集团的官僚们，特别是以"保位贪荣，妨贤病国"的穆彰阿为首的一帮满族大臣，便乘机诬陷林则徐。道光帝遂于1840年10月3日以"误国病民，办理不善"的罪名，将林则徐革职查办，让他充当了自己的"替罪羊"。1841年5月初，又令林则徐以四品卿衔去浙江随营效力。

如果事情到此为止也就算了，然而没想到穆彰阿一伙人仍然对林则徐不依不饶，穷追猛打，在皇帝面前继续上他的"烂药"，而英国外务大臣巴麦尊在照会中也坚决要求惩办"扰害本国住在中国之民人，并亵渎大英国家威仪"的"官宪"林则徐，于是乎，软弱无能的道光皇帝便进一步拿林则徐开刀。不久，道光帝将广东方面的军事失败归罪为林则徐"废弛营务"，并当即下令将其革去四品卿衔，"从重发往伊犁效力赎罪"。

所以，虎门销烟后，在事实上走私鸦片并没有像林则徐在上述词中所说的那样"无复灰燃"，而"敌帆"更没有像他所预想的"收向天边"。而从某种意义上说，他自己反倒因此"收向天边"，被贬谪流放到了遥远的新疆。

说来，林则徐真的是一个"工于谋事，拙于谋身"的人，就在他远赴新疆的途中，黄河泛滥，在军机大臣王鼎的保荐下，他被派赴黄河戴罪治水。可是，即使是在这种时候，他仍然不去计较个人的得失，而是欣然从命，立即奔赴治黄前线，全力以赴、无尤无怨地设法治理黄河水患。

然而，半年后治水完毕，所有的人都论功行赏，唯独他得到的却是"仍往伊犁"的谕旨。据说，在获悉这一不幸的消息后，须发皆白的王鼎一时竟伤心得泪如雨下，并在朝中为林则徐据理力争，但却遭到了道光皇帝的拒绝，且让他回家"养病"。回到家中，王鼎连夜写下遗书奏折，弹劾大学士穆彰阿身为重臣却殃民误国。写完之后，由于愤怒和绝望，王鼎遂关起房门自缢，演出了一幕"尸谏"的悲剧。

显而，林则徐就是在这样一而再再而三的打击下一步步西出玉门关的。尽管"信而见疑，忠而被谤"，遭受了那么多的冤屈与不公，然而，在赴戍途中，他仍忍辱负重，忧国忧民，并不为个人的坎坷而唏嘘。

那天，当与妻子在古城西安告别时，他尽力压抑住内心的满腔悲愤，摇摇头，口占出了"出门一笑莫心哀，浩荡襟怀到处开"这样大气磅礴慷慨激昂的诗句，将一幕由自己担任主角的悲剧渲染刻画得是那样感人，那样悲壮。

林则徐是在道光二十一年（1841 年）7 月 14 日踏上戍途的，那天，当他在夕阳西下时分途经玉门关，走在去伊犁的路上，其身影逐渐淡出在远方的地平线。其时，在他的背后，大清帝国早已经进入到了沉沉的黑夜。

英国人的伎俩

在今天看来，发生于 1839 年的"虎门销烟"事件很有些像 1773 年发生在美国的"波士顿倾茶事件"。而且，无论从道义上还是从法律上，应该说，"虎门销烟"都要比"波士顿倾茶事件"更具有正当性和正义性。可是，令人感到极度悲哀的是，虽然销烟与倾茶同为反对英国的殖民入侵，而且也同样成为中国鸦片战争与北美独立战争的导火索，但到最后，两者的结果却竟然有着天壤之别，委实令人感慨唏嘘。

"波士顿倾茶事件"以及所导致的北美独立战争使美国由此迅速走向独立与富强，而"虎门销烟"却无论是给大清帝国还是林则徐本人都带来了意想不到的厄运。对于大清来说，"虎门销烟"的结果是给这个早已腐朽不堪的帝国带来了一场战争，导致大清帝国从此逐步沦为半封建半殖民地国家，从此饱受西方列强以及近邻日本的欺负、凌辱以及屠杀与掠夺；而对于林则徐个人来说，"虎门销烟"后的他却遭到了道光皇帝的斥责与革职，并从此开始走上了一条被贬官与放逐的道路，以致使他的人生最终成为一大悲剧。

林则徐禁烟，为什么会"禁"出这样一种结果？尽管，对于林则徐以及林则徐禁烟，历史早有公论，但是，近年来也有一些学者对林则徐广东禁烟一事颇有微词，认为他在禁烟方面操之过急，策略不当。甚至还有人认为他纯粹是没事找事，多此一举。

这显然是荒谬的。

时隔多年，站在今天的角度，我们应该能够清楚地发现，1840 年的中英鸦片战争，其实乃是大英帝国蓄谋已久的一场殖民侵略战争，或者，换句话说，发动这场战争完全是由英国的帝国主义本性所决定的。至于战争在什么时间发动，以什么借口发动，则显然都只是一些无关紧要的细枝末节问题。

的确，从表面上看，假如当年不是道光皇帝任命林则徐为钦差大臣到广东去禁烟，假如林则徐在禁烟时不那么认真，摆出一副不达目的誓不罢休的架势，非要"将禁烟进行到底"，硬是要去得罪那些外国特别是以义律为首的英国商贩的话，那么，鸦片战争很有可能不会在 1840 年爆发。

但是，不在 1840 年爆发，并不意味着这场战争就永远不会爆发。因为，除非大清帝国永远对那些外国商贩走私鸦片的无耻行径坐视不管，任其走私泛滥，让那些罪恶的鸦片源源不断地走私到中国，不断毒害大清帝国的子民，不断卷走大清帝国白花花的银两，否则，只要一派人去查禁鸦片，且采取实际的行动，那么，就必然会触犯那些外国烟贩的巨额利益，就必然会动了他们的奶酪，从而不可避免地要与这些走私鸦片的外国烟贩们产生直接的矛盾和冲突。

如此一来，这些恃强凌弱的外国烟贩当然主要是在他们背后一直暗中支持他们的政府就必然会以武力相威胁，而战争自然也就呼之欲出，在所难免了。

所以，在弱肉强食的世界，对于弱者而言，很多时候是没有什么道理好讲的。这就像那则狼和小羊的寓言故事所告诉我们的那样，其实，无论小羊犯没犯错误，犯了什么错误，也无论小羊怎样替自己辩解，狼最后都是要吃小羊的。

这就是自然界中的"丛林法则"。

很显然，在人类社会，古往今来，也无不遵从这样的"丛林法则"，如当年英国对中国所发动的那场"鸦片战争"，也无疑就是这样一种弱肉强食的必然结果。

所以，说到"鸦片战争"，其实就像英国人在中国的大门前早已埋好的一个"地雷"，即使林则徐不去碰它，迟早也会有其他人有意无意地踩上它而引爆的。可以说，在当时那样一种国际形势下，愚昧落后的大清帝国无论作何选择，都在劫难逃！

当然，这只是一种"事后诸葛亮"的空发议论，而在当年，是很少有人能够明白这其中的道理的，更很少有人能够知道，其实早在半个多世纪之前，大约是从马戛尔尼访华开始，甚至更早，英国人就已经在觊觎中国，暗算中国，并已在暗中"把黑洞洞的枪口对准中国"，且一步步地在做着侵略中国的打算与准备。

从如今早已解密的当年英国政府的历史史料看，1793 年，当马戛尔尼率领庞大的英国使团来到中国访问时，在其表面冠冕堂皇的访问理由背后，其实英国使团还负有一项特殊的"秘密使命"，即敦达斯交给马戛尔尼的七条指令的最后一条（"情报工作"）："在不引起中国人怀疑的条件下，使团应该什么都看看，并对中国的实力做出准确的估计。"

这显然是英国人未雨绸缪，提前在为战争做前期必要的情报准备工作。

从目前所掌握的情况看，虽然正式的访问没有成功，但是，英国使团成员还是收获颇丰，其中最主要的有两样收获：一样是取得蚕种和茶树苗，另一样则是对中国军事防卫情况的调查。

原来，就在马戛尔尼来华之前，印度总督康华里勋爵曾希望他把中国的蚕丝和茶叶生产技术引入孟加拉。马戛尔尼在中国顺利地弄到了蚕卵，也把蚕和生产过程的一些情报送到了印度。而在茶叶方面，他则取得了更大的成功。1794 年 2 月 28 日，马戛尔尼从澳门写信给康华里勋爵："如有可能，我想弄几株优质茶树的树苗。多亏广州新任总督的好意——我与他一起穿越了中国最好的茶叶种植区——我得以观察和提取优质样品。我责成丁维提博士把这些树苗带到加尔各答。他将搭乘'豺狼'号前往。"

在《停滞的帝国——两个世界的撞击》一书中，虽然时隔多年，但当佩雷菲特谈及此事时，也还是禁不住大为感慨地说："1823 年，在阿萨姆邦发现了一棵野生茶树，于是把这两个品种进行杂交。但可以说当今相当一部分'印度茶叶'来自马戛尔尼挖来的中国茶树苗。"在他看来，"把优质树苗引入印度，光这一项也就不枉此行了，而且在下个世纪将要百倍地偿还这次出使的费用。"

你看，一方面是极不道德地偷盗中国的蚕丝与茶叶生产技术，肆意侵犯"中国的专利"，而另一方面却惨无人道地将毒害人的鸦片不断向中国倾销，由此可见当时的大英帝国是多么丑恶与卑鄙！

显然，也正是通过这次的"马戛尔尼访问"，英国人开始认清了当时的大清帝国不过是一只徒有虚名的"纸老虎"，由此开始逐步轻视中国，鱼肉中国，并在暗中逐渐打起了殖民中国侵略中国的主意。

马戛尔尼访华回到英国之后，欧洲人对中国的神秘感与迷恋感很快便消失了，但欧洲人对中国的兴趣不仅没有失去，反而与日俱增。虽然在马戛尔尼之后，英国又先后派出了几个代表团来中国访问，企图打开中国的大门却仍然是无功而返，但是，他们的毒品走私者却从后院进来，翻墙而入，在中国不断走私贩卖罪恶的鸦片。

不妨看看在《停滞的帝国——两个世界的撞击》一书中，佩雷菲特是怎样记述这一段历史的：

从 1813 年至 1833 年，中国的茶叶出口只翻了一番，但它进口的鸦片却是原来的 4 倍。钱从中国流出以支付腐蚀它的毒药。两条互不通气的线路：皇帝积累卖茶的收入；中国人输出货币以换取毒品。帝国动摇了；鸦片起了作用。

从 1820 年起，市场迅速发展：葡萄牙人与英国人之间，还有同"私人"的竞争使烟价下跌；需求量也在增加。一位经销人说："鸦片就是黄金，我随时随地都

出售。"

1832 年，最富有的英国"私商"查顿（后来设在香港，现在设在百慕大和新加坡的世界最大的一家贸易公司的创始人）往北去试试运气。他的沿海船速度快，武器好，在福建和浙江沿海隐蔽的小湾里直接出售毒品，他找到了新的顾主。销售额迅速上升了。

马戛尔尼与阿美士德失败之处，走私者却成功了。说他们走私，这只是表面现象。英国在支持他们。当然不是全国；为了国家的名誉，部分舆论表示了异议："一些人躺着，神色颓唐，脸上露出一丝傻笑。"回答则是：英国商业实行的最高社会准则：个人努力、自由经营；而鸦片则是它的关键。这足以使人停止谈论所有顾虑了。

所以，在看了佩雷菲特的这些记述后，再去回想当年林则徐在广东禁烟时，当时的英国外务大臣巴麦尊以及英国驻华商务监督义律所说的那些话，就会让人自然想到一位西方学者所说的那句话："'维多利亚人'有几分伪善。"而用我们中国人的话说就是，这些"维多利亚人"惺惺作态，完全是一副"好话说尽，坏事做绝"的小人嘴脸。

是的，在鸦片问题上，这些"维多利亚人"也真的就是这样一些"伪君子"。事实上，到现在，西方人还依旧不改其伪善的嘴脸，蒙骗与讹诈并行不悖。

所以，倘若有人相信从他们嘴里说的话，那简直就是"政治幼稚"。

就像当年那些西方传教士，手上捧着《圣经》，腰里藏着手枪，到世界各地美其名曰传教实际上却是掠夺一样。当那些英国的鸦片烟贩来到中国，他们的船上也带着杀人的武器。而且，在他们的背后，更有英国在支持他们。可以说，这些疯狂走私鸦片的烟贩们完全是有备而来。这期间，如果中国政府不去阻止，他们当然会非常高兴，乐见其成。可是，如果中国政府派人禁烟，出面干预，且动真格儿的话，那么，他们就会编造借口发动一场基于利益的战争。

事实也真的就是这样，当听到林则徐焚烧鸦片的消息后，在伦敦，从事东方贸易的英国院外活动集团立刻就动员起来了。这些拥有雄厚资金的利益集团向英国政府施加了巨大的压力，要求政府迅速采取行动对中国予以干预。至于19世纪大英帝国的政治巨头帕默斯顿则干脆公开叫嚣："给中国一顿痛打，然后我们再解释！"

当然，在当时的英国议会，实事求是地说，也有不同的声音，如帕默斯顿的政治对手格莱斯顿就大唱反调，愤怒谴责说："在人类历史上，我还从未见过如此不正义，并故意要使国家蒙受永久耻辱的战争，高傲地飘扬在广州城头的英国国旗，只是为保护一桩可耻的交易而升起的。"

可是，遗憾的是，在英国，在这个问题上，格莱斯顿只是一个代表正义的少数派，而大多数人则是从利益出发，昧着良心要对中国动武。如托马斯·斯当东爵士就是其中的一位代表。

这位托马斯·斯当东爵士就是马戛尔尼当年访问中国时的副使斯当东男爵的儿子。当时他曾跟随他的父亲一起来过中国，且后来曾长期待在中国，是个典型的中国通。但是，这位中国通完全就是一个损害中国利益的间谍。1840年4月7日，也就是在距离第一次鸦片战争还有两个月零二十一天的日子里，他来到下议院就要不要向中国派遣远征军进行议会辩论时主动站起来发表演讲，力主对中国开战。他说："当然在开始流血之前，我们可以建议中国进行谈判。但我很了解这民族的性格，很了解对这民族进行专制统治的阶级的性格，我肯定：如果我们想获得某种结果，谈判的同时还要使用武力炫耀。"

结果，就因为这位斯当东爵士当然更主要的还是英国女王维多利亚女王的鼓动，在那天的国会最后表决中，"对中国动武"的议案终于以 271 票对 262 票的微弱优势获得通过。

就这样，虽然没有正式宣战，但英国对中国的战争开始了！

然而，令人感到悲哀的是，就在大英帝国虎视眈眈，准备对大清帝国发动战争时，有那么长的时间，大清帝国却一直无动于衷。甚至，一直到英国政府通过议案正式对中国进行"惩罚"，大清政府还蒙在鼓里，整个帝国依然还像是吸了大量鸦片中毒一样半死不活，昏迷不醒。

这就难怪偌大的一个清朝到最后一直饱受欺凌，任人宰割，始终无法摆脱丧权辱国的不幸命运了。

令人啼笑皆非的"战争"

虽说"胜败乃兵家常事"，一个国家、一个民族在历史的征战中无论成败其实都是再正常不过的事情，然而，即使是在时隔一百多年后的今天，当回想起当年那场鸦片战争，还是依然禁不住令人感到痛心疾首，啼笑皆非。

对于这一段历史，想必大多数中国人都不会陌生。

虎门销烟从 1839 年 6 月 3 日开始，到 6 月 25 日结束，共历时 23 天。表面上看，当时的英国驻华商务监督义律很是配合，没有闹事。但在实际上，义律是在实行拖延战术，想等待伦敦对此做出的决定。因为第二任商务总监德庇时禀告巴麦尊，在未得到下一步训令之前，他将保持"绝对沉默的态度"。所以在这种时候，他就像是一只狡猾的老狐狸，把所有英国商贩都集中起来，"一致对外"，与林则徐为代表的中国政府软磨硬缠，并不真正执行林则徐的各项禁令。

当然，如果不是在这期间突然发生了一桩意外事件，很可能矛盾不会那么快被激化。

那是 1839 年 7 月 7 日，一伙英国水兵在九龙尖沙咀村内醉酒闹事，打死村民林维喜。林维喜案发生后，当地民众群情激奋。在这种时候，出于义愤，林则徐坚决要求英国商务总监义律交出凶手，杀人偿命。可是阴险狡诈的义律却拒不交出凶手，只答应自己对其惩罚。

既然双方僵持不下，谈不到一起，于是，8月15日，林则徐下令禁止一切贸易，并派兵封锁了在广州的全部外贸企业。9月5日，义律派特使要求林则徐解除封锁，并恢复正常的贸易关系，遭到林则徐拒绝。当天下午，义律下令英国军舰向封锁他们的中国战船开炮。

所以，虽然从理论上说，第一次鸦片战争的开始时间应该是从1840年4月7日英国国会通过派遣舰队去中国沿海地区，对中国进行军事惩罚的议案那天算起，但在实际上，就在1839年9月5日下午，当英国军舰向封锁他们的中国战船开炮时，战争实际上就已经爆发了。

道光十九年（1839年）11月3日，英舰在穿鼻洋（广州虎门口）进行挑衅。清水师提督关天培率军抗击，伤英舰一艘。英军败退，落海数十人。这便是历史上的"穿鼻之战"。

1840年1月5日，林则徐根据道光帝旨意，宣布正式封港，永远断绝和英国贸易。1月8日，英国"窝拉疑"号舰长宣布，自1月15日起，封锁广州口岸与珠江口。2月，英国政府任命懿律和义律为正、副全权代表，懿律为英军总司令。

1840年6月末，英国第一批远征军7000人（海军3000人，陆军4000人，包括善战的苏格兰团和爱尔兰团）抵华，到达广州口外海面，并根据英国外相巴麦尊的指示，立即封锁了广州、厦门（今属福建）等处的海口。

就这样，战争完全按照英国人的安排正式开始了。

一开始，由于林则徐在广东一边禁烟，一边积极备战，修建炮台，拉拦江木排铁链，广州军民严阵以待。英军无隙可乘，便去北犯厦门。但是邓廷桢在厦门也已做好了充分的准备，双方在进行了一番炮战后，未分胜负，因而英军也未能得逞。

假如战争能这么打下去就好了，相信顶多撑个一年半载，英国人就会撑不下去了。因为，对于英军来说，毕竟是劳师远征，客场作战，军事补给非常困难。而且，7000人的军队长期在海上生活，也真的是一个很大的问题。如果当时的清军能够在沿海加强警戒，联防死守，共同作战，不给英军钻任何的空子，那么，英军迟迟不能得手，到时自然会无功而返，铩羽而归。

然而，令后人感到殊为遗憾的是，当时的清朝无论是政府还是军队都几乎是一盘散沙，而且许多海防前线简直是不堪一击。

在今天看来，对于清朝的海防军力情况，对情报工作十分重视的大英帝国事实上早就研究透了。因为早在 1793 年，马戛尔尼访问中国时，这位英国的间谍就对大清的海防观察得一清二楚，他认为："只需几艘三桅战舰，就能摧毁其海岸舰队，并制止他们从海南岛至北直隶湾的航运。"到了 1832 年，东印度公司商船阿美士德号闯入吴淞口，随船的普鲁士传教士郭士立（Charles Gutzlaff）就"巡视了（吴淞）炮台的左侧，考察了这个国家的防务内部组织"，他在日记中显得很是自信地写道："如果我们是以敌人的身份来到这里，（清朝）整个军队的抵抗不会超过半小时。"

显然，也正是看清了大清帝国军事上的无能和腐败以及辽阔绵长的中国海岸线长期疏于战备，可谓有边无防，故而英军才敢这么大胆，不顾兵家之大忌，仅以 7000 人的军队孤军深入，远程作战，公然挑战在本土作战拥有绝对的天时地利之优势的大清帝国的近百万军队。

所以，如果不了解当年的实情，而只是从纯军事理论的角度来看，仅有 7000 人的英国远征军这次来中国寻衅惹事，挑起战争，绝对是以卵击石，"老鼠戏猫——没事找死"。因为，按道理，近百万的清朝军队再怎么脓包也会把这 7000 人的英军包了饺子。

然而，令人匪夷所思的是，战争的结果却完全不是这样，没想到，仅有 7000 人的英国远征军竟然奇迹般地打败了一个帝国，而且还几乎是不费吹灰之力，这无疑创造了世界战争史上的一个"超级神话"。想来，真是滑天下之大稽！

今天，关于那场战争的冗长回忆，相信对于几乎所有的中国人来说都会是一种折磨，无疑会让几乎所有的中国人感到痛苦，感到羞耻，感到愤怒。但鸦片战争本身却像是一个巨大的"中国伤疤"已永远存留在历史的记忆中，艳若桃花，隐隐作痛，经常一不小心就会把人带到往昔那血雨腥风的岁月中，令人情不自禁地为当年的这场极其窝囊的战争扼腕叹息，为当时清政府上下无与伦比的昏庸无能生气或是流泪。

然而，在生气或是流泪之余，静下心来想想，则会发现，与其说这场战争，清朝是被当时世界上的超级大国英国给打败的，倒不如说是清朝自己把自己给打败的。这缘于清政府的腐败无能，也确实，当一个国家的政府官员与军队都出现严重的腐败而且大家都熟视无睹见怪不怪时，那么，这个国家也就非常危险，真的离灭亡不远了，其遭至失败乃至亡国实在是再正常也再合理不过的事情。

　　说来，中国的封建官场确乎历来都是诚信缺失，为了赢得上司的欢心，或是为了逃避自己的责任，官员们几乎都喜欢报喜不报忧。如果真要是有什么"喜事"，报也就报吧，但问题是那些习惯了说谎话不脸红的官员们所报的"喜事"往往都掺了很大的水分，甚而完全是颠倒是非、子虚乌有，纯然就是编造的谎言。

　　我们看第一次鸦片战争中就充斥了那么多令人咋舌的"军事谎言"。

　　还是先来说一说"第一次定海之战"吧。

　　诚如我们所知道的，由于林则徐、邓廷桢的严加防范，英军在广州、厦门没有得手。当然更多的是出于对战略的考虑，7 月初，英军主力大小 26 艘战舰，在侵华海军司令伯麦率领下北上进攻浙江舟山岛的定海（今舟山）。

　　当时，清军在定海设置水师镇，辖兵勇 2800 余人，城东南筑有关山炮台 1 座，配备 8 门火炮，但是，由于当时的清军缺乏统一指挥，完全是各自为战，而且更缺乏必要的情报工作，所以，7 月 4 日，当英国舰队来到舟山后，当地守军和百姓一样，还以为这些洋人的船舶是来此卸货贸易，或是被大风吹来的，竟然没有任何的防范。

　　可是，就在一群百姓围在岸上看这些"西洋景"的时候，伯麦却向定海知县姚怀祥提出照会，要求清军在 7 月 5 日 14 时前必须全部投降，交出炮台，否则将炮轰全城。在遭到知县姚怀祥的严词拒绝后，4 艘英舰、3 艘汽船，约 3000 兵员的英军迅速摆开了进攻定海城的架势。

　　7 月 5 日晨，英舰大多进港，14 时，见清军并无投降献城之意，便开始进攻。"威利斯里"号首先开炮，其他英舰也跟着向清军和炮台射击。水师总兵张朝发指挥水师进行抵抗。由于英军大炮射程远，威力大，交战大概不到半个小时，清军战船就被击伤击沉过半。张朝发左股受伤落水，被救后送往镇海后不治身亡，水师溃败。接着英舰又以猛烈炮火掩护登陆兵上岸，攻占了关山炮台。此后，英军炮火指向定海城，彻夜攻击。次日拂晓，英军从东门攀梯攻城。守城清兵抵挡不住，纷纷溃败。

　　在失败面前，知县姚怀祥投水自尽，定海失守。

　　如果事情到此为止，从某种意义上说，也还无可指责。因为战场如赛场，既然技不如人，失败也是难免的。但问题是，定海陷落后，为了蒙骗道光皇帝，地方各级"军政领导"不约而同地竟"集体撒谎"，大言不惭地一起用谎话欺骗道光。这就委实令人深恶痛绝了。

原来，定海失陷后，有关官员谁都怕承担责任，于是便像事先商量好了似的，一起向道光皇帝撒谎，不惜大肆贬低夷人，说什么这些夷人虽然攻克了定海，但已经被赶来的大清援军围困住了。其中江苏巡抚的奏折更是牛皮哄哄："英夷已经在逐步进入我的包围圈，我军将在吴淞等地狠狠教训英夷……吴淞炮台设在高处，远远高于英夷舰队，如英夷向上开炮达不到，落下来后就威力大减了，而大清炮台居高临下威力大多了……"当然，在神侃海吹了一通之后，这位江苏巡抚也不忘拍一下道光皇帝的"马屁"，说"英夷无弓箭射击也是一大缺陷……"言下之意，还是咱清朝老祖宗的"传家宝"弓箭厉害，堪称是这世界上最顶尖最厉害的武器，至于那些洋鬼子的洋枪洋炮比它实在是差得太远了。

这是典型的"阿Q精神"！

按说这些牛皮哄哄的谎话实在是破绽百出，只要稍微有点常识的人就断然不会相信，但没想到道光皇帝居然就相信了，对定海失落竟不去问责，更不去想补救之策，而是信心满满地认为光靠南方的已有兵力就完全足以搞定英夷。

可是，哪里知道，道光皇帝这边还没从"胜利的喜悦"中缓过劲来，那边，令他心惊胆战的事情就突然发生了。

原来，攻陷定海后，英军又乘势北上，向天津进发，并很快于这年的8月30日到达天津大沽口外，直逼京畿。这下可把道光帝以及满朝文武大臣给吓坏了。他们以为这些蛮夷要进攻北京。惊慌之余，为了平息事端，道光皇帝连忙下旨撤去林则徐的职务，以为把责任都推到林则徐头上，与英国人的"误会"就能消除了，同时任命时为内阁大学士兼直隶总督的琦善为钦差大臣去和洋人谈判。而且，非常搞笑的是，这位大清皇帝竟然还命令英军"该统帅懿律等，着即返棹南还，听候办理可也"。

你看，道光皇帝竟然给侵华英军下起了命令！倒好像这些英军不是来侵略自己国家的敌人，而是一帮准备进京觐见大清皇帝的地方官员，一切行动都要听他的指挥，真是要让人笑破肚皮！

想必，当看了这位"天朝上国"的皇帝的"命令"后，懿律他们一定会笑得要死。不过，考虑到当时在天津没有基地，贸然进攻北京又没有胜算，再说冬天很快就要到了，而且当时英军又有疫情，狡猾的懿律便乐得做个顺水人情，假装"很听话"

地"返棹南还"，等于给了道光皇帝一个"天大的面子"。

随后，英国舰队耀武扬威地从天津一路南下。其间，道光皇帝曾多次下诏，要求各沿海督抚严加防范，然而各省督抚却纷纷糊弄皇帝，都说已经做好了准备，而且本地形势不是小好，而是"一片大好"。

很快，英国舰队又到了浙江定海。英国人向琦善表示，在他们的要求未得到满足前，决不放弃已经占领的定海。

要说派在浙江的钦差大臣伊里布真的是个"大忽悠"。到了定海，他丝毫没有做任何作战部署，而是一门心思去和英国人求和，给英国人"行贿"。

不久，由于得了实惠，英国方面宣布浙江休战，除留下少数兵力外，于1841年2月24日全部移向广东。

一看英军撤走，自己不费一兵一卒就"收复"了定海县城，这位清朝宗室大臣立马就大吹特吹起来。在给道光皇帝的奏折中，伊里布自吹自擂，大表其功，甚至不惜编造情节，说："我兵丁于初四日（即24日）午刻齐抵定海（其实是直到26日才会合集齐开赴舟山），该夷半在城内，半在船中。是我兵到彼，胞祖（英军指挥官）即缴纳城池，城内各夷立即纷纷退出。"

但伊里布的牛皮很快就吹破了。因为不久就有人弹劾其遣家丁张喜与英军私自来往，达成不战默契。谎言被戳穿，道光皇帝雷霆大怒，将伊里布削去职务，投入监狱。

从某种意义上说，伊里布说谎被严惩，只能说他说谎的功夫还不到家。比较起来，应该说，奕山的说谎本领就强多了。虽然向皇帝撒了弥天大谎，但他不仅没有被严惩，反而因此加官晋爵，可以想见此人绝对是个"撒谎大师"。

事情大致经过是这样的，原来，琦善奉命到广州后，没有做任何作战防御的准备，只是要小聪明，想用拖延的办法与英人周旋。可是两次谈下来，见什么实质内容没有，人家英国人不想陪他这么玩了，于是在道光二十年十二月突然袭击和占领了虎门外的沙角、大角两个炮台。这一来琦善吓慌了，立即向英国人求和，并擅作主张与英国人签订了《穿鼻条约》，答应割让香港，赔偿烟款600万元。英军随即占领了香港。

消息传到北京后，道光皇帝觉得有伤"天朝"体面，特别是要赔那么多银子让他特别心痛也特别恼火，于是一气之下撤了琦善的职，改任奕山为"靖逆将军"，下诏让他前去浙江、广东"大兵兜剿""擒获夷酋""务使该夷片帆不返"。

对于这次的"大兵兜剿"，很显然道光皇帝是下了很大决心的，不仅下令调集湘、赣、鄂、桂、滇、黔、蜀七省大军供奕山驱使，而且，一向非常抠门的他竟狠狠心一次性拨款300万两白银充作军费，同时还让军机大臣兼户部尚书隆文、湖南提督杨芳、四川提督齐慎以及原刑部尚书、现任两广总督祁贡五位大员为"兜剿"副总指挥，共同襄助奕山"擒获夷酋"。

说来好笑，就是这样一个当时清朝最为豪华且最为壮观的"国家队"前去"大兵兜剿"，最后不仅没有把英军"痛加剿洗"掉，反而被人家打得鼻青脸肿，一败涂地。单说这几位"兜剿"前敌总指挥，一个个活宝似的，在这次"兜剿"中竟一个个丑态百出，在人家洋人面前可谓出尽了洋相，以致闹出了许多"国际笑话"。

先说奕山吧。

要说这奕山也真的是一个天大的混蛋。到了广州后，他这位"靖逆将军"非但不依靠当地的民众与军队进行"靖逆"，反而极其混账地认为"粤民皆汉奸，粤兵皆贼党""防民甚于防寇"，故而弃置不用，而是另外在福建重新招募未经训练的士兵，且在广州日夜饮酒作乐。1841年的5月21日，奕山所部在白鹅潭水域向英军发起夜袭，结果一败涂地。广州城外炮台尽失。清军退入广州城，不敢出战。南海乡勇和湖南乡勇为抢夺粮食而引发内讧，城内大乱。26日，奕山派人举旗投降，与义律签订《广州和约》，答应赔款1200万两（后经美国调停，减半为600万两），并迫清军退出广州城。

打了如此丢人现眼的败仗，签订了如此丧权辱国的条约，没想到奕山竟然不思悔过，不以为耻，反而向道光皇帝谎报军情，自我表功。就在广州城降旗高挂的5月26日，奕山给道光帝上了一道奏折，历数清军在5月23日至25日的"赫赫战功"，宣称击沉、焚毁英军轮船、兵船各一艘。6月4日，即停战协定达成9天、英军退离广州之后，奕山等人又上一折，声称英军头目（夷目）在城下"免冠作礼"，恳请"大皇帝开恩，追完商欠，俯准通商"。说只要给他们这两项"恩典"，"英夷"们就"立即退出虎门，交还各炮台，不敢滋事"。

如果说，奕山是一个只会瞒天过海吹牛撒谎的草包司令的话，那么，他手下的那位副将杨芳就更是一个愚不可及的蠢货。

杨芳是行伍出身，道光初年，历任直隶、湖南、固原提督；在平定张格尔之役因用计生擒张格尔，战功卓著，被封三等果勇侯，加太子太保衔；不久又因平定彝族起义而被晋封一等果勇侯。

可是，就是这样一个果勇侯，在和英军交战时竟然出尽洋相，闹出了一桩国际笑话。

据时人梁廷枏写的《夷氛闻记》记载，杨芳奉命到广州后发现了一个"天大的秘密"：他看到夷舰上的大炮总能击中我方，但我方却不能击中夷人；我方炮台还是在陆地固定不动，而夷炮却在"风波摇荡中"的舰船上；我主夷客，种种条件都大大有利于我而不利于"夷"，但夷炮威力远在我炮之上，认定"必有邪教善术者伏其内"，于是广贴告示，"传令甲保遍收所近妇女溺器"作为制胜法宝，准备向英军发动"马桶战"。他将这些女人撒尿用过的马桶平放在一排排木筏上，命令一位副将在木筏上掌控，以马桶口面对敌舰冲去，以破邪术。此事，《粤东纪事》也有记载，说杨芳初到广州，"唯知购买马桶御炮，纸扎草人，建道场，祷鬼神"。

只可惜，事实证明，马桶根本不是什么"秘密武器"，小便更不是什么"生化武器"。要说杨芳这人虽然糊涂透顶，但打败仗以及逃跑的本领还是有的。这年的 3 月 18 日，英军进犯，杨芳的"马桶战"自然完全无用。于是乎在危急时刻他便只好带上副将仓皇而逃，急忙将部队撤回广州内城，匆忙与英军"休战"。

对杨芳的所作所为，当时就有人以诗讥讽道："杨枝无力爱南风，参赞如何用此功。粪桶尚言施妙计，秽声长播粤城中。芳名果勇愧封侯，捏奏欺君竟不羞，试看凤凰冈上战，一声炮响走回头。"而官办的《粤东纪事》也毫不客气，把他臭得更是一钱不值，说自杨芳到广州之后，"未打胜仗，鬼子之毛，未拔一根"，而"至今兵临城下，开库求和，欺君辱国，贻害无穷，此杨芳之大罪也。"

闹出这种丢人现眼的国际笑话，没承想"马桶将军"杨芳自己却毫无羞耻，非但不脸红心跳，反而脸皮厚厚地给皇上上奏折，谎称清军"大捷"，杀敌无数，弄得道光皇帝兴奋莫名，当即谕令正在途中的"靖逆将军"奕山"一俟大兵齐集，即设法断其归路，痛加剿洗"。可以想见，中国的封建官僚，一个个都是无师自通的"厚黑学大师"，虽然干正经事的本事一点没有，但吹牛撒谎的本事却全都非常了得。

可是，奕山和杨芳等人的大话，欺君可以，但却欺骗不了英军。虽然从清政府这里已经哄吓诈骗到了许多好处，但贪得无厌的英国政府仍嫌《穿鼻草约》所获权益太少，于是撤换义律，改派璞鼎查来华为全权代表，扩大侵略规模。1841 年 8 月 27 日，英军再次北上，攻陷鼓浪屿、厦门、定海、镇海（今宁波）及乍浦（浙江平湖）。其中定海是第二次被攻破，定海三总兵葛云飞、王锡朋、郑国鸿及四千将士战死。英军也损失惨重。定海失守后，时任两江总督裕谦自杀身亡。

接着，英军又去攻打长江的门户吴淞。江南提督陈化成率军坚守西炮台，两江总督牛鉴欲求和，下令撤退被拒。牛鉴逃走，东炮台被攻陷，陈化成与部下死守西炮台，孤军作战，直至战死。

吴淞的失利，使英军军舰可以顺利开入长江。很快，在一场激战后，镇江又被攻陷。

镇江之战，是第一次鸦片战争的最后一战。1842 年 8 月，英国舰队兵临南京江面，强迫清政府与其签订了丧权辱国的《南京条约》。

至此，第一次鸦片战争以"主场作战"的大清帝国彻底失败而宣告结束。

在今天看来，出现这样的一个结果实在是再合理不过的。试想，就这样的一个大清帝国，既没有"打狼之术"，又没有"与狼共舞"的智慧和勇气，要不被西方列强猫戏老鼠般地竭尽欺负才真是咄咄怪事！

也正是从这个意义上说，从第一次鸦片战争始，以英国为首的西方帝国主义国家包括中国的"恶邻"日本与中国签订了那么多丧权辱国的不平等条约，也完全在情理之中，是再正常不过的事情。

的确，在中国历史上，想当年南宋小朝廷也很软弱和窝囊，但它软弱而不愚昧。可是我们看清朝却是既软弱又愚昧，一帮昏君庸臣真正是把我们中华民族的脸给丢尽了，把我们整个中华民族给坑苦了。

可以说，在人类历史上，迄今为止，还没有一个国家或一个民族会像清朝时的中国那样遭受了那么多的灾难与屈辱。也没有哪一个国家或哪一个民族会像清政府那么昏庸，那么无能，那么怯懦，那么窝囊！

清朝，留给中国人的记忆真的是太惨痛，太耻辱，太糟糕了！

中国，依旧还在昏睡

从某种意义上说，一个民族或一个国家遇到点挫折，即便是很大的挫折，打几次败仗并不可怕，可怕的是这个民族或这个国家始终不觉悟，不能从这些挫折、这些失败中汲取教训，卧薪尝胆，发愤图强，而是依然故我，不思悔改，其结果必然会重蹈覆辙，在失败的泥潭中越陷越深，不能自拔。

应该说，鸦片战争后的大清王朝就是这样。

1842 年 8 月 29 日，对于英国人来说委实是一个值得"庆贺"的日子。因为就在这一天，由道光皇帝钦点的钦差大臣耆英、两江总督牛鉴、乍浦副都统伊里布代表大清政府心惊胆战地登上了停泊在南京江面的英国"康华丽"号军舰，在早已由英国人拟好的《南京条约》上签字画押，送了他们一个天大的"礼包"。

说来好笑，在《南京条约》签订前，还发生过这样一个小故事或者说小插曲。

原来，由于中国封建官场一直盛行"潜规则"，所谓行贿和拍马屁乃是几千年封建官场大小官员的"基本功"，所以，清朝的官员都很擅长送礼和行贿。在和这些"英夷"打交道时，大清的官员们一开始便也动辄采取这种"潜规则"妄图用糖衣炮弹把那些英国人给"打倒"。例如，1840 年 8 月，英军攻打天津时，为阻止英军，直隶总督琦善赶紧上前线"劳军"，给侵略军送去 20 头牛、200 只羊和许多鸡鸭。1841 年 5 月，英军包围广州时，守城将军奕山为解除围城主动给英军送去白银 600 万两作为"赎城费"。

因而，在《南京条约》签订前，耆英便也如法炮制，私下派人与璞鼎查见面，给他送礼，并主动提出"我们可以给你们出一笔钱作为南京城的赎金，用以保全我们的南京城。希望你们不再进攻南京。"在耆英看来，英国人在得到这笔"赎城费"而且璞鼎查自己也从中收受一笔很大的"回扣"后自然"拿了人家的手软"，很快就会高抬贵手，万事大吉了。

但耆英这位大清高官实在是把人家英国人给看扁了。他哪里知道这些英国人根本就不吃这一套。再说当时英国人胃口很大，又哪里是这点小小的赎城费与"礼物"就可以打发得了的？一看耆英他们想拿一点可怜的"赎城费"像打发叫花子似的糊弄他，璞鼎查不干了，立马驱兵 4500 人和 80 艘舰船封锁了扬子江和运河水面，以攻城相要挟，逼迫清政府签订了中国近代史上第一个不平等条约——《南京条约》。

《南京条约》具体规定：（1）割香港岛给英国。（2）开放广州、厦门、福州、宁波、上海为通商口岸。允许英国人在通商口岸设驻领事馆。（3）中国向英国赔款 2100 万银元（军费，分 24 年付清）。（4）英国在中国的进出口货物纳税，中国与英国共同议定。（5）英国商人可以自由地与中国商人交易，不受"公行"的限制。（6）享有领事裁判权，英国人在中国犯罪可不受中国法律制裁。

这还不够。1843 年，英国政府又强迫清政府订立了《五口通商章程》和《五口通商附粘善后条款》（《虎门条约》），作为《南京条约》的附约，增加了领事裁判权、片面最惠国待遇等条款。

表面上看，第一次鸦片战争，中英之战的导火索乃是鸦片，但就是这次因鸦片而导致的战争，在《南京条约》等条约中却只字不提。仅此可见，英国人发动这场战争的实质，其实绝对不是为了鸦片本身，而显然是有着更大的阴谋。这些阴谋，到最后，应该说都一一实现了。

一看"中国的豆腐"那么好吃，而且这么容易就能吃到，以前也一直受英国人欺负，刚独立还只不过六七十年的美国人也趁火打劫，急于想到中国来分一杯羹。1842年 12 月，美国总统泰勒派众议员顾盛急不可待地来到中国与清政府交涉，签订了《望厦条约》，结果不费一枪一弹，也取得了和英国人一样的成果，甚至得到的更多。

如此一来，英国的"老对头"法国当然也闻风而动，不甘落后，很快派军舰来到中国浑水摸鱼，大吃"中国的豆腐"。反正，在他们看来，"中国的豆腐"，不吃白不吃，吃了也白吃。谁不吃谁傻！

就这样，自《南京条约》签订后，美国、法国接踵而来，乘机索取特权，强迫清政府签订了一系列不平等条约。

蒋廷黻先生曾在他的《中国近代史》中说过一句非常耐人寻味的话："在鸦片战争以前我们不肯给外国平等待遇；在以后，他们不肯给我们平等待遇。"

可是，仔细想想，鸦片战争前，清政府所要的只是面子，那种可笑可悲的中国人的面子，而洋人所要的绝不仅仅只是面子，而是实实在在的巨大利益。

对于当年晚清发生的这一切，马克思曾经作过这样的评论，他说："一个人口几乎占人类三分之一的大帝国，不顾时势，安于现状，人为地隔绝于世，并因此竭力以天朝尽善尽美的幻想自欺。这样一个帝国注定最后要在一场殊死的决斗中被打垮：在这场决斗中，陈腐世界的代表是基于道义，而最现代的社会的代表却是为了获得贱买贵卖的特权——这真是任何诗人想也不敢想的一种奇异的对联式悲歌。"

令人可悲的是，对于这样一种险恶的状况，当时的清政府却一直浑然不觉，执迷不悟。虽然整个国家都被欺负沉沦成这样了，但清政府却依然故我，像是鸦片中毒一般，依然还在那儿昏睡。这，应该说就更是悲歌中的"悲歌"！

说来，晚清的那些个皇帝包括慈禧真的是让人又好气又好笑，在中国乃至在世界政治舞台上，简直就像是一些可怜而又可笑的"政治小丑"。

诚如我们所知道的，道光皇帝这个人是既小气又死要面子。这里，不妨举两个小例子加以佐证。如他在"面授机宜"要奕山去浙江、广州"一鼓作气，殄灭丑类"后，偏偏奕山不争气，跑到广州没有"殄灭丑类"，反倒被"丑类"给打败了，结果与英军签订了《广州和约》，赔偿人家 600 万银元。

要赔那么多银子，视钱如命的道光当然心疼，可是胆小怕事的他又实在没有办法，于是便只好来个"精神胜利法"，很阿Q似的说："该夷性等犬羊，不值与之计较。"那意思就是说，这些洋人就像犬羊等畜牲一样，不值得与他们计较。真的活脱脱就是一个"中国式阿Q"！

还有一个例子就是，鸦片战争爆发后，当英国军队打到天津时，道光皇帝竟然将敌人对林则徐在广东禁烟活动的指控当作要求"申冤"，所提出的侵略要求当作"乞恩"，并随之将主剿政策改变为主抚政策，最搞笑的是在谕旨中居然给英军直接下起命令来："该统帅懿律等，着即返棹南还，听候办理可也。"好像人家英国以及英国的军队也归他"统治"似的。而在另一份奏折的朱批中，他不无豪迈而得意地写道："岂非片言片纸，远胜十万雄师耶？"从中，道光那自以为得计而意气张扬的神态表露无遗。

后来，在与英国及美国签订《南京条约》以及《望厦条约》时，因为死要"面子"，死活不想让这些不肯"下跪"的夷人到北京"面圣"，更不想让这种丧权辱国的条约在北京签订，于是乎便分别挪到南京江面人家英国军舰以及远在澳门附近的一个名叫望厦村的小村子里去签字画押，唯其如此，才觉得保全了"天朝的颜面"。

诚所谓"有其父必有其子"。第二次鸦片战争中的咸丰帝也是自信满满，牛皮哄哄。当英国步步进逼，从广州打到了北京城外的通州时，咸丰还在那摆出"天朝上国"皇帝的架子。明明是英军兵临北京城下，却谓之"称欲带兵入见"；明明是英军兵临城下，首都即将沦陷，他却仍号称"誓必全殄丑类"。

自信若此，实乃"今古奇观"，令人叹为观止，也大笑不止。

对于当年愚不可及的"晚清式外交"，湘人郭嵩焘曾经说过一段入木三分非常沉痛的话，据《郭嵩焘日记》记载，早在 1861 年，曾任中国第一任公使的他就曾经痛心疾首地说："吾尝谓中国之于夷人，可以明目张胆与之划定章程，而中国一味怕；夷人断不可欺，而中国一味诈；中国尽多事，夷人尽强，一切以理自处，杜其横逆之萌，而不可稍撄其怒，而中国一味蛮；彼有情可以揣度，有理可以制伏，而中国一味蠢；真乃无可如何。"

郭嵩焘归纳概括的这"怕、诈、蛮、蠢"四个字，可以说完全点中了晚清政府的"穴位"，揭示了这帮昏君庸臣在"晚清式外交"方面的可悲可恨可笑之处。

如果说，犹如阿 Q 似的晚清统治者因为死要面子，委实被那该死的"面子"害得不轻且付出了许多惨痛代价的话，那么，另一个严重祸害大清的就是愚昧与自闭，而且是令人难以置信的愚昧与自闭。

由于清朝统治者长期以来一直实行的自欺欺人的愚民政策所致，可以说，到了道光时代，中国人几乎都成了坐井观天的愚民，特别是在对中国之外的世界认识方面，甚至简直就可以说是一些瞎子、聋子乃至于傻子。

尽管早在 14 世纪末，大明王朝就绘制了《大明混一图》，描述了东方人想象中的世界，10 多年后，建文帝又命人绘制了《混一疆理历代国都之图》，并在跋中写道："天下至广也，内自中邦，外薄四海，不知其几千万里也。"由此可见，早在明初，中国人对世界对宇宙的认识就已经开始启蒙，开始深化。

可是到了清朝，由于极端的愚民政策以及"闭关锁国"政策使然，中国人对世界的认识不增反减，反倒严重地退化了。大清帝国上下可谓患了严重的"自闭症"。

早在第一次鸦片战争前，英国人已经掌握了很多有关中国的情报和信息。他们知道中国的许多事儿，不仅有军事的，还有政治的、经济的。可是清朝的文武大臣却对英国一无所知。别说英国在哪儿不知道，英国有什么先进武器不知道，即便是英国人长什么样儿也茫然不知。直到鸦片战争快爆发了，道光皇帝才匆忙下令调查英国情形。

1842 年 3 月，道光皇帝下发了一道长长的上谕，在这道"圣旨"中，道光帝一口气向他的大臣们提出了 19 个重大的"政治问题"：

英国到底在什么地方，它离中国多远？

从英国到中国，需要经过几个国家？

这次跟着英国来的大小吕宋等国，和英国是什么关系？

听说英国女王才二十多岁，何以被推为一国之主？

该女王结没结婚？如果结婚，她丈夫是什么地方人，在哪个国家任职？

……

说来真是有其君必有其臣。没想到第一次鸦片战争已经打过两年了，时至今日，不仅道光皇帝问的问题非常荒唐而又搞笑，他的大臣们调查的"结果"竟更是荒唐而且搞笑。如琦善"访知"，英国乃女王主政，女王且自行择配，"是固蛮夷之国、犬羊之性，初未知礼义廉耻，又安知君臣上下。"耆英奏称，英人夜间目光昏暗，难辨东西。骆秉章奏报，英国人的腿是直的，没有关节，不能弯曲，对付英兵，但以长梃俯击其足，应手即倒……

我们知道，林则徐是大清朝第一个提出要"开眼看世界"的有识之士，但即便是林则徐，在一开始禁烟时也认为"夷人除枪炮外，击刺步伐俱非所娴，而其腿足缠束紧密，屈伸皆所不便，若至岸上，更无能为"，倒好像这些夷人都是一些来自于外星球的稀奇古怪且天生有着严重生理缺陷的"怪物"。

你看，连林则徐这样的开明之人尚且如此孤陋寡闻，如盲人摸象一般不辨真假，至于其他官员以及普通百姓就更是可想而知。

也正因此，当时包括林则徐在内的几乎所有的大清文臣武将都极其幼稚可笑地以为英国人不善陆战。究其原因，乃是因为这些夷人膝盖不能弯曲，在陆地上行走不便，而且"一仆不能起"。可是，1841年2月23日英国人在广州攻陷沙角、大角炮台后，又猛攻横档岛一线6座炮台，关天培于靖远炮台督军顽强抵抗，当英国人采用军舰正面进攻，陆军从侧面包抄的战术打败清军。关天培战死后，这时，清军才知道人家英国人不仅膝盖会弯曲，而且行动很灵活；不仅会打陆战，而且还非常在行。

如果说，在第一次鸦片战争时，对外面的世界孤陋寡闻、一无所知还情有可原的话，那么，到了第二次鸦片战争期间，吃了那么多亏、受了那么多辱后，却仍然不知己知彼，对那些西方国家依然茫然无知，则实在是糊涂透顶，荒诞不经，也真的是令人不可思议了。

如曾历仕道光、咸丰以及光绪三朝的晚清保守派名臣徐桐在历史上就闹出了一个很大的笑话，他说："西班有牙，葡萄有牙，牙而成国，史所未闻，籍所未载，荒诞不经，无过于此！"于是乎，这位让慈禧很是敬重的体仁阁大学士坚持认为那些"乱七八糟的国名"是英国人胡编出来恐吓人的。

这样的话，如果是出自一个大字不识的村夫愚妇之口，完全可以理解。可是，要知道徐桐乃是当时"学富九车"、无所不通，被视为清廷学识最渊博的官员，而这样一位清廷"高级干部"，竟然会说出如此愚昧也如此搞笑的话来，实在是让人瞠目结舌，不知说什么才好。

而且，这个如此痛恨洋人的清廷最有学问的人，还做了一件同样搞笑的事情，据说他曾经对有人把美国翻译成"美利坚"十分恼火，说中国什么都是美的，美国还有什么可"美"的？中国什么事情都顺利，美国还有什么可"利"的？清军无所不坚，美国还有什么可"坚"的？一句话，美国既不"美"又不"利"更不"坚"，只有大清国才又"美"又"利"又"坚"。

由此可见此，人是怎样的迂腐与昏庸！

徐桐是这样，与他同时代的许多清朝大臣自然也好不到哪里去，甚至更糟。如著名的"六不总督"叶名琛就是这样一个典型的"国家级活宝"。

众所周知，1856年10月8日，英国侵略者故意制造了"亚罗号事件"，随之悍然发动了对华的"第二次鸦片战争"。战争爆发后，看到大清帝国实在是太好欺负了，"利益均沾"的美国、法国以及俄国自然便一起趁火打劫，合谋侵华。

这年的10月23日，英舰突然闯入虎门海口，进攻珠江沿岸炮台，悍然挑起侵略战争。接着，英军炮轰广州城。

可是，面对英国侵略军的猖狂进攻，时任两广总督的叶名琛却若无其事，对英国人的交涉既不理会，广州城也不设防。甚至当英国人每十分钟向他的总督衙门开一次炮时，他也"我自岿然不动"，坚决不予理睬。

过了一年，英法联合给他下了最后通牒，但叶名琛仍然不予理会，而是成天待在总督衙门为他父亲建的长春仙馆里大拜吕洞宾、李太白等大仙，一切军机大事竟然都根据扶乩得到的"神示"来做决定。

后来，洋人实在忍无可忍，冲进总督衙门将他逮捕，并将其押往英属印度的加尔各答囚禁。在那里，叶名琛每日只是诵读"吕祖经"，拒绝洋食，最后病死异乡。

在异国，叶名琛曾写诗自比苏武，但晚清名士薛福成在一篇名为《书汉阳叶相广州之变》的文章中却给了他这样一个评价："不战不和不守，不死不降不走，相臣度量，疆臣抱负，古之所无，今亦罕有"。"六不总督"由此得名。

这，对于叶名琛来说，实在是一个极大的讽刺！

说来，大清这个朝代真的就像是一块顽固不化的石头。从 1840 年开始，尽管西方列强的坚船利炮一次次地将它击中，但它却始终以石头般的坚硬和顽固对抗着自己的敌人。

尽管，在这期间，像林则徐、魏源这样一些有头脑的中国人呼吁要"开眼看世界"，要"师夷长技以制夷"，但是，由于清政府对内一直实行高压统治，当时的中国学者们却仍在那儿热衷于"只向纸上与古人争训诂形声"，在故纸堆里做学问；而近乎愚昧的清朝统治者则更是仍旧活在自己幻想的世界里，自命不凡，自高自大，自欺欺人，仍然对他们的老祖宗玩过的早已老掉牙的鞍马弓箭顶礼膜拜，推崇备至，而对西方的洋枪洋炮心存抵触，嗤之以鼻。如 1842 年底，当美国的众议员顾盛来到中国交涉，强迫清政府与之签订《望厦条约》时，为了炫耀自己国家的先进与强大，曾给自诩为"天朝上国"的大清君臣带来了不少先进的洋玩意：地球仪、航海地图、手枪、步枪以及蒸汽战舰模型等。按说，这些先进的"洋玩意"本是急于卧薪尝胆的大清帝国求之不得的，可是，与当年乾隆皇帝一样，因自卑而盲目自大的道光皇帝竟依旧将其视为"奇技淫巧"而予以一概排斥。

是的，当时的清政府用鲁迅先生的话说也真的是让人"哀其不幸，怒其不争"。尽管被以英国为首的西方列强欺负成那样，可是，在战争中他们既没有表现出那种视死如归的英雄气概，像明朝的皇帝那样"天子守国门，君王死社稷"，在战败后也没有体现出一种卧薪尝胆的血性，而是自始至终都表现得像是一个只会欺负吴妈与小 D 的阿 Q。

想当年，清朝统治者在战争结束后，一种使他们感到可以苟安下去的"精神胜利法"在他们的头脑里竟仍旧占着上风。而这"精神胜利法"，说白了，其实就是一种"精神的鸦片"。

这种"精神的鸦片"使得清朝的统治者始终都沉浸在一种"天朝上国"的良好的自我感觉之中，即使是后来被八国联军"火烧圆明园"后也还是依旧"自我感觉良好"……

　　因而，从某种意义上说，"鸦片，打败中国"，其实并不仅仅只是西方的鸦片，而应该说，打败大清帝国的还有这个"天朝上国"自己的"鸦片"，一种被清朝统治者长期携带的犹如电脑病毒一般的"精神的鸦片"。

　　显然，也正是由于这一"精神的鸦片"，使大清帝国执迷不悟，一直都在昏睡。而在两次鸦片战争中都昏头昏脑被打得鼻青脸肿的大清帝国，其所作所为也真的完全就像是一个半死不活的"鸦片鬼"。

　　所以，看清朝的历史让人的心情从始至终都感到悲愤和压抑：先是为刚刚入主中原的满族政权对汉民族的残酷镇压与无端猜忌、防范与羞辱感到悲愤与压抑，到后来，又为腐败无能的清政府像个窝囊废似的总是饱受欺凌、丧权辱国、窝囊透顶，而感到难以言喻的悲愤与压抑。

第七章
洪秀全和太平天国

1851 年，以洪秀全为首的太平天国起义在广西紫荆山前的金田村爆发了。这支起义的队伍，由广西北上，转战湖南湖北，攻克南京，之后又进行了北伐和西征，前后坚持了 15 年，势力扩展到 17 省，最终被反动的地主武装与外国干涉者的联合力量所扑灭。

不可否认，太平天国起义最后之所以会走向失败，在很大程度上，应该说是与洪秀全本人的性格缺陷有关的。但究其根本，则是由于当时的中国已开始进入半殖民地半封建社会的时代，但在当时的历史条件下却还没有出现近代的工人阶级，因而太平天国革命仍旧只是一个没有工人阶级领导的单纯农民战争，这就是太平天国革命不能不失败的根本原因。

屡试不第

洪秀全生于 1814 年 1 月 1 日，如果按照我国的农历计算，这一天应该是清嘉庆十八年十二月初十，所以，按照我国传统干支纪年法，这时候仍然是农历癸酉年，而按照生肖纪年，则为鸡年。

据说，洪秀全原名不叫洪秀全，而叫洪仁坤，因五行缺火，小名"火秀"，后来，因避上帝"爷火华"（即耶和华）的讳，乃改名为洪秀全。但也有人说，他之所以后来改名叫洪秀全，按他自己的说法，其实并不是他自己要改的，而是上帝特意给他取的名，因为"秀全"两字是由"禾""乃""人""王"组成，"禾"字与"我"字读音相近，四字组合起来则是"我乃人王"之意。也就是说，洪秀全是想以此证明，他是上帝派到人间来的"人王"。

洪秀全的出生地就是如今的广州花都，尽管现在这里早已经并入广州市，但在当年，此地因距广州大约几十公里，则是一个经济与文化非常落后的乡村。他虽然不能说是出身一个贫雇农家庭，但其家庭也算不上有多富裕，顶多也就只能说是一个富裕中农罢了。也正因此，尽管他的父亲共有三子两女，洪秀全排行第四，长兄洪仁发，次兄洪仁达，姐姐洪辛英，妹妹洪宣娇，然而由于经济原因，父母只有也只能供他一人上学。而之所以让他上学，七岁即送他去读私塾，而不让他的两个哥哥读书识字，据说是由于他自小聪明可爱，又是老儿子。的确，"爹娘喜欢老幺儿"，这也是古往今来我国许多地方的一种不是传统的传统。

对于他这位"老幺儿"的宠爱，想来他的父母是从不加以掩饰的。在家里，别的孩子不能上学，而他却能；平时，别的孩子吃野菜糊糊，可父母却让他一人吃米饭红薯，且还能时不时地给他吃上一个鸡蛋。显然，也正是其父母从小对他的"娇生惯养"，使小火秀（洪秀全的小名）虽然出身寒门，但却从小就养成了养尊处优、极端自私、从不顾人乃至不懂人情世故的性格。再加上在他13岁那年母亲早逝，从小缺少母爱，这使他的性格存在严重的缺陷。

像中国的父母几乎都望子成龙、望女成凤一样，由于小火秀是家里唯一的读书人，他的父亲自然也对他寄予了很大的希望，希望他日后能够金榜题名，光宗耀祖，以此改变他自己当然也包括整个洪家人的命运。

洪秀全出生在广东花县一个名叫"福源水"的地方，但后来他全家却移民到官禄布村。从种种情形推测，这里的文化和教育一定非常落后，当地的私塾也就是当时的学校教育无疑都非常糟糕，或者说，最起码，那些启蒙和教育洪秀全的老师很可能都是一些"半吊子"，文化水平实在不敢恭维。这从以下这样一个故事中即可窥斑全豹，略知一二。

相传，小火秀在私塾第一次学对对子那天，老师出了个上联：鸡鸣。这边老师话音刚落，还没等其他小朋友反应过来，那边，小火秀立马站起来举手回答说：狗叫。随即，老师又出上联：鸡鸣天大亮。很快，火秀又应声答道：狗叫日头出。这位私塾先生顿时被惊得目瞪口呆，禁不住感叹说："在村里教了二十多年书，还从未遇到过如此聪明的娃崽哩！"

据说，消息传出后，整个村子都轰动了，大家议论说："莫不是官禄布几百年来头回要出秀才了？"那边又有人说："莫说秀才，我看火秀这个聪明劲，恐怕连举人也中得！将来许是点翰林做宰相享大福也说不定哩！"

不知道这个故事是不是后人的杜撰？如果不是，而是一则真实的故事的话，那么，这说明当地人也太少见多怪了。你看，就对个对子，怎么就会把老师"惊得目瞪口呆"，而且连"整个村子都轰动了"呢？

仔细想想，其实应该说，当年洪秀全对的"狗叫日头出"不仅境界太低，俗不可耐，而且也有违常识，不符合生活。试想，现实生活中哪有"狗叫日头出"的现象？换言之，"狗叫"和"日出"哪里有什么必然的联系？纯粹是胡言乱语。

所以，就这样的"教学水平"，也就可想而知，何以整个官禄布村几百年来未能出一个秀才，而令全村人骄傲的"聪明娃"洪火秀其实也只是一个屡试不第、一辈子只会写那种文句不通的"打油诗"的"半吊子书生"了。

说到洪秀全参加科举考试真的是让人又可怜又好笑。据说，就因为"聪明好学"，在私塾里的功课名列前茅，小时候的火秀在整个官禄布村成了"小明星"，以致上学路上，谁见了他都会忍不住上前摸着他那聪明的脑壳啧啧夸奖几句。

说来，在内心深处，几乎每个人都有自以为是的成分。也许是在家里在村里被人宠坏了，洪火秀从小就自以为是，自命不凡，认为自己将来长大后一定会走出这个穷得连草都不爱长的官禄布村，到外面的大世界做个顶天立地的大人物，干出一番风风光光流传后世的大事业。

可是，他的自命不凡的理想却一次又一次遭到了现实的无情嘲弄。没想到"天外有天，人外有人"，官禄布最聪明最优秀的好学生洪火秀竟然在科举考试面前栽了一个又一个跟头，到最后，竟然连个秀才也没有考中，论学历，一辈子只能说是个"童生"。想想，这实在是洪火秀一生中的奇耻大辱！

在今天看来，洪秀全之所以会屡试不第，其实倒并不是他真的怀才不遇，并非是千里马未能遇到伯乐，或者说是万恶的封建社会压抑人才、埋没人才所致，而应该说，实在是他的水平太低了！

诚如我们所知道的，清代的科举考试程序相对比较完善，分为三级：第一级是预备性考试，即童试；第二级是乡试和复试；第三级是会试和殿试。

预备性考试，或称童试，俗称为"考秀才"，即考生本来就是童生，考试入选者就称为"秀才"。预备性考试又分为县试、府试和院试这三个阶段。童生要取得生员的资格，必须经过县试、府试和院试。

第二级考试即为乡试和复试。清承明制，每三年举行一次乡试。此外，若逢皇帝万寿、登基或各种庆典时，还额外加科，叫作"恩科"。乡试必须由具备秀才资格的人才能参加，考取的叫举人。取中的举人还要参加一次复试，通过之后才能参加礼部会试。

第三级考试则是会试和殿试。会试就是全国举人集中会考的意思。明清两代每三年在京城举行一次考试（会试在乡试的第二年举行），各省的举人及国子监监生皆可应考，录取三百名为贡士（又称中式进士），第一名叫会元。至于殿试乃是皇帝对会试取中的贡士再进行一次复查，是最高一级的科举考试，又称"廷试"，由皇帝亲自主持。录取分三甲。一甲三名，赐"进士及第"的称号，第一名称状元（鼎元），第二名称榜眼，第三名称探花，合称"三甲鼎"；二甲若干名，赐"进士出身"称号；三甲若干名，赐"同进士出身"称号。

所以，一点也不夸张地说，清朝的科举考试就像登金字塔一样，越往上攀人数越少，也越加困难。显而易见，只有非常优秀非常杰出而且运气也非常好的人才能"过五关斩六将"，最终顺利登上塔顶。

很显然，洪秀全不是这样的人。他从十六岁一直考到三十一岁，整整考了四次，但耗了十五年的时间竟然连个秀才也没考上。也就是说，在科举考试中，他连最起码的第一关也未能通过。

想当年，李时珍、蒲松龄等人也曾困厄科场，很不得志，但人家毕竟还是顺利通过了童试取得了秀才资格的，而且，这些人也确实是有真才实学，只是运气不佳未能如愿而已。可是，我们看洪秀全，从他后来写的那些半通不通的诗文看，他的真实水平也确实不咋样。

这样说绝对没有贬低或瞧不起他的意思，事实上，洪秀全也是落后地区落后教育的直接受害者，而且，由于他的家庭对他过于宠惯与溺爱，其结果非但不是爱他，反而是在害他，这使他的心智从小发育就很不健全，无可避免地成了这种畸形教育的牺牲品。

说来，在那个时代，对于洪秀全这位从小未受到良好教育的农村人来说，真的是打击很大，每次的科场考试对他简直就是残酷的折磨、无情的戏弄。据说，1837年，也就是他第三次在广州参加考试落选的那年，洪秀全已经 25 岁了，也许是打击太大，回家以后他竟重病一场，一度昏迷。病中，洪秀全幻觉有一老人对他说：奉上天的旨意，命他到人间来斩妖除魔。

从此，洪秀全言语沉默，举止怪异。但即便这样，他依然心犹未甘，并不甘心考试的失败，更不想让自己多年的勤学苦读就这样付诸东流。

于是乎，又经过了一番寒窗苦读，在 6 年后的 1843 年春天，他第四次参加了广州的府试，结果，竟然又一次以落弟而告终。

如果说，在《儒林外史》中，范进喜极而疯乃是因为实在承受不住中举的喜悦的话，那么，在得知自己第四次落榜后洪秀全的突然发疯则完全是因为"悲极而疯"。是啊，科举太残酷了，谁能有那么大的耐力和那么坚强的意志一次又一次地忍受它的折磨？谁能够以生命为代价，在付出了那么多的青春和心血之后竟然一无所获却能够无动于衷，心平气和？

所以，将心比心，我们很能够理解在第四次科考失败后陷于绝境的洪秀全内心中的绝望，以及由此所表现出来的近乎歇斯底里的疯狂。是的，即使是在一百多年之后，人们依然能够想象得出当那天发榜后，满心期待的洪秀全面对红榜找寻自己名字时的那种心情。当时，他的太阳穴一定突突直跳，心好像随时都会从胸口蹦出来，当上上下下找了又找，终于确认没有自己的名字时，他的眼前肯定会突然一阵发黑，而他的双腿也无疑会再也支撑不住，这使他一下子就瘫倒在地上，并口吐白沫，不省人事……

不过这一次醒来后，他没有像上一次那样对科举考试仍然心有不甘，恋恋不舍，而是怒火攻心、咬牙切齿地在广州的大街上疯疯癫癫地一路狂喊乱叫道："从此不考清朝试，将来爷考天下人。"回到家后，他依旧狂躁不安，终日如困兽般在院子里疾行狂走，且口中念念有词："再不考清朝试，再不穿清朝服，老子以后要自己开科取士！"狂怒之下，他手持一把锄头，气急败坏地把家中所供的孔圣人的牌位砸得稀烂。

当时，人们以为他是受刺激太深，年轻人血气方刚嘴不服输，一时口出狂言过过嘴瘾罢了，过一段时间就会悔悟的。但没想到先前"一心只读圣贤书"的他有一天竟真的走上了一条企图改朝换代的道路。

在今天看来，屡试不第的洪秀全之所以后来会走上了这样一条反叛朝廷的道路，既是他在一种无可奈何的现实处境下的选择，同时也无疑是他那种狂妄自大性格所必然导致的结果。

的确，"自古华山一条路"，对于农村青年洪秀全来说，要想出人头地，富贵荣华，正常情况下，只有科举考试这条路，舍此别无他途。可是，如今科举的路对他而言已经堵死了，今后，他的人生之路该怎么走呢？

诚如我们所知道的，他的父亲洪镜杨是一个老实巴交的农民，这使洪秀全完全不能够"拼爹"。所以，在当时，摆在他面前的"路"确乎只有这么三条：一是自杀，在对自己的前程彻底绝望后选择以自杀的方式了此一生。二是教书。既然没有了"学而优则仕"的希望，不能够金榜题名，不再会出现"朝为田舍郎，暮登天子堂"的奇迹，那就回到家乡，当一个没有多大出息的"私塾先生"聊以糊口吧，否则，又能怎么样呢？三是造反。但造反是需要巨大的勇气的，除非吃了豹子胆，或者说是被逼到万般无奈，否则，一般人是万万不愿也不敢这么做的。

可是，令人事先怎么也意想不到的是，屡试不第的老童生洪秀全既没有选择自杀，也没有选择教书，而是选择了造反。

严格说来，这当然是罪恶的封建科举制度所导致的，但更主要的，应该说还是由于他们的个性使然。

创立拜上帝会

在我国古代，大凡农民起义和战争，从秦末的陈胜吴广起义开始，到清朝的太平天国和捻军以及义和团为止，几乎大多与宗教活动有着千丝万缕的联系。

如秦二世时大泽乡起义的陈胜、吴广，为在戍卒中制造神秘气氛，假托鬼神以威众人，他们暗中在一块帛布条上用朱砂写了"陈胜王"三字，把帛条塞入鱼腹中。戍卒买鱼烹食，发现了帛条，甚感惊奇，于是奔走相告。同时，吴广还在夜间跑到附近神祠的丛林中，点起篝火，模仿狐狸的声音呼叫道："大楚兴，陈胜王！大楚兴，陈胜王！"

戍卒们在夜梦中听了以后，感到十分惊异。于是乎，在他们眼里，陈胜已经不再是原来的屯长，而是具有神异色彩的"王"，是值得自己誓死跟随、舍命相辅的新君。

又如东汉后期爆发的张角领导的黄巾起义，是我国历史上第一次打着宗教名义的大规模农民战争。张角"以善道教化天下"秘密传教，信徒发展到几十万人，并广泛传播"苍天已死，黄天当立，岁在甲子，天下大吉"的谶语，利用宗教预言作为农民起义的口号，以蛊惑人心。义军头戴黄巾，故称黄巾军。张角号称天公将军。

再如元末爆发的红巾军起义，首领韩山童、刘福通利用弥勒教、白莲教等秘密传教手段，宣传"弥勒佛下生，明王出世"，天下将要大乱，光明就在眼前，以此宣传鼓动天下百姓起来造反。

而之所以会是这样，乃是封建时代，上至帝王诸侯、达官显贵，下至富绅士子、贩夫走卒，受思想认识和科技水平局限，大多愚昧迷信，相信鬼神，尊崇宗教。为实行愚民政策，历代统治者都别有用心地大力推广宗教，以至宗教在百姓中有着异常深厚的基础以及非同寻常的号召力。也正因此，历代农民起义往往都非常注意运用迷信思想、神秘预言和宗教崇拜手段，以自身的神性，向皇家"君权神授"挑战，宣传自己造反称王的合理性，以此笼络人心，发动群众，壮大实力。

这，应该说是历代农民起义最常见最基本的"游戏规则"。

对于这样的"游戏规则"，显然，很是读过许多年书的洪秀全当然心领神会，心知肚明。所以，当有一天他在心中打定了要举行起义的主意后，便理所当然地想到了利用宗教作为起义的思想动员和组织手段。

不过，很有意思的是，他所利用的宗教不是传统的"国教"，即儒、释、道三教，而是从外国进口的"洋教"——基督教。

在今天看来，洪秀全之所以要利用基督教作为起义的思想动员和组织手段，显然与他个人的经历有着很大的关系。

据太平天国的文献记载以及洪秀全的族弟洪仁玕的记述，洪秀全在道光十六年（1836年）到广州应考时，在街头遇到两个素不相识的人。那两个人主动将一本大约印有十万字的小册子免费送给他。洪秀全接过一看，原来是一本名叫《劝世良言》的基督教宣传材料。因为当时心思都在科举考试上，洪秀全显然并没在意，只是在那次科考后在小旅馆里没事时当成小说一样粗略地看了一下，然后便扔在了家中。

可是在第二年的考试中又一次落第，他因此大病一场。在昏迷中，据他自己说，他感到自己被天使接到了天堂，一个神色庄严的老人向他指出妖魔迷惑世人的情形，并赐予他一柄宝剑，令他把闯上高天的妖魔——逐到地狱。

而这，无疑是"上帝"第一次给洪秀全"托梦"。在以后，犹如演戏般，这样的"托梦"，洪秀全还要"表演"多次。

应该说，洪秀全的"反意"在这时候自觉不自觉地其实已经开始在他的心中萌芽。只是，在当时他还并不甘心，对科举还并没有完全失望，所以，高烧退后，尽管他提笔濡墨，写下了"手握乾坤杀伐权，斩邪留正解民悬。眼过西北江山外，声振东南日月边。展爪似嫌云路小，腾身何怕汉程偏。风雷鼓舞三千浪，易象飞龙定在天"这样一首充满反叛色彩的诗歌，但他还是尽量按捺住性子，继续做着第四次科考的准备，渴望等到水滴石穿，终于能够有奇迹发生的那一天。

毕竟，这才是一条比较现实也比较靠谱的"正道"。

然而，没想到准备了许多年的第四次科考竟然又再一次失败，这使他的通过读书走上仕途的希望彻底破灭了，以致他从此完全放弃了从科场中找出路的打算。

可是，不去科考又该怎么办呢？作为家里的唯一读书人，洪秀全从小就脱离了重体力劳动；在上学期间，族人也对他交口称赞，并多有馈赠，私塾老师甚至对他免收学费。尽管他屡试不第，家里还是极力支持他接二连三地去应考，可见家人和村人对他所寄予的希望有多么大。而现在，读了那么多年书的他却两手空空，一无所获，白白辜负了那么多人对他的期望，这让他情何以堪？又如何面对那么多的父老乡亲？

因此，在第四次落第后，洪秀全的情绪沮丧到了极点。然而，沮丧归沮丧，填饱肚子却很要紧，而且，当时 31 岁的他早已娶妻生子，为了养家糊口，他便只好到他继母李氏的娘家莲花塘村去当了一名私塾先生。

古话说："家有三斗粮，不当孩子王。"这句话讲的正是旧式私塾先生们的尴尬生活。因而，落到这步田地，一向心高气傲、自以为是的洪秀全，其心中的痛苦与愤懑可想而知。于是，穷极无聊之时，抑郁纠结时刻，他便拿出当年在广州街头那两个陌生人送给他的那本小册子《劝世良言》翻看，以此打发时间，而正是这本宣扬天堂永生、地狱永苦等教义的小册子在这种时候正好契合了他当时的心境，默默治疗着他心头的忧伤。

显然，在这次的重新仔细研读中，洪秀全一直潜藏在心中的那种"造反"的意识与思想被进一步激活了，并由此进入到了他的利用"上帝"宣传发动群众起来"革命"的启蒙阶段。

也就是在这期间，他将自己的名字"火秀"改为"秀全"。而之所以叫秀全，如上所述，乃是因为"秀全"两字拆开，即"我乃人王"的意思。

这说明，虽然落第，但志大才疏的洪秀全却并不因此妄自菲薄，而是深怀着一个很大的梦想：要当"人王"。

可是，要当"人王"，想出人头地，走"正道"无疑是此路不通了，唯一的途经便是走邪门歪道：造反。

这大抵便是洪秀全最早的思想与行动轨迹。

诚如我们所知道的，洪秀全最早的传教活动是在他的家乡，可是，响应他的人却很寥寥。在当时，只有他的族弟洪仁玕以及他的发小冯云山等不多的几个人加入到他的秘密教会中来。

而之所以会是这样，乃是因为，尽管他的家乡花县距离广州不过几十里的路程，在当时，深受外来文化特别是西方文化的影响，但是，当地的大多数群众却并不喜欢更不愿去信奉那些洋鬼子从西方带来的基督教，或者，换句话说，基督教在当时的广州一带并没有广泛的群众基础。也正因此，当洪秀全和他的好友冯云山——一个与他一样也是一个屡试不第且在当私塾先生的老童生一起创立了"拜上帝会"并四处去砸孔子的牌位时，还是遭到了许多乡邻的强烈反对，以为他们这是大逆不道，且最终让他们失去了塾师的职位。

既然在家乡待不住了，而且也很不利于他们传教，于是乎，受《圣经》中"从未有先知受人尊敬于本乡及家中的"这句话的影响，在道光二十四年（1844年）的二月，这两个"中国的传教士"便一起离开家乡，先去广州南的顺德，随即折回，深入粤北，直到阳山、连山等处。他们沿途宣讲，费尽口舌，但却收获甚微，只在清远感化了几个李姓的人。到连山厅白虎墟后，两人进入八排山区向瑶人"传教"，到南江排，又遇到言语不通的困难，只吸收到一个江姓老塾师入会，于是便出山到蔡江，最后辗转来到了广西的贵县山区。

说来，为了让那些乡民信上帝，加入他俩的拜上帝教，洪秀全与冯云山还真费了番心思。不过，两个读书人，要真想让一帮山里的百姓信教还是不成问题的。果然，他俩来了以后，很快贵县的山村中便流传开了这样一则"神话"：说是从广东来的一个洪先生，曾经上过高天，见过上帝，被天帝封为"太平天子"，来到这里，劝人向善。

又说洪先生有特异功能，"能令哑者开口，疯瘫怪疾，信而见愈"。一般人无论有怎样的重病，只要被他摸一摸头顶，口里念念有词一番，就会很快痊愈。

经他两人暗中故意这么一宣传，求"神医"洪先生治病的人越来越多。见人们的胃口被吊起来了，洪秀全便故意躲着不见，平时只让冯云山传话。很快，又有传说说这位洪先生会腾云驾雾，日行千里，平时居住在深山之中，来去无踪，一般人轻易见不着。传说有一天，有一个打柴人在山上遇到洪先生卧在一块大石头上睡着了，变成了一条盘在石上的白龙。

在把自己竭力包装神话了一番之后，洪秀全和冯云山便到处劝人敬拜上帝，劝人行善。"云若世人肯拜上帝者，无灾无难，不拜上帝者，蛇虎伤人。"他们还说，几年之后，天下将会大发瘟疫，信教的人平安无事，不信的家破人亡。就这样一传十，十传百，许多乡民便"宁可信其有，不可信其无"，很快就把洪秀全以及他的拜上帝教传得神乎其身，于是乎渐渐便有一百多户农民加入到了拜上帝教中。

这无疑应该说是他们自"传教"以来所掘到的"第一桶金"，或者说是"第一次收获"。这使洪秀全禁不住感到了由衷的喜悦。

这年的十月，因为实在吃不了苦，洪秀全便借口"想家"回到广东花县，而性格倔强的冯云山则到了贵县邻近的桂平紫荆山区继续"传教"。

在接下来的两年多时间里，表面"老实"的洪秀全在家乡暂时"潜伏"了下来。白天他继续做一份塾师的工作以养家糊口，等到了晚上便奋笔疾书，先后写下了《原道救世歌》和《原道醒世训》《原道觉世训》等一些宣扬拜上帝教的作品。这些作品多半都是一些半文不白半通不通的"打油诗"，可以说完全都是一些"下里巴人"的群众文艺作品，其主要意思就是劝人向善，信奉上帝。

说来很有意思的是，尽管洪秀全声称自己是"上帝的儿子"，其所写的这些作品据他所说也都是基督教的"真经"，并且在传教时他也一直打着"上帝"的幌子，但在实际上，由于洪秀全对基督教的真正教义并不通，因而，他所宣传的"基督教"其实是个"四不像"，既不像基督教，也不像"儒释道"三教，或者干脆说就是个"混血儿"。所以，道光二十七年，尽管洪秀全曾到广州向一个中文名叫罗孝全的美国传教士学习基督教，但是这位美国传教士却毫不客气地拒绝给他洗礼，不承认他是真正的基督徒，并且后来这位传教士在谈到他对洪秀全的印象时说："在述其异梦时，彼之所言实令我莫名其妙，迄今仍未明其究从何处而得此种意见，以彼对于圣经之知识无多也。"而时为英国翻译兼代理宁波领事富礼赐在其《天京游记》一书中则更是显得又好气又好笑地说："教皇如果有权治他洪秀全，早就把他烧死了！"

也就是说，在西方一些所谓的正统的基督教徒眼里，洪秀全又千真万确是一个异教徒！

不过，话又说回来，洪秀全对于基督教很显然原本就不是在内心中真的信奉或信仰，他只不过像古往今来中国的大多数人一样对宗教只是采取一种为己所用的实用主义态度罢了。也正因此，他对基督教完全是按照自己的意图进行了一番掐头去尾、画虎类犬、为所欲为地改造，根本就不像一个真正的基督徒那样考虑如此一来会不会歪曲或亵渎《圣经》。

就这样，经他改造后的所谓基督教便完全变成了一种颇具中国特色的"洪氏基督教"。而这样一种"洪氏基督教"，不用说，显然是为了他宣传、发动和组织农民起义服务的。

道光二十七年（1847年）七月，洪秀全怀揣着他创作的几本宣传拜上帝教的小册子再次离开家乡，来到紫荆山与冯云山会合。如果说洪秀全是一个理论家的话，那么，冯云山则是一个实际的革命家。经过两年多的传教，他已经取得了相当不错的成绩。其时，他已经发展和吸收了三千多淳朴的农民和开矿工人加入到了拜上帝会中，而且，特别重要的是，太平天国的重要领袖人物像石达开、杨秀清、萧朝贵、韦昌辉等人都是由冯云山在这期间发展的。也就是说，太平天国起义的骨干力量此时已经基本形成。

所以，一点也不夸张地说，尽管洪秀全是创立拜上帝教的第一人，但从早期对拜上帝教乃至太平天国起义的贡献来说，冯云山无疑乃是其真正的奠基者或者说是第一功臣，而洪秀全则只能位居其次，排在第二。

而且，冯云山不但在拜上帝教创立中贡献最大，甚至连设教反清的主意，也出自于他，而非洪秀全。如李秀成自述："谋立创国者南王之谋，前做事者皆南王也"。

的确，从史书上看，冯云山此人既脚踏实地，务实清醒，又志向远大，他曾写过一首诗，诗云："穿天透地不辞劳，到底方知出处高。溪涧焉能留得住，终须大海作波涛。"其诗无论意境还是气象都要比俚俗的洪秀全高出一筹。

可是，由于洪秀全是做理论宣传工作的，从某种意义上说，话语权掌握在他的手里，况且，就像当年大泽乡起义时的吴广心甘情愿充当陈胜的配角，时时处处都去突出陈胜，一心想神化和树立"陈胜王"的权威那样，性格憨厚不太计较名利得失的冯云山也显然就是这样一个"吴广"。几乎从一开始他就自觉自愿地充当了洪秀全的配角，甘为他人作嫁衣，再加上起义不久他便战死了，这就使洪秀全在拜上帝会中理所当然地赢得了独一无二的领袖地位。

当然，在今天看来，能力与水平明显要高出洪秀全一筹的冯云山之所以要心甘情愿地扮演"吴广"这样的角色，显然还有这样一个极为重要的原因，那就是：冯云山好相面之术，据说其相术之精，几乎不亚于曾国藩。传说冯云山曾给洪秀全相面，认为其"多异相""仪表不凡""有王者风"，当为九五之尊。因此，冯云山才打定主意，要辅佐洪秀全称帝，于是心甘情愿当起了配角。

话说回来，由于冯云山这两年来一直在做当地群众的宣传与发动工作，且一直在有意"神话"洪秀全这位拜上帝教的"教主"，所以，当洪秀全的足迹还没有踏上紫荆山，那些入会的教徒们便已经迫不及待地想一睹他们的教主洪先生的"天颜"了。而当洪秀全有一天真的来到他们身边，这些虽然愚昧但却虔诚的教徒们便都一起恭恭敬敬地膜拜着他，拥护着他。这使洪秀全未免感到心中窃喜。

既然"队伍建设"已经初具规模，接下来，洪秀全与冯云山便着手开始思想建设与组织建设。那些日子里，他俩发挥当塾师的强项，把洪秀全近两年所编的《原道救世歌》《原道醒世训》以及《原道觉世训》等文整天赶抄，分发宣传，同时，又模仿基督教的十诫，制订了十款天条，严禁奸淫、嗜杀、贪财、赌博、吸烟、饮酒等，要求会众必须遵从严格的道德生活和组织纪律。此外，为了继续"神化"洪秀全，确立他在信徒中的神圣不可侵犯地位，在此期间，他们又利用这一带地方对降童的迷信，秘密散布了一首童谶说："三八二一（即"洪"字），禾乃（即"秀"字）玉食，人坐一土（即"全"字），作尔民极"，意思是说，有个名叫"洪秀全"的人将做你们的天子，以此在农民中造成洪秀全是"真命天子"、为民做主的符命。

道光三十年（1850年），拜上帝会的信徒已经发展到了一万多人，他们分布在广西的桂平、贵县、平南、武宣、象州、陆川等地。此时，正当广西各教门纷纷聚众起事，一心想"坐江山"的洪秀全便再也按捺不住，酝酿着也想起来干一点事了。

这年的十月、十一月间，他们在桂平县的新墟、平南县的思旺墟以及金田镇附近，先后击败了清军的几次围剿。随即，洪秀全发布"团方"令，要求所有信徒携带所有家口，烧掉自家房子，到金田镇集合。这年的十二月初十也就是洪秀全的生日那天，洪秀全在金田正式宣布起义。

转眼，到了第二年的二月二十一日，太平军在万众欢呼声中，拥戴拯救他们的真命天子、救世主洪秀全在广西武宣县东乡称天王，建号太平天国，以这年为太平天国辛开元年。

从秘密建会，到宣传发动，建立队伍，再到思想建设与组织建设，以致最终金田起义，揭竿而起，整个准备过程都有条不紊，有板有眼。如果事情到此为止的话，那么，应该说，无论是思想宣传水平还是组织发动能力，洪秀全都绝对称得上是一个中国历史上数一数二的"优秀农民起义家"。

然而，令人感到遗憾的是，就像演戏一样，洪秀全虽然在前面的化妆与彩排方面表现良好，可当大幕开启，真正演起戏来，这位志大才疏的洪天王却显得昏头昏脑，非常蹩脚，宛如下棋那样，几乎还才开局，还未进入中盘，他便渐渐昏招迭出，以致到最后前功尽弃，满盘皆输。

从金田起义到定都天京

洪秀全在发动金田起义前，他所发布的"团方"令乃是说要所有的信徒们都到金田来参加宗教仪式，而并没说是要起义。当时，为了使所有的信徒都来，他故意以天父的名义吓唬他们说："道光三十年，我将遣大灾降世，凡信仰坚定不移者将得救，其不信者将有瘟疫，过了八月之后，有田无人耕，有屋无人住。"

被他这么一吓，为了躲避这场"天灾"，信徒们才诚惶诚恐地纷纷来到金田，准备参加洪先生的"宗教仪式"，而绝没有想到是来准备参加起义，反对清政府。因而，直到和官兵打仗的前一天，他们还都不知道自己将要参与中国近代史上最为声势浩大的一次农民起义。

的确，在当时，一万多人的队伍中，除了洪秀全本人，就只有冯云山、杨秀清、石达开、萧朝贵等六人知道"天王欲立江山之事"，至于其他人，都是被动地参加了这次起义。

因而，整个起义队伍显得漫无目的，既没有明确的革命纲领，也没有明确的行动方案，只是像一群没头的苍蝇一样到处瞎摸乱撞。

说来，太平天国起义之所以一开始不仅没被清军镇压，反而能够渐成气候，实在是有着很多运气的成分。

众所周知，当时的大清帝国内忧外患，早已经风雨飘摇，危若累卵，就像一艘破船，早已烂得不成样子，只要稍有不慎，就会随时都有船毁人亡的危险。

原来，就在金田起义之前，清朝廷因为广西"匪患"大盛，而广西的官员和军队又不能扑灭于是便从外省调遣军队到广西来，并把以善战著名的湖南提督向荣调任为广西提督，同时又起用因"虎门销烟"被贬官的老臣林则徐为钦差大臣兼广西巡抚。可在奉命赶赴广西的途中，林则徐因为年老体弱，积劳成疾，在途中便病逝了。于是，朝廷便改派前两江总督李星沅为钦差大臣主持广西的军务。

所以，从某种意义上说，没能到广西正式上任广西巡抚一职，既是林则徐的幸运，也是洪秀全的幸运。因为，对于林则徐来说，他的死使他有幸避免了到广西来镇压农民起义，使他的手幸而未能沾上农民起义军的鲜血，没有像曾国藩那样因为镇压太平天国起义用农民起义军的鲜血染红了自己的顶戴而遭世人唾骂；而对于洪秀全来说，林则徐的死则使他有幸未能过早地遇上一个强大的对手。

由此可见，历史的偶然性在历史的发展中有时也的确会起到非常大且不可忽视的作用。

原来，就在拜上帝教的各路人马纷纷按照他的"团方"令向金田汇集之时，洪秀全也仍然未能打定主意，不知道接下来要干什么？

可就在他举棋不定之时，官兵来了。官兵原本不是冲他们拜上帝教来的，而是来围剿天地会、三合会等更严重的"教匪"。等到杀散了这些"教匪"，一路追赶过来时，却意外发现在金田这里居然还藏着这样一个前所未知的教门。于是搂草打兔子，官军便临时决定将这支所谓拜上帝教的队伍顺带给消灭掉。

一看官军来了，且误以为是冲他们来的，这使洪秀全、冯云山他们未免非常惊慌。可是事情到了这步田地也已经没有退路了，于是两人一合计便只有硬着头皮被迫应战了。所以，在后来回忆这段历史时，洪仁玕说"本不欲反，无奈官兵侵害，不得已而相抗也。"

　　显然，这次的战斗对于洪秀全们来说，完全是一场不得已而为之的仓促之战。但没想到，就是这样一场仓促之战，硬是给他们打赢了。

　　那天，当双方一交战，气势汹汹的官兵却不堪一击，竟然被以前从未打过仗的一帮拜上帝教的信徒给打得落花流水，抱头鼠窜。仅此可见，当时的清军战力也真是烂得不行了。

　　第一次战斗的胜利，给了洪秀全极大的信心，也使整个拜上帝教的信徒们发现原来官军也不过如此，没有以前想象的那么可怕。于是乎，在此役过了二十多天后，洪秀全便借庆祝自己生日的机会，在金田正式宣布起义。

　　然而，即便是到了这种时候，以洪秀全为首的六位领袖大脑里也还是一团糨糊。起义后下一步究竟要干什么？准备攻打什么地方？附近有什么战略要地？官军可能会对他们采取什么行动？……对于这些，洪秀全的大脑里也都是一片空白。这种时候，他只知道自己的目的是"坐天下""食天下钱粮""管天下人民"，是要"左脚踏银，右脚踏金"。至于如何实现这一目的？他却茫然无知，毫无头绪。

　　第一次战役获胜之后，一连十多天，太平军仍然待在毫无防御能力的金田，不知道实行必要的战略转移，仍然缩在那里等着官军围困。直到附近的敌人向他们发起进攻，他们才奋起反击，乘胜占领了大湟江口（广西桂平东北）。

　　可是，在交通便捷的大湟江口一驻扎下来又是两个多月，洪秀全又不知道接下来要干什么了。而等到官军把大湟江口团团围住，这时太平军才又不得不再次突围。在付出惨重代价之后，总算突围了出来，众人来到了离武宣县城二十里的东乡。

　　正是在这里，洪秀全开始正式对外自称天王。

　　说来真的是很搞笑，太平军在东乡这个弹丸小镇莫明其妙地又驻扎下来待了两个月之后，等到官军围上来，便又没命地向外突围，等到突围成功后，却又不知道前往哪里是好，无奈之下，竟又一起跑回了金田。

　　太平军再次回到金田后，清廷调派提督向荣自横州回师专剿金田。太平军出大黄墟，击败向荣，洪秀全在此自称太平王。很快，清军又来围攻，无奈，太平军只好焚毁大黄墟，入象州。

　　到这时，清廷才开始认识到太平军乃是他们最危险的敌人。于是，刚继位不久的咸丰皇帝便任命大学士赛尚阿为钦差大臣，前往广西督师，想用赛尚阿这把"尚方宝剑"把"匪首"洪秀全的项上人头快刀斩乱麻似的立马砍掉。

但很显然，咸丰想得实在是太天真了。

这年 5 月，清军调来大量兵力，对太平军进行清剿。8 月中旬，迫于清军的压力，洪秀全等人决定，从紫荆山区突围，逆濛江而上围攻永安城。

1851 年 9 月 24 日，也即咸丰元年闰八月初一，太平军先头部队抵达永安城，随即展开进攻。由于清军在这里防守薄弱，到晚间，太平军攻入城中，歼灭清军八百多人。这是太平军自起义以来攻克的第一座城池，也是这些贫苦的农民所见到的第一座大城市。

的确，在当时，永安为州治所在地，是一座繁华坚固的中型城市。一万多原本为山区农民以及开矿工的信徒忽然占领了这样一座城市，就像放牧的牛郎忽然与下凡的仙女有了肌肤之亲，其心中的喜悦与兴奋是可想而知的。即便是在广州多少见过一些世面的洪秀全也禁不住心头的喜悦。

攻克永安后，洪秀全一家于这年的 10 月 1 日进驻原知州衙门。城中一些富豪人家被抄家，抄家所得被纳入"圣库"，以资军用。

值得一提的是，在永安城，太平天国建立起了自己的一整套制度，故而被历史学家称之为"永安建制"。

这年的 10 月 25 日，洪秀全自己在这里当起了皇帝，封自己的妻子赖氏为后，同时又下诏封杨秀清为东王、肖朝贵为西王，列一等；冯云山为南王、韦昌辉为北王，列二等；石达开为翼王，列三等。西王以下皆受东王节制。凡是有功将士都晋封官职。

12 月 14 日，他又正式颁行《太平天历》，废清朝纪年，以金田起义之年为太平天国辛开元年，本年为壬子二年。此外，又颁布"太平礼制"，规定了一整套严格的尊卑等级和烦琐的礼仪制度。

另外，洪秀全还多次诏令全军不得私藏所获财帛等物，严令一切战利品都要上交天朝"圣库"，违令者治罪；不得违反十款天条；命太平天国将士蓄发；刊刻颁行太平天国官方文书，等等。

在今天看来，"永安建制"虽然无论在形式上还是实质上，其实都是极端落后和陈腐的封建制度那一套，但在当时，对于以前几乎一盘散沙的太平军来说，建立这样的一套制度，也确实为太平天国政权奠定了初步规模，从而有效地增强了太平军的凝聚力与战斗力。

从种种情形看，洪秀全原本是想把永安这座城市当作自己的"小天堂"，并一心想把它建成自己的首都的，但就在他大兴土木，命令人们把州衙改建成为自己的"天王府"，并为自己选了三十六个女人，封为三十六个娘娘供自己享用时，没想到清军却很是让他扫兴，突然兵临城下，把永安城包围了。

尽管心中老大的不情愿，可是没办法，关键时刻洪秀全还是三十六计——走为上，让一帮太平军将士在前面杀开一条血路，然后自己则在夜间悄悄离开刚刚住了不久的天王府，狼狈万状地从永安城突围出去了。

由于在永安城尝到了甜头，感觉到越是大的城市，越是一块肥得流油的大肥肉，可以好吃好喝，所以，从永安城突围出来后，太平军已经不再像刚开始起义那样如没头的苍蝇似的乱转，从此，他们的进军目标很明确，那就是：攻打，抢占大城市！

当时，为了激励太平军将士向大城市进军，洪秀全发挥他善于写打油诗的优势，写下了这样一首俗不可耐的打油诗：

> 脱尽凡情顶高天，金砖金屋光焕焕。
>
> 高天享福极威风，最小最卑尽绸缎。
>
> 男着龙袍女插花，各做忠臣劳马汗。

也正因此，这以后，太平军曾攻打桂林、长沙，并于咸丰二年十二月（1853年1月）攻占了长江中游的重镇武昌。然后，全军由武昌沿长江一路东下，迅速占领了南京城。

这是在咸丰三年二月初十日，也即公元1853年的3月19日发生的事情。长江下游的这座六朝古都由此被宣布为太平天国的首都——天京。

三月二十九日，洪秀全身着黄龙袍，脚蹬黄龙履，乘坐一顶华丽的轿辇，由十六个轿夫抬着入城。三十二名姿色撩人的女倌手手持黄罗伞，身跨骏马簇拥在他周围，显得飒是威风。道路两旁跪倒在地的是无数的百姓，四下里此起彼伏的则是一片山呼万岁的声音。

从此，"六朝金粉之地"的南京翻开了新的一页。

致命的内讧

在今天看来，一度轰轰烈烈的太平天国起义之所以最终灰飞烟灭归于失败，这其中固然有许多的原因，但其中一个最重要最直接的原因应该说就是发生在太平军内部的那场致命的内讧，即历史上所谓的"天京事变"。

而之所以会发生那场无异于自杀的"天京事变"，追根溯源，事情应该从一开始创立拜上帝教说起。

诚如我们所知道的，在最初到贵县紫荆山区传教时，洪秀全和冯云山就打着"上帝"的幌子，动辄上演"上帝显灵"的把戏，哄吓诱骗群众。但洪秀全那一套自欺欺人的把戏骗得了那些愚夫愚妇，却骗不了那些聪明的百姓，如当时的烧炭工杨秀清就是这样一个聪明人。

史称杨秀清虽然大字不识，只是紫荆山区的一个烧炭工，但却聪明狡黠，豪迈而素有大志。他虽然贫困，却仗义疏财，经常接引四方豪侠，将卖炭所得的辛苦钱负竹筒入市沽酒待客，而途中时时引吭高歌，有掉臂天门之概，端的是个如《水浒传》中的"梁山泊好汉"。

杨秀清是最早加入到洪秀全和冯云山创立的拜上帝教的核心成员之一，对洪秀全玩弄的那套把戏自然心知肚明。所以，在当年冯云山被捕，而洪秀全又借口回乡找两广总督评理，请他放人，离开紫荆山区的情况下，由于群龙无首，眼看一帮拜上帝教的信徒就要作鸟兽散，紧急关头，杨秀清竟也模仿洪秀全先是假装患病，一连许多天"耳聋口哑"，可是有一天却"忽开金口"，代"天父"传言，一时震慑住了那些会众，稳住了局面。

显然，也正是由于这次代"天父"传言，杨秀清一跃而成为太平天国诸王中仅次于洪秀全的第二号人物，并在以后经常故伎重演，诚所谓"以其人之道还治其人之身"，每到关键时刻便以"天父"的名义对"天父之子"洪秀全发号施令。

尽管明知是诈，但由于自己不好也不敢戳穿，于是乎，一向喜欢自欺欺人的"洪教主"便只好装得恭而敬之，唯命是从，有苦难言地每每总是捏着鼻子配合杨秀清"演戏"。但这样的事情老是一而再再而三地发生，到最后，洪秀全当然受不了，如此一来，终于有一天，"天京事变"这一致命的内讧便无可避免也自然而然地发生了。

所以，"天京事变"归根结底还是洪秀全自己大搞封建专制以及迷信妖术惹的祸，应该说完全是其咎由自取。

其实，对于洪秀全搞的那套愚弄民众的迷信妖术，很早之前就有一个名叫焦亮的人规劝过他。

焦亮是兴宁的一名书生，颇有文名。此人屡次参加乡试落第，心中愤懑不平，所以酒醉之后，经常大骂官府，抨击时政仅就这一点来说，其所言所行到很有些像《红楼梦》中贾府的焦大。焦亮熟读兵书，研究地理，认为天下形势都了然于胸，大有推翻清廷的志向。

当时，天地会在湖南、广东和广西纷纷起事，焦亮索性加入天地会，成立一个山堂，号称招军堂，密谋起义。后来，洪秀全的部队攻占永安州城之后，焦亮便去投奔，向洪秀全上书，纵论用兵方略，引经据典，论述当时的军政形势和人心向背。他告诉洪秀全，太平军只要占领了一个省份，向全国发出文告，就可以令全国归附。为此，焦亮建议太平军立刻进军湖南，并自告奋勇，请求率领湖南的天地会众人打前锋。

洪秀全听了这些滔滔宏论，颇为动心，于是便对焦亮加以礼遇，并留下他做顾问。

但是，焦亮在永安对太平天国做了一番考察以后，对洪秀全假借天父和天兄的名义愚弄军民的做法颇不以为然。为此，他上了一道奏章，奉劝洪秀全用文才武功治理属下，而不要依靠妖言惑众。他说，张角、孙恩和徐鸿儒等辈不足效法，开天辟地以来，未曾听说过有人用妖术获得了成功，希望天王应该立即改正。

谁知，这一来竟触犯了洪秀全的忌讳，一听这话，脾气暴躁的洪秀全顿时大怒。焦亮见洪秀全执迷不悟，不听劝谏，也就只好"三十六计走为上计"，立马走出了永安州城。

这以后，洪秀全继续执迷不悟，大搞封建迷信，以此制造神秘感，竭力神化自己。而杨秀清自然也不甘示弱，如法炮制，以致最终酿成了"天京事变"这样的大祸。

平心而论，杨秀清是太平天国一名最重要的骨干，如果说拜上帝教最早的基础最主要的是由冯云山打下的话，那么，这以后，从太平天国起义一直到天京事变发生前，起义军内部的一应事务则基本上都是由杨秀清料理的，或者干脆说，太平军的实际统帅乃是杨秀清，而洪秀全实际上只不是一个"甩手掌柜"或董事长而已。而且，这个董事长完全就是个摆设。

也确实，从创教之初，志大才疏的洪秀全就一直很少参与繁杂艰苦且布满凶险的具体事务，而是沉醉于制定规矩，讲究排场，编造神话，神化自己，在很大程度上其实都是"坐享其成"。所以，在太平军内部倘若要论功行赏的话，那么，实事求是地说，杨秀清的功劳当之无愧应该排第一位，无人能出其右。

这样说绝对不是夸大其词，更不是颠倒黑白，而是有充分的事实根据的。

从种种实际情形看，出生于道光三年（1823 年）与清朝历史上另一个赫赫有名的大人物李鸿章同年的杨秀清虽然比洪秀全小九岁，而且也没有像老童生洪秀全那样读过书，但无论是智商抑或是情商，他都比洪秀全要高出很多。

诚如我们所知道的，从金田村到武昌，从武昌到南京，在关键时刻力挽狂澜，直到太平军第一次击垮清军的江南、江北大营，杨秀清都绝对是太平天国实际上的全局指挥者。同时，他也是太平天国的"精神领袖"。据不完全统计，从 1848 年到 1856 年，杨秀清假借"天父"下凡，共代天父"传言"近三十次，且绝大多数都是在危急时刻挺身而出，力挽狂澜，从而稳定了军心、民心。这些"传言"虽然内容庞杂，有宗教的、军事的、政治的、文化的，还有假借"天父"名义识奸与杀奸的，但多半都是关乎太平天国生死存亡的重大决策。

也确实，在太平军定都天京以前，杨秀清的"传言"对于太平天国的事业都是具有积极意义的。因为这种方法让太平军将士觉得上帝无所不在，无所不能。有了如此巨大的精神力量，使用如此行之有效的"思想教育"方式来凝聚军心，提振士气，太平军将士早期真是玩了命似的跟定上帝去杀"妖魔"。

显然，也正是在这样的一次次胜利中，作为太平军作战的总指挥，杨秀清便渐渐树立了自己在太平军中无与伦比的领导地位。

倘若只是从理论上说，显然，杨秀清越能干，对太平军来说就越是一件好事，对太平天国取得最后的胜利就越是增添了希望的压舱石。

然而，非常不幸的是，事实却并非如此。

因为，一个可想而知的原因是：杨秀清越能干，他的领导地位越突出，对洪秀全的一把手地位就越会构成挑战，对他的威胁无疑就越大。

的确，俗话说：一山不容二虎。在当时的情形下，如果真正从大局出发，从太平天国事业发展的实际需要出发，志大才疏的洪秀全理所当然应该让贤，让真正有实际才能可以驾驭统揽全局的杨秀清取而代之，成为太平天国名正言顺的一把手。

诚如是，则太平天国也许就会是另一番景象。

但很显然，这是绝对不可能的。因为，洪秀全是个把权力看得很重的人。

当然，在今天看来，如果当时杨秀清能够后退一步，不去与洪秀全争锋，而是以大局为重，跟随在洪秀全的周围也行。诚所谓"退一步海阔天空"。这样，或许就能够维护太平天国高层内部的团结，从而避免"天京事变"这一致命内讧的发生。

可在实际上，以杨秀清的性格与觉悟，你要他始终夹着尾巴做人，老是屈居在洪秀全手下，心甘情愿地为洪秀全卖命，则显然是怎么也做不到的。

如此一来，形势就变得非常复杂，非常微妙，非常严峻，而"天京事变"这一太平天国内部最致命的内讧也就变得无可避免、势所必然了。

从某种意义上说，这就是太平天国的宿命。

对于精明能干功勋卓著但却经常冒犯自己的杨秀清，洪秀全一开始还是一忍再忍的。如早在1853年底，洪秀全虐打后宫嫔妃，杨秀清看不过去，就佯装天父附体，"传言"表示了对洪秀全的不满。当时，洪天王知道自己必须依靠杨秀清扶持，只好当众允诺了杨的要求。

不久，军中有被掳百姓出于好奇心，偷偷溜进洪秀全的营帐，在夜间偷窥洪与妃子们的房事。洪秀全发现后，立刻把那人绑起来，在自己帐前杀头。杨秀清又不高兴了，就以天父名义传来洪秀全并严厉斥责他："你与众兄弟一起打江山，杀人大事，为什么不与四位兄商量！要重重罚你！"

洪秀全无奈，只得跪下认错，表示愿打愿挨。

这种时候，在场的北王、翼王等人也跪地求饶，表示愿意代替洪受杖责。杨秀清这才罢手。

由此可见，许多时候，杨秀清假借天父名义斥责洪秀全，其实多半还是为了维护大局，伸张正义，以便纠正洪秀全所犯的错误，而并非只是为了满足自己的私欲。

对此，想必洪秀全应该心知肚明，所以，才会一次次虽然很不情愿但却无可奈何地听从了杨秀清的劝告。

但是，这些事例并不能说明洪秀全有多大的心胸和气量，而是在当时，对指挥作战完全外行而且事实上也完全心不在焉的他知道自己暂时还离不开杨秀清这个"军师"，所以，他才会权衡利弊，对杨秀清的冒犯一忍再忍，但这些账他却是牢牢地一一记在了心中。

从种种迹象看，面对精明能干、功勋卓著的杨秀清对自己的领导地位与领导权威所构成的越来越严峻的挑战，洪秀全是很早就在心中思考谋划着破解之策的。而等到那天，杨秀清要洪秀全封他为"万岁"时，洪秀全终于忍无可忍了，于是乎，他终于在心中下定了要彻底灭掉杨秀清的决心。

那是咸丰六年（1856年）的秋天，指挥太平军攻破清军江北、江南大营之后，杨秀清完全陶醉在自己的丰功伟绩之中，觉得"九千岁"的称号已经不能满足自己了。于是乎，那天他便又"咣当"一声倒在地上，然后装神弄鬼地等半天才醒转过来，借口天父下凡附体，传唤天王洪秀全，当着一大批高级官员的面以天父的身份训斥洪秀全说："你与东王都是我的儿子，东王有如此大功劳，为什么只称九千岁？"

这种时候，洪秀全只得乖乖跪下回答说："东王打江山，也应该称万岁"。

"天父"听后，当即满意地笑了，说："这样就好，我回天堂去了。"

但是，洪秀全并没有立即封杨秀清为"万岁"，而是假装为了郑重其事，要等下个月，即9月23日杨秀清生日时，当众正式封东王为"万岁"。

杨秀清显然低估了洪秀全，一听这话当即信以为真，于是也想借此抬抬洪秀全，就说："我当万岁，尊你为万万岁。"

应该说，那天作为主角，杨秀清的戏演得非常好，而作为配角，同样惯于演戏的洪秀全也非常配合默契。戏演到结尾，两人都故作皆大欢喜状，都很君子似的握手而别。

可是，回到金龙殿后，洪秀全就立即密召在江西南昌的韦昌辉、湖北武昌的石达开以及江苏丹阳的秦日纲三人回京勤王，诛杀逆贼。之所以要密召此三人回京"诛逆"，乃是因为洪秀全知道北王韦昌辉、翼王石达开及燕王秦日纲对东王杨秀清一直心存不满。

接到密诏后，路途较近的秦日纲先抵达天京，但未敢轻举妄动。9月4日午夜，韦昌辉率战舰两百余艘、精锐将士三千余人自南门入天京，随即与秦日纲、赖汉英、胡以晃等人一起密谋，并秘密向洪秀全做了请示。次日清晨，韦昌辉等人先控制住城中险要，并切断了所有通往东王府的道路，然后突然杀入东王府，斩杀了杨秀清，并将其首级砍下，然后立即悬挂到街市中的一根木杆上示众。

由于毫无防备，事件发生后，东王府中侍卫及其一帮亲信家属仓促应战，全部被杀。

一时间，整个南京城内，几乎到处都是鲜血横流，惨不忍睹。

如果事情只是到此为止也还无关大碍，因为虽然东王杨秀清可以说乃是当时太平天国一位中流砥柱型的人物，杀了他，对于太平天国来说无异于天陷一角，委实可说是无可估量难以弥补的损失，但还不至于会因此山崩地裂，天塌下来。然而，接下来所发生的太平军内部高级将领的相互残杀则完全可以说是给了太平天国最致命的打击，将本就根基不牢的太平天国的基础彻底摇撼了，那支撑太平天国的栋梁自此几乎完全被折断了。

原来，杨秀清被杀还只是"天京事变"的上半场，而这上半场戏无疑是由洪秀全一手策划并导演的，其副导演和男主角当然是韦昌辉和秦日纲。可是，到了这出悲剧的下半场，其策划与导演已经一度换成了韦昌辉，这种时候，即便洪秀全自己也已经很难能够控制得住局面了。

于是，原本已经开始逐渐好转的形势又忽然急转直下，很快变得恶劣起来。

事情的大致经过是这样的，在洪秀全密诏的"三王"中，翼王石达开是最后一个到达南京的，当他来到南京后，见天王、北王滥杀这么多人，而且其中也有自己的属下，未免有些气愤，于是禁不住便当面谴责韦昌辉杀人过多。

韦昌辉把这事告知洪秀全，没想到洪秀全不仅不高兴，而且竟对石达开也动了杀心。但就在韦昌辉准备对石达开下毒手时，一向机警的石达开一看形势不妙，才入城仅几小时便立即率领手下冲杀出城。在洪秀全的授意下，韦昌辉杀了石达开全家。同时，为了不留后患，燕王秦日纲受诏，立即率领一万多人出城去追杀石达开。

就像下棋一样，可以说，自从谋杀杨秀清开始，洪秀全就可谓昏招迭出，奇臭无比。如果说，杀杨秀清还可以说是为了除掉自己的竞争对手，还勉强可以说是为了自保的话，那么，企图杀掉石达开则无异于自寻死路了。

要知道，石达开可不是等闲之辈，他乃是太平军中一位最优秀的将领，也是曾国藩所带领的湘军一直为之胆寒的一位太平天国大将。1854 年夏秋，太平军在西征战场遭遇湘军的凶狠反扑，节节败退，失地千里。石达开看出两军最大差距在于水师，便命人仿照湘军的方式造舰，加紧操练水师。在湘军兵锋直逼九江的危急时刻，石达开再度出任西征军主帅，亲赴前敌指挥，于 1855 年初在湖口、九江两次大败湘军。湘军水师溃不成军，以致失败后曾国藩竟然投水自尽，被部下救起。

有了石达开这样的"擎天一柱"，自此，太平军西线军事很快步入全盛。

就在那年的秋天，石达开又挥师江西，四个月连下七府四十七县。由于他军纪严明，爱护百姓，求贤若渴，江西的百姓都对他争相拥戴。因为他，许多原本对太平天国不友好的知识分子也转而支持太平军。因此，石达开的队伍很快从一万多人扩充到十万余众。见此情景，就连湘军骁将、当时正经略江西的左宗棠也禁不住哀叹："民心全变，大势已去"！

由此可见，石达开是怎样的一位优秀将领。所以，当时，就连美国传教士麦高文在其通信中也如此称赞石达开："这位青年领袖，作为目前太平军的中坚人物，各种报道都把他描述成为英雄侠义的——勇敢无畏，正直耿介，无可非议，可以说是太平军中的培雅得（法国著名将领和民族英雄）。他性情温厚，赢得万众的爱戴……"

可是，就是这样一位擎天柱似的将领，洪秀全不仅不去笼络住他，到最后还逼得他竟然愤而离开天京，可以想见这位洪教主也真的是自寻死路，简直昏庸混账到了极点。

再说石达开逃离天京后，在安徽举兵靖难，他上表洪秀全，要求杀北王韦昌辉以平民愤，并声称自己将班师回朝，讨伐韦昌辉。想到石达开在军中颇有人望，且其手下有着那么多的精兵良将，洪秀全立马翻脸不认人，将韦昌辉给杀了。临死前，韦昌辉气得要死，指着洪秀全的鼻子大骂道："我为渠除大害，今反责我，欲沽名耶！"

这话，韦昌辉说对了。韦昌辉被杀后，洪秀全让人把他的头砍下来送给石达开，不久在召见石达开时又放声大哭，诬陷韦昌辉挟持自己，为报私仇擅自杀了杨秀清。

石达开信以为真，自然又对天王洪秀全忠心耿耿。

可是，石达开回到天京后，虽然深受满朝文武拥戴，被尊为义王，但洪秀全见石达开如此深得人心，心生疑忌，于是暗中便对石达开百般牵制，甚至意图加害于他。为了避免再次发生内讧，1857 年 4 月，忍无可忍的石达开从天京负气出走，率部 10 万余众西征，以致最后在大渡河畔全军覆没。而他自己也在成都被清军凌迟处死，由此成为太平天国一位最为悲剧化的英雄。

到此为止，"天京事变"完全结束了。但这次事变的后遗症却永远未能消除。

在这次事变中，被称为能代上帝立言的太平天国实际的领袖人物杨秀清死了；当年捐献全部家财资助拜上帝会，同为"上帝之子"的北王韦昌辉死了；太平军中重要的军事将领秦日纲死了；数万来自广西且身经百战的太平军精锐骨干也死了；唯一没被诛杀的太平军中最优秀的军事元勋石达开到最后也被逼出走，以致全军覆没……

因为内讧，许多栋梁之材忽然被折断，自此，太平天国的大厦已经发生了严重的倾斜，离坍塌只差一步了。

而之所以会出现这样的事情，应该说，其始作俑者或者说罪魁祸首无疑就是洪秀全本人。

天京陷落

诚所谓，时势造英雄，乱世出枭雄。可我们看洪秀全的性格与气质既不像是英雄，也不像是枭雄，在他的身上几乎从来看不到那种侠肝义胆、英勇豪迈、敢作敢当的英雄气，也丝毫嗅不到那种锄强扶弱、杀富济贫、叱咤风云、威震八方的枭雄气息。从心理学的角度来看，洪秀全显然属于那种抑郁质的人，其性格可谓非常忧郁而内向。这，除了遗传基因的关系，无疑与他早年屡试不中、屡遭挫折的不幸经历有关。

显然，这种性格与气质的人是很不适合成为群众领袖和英雄人物的。可是，由于种种原因，命运却阴差阳错般地让他成了拜上帝教的"教主"以及太平天国起义的领袖。仔细想想，这真的是一种不幸，无论是对洪秀全本人还是对整个太平天国将士来说，都只能说是一种莫大的悲哀。

历史上，大凡英雄人物，往往都有一种挥之不去的迷信情结。我们看秦末时的项羽，在兵败垓下、四面楚歌的生死关头，英雄末路的他曾悲歌慷慨，自为诗曰："力拔山兮气盖世，时不利兮骓不逝。骓不逝兮可奈何，虞兮虞兮奈若何！"即使是在拔剑自刎前，一向自以为是的他还依然执迷不悟，仰天长叹道："今卒困于此，此天之亡我也，非战之罪也。"一味地慨叹"命运"待自己太过于刻薄。

当然事实绝不是这样。

其实，真正"亡他"的显然并不是天命，而是人运，是因为他不知道网罗英雄知人善任。是啊，一个不知道重用贤才而只是一味地单打独斗的"独夫"，纵然"力拔山兮气盖世"，但凭自己的一己之力又怎能最终逐得中原之鹿？

如果硬要说命运的话，与西楚霸王项羽比较起来，老童生洪秀全的命运一开始真的不坏。起兵之后，尽管他对于带兵打仗的事情几乎从不关心，更不用心，而只是"委托"杨秀清他们去干，但即便这样，起义军只用了几年的时间就从广西一路打到了南京，而洪秀全从一个连自己都看不起自己的落魄童生华丽转身，成了"左脚踏银，右脚踏金"的"太平天子"。

仅此可见，洪秀全的命曾经真是一度好得不能再好了。

而且，当时的时势也对洪秀全非常有利，自1840年第一次鸦片战争之后，腐败无能的清政府已经完全走向没落，而等到第二次鸦片战争发生后，国事蜩螗内忧外患的大清帝国就更是元气大伤、气数已尽。由于有越来越多的人不满于清政府的腐败无能，丧权辱国，在这种时候，只要有个稍微有点胆量和能耐的人起来振臂一呼，就必然会应者云集，迅速点燃起万众一心反抗清朝的熊熊革命烈火。

诚所谓时也，命也，生逢其时，应该说，洪秀全的运气真的不错。

说来，洪秀全这人虽然运气很佳，但其能力也实在是太差了。

这样说绝对不是信口雌黄，哗众取宠，而是有事实根据的。

原来，早在永安突围、围攻长沙之际，具有相当军事头脑的太平军重要将领罗大纲就提出了两套军事方略：第一套是建议直接向北京进军。由洪秀全亲率太平军北上进驻河南，然后再遣一支劲旅渡黄河北伐，问鼎京城。倘若嫌第一策过于激进，则可以采取相对稳妥的第二策，即先平定南方九省，待无后顾之忧，再分三路出师。一路出湘、楚，逐鹿皖、豫；一路出汉中，直趋咸阳，掠取西北；第三路出徐、扬，席卷山东之地。待咸阳已定，再自西北遣军出山西，与山东之军会猎燕京，则大业可成。

今天看来，诚所谓英雄所见略同，这一计划显然与当年朱元璋的北伐计划大体相似，假若能够真正得以实施，则太平天国的历史很可能将会是另一番模样。

可是，攻占江南最繁华的大城市南京之后，太贪恋富贵荣华的洪秀全到了秦淮河畔，被那里的香风一吹就再也迈不开腿走不动路了，于是便在这里纸醉金迷地当起"太平天王"来，再也不愿亲冒矢石，带领大军北上逐鹿中原了。

后代有学者说，这是洪秀全最致命的战略性失策。

史载，当时由于计不得用，罗大纲扼腕不已，连声叹息，且私下对身边人说："天下未定，而欲安居此都，其能久乎？吾属无类矣！"那意思是说：前途未定就急着定首都，当天王，其目光短浅如此，怎么能长久呢？唉，看来我们这帮人都得完蛋了！

以后的事情果然被罗大纲不幸言中，但罗大纲显然不是乌鸦嘴，后来的一切应该说完全是由洪秀全直接造成的。

话说回来，定都天京也就定都天京吧，如果不发生后来最致命的"天京事变"，应该说，太平天国也还是大有希望的。

在"天京事变"未发生之前，对太平天国而言，虽然不能说形势一片大好，但也还算是比较乐观，首先，在当时，太平军大可挟破江南大营之胜势，一鼓作气攻下苏锡常富庶地区，以此解决大军作战的粮草之忧；其次，在后来成为太平军最强劲对手的湘军在当时还尚未羽翼丰满，而当时太平军中的最精锐的部队在石达开的带领下正镇守军事要津武昌，事实上石达开与在江西南昌的韦昌辉已经把曾国藩的部队首尾分割围堵在武昌和南昌两个地方，湘军的形势已经岌岌可危。而且，在1855年初，石达开与罗大纲这两名太平军的最优秀战将已经在湖口和九江先后两次大败湘军，逼得曾国藩竟然跳江自杀。所以，假如不发生"天京事变"，关键时刻洪秀全不把石达开和韦昌辉以及秦日纲这三名正在前线指挥作战的大将召回京城，自相残杀，而是让他们继续留在前线，那么，受到当地军民拥护的石达开就会乘胜进军，与在江西南昌的韦昌辉一起遥相呼应，分而击之，很有可能就会把湘军一举歼灭。

这是很有可能的，因为，曾国藩乃一介书生，不会打战，从后来陈玉成和李秀成这两位太平军的小将就几次差点把曾国藩打得全军覆没便可看出，屡败屡战的曾国藩所训练的湘军，其战斗力其实并不强。

可是，就因为洪秀全一手策划并发动了那场罪恶的"天京事变"，使太平军自伤其股，自残手足，几万太平军的精锐将士惨遭杀害，致使太平军的战斗力严重削弱，太平天国也因此元气大伤，一蹶不振，并由此无可挽回、彻彻底底地走向了万劫不复的深渊。

史载，"天京事变"后，最后悔最痛苦的其实还是这场事变的总策划洪秀全自己。如果说，在一开始，他对杨秀清真的是恨之入骨，以致在杨秀清被杀后，他下诏将杨秀清分尸，然后投入大铁锅煮成肉糜，让一帮将士去啖此"大奸贼"，如此才觉得解气的话，那么，很快他便意识到，杀杨秀清绝对是一个天大的错误！

"天京事变"后，形势急转直下，随着太平军在各地的节节败退，已经无人可用只好自任军师但却蠢笨无能的洪秀全便开始越来越怀念起东王杨秀清来，且真心后悔自己当初把杨秀清杀掉。1858 年，他写诗道："九重天上一东王，辅佐江山耐久长"；1859 年，他下诏称："天历三重识东王，降托东王是父皇"；1861 年，天京上游的关键门户安庆将要失陷时，洪秀全连睡梦中都想得东王之力，曾写诗道："东王奏兵交妹夫，杀妖灭鬼有伊当。"

可是，就因为他所干的擅杀杨秀清这一天大蠢事，如今，这一切的一切都变得完全不可能了。

由于长期待在温柔乡里，所以，当局势越来越恶化，一时人心惶惶，大家都希望他来拿捏主意做出决策稳定军心乃至重新振作时，洪秀全却大脑空空，一无所能。

眼看大势已去，回天无力，在天京城破前，太平军后起之秀大将李秀成曾苦劝洪秀全率众突围，但长期的奢侈享乐生活早已削弱了洪天王的意志。所以，那天，在听了李秀成的话后，洪秀全几乎已经完全丧失斗志，准备坐以待毙了。

据说，也正是在这次的会见中，李秀成和天王洪秀全有过一次著名的对话。

李秀成问："清军围困，天京眼看守不住了，怎么办？"

洪秀全说："朕承上帝圣旨，天兄耶稣下凡，做天下万国独一真主，何惧之有？不用尔奏，政事不用尔理。尔欲外去，欲在京，任由于尔。朕铁桶江山，尔不扶，有人扶！"

李秀成问："天京城内，兵微将少，怎么办？"

洪秀全答："尔说无兵，朕的天兵多过于水，何惧曾妖者乎？尔怕死，便是会死，政事不与尔干。"

李秀成问："城内已经没有粮草，饿死了很多人，怎么办？"

洪秀全答："全城俱食甜露，可以养生。"

（所谓"甜露"，就是野草煮熟充饥。）

李秀成说："这种东西吃不得！"

洪秀全说："取来做好，朕先食之。"

你看，事情已到了这种程度，洪秀全还在自欺欺人，自我麻醉。

想必，听了洪秀全以上这些话，李秀成当时心里一定会非常无奈。

可是，事已至此，说什么都没有用了。

就像一艘在狂风巨浪中颠簸摇晃的破船，太平天国正在急速下沉。到了这种地步，洪秀全的结局也就毫无悬念了。

1864 年 7 月 19 日，天京城内外，黑云压城，火光冲天。正午时分，随着曾国藩弟弟曾国荃一声令下，"轰隆"一声惊天巨响凌空怒炸，太平门处的城墙被炸塌二十余丈，整个天京城地动山摇。数万眼睛血红、如饿狼猛虎般的湘军一齐呐喊如潮，挥舞着刀剑像龙卷风一样席卷向坍塌的城墙。

虽然拼死作战，但守城的太平军最终还是抵挡不住如海潮般呼啸而来的湘军。战至傍晚，九门皆破，天京失陷。湘军"见人即杀，见屋即烧"。历史上一直多灾多难的南京又一次遭受了惨绝人寰的劫难。

攻入天京城后，杀红了眼的湘军将士几乎无一例外都想猎取一个最重要的猎物——天王洪秀全。

然而湘军几乎将整个天京城翻了个底朝天，也不见洪秀全的踪影。7 月 30 日，湘军总兵熊登武得到一个太平军黄姓宫女告密，这才知道洪秀全已死去十多天了。

关于洪秀全是怎么死的？至今仍是个未解之谜。过去许多有关太平天国史的论著，都说洪秀全是在清军破城前服毒自杀的。其依据是曾国藩刊刻的《李秀成自述》中，言及洪秀全之死："天王（洪秀全）斯时焦急，日日烦躁，即以四月二十七日服毒而亡。"

但现在不少有关太平天国的论著则说洪秀全是病死的。有意思的是，其依据竟然也是从曾国藩那里得来的。

原来，在 20 世纪 60 年代初，藏在曾国藩家中达一百多年的《湘乡曾八本堂·李秀成亲供手迹》正式影印发行，其中明确记述洪秀全是病死的："此时大概三月将尾，四月将初之候，斯时我在东门城上，天王斯时已病甚重，四月二十一日（天历）而故。""此人之病，不食药方，任病任好，不好亦不服药也。是以四月二十一日而亡……天王之病，因食咁露病起，又不肯食药方，故而死也。"

然而，不管洪秀全究竟是自杀而死还是病死的，结果其实都已无关紧要。

洪秀全死后，分散于各地的太平军余部开始转战南北，对抗清军。这其中极为重要的就有黄文金、李世贤、汪海洋等部，他们一直战斗到生命的最后。

尽管太平天国将士由于历史条件的限制，不能充分认识他所面对着的资本主义侵略势力，尽管太平天国革命者曾经由于宗教信仰而产生了某种错觉，但当他们一看到侵略者公然拔刀相向的时候，他们丝毫也不动摇地采取了伟大的中国人民在这种场合所唯一可能而且必须采取的办法——与反动力量英勇斗争。

太平天国虽然在 1864 年失败了，但是中国农民和各被压迫阶级的人民为解除身上的封建主义与帝国主义的镣铐而向内外敌人进行的斗争却一刻也未停止过。

第八章
甲午惨败，中国永远不能承受之痛

19世纪中后期的大清帝国就好像是交了"华盖运"，又好像是有一只看不见的手在大清帝国的上空打开了一只"潘多拉魔盒"，把各种灾难都撒向中国。

的确，从1840年开始，一直到大清帝国走上绝路，这期间的七十多年时间里整个国家几乎就始终是兵连祸结，灾难频仍：先是以第一次鸦片战争开场，然后接二连三，又先后爆发了太平天国起义、第二次鸦片战争、捻军起义，以及中法战争和中日甲午战争、八国联军火烧圆明园……在这些内忧外患中，应该说，让中国人感到最为惨痛也最为耻辱的就是在甲午海战中竟然被中国人从来都看不起的日本战败。用著名历史学家黄仁宇先生的话说就是："被日本打败，中国感到深耻奇辱。"

事实也真的就是这样。因为，在历史上，日本一直就是中国的"学生"或者说是"小弟"，甚至，极有可能，"大和"这个民族原本就是从中国"移民"到日本这个岛国的华夏后裔。就因此，即便是到现在，无论是日本的文化还是日本的民俗以及日本人的生活习惯与生活方式，都有许多中国秦汉以及唐朝以前明显的仿效痕迹与"历史的影子"。

可是，就是这样一个"学生"、一个"小弟"，在中国这个"老师"、这个"大哥"饱受西方列强欺凌的时候，他非但不去"路见不平，拔刀相助"，甚至也不去袖手旁观，隔岸观火，而是乘人之危，落井下石，反而在中国这个"老师"或"憨厚的大哥"的背后总是不忘恶狠狠地捅上几刀……

也正因此，从1894年到现在，虽然已经一百多年过去了，每当谈到这场战争，无数华夏儿女心头这一"永远的伤疤"还禁不住隐隐作痛，痛苦万分。

甲午之战，实为中国永远不能承受之痛！

中日历史的恩怨

按照学术界较为一致的看法：从距今数十万年前到一万年前的"更新世"为地球冰河时期。当时的海平面比今天低得多。据说当时的日本列岛的北端及南端与欧亚大陆连在一起，主要是欧亚大陆东北部的原始人群为追逐大型野兽迁移到日本列岛，并在该地定居下来。后来冰川融化，海平面上升，大陆桥消失，定居日本列岛的原始人逐渐形成了最早的日本人——新石器时代的绳纹人。

大约在公元前 3 世纪，日本历史进入到一个新的发展时期——弥生时代。尽管尚未完全得到证实，但比较普遍的看法是，在公元前 3 世纪前后的绳纹时代末期和弥生时代初期，中国大陆正值秦王朝统一及其迅速崩溃时期。为逃避战乱和秦朝苛政，居民纷纷外逃，引发多米诺骨牌效应的移民潮。许多被称为"渡来人"的秦朝大陆移民主要通过朝鲜半岛移居日本列岛。如家喻户晓的徐福率众多童男童女去海外寻找仙药的民间传说就发生在这一时期。据有学者估计，从公元前 3 世纪到公元 7 世纪的千年时间内，共有中国百万大陆居民陆续移居日本列岛。

由此可见，日本这个民族与中国无论是在政治、经济还是文化以及民风民俗乃至血缘方面应该说都有着千丝万缕的联系。按理说，这样的两个国家怎么说都应该礼尚往来，睦邻友好。

但令人遗憾的是，事实却绝对不是这样。

也许是长期的岛国锁闭，夜郎自大，从历史上看，日本这个民族似乎很早就养成了一种孤傲、狂妄自大、凶恶好斗的民族性格。以致在隋唐时，那些来中国大陆的日本使节都故意狂妄自大想以此抬高自己的身份，甚至到 10 世纪时，据《旧唐书》记载，那些来中国朝贡的日本使节还"不以实对"，妄自尊大。

最典型的例子显然要说是圣德太子给隋炀帝的那封著名的"国书"了。在今天看来，这简直可以说是一个"国际笑柄"，但在当时，却是一桩非常严肃的"外交事件"。

那是隋朝大业三年也即 607 年，当时的日本圣德太子派小野妹子出使隋朝，并亲手写了一封"国书"让小野妹子亲手递交给隋炀帝。在这封国书中，这位日本的太子很自大也很搞笑，竟然称自己为"日出处天子"，说："日出处天子致书日没处天子无恙乎？"

搞得一向脾气暴躁的隋炀帝看了很不高兴，立马冲负责处理这一外交事务的官员发火道："以后再有这种狂妄无礼莫名其妙的蛮夷之书，不要让我看！"

即此可见，日本这个民族在对外交往中是怎样的傲慢无礼。

虽然，到了唐朝，由于唐帝国的繁荣和强大，使日本这个只崇拜强者的国家一度对其心悦诚服，且在 669 年第七次"遣唐使"祝贺唐朝平定高句丽，承认大唐的册封体制，到了 690 年，又奉中国为正朔，实施《元嘉历》和《仪凤历》，表明"对中华文明的回归"，但在这之前，两国之间却兵戎相见，发生了历史上的"中日第一次战争"。

事情的大致经过是这样的：653 年，朝鲜半岛上的新罗、百济以及高句丽"三国"矛盾重重。当时，百济和高句丽一心想瓜分新罗，新罗自觉无法保护自己，因而便竭力加强与唐朝的关系，以寻求宗主国大唐帝国的保护。但百济却一直与日本相勾结，根本就没把大唐帝国放在眼里。655 年，也即唐高宗永徽六年，百济攻取了新罗三十余座城池。在面临亡国灭种的生死关头，新罗急忙向唐朝求救。

作为宗主国，唐高宗与武后也即后来的武则天当即决定出兵救援新罗。

660 年，唐朝派出水陆大军十三万人赶赴朝鲜半岛，采取围魏救赵之计，直取百济。百济不自量力，迎战大唐军队，结果一触即溃。失败后，百济立即请求日本出兵对抗唐军。

也就是在这样一种历史的大背景下，中国与日本的第一次战争很快就爆发了。

当时，日本国内可谓矛盾重重，危机四伏。但越是这样，为了转嫁国内危机，转移国内民众的注意力，日本就越想对外发动战争。所以，百济的求救无疑正中日本下怀。661 年正月，日本齐明女皇和大中兄皇子亲赴九州岛，准备渡海西征，与唐军一战。但齐明女皇突然猝死，出征计划只得被迫搁浅。

然而，由于一向好战的日本实在是太想打这一仗了，于是，到了这年的八月，大中兄皇子监国，令先遣部队及辎重渡海。第二年正月，日本向百济赠送大批物资。五月，日本将军阿昙比罗夫率舟师一百七十艘增援百济。663 年三月，日本又增兵三万人，准备与大唐军队一决高下。

如同黑白对弈一样，就在日本忙着调兵遣将的同时，唐朝当然也在忙着做好战争的准备。这年，唐高宗诏令刘仁轨以白衣为检校带方州刺史，领王文度部众，从近道征发新罗。据《旧唐书·刘仁轨列传》记载，临行前，刘仁轨发誓："拟削平辽海，颁示国家正朔，使夷俗遵奉焉。"在得知倭国出兵增援百济后，唐高宗又命熊津道行军总管、右威卫将军孙仁师统舟七千进驻熊津城。

龙朔三年（663年），日本天智天皇以援助百济为名，令倭将毛野稚子等倾举国精锐两万七千余人向新罗突然发起了进攻，以日本人惯用的"偷袭的方式"夺取了沙鼻歧、奴江二城，切断了唐军与新罗的联系。

由此，决定历史的白村江海战自此拉开了序幕。

663年八月十七日，唐朝大将刘仁愿、孙仁师与新罗王率陆军团团围住周留城。骁将刘仁轨、杜爽则带领战船一百七十艘列阵白村江口。八月二十七日，日本援军万余人，分乘战船千艘，向唐朝水军发起了进攻。

一向狂妄自大自以为是的日军显然小看了唐军。他们以为，"我等争先，彼应自退"，觉得这批来自中国的军队绝对不是大日本军的对手。可是，在真正交上手后，他们才忽然意识到自己显然低估了对手。

说来，当时号称"无敌盛唐"的大唐军队果然名不虚传。能征善战的刘仁轨见倭军来攻，充分利用唐军战船的优势，指挥水军将倭军的船只左右夹住，使其不得回旋，随后再施以火攻，一时"烟焰涨天，海水皆赤。"经过一番激战，唐军四战四捷，取得了辉煌的胜利：焚毁倭军战船四百多艘；击毙倭将朴市田来津。战后，百济灭亡。

不难看出，一千多年后的中日甲午海战，几乎就是当年白村江海战的翻版，只是战争的胜负双方彻底调了个位置而已。但就是这位置的对调，可谓冰火两重天，由此彻底改变了中国的运势，使中国永远不能承受"甲午之痛"。

且说白村江海战，是唐朝与日本有史以来的第一次较量，由于大唐军队彻底把日本给打怕了，此后近一千年间日本再也不敢大规模地入侵朝鲜半岛，从而一举确立了唐朝在东亚地区无与伦比的中心地位。白村江之战的失败，使日本统治阶级精神上受到了一次沉重打击，从信心百倍与唐王朝抗衡的亢奋心态，一下子堕入了闻唐胆寒畏唐如虎的境地。

说来，日本真是"狼心狗性"，用我们中国老百姓的话说就是"服硬不服软"。你若压不住它，它便会"狼心大发"，像狼一样穷凶极恶，咄咄逼人，不断地咬你，张牙舞爪地一心想伤害你，吃掉你。所以，你只有把它打伤打怕，它才会真正服你。

由于白村江海战中，日军被唐朝打得很惨，此后，日本变得乖顺老实多了，对唐朝再也不敢傲慢无礼了，而是频繁地向大唐派出遣唐使。一时间，虚心的"日本弟子"不断地登门向"大唐师傅"求教，一个劲儿地拜师学艺。

唐朝之后，宋朝与日本都一直井水不犯河水，相安无事。可是到了元朝，由于忽必烈一心想使日本臣服，曾先后两次出兵攻入日本本土。但因为劳师远征，准备不足，再加上蒙古兵擅长骑马不习水战，用自己的陆军与人家的海军争雄本就不占上风，更由于两次都不巧遭到了台风也即日本人所说的"神风"的袭击，元军因而两次征日结果都以失败告终。

显然，忽必烈的两次东征产生了极其恶劣的影响。本来，自从那次被唐朝打怕了以后，在长达近千年的时间内，日本都一直夹紧了尾巴，不敢对中国龇牙咧嘴，轻举妄动。而现在，元朝军队的两次东征失败，让日本人突然发现，原来中国的军队也并不是永远强大不可战胜的。

因此，"狼心"又在日本人的心中蠢蠢欲动起来。诚如李兆忠在《暧昧的日本人》一书中所说："700多年前这场从天而降的'神风'，把日本人刮得晕晕乎乎，以至于后来很长一段时间不能清醒过来。"终于在明朝万历年间，日本又一次出兵侵略朝鲜，从而最终引发了与明朝的战争，也即中国历史上所称的"万历朝鲜之役"。而日本史书把万历朝鲜之役分为两次战争，分别叫作文禄之役和庆长之役。朝鲜史书则称之为壬辰卫国战争。

那是1590年，也即明朝万历十八年，日本丰臣秀吉统一日本后，企图对外扩张，吞并其垂涎已久的朝鲜。1592年，丰臣秀吉亲率二十万日军，渡过朝鲜海峡，于四月十三日在朝鲜釜山登陆，开始了侵朝战争。日军一路所向披靡，连克汉城、开城、平壤。朝鲜军民望风皆溃，国家眼看就要亡国。

危难时刻，朝鲜国王李昖放弃京城，逃到义州，并接二连三地派使臣赴明朝求援。

当获悉日本大举侵犯朝鲜后，尽管当时明朝的国力已今非昔比，江河日下，但万历皇帝还是排除"主和派"的干扰，毅然决定进行"抗日援朝"之战。

1593年七月，明朝以游击史儒、副总兵祖承训率骑兵五千为先头部队，进入朝鲜，直扑平壤，由此打响了长达近十年的"抗倭援朝之战"。

这场战争，明朝"几举海内之全力"，前后用兵数十万，几乎耗尽所有国力，历经战与和的反复，最终异常艰苦地打退了日本人的进攻，最后终于迫使日本主动与明朝议和并逐渐从朝鲜撤军。但明朝也为此付出了惨痛的代价，就因为与日本苦战多年，国力消耗太大，致使民不聊生，由此导致了西北农民起义此起彼伏。与此同时，由于几乎全部兵力都用在抗日援朝上，致使明朝东北部以努尔哈赤为首的我国少数民族女真族在白山黑水间又一次迅速崛起。

最终，农民起义与女真崛起直接导致了明朝的彻底灭亡。

不过，这场朝鲜史书所称的"壬辰卫国战争"也使日本损失巨大、元气大伤，以致战败后的日本又变得老实起来。因为认识到中国的强大，害怕惹怒中国，故而在此后的近三百年内日本都不敢再没事找事。

但日本人你要让他"只许规规矩矩，不能乱说乱动"一点不去惹是生非、不去欺负他人是不行的。虽然自"万历朝鲜之役"之后，一直到中日甲午战争之前，将近三百年的时间日本都没敢再明里公然挑衅中国，但其间在暗中也还是小动作不断，如在第一次鸦片战争前，精明的日本人自己不吸鸦片，在自己的国内严禁鸦片，但却在中国的东北三省以及中原地区大量开设鸦片烟馆，向中国人大量贩卖所谓的"东京大补丸"，也即鸦片。其与西方列强沆瀣一气，狼狈为奸，一方面昧着良心大赚中国人的黑心钱，另一方面也无疑是有意识地毒害中国人，以致把许多中国人变成了他们所谓的"东亚病夫"，也即"鸦片烟鬼"。此外，日本还在中国境内大搞间谍活动，把中国的各方面情况都摸得一清二楚，并秘密制定了对策。

仅此可见，日本人的厉害。

第一次鸦片战争之后，由于清政府的昏庸腐朽与无能，西方列强都把大清朝当成了一个"肉头"，纷纷跑到中国来对既可悲又可笑的清政府狠"敲竹杠"。但在一开始，也许是由于慑于"天朝"威势，所谓"瘦死的骆驼比马大"，故而日本暂时没有出手，只是在一旁持观望态度，但到后来，或许是终于看清了大清王朝这头"黔之驴"的本质，于是它便终于忍不住加入到了"世界反清俱乐部"中，且后来居上，浑水摸鱼，很快成了一个无与伦比的"反华急先锋"。

显而，中日甲午战争大致就是在这样一种世界历史的大背景下发生的。

日本的"崛起"

说到日本人的性格，美国学者鲁思·本尼迪克特在其《菊与刀》这部研究日本民族性的名著中有过一段非常深刻而又极为形象生动的论述，他说："在美国不得不认真对付的敌人中，日本人是最难弄懂的。这个对手不断地发展壮大，但他们的思想与行动与我们全然不同……比如，当我们说日本人彬彬有礼时，总想加上'但是，他们又很蛮横高傲'；我们说他们冥顽，附带一句'但是，他们又能适应激烈的革新'；我们说这个民族性格温顺，又说他们不轻易服从上级的控制；他们忠诚宽厚，又心存叛逆，一肚子怨恨；他们做事情完全只考虑面子，但又具有真诚的良心；他们在军队受到机器一般的训练，但有时候非常不服管教，敢于犯上作乱；他们倾慕西方文化，同时又保持着良好的传统。所有这些描述简直像是在开玩笑，但是——它们千真万确。"

就因此，本尼迪克用了一个非常形象的比喻"菊与刀"来概括日本人这种既矛盾又统一的民族复杂性格。之所以要用"菊"与"刀"来比喻，乃是因为，在本尼迪克看来，恬淡静美的"菊"是日本皇室家徽，而凶狠决绝的"刀"是武士道文化的象征。"菊花与刀，两者构成了同一幅画。"

应该说，本尼迪克真可谓一个"日本通"，对日本这个民族的了解与解剖真正可以说是到了入木三分的程度。

说来，日本这个民族虽然自大、狂妄，但却并不盲目。在这个民族身上，实事求是地说，你虽能看到许多明显的缺点，却也能看到许多非常明显的优点。其中，一个最大的优点就是这个民族虽然从不谦虚，蛮横傲慢，但却非常善于学习，任何时候都会不失时机、千方百计地学习乃至偷窃、抢掠世界上一切先进的东西，而且在学习中总是非常善于取其精华，弃其糟粕。

这，不能不说是日本人的精明过人之处。

不用说，日本人之所以能够在近代迅速崛起，很显然与他们的这种善于学习的优点有着很大的关系。

诚如我们所知道的，在历史上，日本有两次重要的"改革开放"，一次是"大化改新"，学习中国的唐朝；一次是"明治维新"，学习已实行资本主义革命的西方。两次都是毫不客气地实行"拿来主义"，向当时世界上最先进最强大的国家或地区学习，把人家好的东西移植过来，据为己有。

"大化改新"发生在公元7世纪初，当时，日本社会各阶级之间矛盾冲突异常激烈。有感于中国在618年隋朝灭亡后，唐朝兴起，继汉朝之后再度成为东亚地区无疑也是当时世界上最为强盛的国家，日本决心向唐朝学习，于是便派大量的遣唐使"留学"中国，考察了解隋、唐两代的国家统治制度。为随后发生的"大化改新"做好了必要的思想、理论和人才准备。

645年（唐朝贞观十九年）6月，皇室中大兄皇子也即后来的天智天皇联合贵族中臣镰足发动政变，刺杀当时掌握朝政的权臣苏我入鹿，逼其父苏我虾夷自杀，使皇室夺取了政权，并拥立孝德天皇即位。

孝德天皇即位后，效仿中国，首次使用年号"大化"。所谓"大化"，日语的意思就是"伟大的变化"。

646年年初，新政权颁布《改新之诏》，颁布了一系列革新措施，史称"大化改新"。

在今天，学术界普遍认为，大化改新是日本历史上的一个重要转折点。它是日本建立统一的中央集权国家的开始，也是日本由弱变强的开始。正如明治维新以"西洋化"为最高理想一样，大化改新则是以"中国化"为最高理想与追求目标。

663年（唐龙朔三年），号称"无敌盛唐"的大唐帝国军队为抗倭援朝，在白村江之战中以绝对优势给侵朝日军以毁灭性打击。虽然在这次战役中战败了，但日本是个从不服输的民族，且勇于"向打败自己的敌人学习"。"白村江之战"后，日本人卧薪尝胆，痛定思痛，决心要拜打败它的敌人为师，从此更加积极地向当时世界上最强大国家——大唐帝国学习。所以，日本学者认为，这一时期的日本以大唐国为蓝本，建立了"法制完备"的天皇制国家。

如果说，"大化改新"使日本从一个四分五裂的奴隶制社会迅速过渡到了一个统一的封建社会的话，那么，一千年后发生的"明治维新"则使日本从封建社会又迅速过渡到了更为先进的资本主义社会。

平心而论，日本这个民族真的是很善于"与时俱进""推陈出新"，特别是在政治制度方面从不故步自封，因循守旧，在某种意义上说，真的具有一种壮士断腕的勇气与精神。

历史上，进入 19 世纪中期以后，日本这个岛国内忧外患，其当时的形势与饱受凌辱的大清帝国相比也只能说是五十步笑百步，绝对好不到哪里去。

先说外患。

早在 19 世纪初期，英、俄、美等国就开始不断地派使节到日本，要求开港通商，均遭到德川幕府的拒绝。1842 年，幕府发布了《薪水令》，表明其锁国政策有所松动。可是，到了 1844 年，一直与日本有贸易往来的荷兰敦促日本开放门户时却依然遭到幕府的拒绝。1846 年，美国东印度舰队司令比德尔率领舰队抵达日本，递交了波尔克总统致幕府将军的亲笔信，要求日本开港通商。那时的美国可不像现在这样牛气哄哄，而日本也不像现在这样因为在"二战"中被美国彻底打怕故而对美国唯命是从，摇尾乞怜，结果美国人的要求同样被日本拒绝了。

也正是在这样一种历史背景下，很快发生了史书上所谓的"佩里叩关"事件。

那是 1852 年 3 月，为了打开日本国门，美国调来美墨战争中的英雄马修·卡尔博莱斯·佩里出任东印度舰队司令，并赋予他"日本开国"的使命。1853 年 7 月 8 日，被日本描述为"黑船"的美国军舰编队，在佩里亲自带领下到达了日本横须贺南面的浦贺海面，且再次带来了美国总统国书。幕府通过国书了解到，美国对日本的要求是以日本为淡水、煤炭补给地，并要求与日本开展通商贸易。

当看到这些"黑船"时，负责警卫海岸的日本官兵着实被这突然逼近的黑色巨舰吓了一跳。当时的日本人都很老土，一时竟不知道这庞然大物为何物，因而都很害怕。

7 月 14 日，佩里与三百多名美国官兵耀武扬威，全副武装登陆。离登陆不远处，四艘军舰一字排开，炮口在阳光的照射下，发出令人不寒而栗的光芒。

仔细想想也是，日本是个岛国，许多人都世代以打鱼为生。由于经常在海里在惊涛骇浪中打鱼，日本人一般都很勇敢，但是，日本人虽然胆子大，但并不意味着日本人真的不怕死，其实，一旦预感到海中真的要掀起狂风巨澜，他们也会非常害怕，非常惊恐。而现在，当美国人突然如神兵天降，且凶神恶煞，日本人一下子怕死了，害怕了，于是便赶紧答应了美国人的条件。所以，顺便说一句，在历史上，日本人除了曾经怕过中国人，此外就是美国人，除此之外，到现在似乎还没怕过其他人。

这是锁国以来，外国军队首次踏上日本国土。在武力威胁下，1854 年 3 月 31 日，德川幕府被迫与美国签订了《日美神奈川条约》，又称《日美亲善条约》。条约规定，日本开放下田、箱馆二港；对美国船员供给食物、煤炭，价格由日方规定；美国在日本派驻领事，获得最惠国待遇。

《日美亲善条约》是日本与外国签订的第一个不平等条约。自此，日本两百多年闭关自守的政策被打破，向"开国"迈出了第一步。

但这一"开"就再也不可收拾。1854 年 7 月，英东印度舰队司令史透林（J. Stirling）在狠狠敲诈了一番大清帝国之后，又率舰队来到日本长崎，提出在克里米亚战争中，为与俄作战，要求允许英舰利用日本港湾，订《日英亲善条约》七条。同年 10 月，俄使理查廷探听到日美订约，也很快来到下田交涉签约，于 12 月 21 日正式缔结《日俄亲善条约》。荷兰在日本锁国的两百年间，独占对日贸易，但仅限于出岛一处。1855 年 12 月 23 日荷商馆长寇秀斯（J.H.D.curtisus）乘机和幕府订约《日荷亲善条约》。

以上条约总称为"安政五国条约"。从此，日本结束了两百余年的锁国政治。

"安政条约"在"亲善""友好"的名义下把日本置于半殖民地的地位。整个岛国日本由此进入到了一个危机四伏、前途未卜的动荡时期。

再说内忧。

就在西方列强纷至沓来，都来找日本分一杯羹的时候，当时的日本内部并不团结。一直以来纠缠不休的幕府与天皇之间的斗争依然异常激烈，相互之间经常发生政变与征战。如 1867 年 1 月，主张公武合体的孝明天皇去世后，年仅 15 岁的太子睦仁（也即后来的明治天皇）即位。这年的 12 月 9 日，经倒幕派的策划，天皇颁布了《王政复古大号令》，宣布废除幕府，剥夺将军的内政和外交大权，一切权力重归于天皇。同时，倒幕派组成新政府，向国内外宣布，唯有以天皇为中心的日本政府才是合法政府。对此，幕府派当然不会善罢甘休。

1868 年 1 月，在幕府将军德川庆喜的号召下，幕府军从大阪向京都进军，发起反击，与政府军在京都附近大战三天。结果幕府军打败。德川庆喜从海路退回江户。政府军乘胜追击，兵临江户城下，德川庆喜投降。但德川庆喜投降后，一批顽固的幕臣依然组成"奥羽越列藩同盟"继续与政府军对抗，发动内战。

一看日本国内局势很不明朗，一向行事狡猾、见风使舵的欧美各国赶忙申明"局外中立"，静观其变。

这年九月，新政府军依靠农民的支持，打败了"奥羽越列藩同盟"，结束了本州的内战。但很快，幕府海军将领夏本武扬率八艘军舰和幕府残兵逃至北海道，成立了"虾夷共和国"。不久，在新政府军的进攻下，夏本武扬投降，这场被称为"戊辰战争"的讨幕运动彻底结束。

到此为止，曾经统治日本长达两百多年之久的德川幕府彻底垮台了。

要说日本的"可贵之处"就在这里，虽然在每次的重大改革前后像中国一样也都阻力重重，所谓的既得利益者无不拼命反对，但日本的统治集团却总是能够排除重重阻力，克服重重困难，且具有一种"壮士断腕"的勇气和精神，能够主动自觉地"从我做起"，勇于带头牺牲自我的特权与既得利益，从而使改革能够从一开始就自上而下，完成"顶层设计"，并依靠强大的国家机器来全力推进，直至改革取得最后的成功。而不像中国古代的历次改革，往往都是"自下而上"，而且一旦触犯既得利益者的利益，处于绝对强势地位的整个统治集团便会不顾整个国家与民族的长远利益，只是为了一己之私利便鼠目寸光，群起反对，并开动强大的国家机器来阻止改革，扑杀改革，从而不仅置少数开明进步的改革者于一种非常危险的境地之中，也使整个改革几乎每次都是半途而废，胎死腹中，由此在中国历史上上演了一幕又一幕"失败的改革"之悲剧。

却说日本新政府取代幕府以后，一方面巩固以天皇为首的政权，另一方面面对西方列强的侵略，决心为实现民族振兴、建立近代化的独立国家而锐意改革，在绝境中求生路。1868 年 3 月 14 日，明治天皇率领公卿、诸侯及文武百官集体宣誓，颁布实施新政府施政纲领《五条誓文》；不久，又颁布《政体书》及政治体制和组织法令，正式宣布实施政治体制改革。

在政治体制改革取得初步成功后，1873 年 7 月，新政府颁布《地税改革条例》，1880 年又颁布了《出售官营工厂条例》，有效推行经济体制改革。在此基础上，再实施教育、科技、人才以及军事方面的各项改革，从而逐步将日本从一个封建落后的国家带入到了近代资本主义国家。

如果说，在公元 7 世纪初期，当看到当时世界上最繁荣、最强大的大唐帝国的优点和长处之后，善于学习乃至不择手段实行"拿来主义"的日本不断派出一批批"遣唐使"到中国来"留学""取经"的话，那么，到了19世纪下半叶，当看到欧美各国的先进与强大之后，一直习惯于只崇拜强者的日本于是又"向打败自己的敌人学习"，不断派出一批批"遣欧使"。这些"遣欧使"中，就有后来成为日本第一任首相的伊藤博文。

在"留学"考察欧美期间，这些实质上就是日本间谍的"遣欧使"在亲历了欧美各国的发达与繁荣之后，重新认识了西方文明，找出了日本和西方各国在政治、经济乃至制度等方面的差距，痛感日本只有迅速自强，才有可能获得平等、独立。

这便是日本历史上著名的"明治维新"。

概要说来，"明治维新"的主要内容是：收回封建地主领地，取消封建身份级制，扶植资本主义工商业，破除封建主义旧文化。这些有利于发展资本主义的改革措施，使日本迅速走上了资本主义道路，从而有效地摆脱了沦为西方列强殖民地的危机，并由一个落后的封建社会，逐步转变成为独立的资本主义强国。

论及"明治维新"，当代学者李兆忠在其《暧昧的日本人》一书中说过一段非常深刻也很生动形象的话："富有现实主义精神的日本民族改弦更张，把求助的目光投向了西方，像仍破靴子一样地扔掉了曾经虔诚地学习、模仿过的大陆文化。生存的危机感，是日本明治维新获得成功的内在动力，而贪婪的吸收欲，则是保证在如此短的时间里取得成效的关键。三十年里，日本走完了西方二三百年才能走完的路。"

日本人的善于学习或者说是"喜新厌旧"由此可见一斑。

也确实，也许和一个民族长期生存的"地理因素"有很大的关系吧，由于总是生活在岛国，日本人的心胸虽然很狭隘，气量很小，但是，平心而论，他们的"忧患意识"或者说"民族的生存危机感"一直非常强，进取意识与善于学习的精神则更加强烈。

有道是：于细微处见精神。关于日本人的善于学习，绝不墨守成规，抱残守缺，确乎从当年李鸿章与日本驻华公使森有礼的一段对话中便可见出端倪。

李鸿章："我对贵国明治维新很赞赏，但对贵国改变旧服装很不解。"

森有礼："我国旧服装对无事安逸之人合适，但对多事勤劳之人不合适，所以它能适应旧情况而对当今很不便。今改服装对我国裨益不少。"

李鸿章："衣服体现对祖先的追怀，子孙应万世保存才是。"

森有礼："如果我们祖先尚在，也会和我们做同样的事。一千年前，我国祖先看到贵国服装的优点就加以采用，形成和服。不论何事，善于学习别国长处是我国的好传统。"

李鸿章："贵国采用我国服装是明智的。我国服装织造方便，用贵国原料就能制造。现今制作西服要花很多钱。"

森有礼："虽然如此，但我以为西服比贵国衣服精美而便利。关于西服，从不了解经济常识的人看来虽费一点，但勤劳是富裕之基，怠慢是贫枯之源。然而我国不愿意怠慢致贫，而想勤劳致富，所以破旧立新。现在所费，将来可得无限报偿。"

李鸿章："话虽如此，阁下对贵国舍弃旧服装而穿西服，抛弃独立精神而受欧洲支配，难道一点不感到羞耻吗？"

森有礼："毫无可耻之处，我们以这些变革而骄傲。这些变革就不是受外力压迫的，完全是我国自己决定的。正如我国自古以来对亚洲、美国和其他任何国家，只要发现其长处就要取之用于我国。"

"只要发现其长处就要取之用于我国"——日本人的这种勇于否定自我见贤思齐不断革故鼎新的精神委实令人惊叹。这，也正是日本"大化改新"和"明治维新"能够一次次取得成功的秘籍之所在。而在中国历史上，虽然每次改革都闹得头破血流，但处于强势集团的统治者总是死抱着"天不变道也不变"的陈腐教条不放，死抱着自己的"祖宗家法"不放，致使中国的改革总是一次次胎死腹中。

也确实，仔细想想，中国文化与日本文化虽然同为东方文化，但日本文化与中国文化在骨子里的最大区别就在于"变"与"不变"。显然，日本人喜欢求变，以变为荣；而中国人喜欢不变，以变为耻，一味地强调"天不变道也不变"。因此，在中国，从古到今，改革总显得很难。

这里，需要指出的是，"明治维新"虽然使日本从一个闭关锁国的小国，奇迹般成为世界强国，实现了富国强兵的梦想，但也使这个本就狂妄自大的蕞尔小国变得更加不可一世起来，以致最终将日本引向了军国主义的道路。早在 1887 年，以明治天皇为首的一批军国主义分子，就受"开拓万里波涛，宣布国威于四方"的野心驱使，制订了狂妄的《征讨清国策》，并把与中国接壤的朝鲜视为一座"渡满洲的桥梁"。随后，日本人便千方百计地搜集有关中国的情报。到 19 世纪 90 年代初，也即甲午战争爆发之前，日本军部已对清军了若指掌。

　　显然，也正是在这样一种形势与背景下，一向喜欢欺软怕硬的日本一方面对欺侮它的欧美各国一直忍气吞声，像哈巴狗一样采取了逆来顺受摇尾乞怜的妥协态度，而在另一方面，却又对亚洲邻国恃强凌弱，欺人太甚，像疯狗一样总是摆出一副张牙舞爪咄咄逼人的样子，且很快就急不可耐地走上了侵略朝鲜的道路，并进而一手挑起了与中国的"甲午战争"。

清朝的"弊端"

　　有道是：性格决定命运。其实，不仅对于一个人来说是这样，对于一个民族或一个国家来说，无疑也是这样。

　　我们看清朝，之所以遭受了那么多的伤害、那么多的屈辱，从某种意义上说，完全是由于其自身的"性格"与弊端造成的。

　　诚如我们所知道的，清朝取代明朝，是中华民族历史上的一次大倒退，这种倒退是多方面的，其中最主要的应该说体现在这样几个方面：

　　首先是制度的倒退。清朝入关以后，把其落后的农奴制度也带到了中原，使整个中国一下子也不知往后倒退了多少年。而在一个国家中，制度的落后乃是一种最可怕的落后，必然会波及危害到社会的各个方面，由此产生出许多灾难性的后果。

　　所以，一点也不夸张地说，清朝取代明朝，乃是中华民族的一场空前的灾难。在当时，整个西方因为文艺复兴运动都已纷纷进行资本主义革命，陆续进入到资本主义社会的历史大背景下。可是中国因为改朝换代，清朝取代明朝，社会制度不进反退。这怎么说都是一种悲哀。

　　其次是文化的倒退。满族统治者定鼎中原，统一中国，其渔猎文化甭说一下子很难与中原几千年优秀灿烂的农耕文化对接起来，即便是语言方面也一时难以"接轨"，很难沟通。可是，由于清廷对中原的征服，必然会使汉民族以儒家文化为代表的中原农耕文化屈从于清廷落后的渔猎文化，导致整个中华文化的"逆向运动"，更趋封闭，趋于愚昧。

　　而且，由于清廷的渔猎文化中有着很多的奴性意识，致使整个中华民族以儒家文化为代表的农耕文化自觉不自觉地会受到这种奴性意识的污染。久而久之，这种奴性意识便会自然成为中国文化中一种难以剔除不可分割的"中国元素"。而儒家文化演进中出现的这种"奴性意识"，无可避免地导致了民族劣根性的产生。

的确，奴性是清朝统治者建立的文化辐射的结果。长期生活在这样一种文化氛围中，大众与士大夫，都在所难免，自觉不自觉地会形成一种奴性性格、奴性人格，而且这一切都在日常文化里，日渐成为一种视而不见的社会现象。

也正因此，我们看清朝，无论是一般民众还是士大夫，给人的印象几乎都是眼神呆滞，神情麻木，精神萎靡，性格谦卑，似乎没有自己的独立人格与自由精神，整个社会都严重缺少一种蓬勃向上的生机与创造的活力，那头上的辫子就好像锁链一般把中国人的思想都严重禁锢住了。

其三是军事与科技的落后。19 世纪中叶，西方一些资本主义国家都已普遍进入到了热兵器时代，使用洋枪洋炮洋军舰，而在工业生产方面也已进入到了蒸汽机时代。面对西方工业革命后的生产力快速发展，取得独立战争胜利后的美国也奋起直追，迎头赶上。即便是日本在"佩里叩关"后也痛定思痛，"脱亚入欧"，通过"明治维新"，迅速将西方的先进制度、先进工业以及先进武器都一股脑儿引入本国，从而使原本比当时的大清帝国还要落后的日本国迅速脱胎换骨，成为一个世界强国。

可是反观中国，就因为清朝统治者的鼠目寸光，因循守旧，一直迷恋和崇拜自己老祖宗的弓箭鞍马，当时竟然还处在原始落后的冷兵器时代，以致到了第二次鸦片战争时期，被誉为大清王朝王牌军队——"清朝名将"曾格林沁统率的蒙古马队竟然痴心妄想用自己的战马大刀去打败拥有洋枪火炮等先进武器装备的英法联军，真的是愚昧无知，不自量力。结果成群的清朝骑兵挥舞着大刀不断向敌人发起冲锋，但每次还没接近敌人，就被人家英法联军的枪炮打得人仰马翻，死伤遍地。

其四是整个官僚队伍迂腐不堪，素质低劣。中国的历代统治者都是对内精明，仗势欺人；对外糊涂，昏庸无能。我们看清朝的统治者就更是这样，在对外交往方面几乎就是弱智，所以每当遭遇"外交事件"，几乎从来不会合理应对，要么因为死要面子，盲目自大，结果洋相百出，令人啼笑皆非；要么"谈夷色变"，奴颜婢膝，卑辞厚币。其结果总是除了吃亏还是吃亏，几乎从来没做过一次不蚀本的"外交买卖"。而且，吃了亏还被人家外国人瞧不起，认为中国人真是太愚昧，太肉头，好欺负。

有这样几件事情至今说来还让人依然啼笑皆非。

那是 1842 年 12 月，当美国总统泰勒得知英国与清政府签订了《南京条约》白白捞了许多好处后，立刻派出众议员顾盛前往中国交涉，要求取得和英国一样的待遇。一开始清政府当然不同意。但说来美国人实在是比英国人还要狡黠，最终顾盛竟然不费一枪一弹就取得了与英国人一样的利益，甚至更多。而顾盛之所以能够取得这样的成果，在今天看来真是非常搞笑，原来这位精明的美国佬发现中国人有一个非常大的"软肋"，那就是死要面子！

当时，顾盛对接待他的中国外交官员说，他带来了一封美国"国书"，要进京当面交给中国的皇帝。当他说这话时，他发现，在场的大清官员几乎一个个面有难色，显得很不情愿的样子。

这是为什么呢？仔细一打听，他发现，原来大清的君臣都很在乎"天朝的颜面"。在他们看来，如果众多的洋人都要去面见圣上，则皇上的面子何在？天朝的威仪何在？因此，谈判的清朝官员对他可谓软硬兼施，说如果他要坚持进京面见皇上的话，则停止谈判，一切都免谈，但如果不去"面圣"，那么，一切都可以商量，可以通融。

知道这一情况后，狡黠的顾盛心中一阵窃喜，于是他一面继续假装吵吵嚷嚷着扬言要去"面见"大清皇上，一面却又装得很是无奈地"答应"了清朝谈判官员的要求，同意不去面见皇上，而只是签订条约。

于是乎，中国人惯有的小聪明表现出来了。清朝的谈判官员为了"羞辱"这位美国佬，故意将签订条约的地点选在了山高皇帝远的位于澳门一个名叫望厦的偏僻的小渔村，所谓《望厦条约》就是这么得名的，以此表示对顾盛的怠慢与羞辱。而在这种时候，人家美国人的"大智慧"也可谓展露无遗，其实，顾盛的本意就是签订通商条约。所以，只要能达此目的，他才不在乎能不能够见到"中国的皇帝"，才不在乎在什么地方签订条约。

还有一个例子，说起来就更是滑稽可笑。

1883 年 12 月，侵入越南的法国军队在制伏了越南之后，忽然向中国发起了进攻。中法之战由此爆发了。

当时，因为法国人的野心太大，战线拉得太长，此刻又在埃及同英国人开战，应该说并不强大。但大清帝国因为两次鸦片战争的失败而给彻底打怕了，所以，面对法国军队的猖狂进攻却始终不敢"奋起还击"，而只是派官员去找人家法国人谈判，一门心思想与人家签订和约。

可就在中法谈判还在进行而没有任何结果的时候，一桩非常搞笑的事件发生了。

那是1884年7月14日，两艘法国军舰趁着中法还在议和之际，以"游历"为名，驶进福建闽江口。随后又有多艘法国军舰耀武扬威，陆续抵达。

按说，在两国交战这一非常时期，尽管人家法国军舰借口说是来"游历"也就相当于说是来中国"出国旅游"的，但军舰又不是渔船，更不是游船，甭说是战时，即便是在平时，也断然不能随便让它非法入境，肆意进入中国的领海。

可是，要说大清这个王朝真是愚昧透顶，几乎什么荒诞不经滑天下之大稽的事在这个朝代都能发生。就因为当时清朝廷有"不可衅自我开"的训令，结果，当法国军舰陆续闯入闽江口并擅自停泊到马尾港的时候，当时的钦办福建海疆事宜大臣张佩纶、闽浙总督何璟、船政大臣何如璋、福建巡抚张兆栋以及福建将军穆图善等人，竟然对交战国——法国的军舰进入非但未做任何阻拦，反而给予了热情的"对等友好接待"。

就这样，拥有"坚船利炮"的法国军舰在法国舰队司令孤拔的率领下大摇大摆地进入到了停泊着清军水师舰船的福建马尾港，犹如狼进入到了羊窝。

于是，接下来将要发生的事就可想而知了。

据说，那天福建水师举行了一个盛大的招待宴会，盛情款待那些远道而来的"法国客人"。出于礼仪，福建水师的一众官员当然全都出席，热情作陪。

可是，令福建水师的大小官员们怎么也没有想到的是，当这群法国的海军将士被大清的官员热情友好地"对等接待"后，吃饱喝足的法国佬们想必是精力无处发泄，竟然立即向福建水师下战书，宣布于次日下午开战。

接到"战书"后，钦办福建海疆事宜大臣张佩纶以及船政大臣何如璋等一帮当地的福建高官起先还以为人家法国人是在"开国际玩笑"。因为按照他们的想法，在酒桌子上喝过酒称过兄道过弟的人就是朋友。既然是朋友，法国舰队司令孤拔怎么可能说翻脸就翻脸呢？"不可能，绝对不可能，这些蓝眼睛大鼻子的外国人，开什么国际玩笑？真是烦人！"如此一想，这些清朝的官员也就相视一笑，根本不当回事。

然而，清朝的官员可以不把将要到来的战争当回事，人家法国人却很当回事，所谓军中无戏言，打仗的事岂可儿戏？于是乎，到了第二天下午，法国舰队果然要正式开战了。

一看人家法国人竟然动真格的，钦差大臣、李鸿章的女婿张佩纶这才真的慌了神，于是赶紧派人去见孤拔，要求"改日再战"。也许，在张佩纶看来，昨晚酒桌上自己那么"高规格的接待"，孤拔这点"面子"还是会给他的。

可是，人家孤拔才不管什么"面子"不"面子"，既然打战那就得遵从打仗这一套游戏规则。的确，战争只讲利害，不讲交情，这种事情得靠武器说话，绝对不是靠"中国式的吃吃喝喝"就能解决得了的。然而，非常幼稚简直贻笑全世界的是，战争时期，身为大清帝国的"钦差大臣"，而且是清流派中"主战派"的代表人物，想不到张佩纶竟然会做出如此荒唐可笑之事，竟然请求人家法国军队"改日再战"，好像打仗不是打仗，而是体育比赛，而且是中法友好邀请赛。

据说，当听到张佩纶的"改日再战"的请求后，孤拔笑得连眼泪都流出来了，心想：这大清的官员都是一些什么"脑残"之人？而让这样一些迂腐无能、平时只会拍马溜须满口空话套话大话假话的人去指挥作战，这大清又怎能不败？国家又焉能不亡？

结果，中法马尾之战的结局可想而知。由于双方实力本就非常悬殊，如今"狼"又一路畅通无阻地进入到了"羊群"之中，所以，开战不到半小时，福建水师的 11 艘兵舰中的 9 艘就很快被击毁，另有"伏波""艺新"两舰自沉，19 艘运输船沉没。福建水师官兵 760 人战死。而法军仅只有 6 人被击毙，15 人受伤，两艘鱼雷艇受重伤，其他战舰基本无碍。

其五是思想观念极为保守落后，老是认不清世界形势，不能知己知彼，趋利避害。在这方面，清朝就更是有着许多惨痛的血的教训。

长期以来，清朝封建专制统治者始终坐井观天，夜郎自大，自夸"天朝抚有四海，惟励精图治……从不贵奇巧"。他们视外人为蛮夷戎狄，谓外国奇巧之器"饥不可食，寒不可衣"，尽可"实力禁绝"，对外面的世界一直置若罔闻，看不到西方的科技革命和军事发展，因而始终没有忧患意识和危机意识。

而且，经过鸦片战争，"英国的大炮破坏了中国皇帝的威权，迫使天朝帝国与地上的世界接触"。按理说，吃一堑，长一智，到了这种时候，应该长点记性，汲取点教训，总应该睁开眼睛，看一看"西方"是怎样一副嘴脸与拳脚了吧？可是，令人匪夷所思的是，想不到清朝统治者竟依然闭着眼睛，不愿看一看"西方"，竟依然夜郎自大，用马克思的话说就是还是"不顾时势，仍然安于现状……竭力以天朝尽善尽美的幻想来欺骗自己"，而根本就不愿甚至也压根就没有想到像日本"明治维新"那样也来一次自上而下的政治变革，以便革故鼎新，兴利除弊，使中国从此走上一条富国强兵不再任人宰割受人欺负的道路。

说来，早在两千多年前，中国人就知道"知己知彼，百战不殆"，但是，不仅在鸦片战争之前，整个大清朝对人家"蛮夷"不"知彼"，而且，在接连遭受了两次丧权辱国的鸦片战争之后，被打得鼻青脸肿颜面尽失的大清政府尽然还对人家欧美以及日本等国"不知彼"，这就让人不知道说什么才好了。

诚如我们所知道的，早在第一次鸦片战争前，一直对中国虎视眈眈的日本就派出大量间谍到中国的东北以及内地，一边在中国开办鸦片烟馆，毒害中国人，一边大量刺探搜集中国情报，结果日本人对中国军事政治等各方面的了解比中国人自己还清楚。而在甲午海战前，显然正是日本间谍石川伍一事先潜藏在天津军械局书办刘树芬的家中，通过贿赂获得了大量的情报，致使清朝的运兵船"高升"号等出发的时间被石川伍一提前知道后秘密告知了日军，使日军掌握了这一军事情报后立即派军舰在中途拦截，并将"高升"号彻底击毁。船上的1116名官兵以及船员几乎全部遇难。

可是反观大清帝国，无论交战前还是交战后，几乎从来都不对这些"敌国"认真进行研究，不仅不重视做好"军事情报工作"，对欧美以及日本的国内情况与军事动态进行搜集，而且，连自己的保密工作也毫不重视。同时，对可能将要爆发的战争事先毫无防备，只是等到别人打上门来，被迫应战时，大清的军队才"盲人骑瞎马"似的抵挡一阵，乱打一气。其结果，自然也就难免孔夫子搬家——全是书（输）了。

在一次次的战败，一次次的被迫签订战败条约，又是割地又是赔款之后，由于体制的原因，因为一切都是"一把手说了算"，故而谁也不去总结，谁也不去反省，谁也不去卧薪尝胆，发奋图强，锐意改革，而是依然故我，依旧浑浑噩噩，不思进取，自得其乐，贪污腐败，不用贤才……试想，就这样的国家，就这样的体制，就这样的官员，就这样的军队，又怎么能够不打败仗？又怎么能够不被人欺侮，怎么能够不丧权辱国？

所以，从某种意义上说，"性格决定命运"，中日甲午战争的惨痛失败，完全就是大清帝国那令人哀其不幸怒其不争的"国家性格"与诸多弊端造成的。

的确，在这个世上，古往今来，绝对没有无缘无故的胜利，也绝对没有无缘无故的失败。19 世纪末，中日甲午之战的失败，对于腐败无能而又不思进取的大清帝国来说，完全就是情理之中理所当然的事情。

战前风云

说来，日本真的是个"海盗国家"，古往今来一直侵略成性。历史上，它总是一而再再而三地欺负比它弱小的朝鲜，对朝鲜这个民族恣意侵略和杀戮。千百年来，对朝鲜人民犯下了滔天罪行。

中国有句古话，叫作"己所不欲，勿施于人"，可是日本这个民族却不是这样。19 世纪中叶，尽管日本也遭受了欧美资本主义的侵略，受尽了一帮洋鬼子的欺侮，并沦为一个半殖民地的国家，但是，"明治维新"后，刚刚走上富强的明治政府竟也学着西方的样子，去欺侮他的近邻，向朝鲜提出门户开放的要求。在理所当然地遭到朝鲜的拒绝后，1875 年 9 月 20 日，日本"云扬"号军舰侵入朝鲜江华岛附近，蓄意向守岛的朝鲜军队寻衅。

当故意设陷阱让朝鲜军队先炮击，酿成"江华岛事件"后，明治政府借口此事，强迫朝鲜缔结了《日朝修好条约》，迫使朝鲜增加了开放港口，并给予日本领事审判权、免除关税等待遇。

在侵略朝鲜的同时，明治政府也开始了对中国蓄谋已久的侵略。1871 年，日本派使节来华，胁迫清政府给予日本与欧美同等待遇，并于 1873 年与清政府签订了《日清修好条约》。1874 年，因琉球渔民漂流到台湾岛发生被杀事件，日本又借机生事，大肆侵略台湾，结果让清政府赔偿了 50 万两白银作为抚恤费和辛苦费才算了事。

由于这次侵略台湾不仅没有受到惩罚，反而从清政府那里得到了那么多的赔偿费，这让日本人喜出望外，由此充分认识到胆小怕事的清政府完全就是个昏庸无能、任人宰割的"大肉头"。于是乎，1879 年，日本便又肆无忌惮地吞并琉球，将之更名为冲绳县。

自古以来，琉球就是中国的藩属国。可当时的清政府因为焦头烂额，无能为力，作为宗主国，只能置琉球国王的"泣血求助"于不顾，任其被日本霸占。

有道是：天下虽安，忘战必危。更何况是像中国这么个历史上遭受过无数次外敌入侵且又和近乎强盗一样的日本为邻的国家，几乎在任何时候都应该强军备战，不可大意。

可是，回眸大清朝，自从康雍乾之后，几乎就一直"刀枪入库，马放南山"，除了"对内"一门心思防范汉人的反抗，"对外"却几乎完全没有防范意识和危机意识，即使是到了道光、咸丰年间，先后发生了两次鸦片战争，中国饱受了那么多的凌辱，昏庸腐朽的清政府竟仍然不思悔改，不思振作，仍依然没有任何兴国强军之意。

直到中法战争遭到惨败之后，清廷的一些大臣其中主要以奕訢、曾国藩和李鸿章为首的所谓"洋务派"才渐渐如梦方醒，纷纷上书要求强军。

当时，在这些相对开明的"洋务派"看来，第一次鸦片战争时，之所以英国仅出动军队两千余人，第二次鸦片战争，两国也仅只出动军队一万余人，竟把中国这个拥有四亿人口可谓当时世界上最大的超级大国给打得落花流水，完全就是因为这些国家拥有"坚船利炮"罢了。所以，这些"洋务派"们天真地以为，中国只要也有坚船利炮，就完全可以抗衡或制服英法诸夷。

至于怎样才能实现坚船利炮的目标，当时这些"洋务派"的政治大佬们开列了这样一个医治的"处方"：

一、向西洋购买军舰大炮；二、中国自己设立开办工厂制造军舰大炮；三、派遣留学生到西洋各国去学他们的本领。

当时，可谓"万事俱备"，唯一担心的就是害怕那些狡黠的夷狄不会卖给我们军舰大炮，对军舰大炮的制造使用技术更会秘而不宣。可是，当发现只要肯花钱，那些夷狄不但愿意传授秘密，而且还热心地向中国予以传授使用技术时，顿时心中的一块石头落了地，中国的洋务派们无不喜出望外。

于是乎，用柏杨先生在《中国人史纲》中的话说就是："大量的金钱投下来，中国不久就在外貌上呈现出一派金碧辉煌的场面，新式海军阵营堂皇，战斗力强大的北洋水师最先成立，另外还有三只比较小的舰队，即南洋舰队、粤洋舰队和1884年在闽江口被法国全部击沉的闽洋舰队，拥有号称世界第七位海权大国的巨舰巨炮。"

一时间，清国人心振奋、民谣传颂："七镇八远一大康，扬威超勇和操江，不怕东洋西洋鬼，再来侵犯我海疆……"

然而，一如柏杨先生所说"政治腐败和官员的贪污无能，使新建立起来金碧辉煌的军事力量，不过是一副漂亮的拳击手套”而已。后来通过甲午海战实战检验，这么一支中看不中用的舰队完全就是一副华而不实地地道道的“假牙”，用《西厢记》中的话说简直就是一副“银样蜡枪头”。

但在当时，却很少有人能够意识到这样一个问题，即使是那些自认为非常有见识有眼光的“洋务派”们也坚信不疑，只要有“坚船利炮”，就一定能够治好大清的“软骨病”。用柏杨先生的话说，在他们看来，只要有一副“漂亮的拳击手套”，大清帝国也会像欧美等西方列强一样能够成为一个世界级的“拳王”。

可是，也有人对此深表疑虑，如中国的第一位驻外使节、当时的驻英公使郭嵩焘就是这样一个人。

由于长期待在英国，这位湖南人显然比当时所有的中国人都要见解深刻得多，看法全面客观得多。他在英国写给李鸿章的信中，就一针见血地指出：“船坚炮利（“兵事”）是最末微的小事，政治制度才是立国的根本……中国之大患，在于士大夫没有见识。”

郭嵩焘的这番话，当时显然说的许多人不爱听，但“众人皆醉我独醒”，应该说，他的话无疑触到了大清帝国的病根与痛处。

不过，话又说回来，在政治制度一时很难改变的情况下，有坚船利炮总比没有坚船利炮要强得多。而且，如果清朝当时真的不惜成本去大力发展军事，真正实现“船坚炮利”，武器一流的话，那么，或许后来发生的中日甲午海战就会是另外一种结局，而以后无论是中国还是日本乃至整个亚洲或是世界，很有可能历史就会大大改写。

然而，就是因为“船”还不够“坚”、“炮”还不够“利”，这完全就是一锅夹生饭，致使甲午之战以中国的失败而告结束。

在谈到甲午战争中国之败时，人们除了骂清政府腐败无能，再就是大骂慈禧挪用海军大量军费为自己修建“三海”（北海、中海、南海的合称，也叫西苑）和颐和园。也确实，就因为慈禧毫无节制地大量挪用海军经费为自己修园，从而使北洋海军因为经费被挪用没钱再添购一艘军舰，不能再更新一门大炮。由此导致海军武器装备落后于日本，并最终导致了甲午战争的失败。

众所周知，慈禧太后为了自己享乐以及给自己六十大寿送“生日礼物”，竟将为自己修建“三海”以及颐和园列入到了国家的“十年发展规划”之中，作为一项国家重点工程予以对待。可是，要建这么多"世界一流"的大型园林需要巨额花费，这些钱从哪里来？想来想去，只有也只有从每年列支的海军军费和当时用于修建铁路的专项经费中挤占和挪用了。因为，历代的大清统治者的海洋意识都很淡薄，以为有没有海军都无关紧要。于是，在光绪十七年（1892年），户部取得海军衙门的同意，正式宣布以太后万寿需款，海军停购舰艇两年。

因为是"一把手"挪用公款，对于如此"违法违纪"的重大事件，清朝的官方当然是守口如瓶，没人敢说的。只是到后来，倡导"戊戌变法"失败被慈禧通缉的"愤青学者"康有为才站出来予以揭露。

"戊戌变法"期间，康有为在给李提摩太的信中揭露说："（慈禧）向来阻抑新政，及铁路三千万两，海军三千万两，皆提为修颐和园。"

次年，在流亡到日本写《康南海自编年谱》时，他纠正原先的说法，说原拨海军军费三千万两，在购买了十艘军舰后（也说四艘），慈禧把剩余的钱全部挪用于修颐和园了。

对于此事，梁启超在1898年写的《戊戌政变记》中也予以了揭露，他说："光绪十年（1884年），马江之役，见侮于法兰西，其后群臣竞奏，请办海军，备款三千万，欲为军舰大队，乃仅购数舰，而西后即命提全款，营购颐和园。"

尽管，对慈禧究竟挪用了多少海军军费？一直众说纷纭，莫衷一是，但从现有史料看，慈禧挪用大量海军军费修建"三海"及颐和园则几无争议，应该就是事实。

迄今为止，学者们只是就事论事，仅仅只是对慈禧挪用海军军费一事口诛笔伐，但其实，仔细想想，慈禧之所以要挪用海军军费，之所以能够挪用海军军费，追根溯源，应该说关键还是体制问题，或者说是封建专制政体所结出的恶果。

试想，这事要是挪到当时的欧美乃至已经"明治维新"的日本，还能够发生吗？在已经实行君主立宪的资本主义国家，慈禧别说是挪用巨额经费，即便是少量军费，她能有那样大的权力，在国会能获得通过吗？而且，即便是她擅用权力，胡作非为，假公济私，她手下的那些大臣会听她的吗？答案无疑都会是否定的。

可是，在当时的中国，在人治社会的专制政体下，情况就与当时的欧美国家不一样了。甭说是至高无上的慈禧说话"一言九鼎"，即便是那些各级各类大大小小的"一把手"也说一不二，无人敢于违背。不仅不敢违背，相反，那些精明的下属反而会讨其欢心，"投其所好"，把马屁功夫发挥到淋漓尽致的程度。

这，显然又是"中国特色""中国式悲哀"。权力总是掌握在极少数人手里，像慈禧那样，绝对的权力，结果必然会导致绝对的腐败。

事实也真的就是这样，在当时，面对慈禧挪用海军军费这一明显"违法乱纪"的做法，满朝文武大臣几乎没有一个人出来制止和反对。不仅不加以抵制和反对，相反，当时的海军衙门事务大臣醇亲王奕譞（光绪皇帝的父亲）因为对"老佛爷"提拔重用自己父子"感恩道德""知恩图报"，还竭力想着不断用海军军费去孝敬他的"皇嫂"慈禧太后。反正，那些海军经费又不是他自己的，用公款做人情，假公济私，"行贿"上级，讨上司的欢心，何乐而不为？

要说在封建专制社会，官场中人真是一个比一个精，既然奕譞拿"公款"做人情，孝敬慈禧，李鸿章对此自然也不甘示弱，不甘落后。史载，为了讨慈禧太后欢心，李鸿章先是以"会办海军需用"为由向德国银行借款 500 万马克，这笔钱也主要用于修颐和园。后来，又伙同奕譞以设立"海防捐"的名义为颐和园工程捐款。1888 年后，"三海"工程差不多已经竣工，而颐和园工程的需要越来越多，大大突破原来预算。这种时候，李鸿章和奕譞又"想慈禧太后之所想，急慈禧太后之所急"，借着筹集海军军费的名义，筹集到 260 万两"海军巨款"。这笔巨款中的 50 万两最后竟不知去向，神秘蒸发。有人猜测，估计又是流到了颐和园工程中。

仅此可见，海军军费被挪用做修建颐和园，绝对不是慈禧太后一个人的罪责，而是封建专制社会权力高度集中垄断所必然会导致的"集体腐败行为"。这无疑是封建君主专制政体无法克服的一个"顽症"。

就这样，由于大量的海军经费被长期挪用，造成海军经费短缺，据说甲午战争前，英国 Armstrong 船厂找到李鸿章，想将刚刚建造的当时世界上最先进的四千吨级巡洋舰卖给自己的老主顾。可是因为没有那么多的银子，再加上国内一些昏庸糊涂的朝廷大员的反对，李鸿章只好耸耸肩，表示遗珠之憾。

可是，李鸿章因为无钱购买，日本人听到消息，却立即将此船买去。这就是在甲午海战中大显神威起到至关重要作用的日本"吉野"号军舰。

据悉，在当时，日本也手头拮据，军费短缺。可是为了要建设一支强大的海军，为了购买"吉野"号等当时世界上最为先进的军舰和大炮，日本国内竟然实行全民捐款，而且，不仅明治天皇带头捐款，慷慨解囊，据说连他的老妈阿巴桑也捐出了她仅有的几件首饰。

想想真是令人感到悲哀，大战在即，为了在蓄谋已久侵略朝鲜和中国的战争中占尽军事优势，日本的明治太后竟然不惜把自己仅有的几件首饰都捐了。然而，与之形成鲜明对比的是，中国的慈禧太后在中国已遭受了那么多的屈辱之后竟然还不惜万金，慷国家之慨，挪用那么多的军费，说白了其实就是中国人的生命钱去又是修建颐和园，又是筹办自己的六十大寿，似乎完全不把国家的前途和命运当回事！

的确，这一"捐"一"挪"，说来真是天壤之别，让人禁不住感叹。用一句春晚小品中的话说就是：同样是太后，怎么中国的太后与日本的太后差别咋会是那样大呢？

所以，从某种意义上说，在不久后发生的中日甲午之战，完全就是"中日太后之战"，完全就是腐朽封建的大清专制国体对于新兴的君主立宪的日本国体之间的一场战争。

当然，也不能把导致甲午战争失败的所有责任都推到慈禧太后以及清朝腐朽的体制上。实事求是地说，清朝"军队的腐败"也是导致甲午之战失败的一个最重要的因素。

古往今来，纵观中国古代军队最英勇最善战的时代，按时间先后，首先应该说是秦朝的军队，然后是西汉初年的军队，再就是唐朝初年的"无敌盛唐"军队，再有就是被称为"上帝之鞭"的元朝军队，还有就是明朝初年的朱元璋的部队。

试问，这其中的制胜秘诀是什么？

仔细想想，其实，最主要的还是军人的英勇善战，同仇敌忾，不畏强敌，不怕牺牲，以及军纪严明，作风顽强。

所以，两国交战，固然要强调武器的作用，但绝不能以此作为战争胜负的唯一条件。事实上，决定战争胜负的重要因素是人不是物，在古今中外的战史上，以小打大、以弱胜强的战例不胜枚举。

可是，我们看甲午之战，清朝与日本的对抗，从军事实力的硬件上来说，其实并不处于下风，但到最后，却出人意料地输得一败涂地。不仅海军完败，连陆军也豆腐渣似的，不堪一击。

的确，中日甲午战争是近代史以至现代史上中国军队与入侵外敌交战时武器装备差距最小的一次战争。它又是近代史以至现代史上中国军队败得最惨的一次战争。首当其冲的是李鸿章多年惨淡经营的北洋海军全军覆灭。

　　为什么会出现这样一种结局？在查找失败的原因时，人们往往只归咎于清朝"政治的腐败"，而清朝"军队的腐败"却往往被人忽略。其实，"观其外貌，大可一决雌雄于海国"的北洋水师最后为什么遭至惨败？从某种意义上说，关键还是因为"清军自身的腐败"。

　　诚如我们所知道的，北洋海军是清朝新建立的一支军队。在建立之初，清廷从上至下都对其非常重视，且寄予了很大的希望。为此，从一开始，就严格制订了《北洋海军章程》，但写在纸上的规定在实际中却很难能得到落实。如其中规定：不得酗酒聚赌，违者严惩。然而，"定远"舰水兵在管带室门口赌博，却无人过问；甚至提督也侧身其间："有某西人偶登其船，见海军提督正与巡兵团同坐斗竹牌也。"

　　又如，清廷兵部所定《处分则例》规定："官员宿娼者革职。"但"每北洋封冻，海军岁例巡南洋，率淫赌于香港、上海，识者早忧之"。在北洋水师最为艰难的威海之战后期，"来远""威远"被日军鱼雷艇夜袭击沉。"是夜'来远'管带邱宝仁、'威远'管带林颖启登岸逐声妓未归，擅弃职守，苟且偷生。"你看，都到这种地步了，北洋水师的一帮将领竟然还在嫖娼宿妓！

　　至于舰船不作常年训练而挪作他用，则已不是海军的个别现象了。"南洋'元凯''超武'兵船，仅供大员往来差使，并不巡缉海面"；北洋以军舰走私贩运，搭载旅客，用现在的话说就是军舰变成了商务运输船，或豪华游轮只是"大搞第三产业"，为各衙门赚取银两，而根本不去训练打仗。

　　更让人可笑而又可气的是，整个海军的训练几乎完全是在欺上瞒下，弄虚作假，"平日操练炮靶、雷靶，唯船动而靶不动"；每次演习打靶总是"预量码数，设置浮标，遵标行驶，码数已知，放固易中"；"在防操练，不过故事虚行"；"徒求演放整齐，所练仍属皮毛，毫无裨益"。结果军事演习变成了"军事演戏"，表面上看起来威力强大，部队训练有素，战士技术过硬，但实际上却是自欺欺人的"假把式"。把训练当成作秀或演戏，"走过场，搞形式"，而根本不按实战标准去演练。可想而知，这样的舰队真正打起仗来，该会是怎样一种情形？

　　对于这样的"形式主义"和"造假行径"，显然从上到下大家都心知肚明，但对此谁都感到无可奈何，即便是处于最高层的李鸿章也无能为力，长吁短叹："我办了一辈子的事，练兵也、海军也，都是纸糊的老虎，何尝能实在放手办理？不过勉强涂饰，虚有其表，不揭破犹可敷衍一时。如一间破屋，由裱糊匠东补西贴，居然成一净室，虽明知为纸片糊裱，然究竟决不定里面是何等材料。即有小小风雨，打成几个窟窿，随时补葺，亦可支吾应付。乃必欲爽手扯破，又未预备何种修葺材料，何种改造方式，自然真相破露，不可收拾，但裱糊匠又何术能负其责？"

试想，这"纸糊的老虎"平时装装样子，或是用来吓吓国内手无寸铁的老百姓也还可以，但要真和那些武装到牙齿犹如野兽一般的日寇干上了，又怎么能够不"真相破露，不可收拾"？

有道是："养兵千日，用兵一时"，然而，就像清朝如此作风松弛腐败不堪、拿训练当儿戏的军队，到关键时刻，又怎么能够指望它有真本事去保家卫国，克敌制胜？

而反观日本海军，可以发现一个令人颇为震撼的现象，即这支军队平时几乎完全是"魔鬼式训练"。也正因此，每当打起仗来，本就拥有武士道精神的日本海军几乎完全可以用"疯狂"和不要命来加以形容。

因而，从某种意义上说，甲午中日之战，打败大清帝国的其实不是日本，而是由大清自己的腐败综合征所导致的，是"上梁不正下梁歪"、从上到下里里外外完全彻底腐败的大清帝国自己把自己给打败的。

血写的"悲壮"

在今天看来，和唐朝以及明朝时爆发的中日战争一样，清末爆发的中日甲午战争的导火索也是因为朝鲜。但在实际上，与唐朝及明朝侵略朝鲜时不同，甲午战争前，日本侵略朝鲜其实不过是一个幌子，或者说是一个诱饵，可谓"项庄舞剑，意在沛公"，其真正的目的乃是想把中国拖进战争，好对中国实施其蓄谋已久的恶毒的侵略计划。

也正因此，1894 年，也就是中国的农历甲午年，日本政府秘密指使其公使"促成日中冲突，为今日之急务。为断行此事，可采取任何手段。"

而之所以要急于想发动一场对中国的侵略战争，其不可告人卑鄙无耻的目的，用"明治维新"的先驱者同时也是罪恶的侵略者曾竭力主张侵略中国和朝鲜，"控制南洋而袭印度"，甚至梦想"并吞五大洲"，用对日本军国主义思想的形成有较大影响的吉田松阴的话说就是："当前应同欧美各国增进信义，在此期间养蓄国力，要分割易于夺取的朝鲜、满洲、中国，使之服从。在交易上失于欧美的，应在土地上从朝鲜、满洲得到补偿。"

诚如我们所知道的，1894年，朝鲜爆发了东学党起义。由于起义来势凶猛，不可阻挡，朝鲜王廷大为惊恐，情急之下，便只好前来清朝借兵助剿。当时清朝驻朝鲜大使袁世凯接到朝鲜"借兵"的请求后，便及时向国内的李鸿章报告。李鸿章斟酌再三，便决定派两千人的军队开赴朝鲜。

一看中国派兵，情报工作堪称世界一流的日本顿时喜出望外，因为按照先前和清廷订立的《天津条约》，如果中国向朝鲜出兵，日本也可以出兵。所以，这边清军刚一出征，那边日本便迅速向朝鲜派了八千多人，在数量上远远超过了清军在朝的数量，取得了压倒性的优势。

东学党起义被平定后，虽然无能但却异常老实信守道义的清朝廷便决定从朝鲜撤军。按道理，这种时候，日本也应该从朝鲜撤军才是。

可是，日本人哪会像清朝廷那么老实，那么守信？既然出兵了，哪会轻易撤军？一看日本人想肇事，清廷便也只好按兵不动，继续待在朝鲜。可是，历史上，中国人都谨小慎微，喜欢息事宁人。所以，尽管那两千人的军队继续待在朝鲜，可也不想和日本人撕破脸打仗，压根没有做好打仗的准备。

然而，清廷不想打仗，但日本人却早已铁了心要"促成日中冲突"。如此一来，即使清朝不想打仗也不行了。

为了在战争前对清朝实行全面的封锁和围堵，1894年，日本抢先和英国签订了《英日通商航海条约》，并通过一系列外交活动促成了西方列强的中立。在一切准备停当后，这年的7月23日，日本军队突然于清晨闯入朝鲜王宫，劫持了朝鲜国王李熙，并开始驱逐在朝清军，把在北边平壤和南边牙山的清军突然分隔为两段。

到此为止，除了没有正式宣战，实际上，日本已经单方面对朝鲜和中国同时发动了战争。

面对日寇咄咄逼人的态势，李鸿章一直不敢正面交锋，而是心存妄想，指望英国和沙俄能够出面调停。但事实证明，这只能是与虎谋皮，痴心妄想。结果，日本根本就不吃他这一套。所以，在年轻的光绪皇帝的逼迫下，李鸿章只能硬着头皮向朝鲜增兵。

要说日本的情报与间谍工作真是非常厉害，完全可以说是"兵马未到，间谍先行"。

有大量确凿的史料证明，日本在战前派了大量间谍来华。当时，日本间谍头目神伟光臣跟担任天津军械局总办的李鸿章的外甥张士珩打得火热，可以定期得到中方军火供应情况的详细清单。李鸿章身边的一批亲信重臣也被日本间谍收买，就连击沉"高升"号运兵船的密信，都是从李鸿章的衙门里传出来送给日本人的。

那是 1894 年的 7 月 25 日，因为日本间谍石川五一事先通过收买天津军械局书办刘树芬获得清朝向朝鲜运兵的准确情报，所以，这边中国军队向朝鲜增兵的计划还才刚刚下达，尚未执行，那边，日军早已经知道得一清二楚。日军获悉情报后，遂立即派"吉野""浪速"和"秋津洲"三艘军舰在靠近朝鲜的丰岛海面拦截清朝的运兵船，并不宣而战，悍然向中国的"济远"和"广乙"两艘军舰开炮。

原来，"济远""广乙"和"威远"三艘北洋舰完成护送运兵任务后，由于"威远"是木甲船且速度慢，舰队小队长方伯谦便让威远当晚返航。他自己则率济远和广乙于次日出发，没想到刚一出牙山湾，就在大清晨和日本的上述三舰迎面撞上了。

当时，尽管双方的实力差距悬殊太大，在遭到炮击后，"济远"和"广乙"这两艘北洋舰还是毅然奋起还击。两军为此展开了激烈的炮战。但很快在三艘有备而来的日本军舰的夹击下，"广乙"舰因受重创，无法发射鱼雷，且船身倾斜，只好撤出战斗，驰到朝鲜西海岸搁浅后纵火自焚。如此一来，清军便只剩下一艘"济远"舰孤舰奋战。

虽然，"济远"舰将士英勇作战，但终因寡不敌众，伤亡惨重，死伤 57 人，包括大副、二副都英勇牺牲。无奈之下，"济远"号很快便也全速向西撤退。

要命的是，就在这种时候，清军第二批往朝鲜增兵的运兵船"高升"号和"操江"号恰好也经过这里，尽管当时"高升"号和"操江"号悬挂的都是英国国旗，但日本三艘军舰因为根据事先获知的情报知道是清军的运兵船还是立即围了上来。

此时，清军的三艘护航舰"威远""济远"和"广乙"均已走的走，烧的烧，伤的伤，即便是眼看"高升"和"操江"两艘运兵船正在被日舰包围，"济远"还是虚晃一枪，朝冲它追赶的日舰"吉野"号发了几下尾炮，然后弃本应誓死保护的两艘清军运兵船而去。

如此一来，几乎没有任何自卫能力的"高升"和"操江"号运兵船就像两只羔羊完全陷入到了狼群之中。日军强迫"高升"号投降，遭到全船清军将士的严词拒绝。当英国船长高惠悌想要充当俘虏时，清军将士们冲到船长室，拔刀怒喝说："敢有降日本者，当污我刀！"最后，凶残歹毒的日军舰突然一齐向"高升"号发炮，直至将"高升"号完全炸沉。令人震惊的是，对于那些已经落水的中国士兵，日军竟然也不放过，一直用炮射击了很长时间，实施了人类历史上一场极为野蛮的屠杀。最终，船上将近1200人竟有871人被活活炸死或在海中淹死，而"操江"舰则被日军俘虏。

这，应该说是中日甲午战争的第一回合。以日本人的不宣而战开始，也以日本人的胜利结束。

仅仅过了三天，也即7月28日夜，日本人以它所惯有的偷袭方式，在陆地上向驻守牙山的清军发起进攻。双方立即展开激战。清军招架不住，退向平壤。

这应该说是第二回合，结果又以日本人的完胜宣告结束。

在忍无可忍被逼无奈的情况下，8月1日，清廷不得已下诏正式对日本宣战。而在这之前，当日本通过秘密情报获悉清朝即将"对日本宣战"时，竟然欣喜万分。如早在7月30日那天，日本外务大臣陆奥宗光就喜形于色地向各国驻东京大使通告说："本大臣荣幸地通知阁下：帝国与清国现进入战争状态"，竟把与中国打仗当成了一桩渴望已久的大喜事。可以想见，日本人是多么阴险，多么残忍，多么恶毒！

中日两国正式交战后，8月17日，日军向有清军重兵把守的平壤发起进攻。平壤之战几乎就是两国陆军在朝鲜的决战。谁取胜即可控制整个朝鲜半岛，占有整个战场形势的主动。但令人极为遗憾的是，在这场战斗中，尽管清军上下奋勇抵抗，与日寇殊死搏斗，由于守卫平壤的清军平时严重缺乏训练与防范，交战后又缺乏有效的统一指挥，在战时才临时由叶志超指挥，而叶志超虽然是当年的"淮军猛将"，但如今却早已"廉颇老矣"，不复当年之勇，再加上日军蓄谋已久，在人数上也占有绝对的优势，所以，整个战斗只打了不到一天的时间，镇守平壤的叶志超等人便于夜间弃城北走。在北撤时，清军又遭到日军伏击，死伤惨重。

这次战斗，虽然日军也伤亡惨重，但清军伤亡更大，而且，平壤城的失守，也等于提前将胜利拱手让给了日寇。

平壤战役后，清军全部退到鸭绿江边。朝鲜由此完全落入到了日本人的手里。胜利的天平已经开始明显倾向于日本一方。

这应该说是整个中日甲午之战的第三个回合，无疑也是一个最为关键的回合。

但战争打到这时，大清军队依然还是没有一点胜算。偌大的帝国，也真的就像是当年马戛尔尼所说，简直就像是一个"泥足的巨人"，竟然脓包无用到这种程度，也真的是让人彻底无语！

而接下来的中日甲午海战，就更是让人欲哭无泪，悲不胜悲。

这是整个中日甲午战争的第四回合，也是整个战争最高潮的部分。决战发生在9月17日。但从一开始，也就是北洋水师提督丁汝昌奉命率舰队几乎全部主力舰艇从威海卫军港抵达大连湾，为运输船队护航时，清军就已经陷入到了被动挨打的境地。

原来，就在北洋水师离开威海卫军港第二天，日本侵朝陆军就已经获得了情报，清楚地知道中国军队要取道海路运兵，从大鹿岛一带登陆。

要命的是，北洋水师根本不知道已经泄露了出航的情报。事实上，在这之前，北洋海军的密码其实早已经被日军破获。但北洋水师却一直被蒙在鼓里，直到战争结束都始终没有更换密码。于是乎，这边中国军舰还没出航，那边日本海军已经决定派遣舰队前往大东沟出战。

从史书上看，尽管日本海军舰队事先获悉了中国舰队出航的"绝密情报"，但却误认为北洋海军此次只是派出"超勇""扬威""平远"和"广丙"4艘弱舰前往朝鲜护航，于是便没有出动全部舰艇，而只派出主力舰艇"松岛""吉野"等10艘主战舰艇和两艘武装舰艇"赤城号"和"西京丸号"开赴战场。而当时丁汝昌所率领的则是整个北洋水师的几乎全部主力舰艇，即"定远""镇远""济远""致远""靖远""经远""来远""平远""超勇""扬威""广甲""广丙""镇南""镇中"等14舰，以及"福龙""左队一""右队二""右队三"4艘鱼雷艇。这就使双方在力量对比上，清军并不处于明显的弱势。

9月17日上午，北洋水师护送运兵船任务完成后开始返航时，突然发现西南方向海面上有缕缕黑烟，经过仔细瞭望后判定是来袭的日本舰队。北洋水师司令（提督）丁汝昌立即下令各舰作一字型雁阵准备战斗。

战斗很快就打响了。但令人始料不及的是，还才一开始，北洋水师提督战场总指挥丁汝昌就出师不利，受了重伤。

一种广为流传的说法是，定远舰305毫米主炮第一次射击时就震塌了其年久失修的舰桥，导致正在上面指挥作战的北洋水师主帅丁汝昌开战即跌成重伤，舰队由此失去指挥。以此，可证明北洋水师之腐朽。而且，还有一种说法竟然认为这是副职刘步蓄意要谋杀"一把手"丁汝昌所致。

在今天看来，刘步蟾也许有故意篡改作战命令的嫌疑，但所谓的"谋杀说"显然是对他的冤枉。因为据日本"松岛"舰上的海军大尉木村浩吉后来回忆：交战之初，悬挂五彩提督旗的"定远"舰樯上部（飞桥）就被日军炮弹打断，此乃 12 时 58 分。丁汝昌左腿被破碎的甲板压住而无法动弹，炮弹引发的大火点燃了他的衣服。最后水手们不得不把他燃烧的衣服撕去，但他右脸和脖颈已经被严重烧伤。

这也就意味着，丁汝昌是被敌人的炮火炸伤的。

虽然受了重伤，但大难不死的丁汝昌仍然坐在主炮后方的甲板上，以此鼓舞正在作战的水兵的士气。据当时就在现场的英国人泰勒日后在其回忆录《中国纪事》（Pulling Strings in China）中写道："提督坐一道旁，彼伤于足，不能步立；唯坐处可见人往来，见则望之微笑并作鼓振之语。"泰勒被丁汝昌的勇气所感动："予过之，用半通之华语及英语，互相勉力。终乃与作表示同情，崇敬，且钦佩之握手，凄然前行，心中尤念及不幸之丁提督所处地位之可哀。"

由于日军的炮弹几乎在同时还打断了定远舰前桅杆，导致"定远"舰无法用信号旗指挥舰队作战。于是刚一开战，北洋海军主帅就身负重伤，旗舰失去指挥通信能力，整个舰队便只好各自为战。

战斗打响后，速度最快的日舰第一游击队本应攻击北洋水师的"定远""镇远"二舰，但见两舰来势凶猛，便突然来个左转弯，直扑北洋水师的右翼"超勇""扬威"二舰。"超勇""扬威"虽然奋勇抵抗，并击中"吉野"和"高千穗"数炮，击伤击毙日军数十人，但终因火力与防御能力都很差，最终还是敌不过号称"帝国精锐"的日本第一游击队四舰。约莫半小时后，两舰均被炸沉。"超勇"管带也就是舰长黄建勋落水后，北洋水师鱼雷艇抛长绳施救。黄建勋推绳不就，自沉于海。"扬威"舰管带林履中船毁后也奋然蹈海，以身殉国。

当日本第一游击队绕攻北洋水师右翼时，本队也与北洋水师主力交相攻击。日舰"比睿""赤城"被北洋水师截击。"定远""来远""经远"重创"比睿""赤城"，迫使其退出战场。"赤城"舰长坂元八郎太当场毙命。"西京丸"也受重伤。此外，日舰"吉野"也被北洋水师击中起火，但很快被扑灭。

所以，在战斗的前半段，应该说双方势均力敌，北洋水师被击沉两艘，日本舰队重伤两艘，谁也没占到绝对的便宜。

但在接下来的战斗中，日本舰队利用其航速快、便于机动的优点，第一游击队和本队互相配合，至 14 时 15 分左右，本队已绕至北洋水师背后，与第一游击队形成夹击之势。北洋水师腹背受敌，队形更加混乱。在混战中，"致远"舰多处受伤，船身倾斜。伊东祐亨令第一游击队救援"赤城""比睿"。"吉野"舰冲在最前面，正遇上"致远"舰。管带邓世昌见"吉野"舰十分猖狂，毅然下令开足马力，准备用冲角撞击"吉野"舰，以求与敌同归于尽，不幸被鱼雷击中沉没。邓世昌等 250 名官兵壮烈牺牲。

之后，"经远"舰继续迎战"吉野"舰，很快也中弹起火。管带林永升、大副陈策阵亡。随后舰也被击沉，250 余名官兵殉难。

在"致远""经远"等舰同第一游击队激战的同时，"定远""镇远"两舰正顽强抵抗着日舰本队的围攻，虽中弹甚多，几次起火，全体官兵仍然坚持奋战，重创敌旗舰"松岛"，打死打伤炮台指挥官海军大尉志摩清直以下 100 多人。

下午 5 时左右，因中炮起火临时撤出战场的"靖远""来远"抢修完毕，重新投入战斗，并召集"广丙"诸舰及鱼雷艇一同参战，使北洋水师的实力大增。"靖远"大副刘冠雄见"定远"号旗桅杆断裂，不能升旗指挥，建议管带叶祖珪代悬信旗集队，指挥各舰绕击日舰。这时，日旗舰"松岛"已经瘫痪，"吉野"号也丧失了战斗力，其余日舰也都伤亡惨重，不能再战，又见北洋水师重新集队，伊东祐亨便于 17 时 40 分左右下令撤出战场。北洋水师稍作追击，也披着晚霞返回旅顺。

残阳如血，喇叭声咽。鏖战了 5 个多小时后，这场惊心动魄堪称近代世界海战史上所罕见的黄海海战终于以日军先撤出战场而宣告结束。

如果中日甲午战争到此结束，应该说，清军虽然吃了一些亏，但日本方面也并没有占到太大的便宜。所以，对北洋水师，对整个中国来说，还不算是什么太大的坏事。可是，在接下来的第五回合，也即在威海卫海战中，想不到偌大的北洋水师由于清政府和李鸿章的避战、怯战，在重大决策方面的严重失误，竟然实施鸵鸟战术，因而遭到了日本舰队的毁灭性打击，从此彻底消失了！

中国的耻辱

说来，在自己国家，竟然会惨遭如此"灭门惨祸"，这对北洋水师以及整个大清帝国来说，真的是意想不到，而且也是一个奇耻大辱。

当然，话又说回来，在清朝中后期，中国所遭受的"奇耻大辱"也实在是太多太多了！

在今天看来，北洋水师之所以会惨遭日本人毁灭性打击，这其中固然有许多原因，但其中一个最重要的原因恐怕还是与当时清廷内部的争执以及李鸿章的"消极避战"政策有关。

其实，虽然在黄海海战中被击沉了四艘战舰，北洋水师仍余有军舰二十六艘，包括战舰七艘、炮艇六艘、鱼雷艇十三艘。应该说，整个水师还是非常具有战斗力的，而且，如果当时，清朝廷在这种紧要关头，再紧急从英法等国购买几艘先进的战舰作为补充，同时再加大力度训练军队，激励士气，乃至成立敢死队，所谓哀兵必胜，相信北洋水师一定会很快重整旗鼓，恢复元气，说不定还有可能反败为胜。毕竟，北洋水师的大多数管带（舰长）以上的将官都是"科班出身"，曾经在福州水师学堂以及天津水师学堂学习过，然后又公派到英国的格林尼治皇家海军学校受过严格的军事训练，整个北洋水师的人员素质应该说还算不错。

可是，黄海海战失败后，一些一直反对李鸿章的帝党和清流们只知道"作愤青状"，只是一味地指责和谩骂李鸿章和北洋水师无能，而不去研究和思考如何才能尽快解决北洋水师目前所存在的实际问题，不是积极想办法去帮忙"补台"，而只是在一旁"拆台"，说风凉话，看李鸿章的笑话。显然，这不仅于事无补，而且只会使局面变得更糟。

再说黄海海战失败后，一直怯战求和的李鸿章自己也应对失策，因为生怕再有个闪失，把他好不容易置办的这点家底给折腾得血本无归，于是他便命令北洋水师"保船避战"，从此让整个北洋水师像个缩头乌龟似的成天躲在军港里，不敢出海。这就在客观上不仅将大清帝国的整个制海权拱手交给了日本人，而且也无异于束手就擒，自己将北洋水师的手脚给捆起来了，从而使北洋水师彻底陷入到了完全被动挨打的境地。

这不能不说是李鸿章一生中所做出的一个最为严重也是最为愚蠢的"错误决策"。

不妨假设一下，如果当时将李鸿章换成左宗棠，以左宗棠的性格，他所领导的北洋水师的结局想必绝对会是另一种情形，最起码不会输得这么窝囊，这么悲惨。可是，就是因为是李鸿章，做官为人太精明了，太自私了，所以，才会畏首畏尾，战和不定，最后把局面弄得如此不堪，无法收拾。

说来，当时的清朝统治者真是昏庸糊涂透顶，虽然已向日本宣战，但从始至终，整个清军竟没有一个战场总司令，各个战区也没有一个统一的指挥官。整个作战，既没有一个战略层面的全国性的完整的作战计划与作战方略，甚至也没有一个战术意义上的作战方案与军事预案。各个地区，各个军队，各个指挥官，各自为战，自行其是，自由发挥，而且又全都是被动应战，瞎打一气。这就难怪当年的清军作战水平之低下简直可以说是空前绝后，旷世未闻。

由于清军缺乏统一的指挥，又没有在一些军事要塞做出必要的军事部署，再加上清军内部的"军事腐败"，结果，日军无论是从陆地上朝鲜境内越过鸭绿江侵入中国，还是从海上登陆荣成湾，都简直如入无人之境，以致日军很轻易地就攻陷了旅顺，又很快攻到了威海卫。

据冯玉祥将军回忆，甲午战争爆发时，他在保定当兵，有一天，他所在的部队奉命调往大沽口防御日军。消息传来，整个军营顿时"不啻晴天一个霹雳，官兵们骇得失神失色……部队开拔时的情境更是凄惨一片，男女老幼奇哭怪号声震云霄，只是不肯罢休……为民族争生存，为国家争荣耀，所谓国家观念、民族意识在他们是淡薄到没有的。"

更搞笑的是，有目击者称："调绿营兵日，予见其人，黛黑而脊，马瘦而小，未出南城，人马之汗如雨。有囊洋药具（指鸦片烟枪）于鞍者累累然；有执鸟笼于手嚼粒而饲，怡怡然；有如饥蹙额，戚戚然。"

你看，这哪像是什么国家军队？就这样的军队上战场，又哪里能打胜仗？

诚如我们所知道的，旅顺陷落后，北洋水师的战舰便只有全部龟缩在威海卫基地内。威海卫的战略地位极为重要，它控制着渤海海口，可谓天津与北京的海上门户。

而如今，这里又集结了那么多先进的战舰，按理说，清廷怎么说都应该在这里布下重兵，设立几道防线，加强保卫。可最后却没有。大敌当前，丁汝昌曾强烈要求调派天津的三十六营新军来防守威海卫的后路。但在军事上几乎完全弱智的清廷认为京畿安全更重要，多次驳回其请求。在如此重要的军事重镇竟然只布置了区区四个营的守军，总计只有九千多人。而且这九千多人还兵力分散，分别在南岸、北岸以及刘公岛三地驻守着。

可是，反观日军，仅从荣成湾登陆的陆军士兵就有三万多人，而且都配有较为先进的武器。所以，1895 年 1 月 21 日，"威海卫城保卫战"还只打了一天多，"客场"作战的日军竟然处于绝对优势，于次日便攻克了整座城市。

由于当时威海南岸的炮台已经全部落入日军之手，为了防止日军再次攻占北岸炮台，对自己的舰队不利，情急之下，丁汝昌心急如焚地派敢死队抢在日军之前把北岸炮台和弹药库全部炸毁了。

但是，由于整个威海卫城已被敌军控制，日军从岸上的炮台居高临下向威海卫港内的北洋水师猛烈炮击，配合日本军舰从港口向北洋水师发起进攻，致使北洋水师腹背受敌，完全成了瓮中之鳖。

古往今来，一个既不懂军事战略又毫无军事战术可言的军队是注定要打败仗的。所以，北洋水师的结局至此已几无悬念。尽管，在完全的被动挨打境地下，丁汝昌和他的北洋水师竟然奇迹般地拼死抵抗了一个多星期，但那不过是徒劳的，一切的一切其实已经无济于事，无关大局。

仗打到最后，见大势已去，无力回天，北洋水师右翼总兵也即副司令员刘步蟾服毒自杀，兑现了他生前"苟丧舰，当自裁"的诺言。但丁汝昌却一直在拼死抵抗，想坚持到援军赶到，因为毕竟在自己的本土作战，而且又是如此重要的军事要津、海防重地。在丁汝昌看来，清廷一定会不惜任何代价，予以援救。

谁知，苦苦支撑到了 2 月 11 日晚上，令他感到彻底绝望的是，北洋道员刘含芳派人从烟台给他送来一纸信函，上面只寥寥数字："顷接李大臣电：'全力冲出！'"仗打到这种程度，在清廷的一帮重臣中好歹还算是个"明白人"的李鸿章竟然不派救兵，只是随口说一声"全力冲出"。这种时刻，真的是让人不知说什么才好。

丁汝昌至此方始知道援军无望，顿时长叹一声，昏倒在椅上，良久才苏醒过来。

此时此刻，他深知，口外倭舰满布，北洋各舰受重创，弹药将尽，根本无法冲出；最严重的是部下已不再服从命令，自己屡次派人去将"靖远"号用水雷击沉，众水手只顾哭求，无人动手……正低头沉思之际，屋外一片喧哗，抬头一看，只见许多水陆兵勇跪在阶前哀求活命。

见此情景，丁汝昌心如刀绞。既然事已至此，再无希望，当天深夜，这位身经百战的淮军猛将便只好仰天长叹一声，然后也服鸦片自杀了。

对丁汝昌之死，北洋水师顾问英国海军后备役少尉泰莱说："我深为不幸之老提督悲，我视其自杀，非逃避困难之怯弱行为，乃牺牲一己之生命，以保全他人之生命，彼实为一勇夫。就此点论，其高出于此间其他中国人，不可以道理计。"

得知丁汝昌自杀后，岛上洋员和道台牛昶昞赶忙假借丁汝昌的名义起草了一封投降书主动向日军投降。

至此，历时二十四天的威海卫战役彻底结束了。用柏杨先生的话说："曾经煊赫一时，作为自强运动结晶的北洋水师，灰飞烟灭。"由李鸿章苦心经营起来的曾经号称世界第八的北洋水师就这样全部覆灭了。

这年的 4 月，日军占领营口后，随即开始了田庄台之役。这是中日甲午战争的最后一战，也是规模最大的一次陆战。当时清军集结了关外的所有精锐兵力，合计七十营两万余人，作最后一搏。而日军也动用了主力部队两万多人，与清军展开了一次生死大决战。所以，日本方面的史料称："日军合大兵而战。以田庄台之役为始，清军兵力亦不下六十余营，是田庄台之役实一大战斗也。"

由于在战斗中日军使用了火攻，即采用"烧光"政策，使清军受到了较大的损伤，田庄台之役结果自然又以清军的失败而宣告结束。

田庄台战役的失败，同整个中日甲午战争一样，是由于清廷的腐败和战不定所造成的。这一点连局外人英国人赫德都十分清楚，早在1894年12月9日他就说过："简直毫无希望！中国彷徨于备战与求和之间，没有任何一个办法而忍受牺牲的决心，到最后，它还必然以最难堪和最不利的形式接受和平或继续战争。当权的人们大多昏愦无知。"

田庄台失守后，清军辽河防线被日军突破。日军占领了辽东半岛，打开了通向山海关的通道。而通往京津的大门也已洞开，战局危急，中华民族真正到了"最危急的时刻"。由于害怕日军继续进军，清廷无奈之下，只能选择屈膝求和。

中国战败，朝鲜陷于惊恐。因为，在朝鲜人的心目中，伟大的天朝是不会战败的。但不可战胜的天朝却偏偏被蕞尔小国日本给打败了。而且，败得还是那么惨，那么窝囊！

这，怎么说都是北洋水师的耻辱，也是整个大清帝国乃至中华民族的耻辱。

清朝战败后，朝鲜失去了靠山，走投无路，便只好被迫承认日本为它的宗主国。

而作为战败国，这种时候大清帝国的命运比朝鲜自然也好不到哪里。既然要求和，那就只好像乞丐那样不得不接受战胜国日本的恣意凌辱与宰割。一个国家到了这种程度，也真的不比亡国强多少了。

清廷一开始委任户部左侍郎张荫桓以及代理湖南巡抚邵友濂出任谈判代表前往日本议和。可是，两人因为官职较低，日本首相伊藤博文便非常傲慢地说，除非让主持总理衙门的恭亲王奕䜣或者时任直隶总督的李鸿章这两位清廷重臣其中之一来，否则一切免谈。

既然这样，当时一心想求和、事实上也不得不求和的清廷便只好让时年已经 73 岁的李鸿章"临危受命"，作为全权大臣到日本乞和。

双方谈判是在一个名叫马关（日本也有人称为下关）的日本小镇进行的。因此，这个原本默默无闻的小镇由此成为一座让中国人痛彻心扉感慨万千的"历史名镇"。

说来，真的是很耻辱。当时，负责和谈的李鸿章和伊藤博文都是中日两国"总理"级官员，即所谓的"相臣"。而且，他俩一个 73 岁，一个 55 岁，怎么说大了 18 岁的李鸿章都是伊藤博文的长辈。中国人是很讲面子与辈分的，特别是在封建官场，更是喜欢摆官架子，卖老资格。所以，若是在国内，像李鸿章这样的官场老资格在比自己小 18 岁且官并不比自己大的晚辈面前是怎么都会拿腔拿调、卖一卖老资格、摆一摆官架子的。

事实也真的就是这样，光绪十一年（1885 年），也即甲午战争前，因上一年朝鲜内乱，与朝鲜关系特殊的中日两国在天津会商解决之策。负责此次谈判的中方代表是李鸿章，日方代表即伊藤博文。说实在的，当时的李鸿章因为自恃自己乃天朝上国之宰相，压根就没把日本代表伊藤博文放在眼里，言行举止间对伊藤博文颇有鄙夷不屑、居高临下之意。

可是，说来也真是三十年河东，四十年河西。诚所谓"弱国无外交"，更遑论是战败之国？如今，轮到伊藤博文在李鸿章面前居高临下，趾高气扬了。而李鸿章则只好忍气吞声，强颜欢笑。

对于十年前在天津时李鸿章趾高气扬一事，伊藤博文显然一直耿耿于怀。所以，在《马关条约》谈判时，这位日本历史上的第一位首相也是中国人的仇敌故意提起那段往事，对李鸿章揶揄道："想当年中堂大人何等威风，谈不成就要打，如今真的打了，结果怎样呢？"

可以想见，当时李鸿章的心中一定五味杂陈，羞愧难当。这当然不是李鸿章一个人的耻辱，而是整个大清朝的耻辱。

马关议和从这年的二月二十三日开始，伊藤博文提出的停战条件是：日军占领大沽、天津、山海关三地为质，占领期间由大清支付日军军费。出兵侵占了人家国家的土地，还要被侵掠国家支付被占领费？这真的是一种无耻的强盗行径和混账逻辑！

李鸿章一听，控制不住自己的情绪，当即连声喊道："太过分了！太过分了！"因为，这三地乃北京的咽喉，一旦被日军控制，那么，日军就随时可以轻易攻下北京。对于如此离谱的条件，李鸿章又岂能不感到惊愕和气愤？

但这种时候，李鸿章只有强压住怒火，想以情以理来说服伊藤博文，争取对方的同情。而这，自然是无异于缘木求鱼，与虎谋皮。在这世上，哪有强盗大发慈悲，会和被抢的人讲交情的呢？

可以说，李鸿章的这种思维是典型的"中国式外交思维"，总是想以情以理以诚来感动对方，岂不知，这正如英国人所说："没有永恒的朋友，也没有永恒的敌人，只有永恒的利益。"

如今，李鸿章想以所谓的中国式交情和面子来让"大强盗"伊藤博文"高抬贵手"。这不很有些像中国古代寓言中那位东郭先生要狼看在自己曾救过它的情分上不要吃他那样迂腐可笑吗？

要说日本人的可怕与可恨就在这里，历史上，它从来都是见利忘义，恃强凌弱，而从来不会感恩戴德。可以想见，在这种时刻，这种场合，伊藤博文当然不会给李鸿章一点面子，而是毫不客气地限定李鸿章三天内作出答复。

可是，就在这时候，发生了一件震惊世界的"刺杀事件"，在关键时刻多少还算帮了一点中国人的忙。

原来，就在这次谈判的第二天，也即二十四日下午，李鸿章在日本街上经过时被一个日本浪人开枪给打伤了。由于事发突然，让日本政府措手不及。因为"自古交兵，不斩来使"，如今日本人竟然光天化日之下刺杀中国谈判首席大臣，这样做无疑太过分了！因而，在国际舆论一致谴责日本"加害中国使臣"，欧美各国也开始同情中国并表示不会坐视不管的情况下，日本政府不得不有所收敛。

在李鸿章伤势有所好转后，马关和谈继续进行。双方经过又一番讨价还价，4月17日，李鸿章和日本首相伊藤博文在马关春帆楼，签订了《讲和条约》十一款，即著名的《马关条约》。

条约规定：

一、中国承认朝鲜独立，废除中国对朝鲜的宗主权；

二、割让辽东半岛、台湾及澎湖列岛；

三、中国赔款库平银2亿两；

四、增开沙市、重庆、苏州、杭州为通商口岸；

五、日本人得以在中国通商口岸从事工艺制造；

六、在订约后一年内中国分两次交清1亿两赔款，并重新签订通商行船章程前，日本派兵占领威海卫。

在所属的另约中具体规定，驻守威海卫的日本军队不超过一个旅团。在驻守期间，中国政府每年贴交库平银50万两。日军驻守范围，包括刘公岛、威海卫沿岸40华里以内。

也正是在这一条约中，日本人故意采用含糊其辞的卑鄙手段，将包括钓鱼岛在内的我国"澎湖列岛"窃占。

可以说，在中国近代与列强签订的一千多个不平等条约中，《马关条约》无疑是对中国最不平等、下手也是最狠的。《马关条约》无疑是日本这个强盗国家对中国的一次最野蛮、最贪婪、最无耻的掠夺。

通过这次掠夺，日本几乎在一夜间成为"暴发户"。对此，就连当时的日本外务大臣陆奥宗光也禁不住一副小人嘴脸，喜形于色地说："在获得这个赔款以前，日本的财政官厅从未谈到过数万万元的大数字。国库收入仅达8000万日元。因此，3.5亿日元巨款流入国内，在朝在野的人都认为是无尽的财富。国营也好，私营也好，各方面都因此实现大大地扩张了。"

所以，一点也不夸张地说，当年日本完全是靠甲午之战从中国和朝鲜侵略掠夺巨额的财富后才迅速成为世界强国的，日本人的财富中浸透了中国当然也包括朝鲜以及菲律宾等东南亚国家人民太多的血腥。

对此，连日本人自己也不讳言，如在现在的日本马关的春帆楼前仍然竖立着一块石碑，上面就赫然刻着"今之国威之隆，实滥觞于甲午之役"几个大字。伊藤博文和陆奥宗光等强盗也因此被称为日本人的"民族英雄"。春帆楼谈判会所外的小院里，至今仍立着这两人的半身铜像，供日本人世世代代瞻仰。

一个强盗成性靠强盗抢劫富国的"强盗式国家"当然会崇拜和敬仰那些像伊藤博文和陆奥宗光那样从别的国家掠夺巨额财富的"强盗式英雄"了，这当然很符合日本历史上一以贯之的"强盗式逻辑"。

所以，从某种意义上说，与日本这个强盗成性而又不知悔改的国家为邻，对于中国和韩国及其朝鲜来说，真的是一种悲哀。

据说，《马关条约》签订后，一次，李鸿章的幕僚吴汝纶赴日本考察教育曾到马关，当他看到当年李鸿章谈判时坐的椅子明显比对方矮一截时，不由得百感交集，悲从中来。同行的日本人让他留下墨宝，他情不自禁挥笔写下了"伤心之地"四个大字！

其实，马关又岂止是中国人的"伤心之地"？而应该说是"断肠之地"！

的确，"勿忘国耻"，如今那竖立在日本马关春帆楼会所外的伊藤博文和陆奥宗光的半身铜像，无疑是日本人民的"骄傲"，但却永远是"中国的耻辱"，是中国人民世世代代永远不会也不应该忘记的耻辱！

是的，历史是不会也不应该被忘记的。

百年之后的反思

当代有学者说得好，纵观中国近代史，最具决定意义，决定我民族命运的，则非甲午战争莫属。甲午战争是中国近现代史的总枢纽，随后的一切历史，包括后来日本全面侵华，不过是甲午战争的继续和延伸。甲午之战，实是关乎中国命运的、影响三个世纪的战略决战。甲午战败，赔款之巨，大大超过 1840 年以来所有对外赔款之总和。甲午之后，列强掀起瓜分中国的狂潮，终至重压之下的绝望的反抗，至庚子赔款，又超以前所有赔款之总和，至此，中国财政、经济全面破产，如病入膏肓之耄耋老妪负千斤石磨而行……

诚哉斯言！

甲午战争对于中国以及中国人民的伤害是巨大而深远的，即使是在百年之后，到了今天，这一"历史的伤口"依然还在滴血。

一百多年后，当今天我们对甲午战争这一段充满血雨腥风的历史予以深刻的观照与反思，就会发现，之所以会造成甲午之惨败，除了前面所说的政治的腐败、军队的腐败等原因外，仔细想想，应该说还有以下这么几个方面的原因：

一是对可能发生的侵略战争缺乏预见，准备不足。天下虽安，忘战必危。历史上，我们这个国家在国家安全方面一直不太重视，既没有有效的国家安全与军事发展战略，对像日本等一些可能危害中国安全的国家缺乏长期深入细致的研究，在政治、经济特别是在军事方面也未能制订一个行之有效的中长期应对计划与预案。所以，一旦外敌入侵，因为事先没有制定有效的防范之策与战备方案，往往便表现得惊慌失措、战和不定，而不能成竹在胸，从容应对。

关键时刻，严重缺乏将战争进行到底、不达目的决不罢休的战略意志，也严重缺乏誓与国家共存亡的英勇气概和为国捐躯的牺牲精神。这应该说是甲午之战的最主要最致命的败因。

否则，真打下去，打持久战，日本必败，中国必胜。这样说绝对不是主观臆测，哗众取宠，因为，在当时俄国驻日本使馆的情报指出："（日本）所有军舰锅炉，经过十个月连续不断使用的结果，已经破坏到这样程度，以致船只的最起码速度都无法维持，所以船只都急待整修和更换锅炉。"日本外务大臣陆奥宗光也承认："国内海陆军备几成空虚，而去年来持续长期战斗之我舰队及人员、军需等，均告疲劳缺乏。"

也确实，当时的日本无论在经济上还是军事上都外强中干，绝对不是一个强国，和大清相比，根本就不在一个重量级上。

可是，就因为清政府昏庸腐朽，颟顸无知，不能做到知己知彼，在战前严重缺乏必要的军事防备，在战中极度缺少英勇顽强拼死抵抗的坚定意志和坚强决心，因而硬是被"歹徒"加"赌徒"的日本给吓怕了，打倒了！

侵略并战胜中国，是近代日本的既定国策。早在1855年，日本的改革派政治家吉田松阳子就主张："一旦军舰大炮稍微充实，便当开拓虾夷。晓喻琉球，使之会同朝觐；责难朝鲜，使之纳币进贡；割南满之地，收台湾、吕宋之岛，占领整个中国，君临印度。"

对于日本的这一"狼子野心"，应该说，当时清朝的一些有识之士，如两江总督沈葆桢、台湾巡抚刘铭传等早就察觉出来了，一致认为"倭人不可轻视"。但朝廷和大部分政要对日本的认识还停留在"蕞尔小邦"的阶段，"不以倭人为意"。对国防负重要责任的李鸿章也认为"倭人为远患而非近忧"。在日本倾全国之力扩充军备，战争危险日益迫近的紧要关头，清政府反而放松了国防建设，以财政紧张为由，削减军费预算，从1888年开始停止购进军舰，1891年停止拨付海军的器械弹药经费。

昏庸无能的大清王朝就是在这样一种浑浑噩噩的状态下，迎来了一场命运攸关的战争。

二是长期以来，清朝对外交以及国际舆论宣传一直重视不够，表现极差。这方面的水平简直就像小学生的功课那样极其肤浅，委实令人不敢恭维。近代以来，大清帝国在外交方面一直表现拙劣，每当遇到重大国家事件，既缺少必要的公关策划、形象包装，又不善于打外交宣传战、心理战，以争取国际舆论的广泛同情与认同。19世纪末，清朝的主流报刊均系民间创办，并不代表政府的声音。清朝向国际社会发言的唯一途径，是总理衙门和各国公使馆间的对话。数百年来清朝实行严厉的愚民政策，国人被禁止过问政治，报刊媒体更在严控之列。鸦片战争后，在远离政治中心北京的上海，西方人申请办报受到相对宽松的待遇，在很长一段时间里，清朝的报刊媒体几乎都被西方人垄断，致使"话语权"根本就不掌握在中国人的手里。

而在这方面，日本就比中国不知要高明多少倍。如甲午战争中，还在对朝鲜进行战略包围时，日本就秘密聘请了一个美国专家作为国家宣传战的总指挥。这个人就是美国《纽约论坛报》的记者豪斯。豪斯很熟悉西方媒体的运作方式，在他有计划的包装下，西方媒体竟然认为中国与日本分别代表着野蛮与文明，并形成了一种"国际共识"。比如纽约《先驱报》说，日本在朝鲜的作为将有利于整个世界。日本一旦失败，将令朝鲜重回中国的野蛮的统治。这是当时世界最典型的看法。亚特兰大《先进报》说，美国公众毫无疑问地同情日本，认为日本代表着亚洲的光荣与进步。当时美国公众中有一种说法，把日本称为"东方美国佬"，觉得对日本人很有认同感，实际上这些都是媒体"包装"出来的。

还有，在当时很多西方媒体向中国提交随军采访申请时，中国政府和军方都不批准。但日本军方却很乐意西方媒体随军采访，随军记者达114名之多，还有11名现场素描记者、4名摄影记者。对这些西方记者和西方媒体，日本人竭力笼络，不断示好，同时也不忘经常作秀，欺世盗名。如日本在战争中，曾做了很多新闻策划，比如让西方媒体看日军怎么优待俘虏，如何照顾战地的百姓等，通过欧美记者传播到全世界，为日本做正面宣传。

但中国不仅不允许随军采访，即使有两个西方记者因为错走到中方阵线，结果竟被砍了脑袋，仅此可见清朝廷在外交上是多么愚蠢，多么糊涂！

因此，甲午战争中的第三方报道，一直对中国极为不利。以致在中国人看来，甲午战争理所当然是一场由日本发动的侵略战争，被侵略的中国完全是受害的一方、正义的一方。但翻看西方当时的媒体报道及后来的史学论述，绝大多数都对中国没有同情感。西方大多数人认为，日本打败中国是文明对野蛮的胜利，是进步对保守的胜利，是人类文明的一次进步。这在很大程度上完全可以说是日本在外交以及国际舆论方面所做的"手脚"使然。

应该说，即使到现在，日本还在故伎重演，在新闻舆论方面做足了功课，老是无中生有，无事生非，颠倒黑白，混淆视听，欺骗舆论。

三是清廷缺少一支训练有素的军队。

有道是，天下虽安，忘战必危。任何时候都必须要强军，对军人实行异于常人的严格要求，严格训练，训练和培养军人的猛虎意志和藏獒精神，把部队精心打造成一支能打仗、打胜仗的坚强铁军。否则，再好的武器装备都只会是一堆废铜烂铁，再多的军队到了战场上也只是一群绵羊、一堆炮灰。

可是，我们看晚清的军队却不是这样。在那样一个特殊的历史时期，令人怎么也想不到的是，清朝的军队竟然是这样一副德行：面对军队中的腐败，清朝的统治者几乎一直放任自流，坐视不管，任由八旗（满洲人组成）和绿营（主要由汉人组成）腐化堕落，平时的军事训练视如儿戏，犹如演戏，对官兵中的赌博、遛鸟、抽鸦片、玩女人则听之任之，至于克扣军饷、敲诈百姓也司空见惯，习以为常……试想，这哪里像是一支国家的军队？这样的军队若是对付那些手无寸铁的百姓勉勉强强还能凑合，但要让它拱卫国门，与那些如狼似虎训练有素的强敌在战场上去对抗，去厮杀，别说没那个能耐，甚至都没那个胆量！

英勇顽强，不怕牺牲，关键时刻，军队应该能够充分显示自己的血性，应该能坚决捍卫国家的尊严。可是，大敌当前，晚清的军队的官兵们却一个个畏敌如虎，贪生怕死，严重缺乏共赴国难为国捐躯的牺牲精神，就这样的一支军队，就这样的一种士气，你还能指望他们干什么？在危难时刻，国家又怎么能够指望这些人扶危济困，力挽狂澜？

因此，一国之腐败，最危险最可怕的莫过于军队的腐败；一国之懦弱，最危险最可怕的莫过于军队的懦弱。清朝无疑就是这样一个最典型的例子，一个最惨痛的教训。

四是在中国古代历史上，每当到了最危急的时刻，朝廷中常常会出现内讧，不能团结起来，共御外侮。甲午之战就是这样。

在《李鸿章》一书中，梁启超曾不无感慨地说："西方有报纸说：日本不是跟中国打，而实际上是跟李鸿章一个人打，这句话虽然有点过，但实际上却差不多。甲午战争时各省大员只知道画疆自守，把此战看成直隶、满洲的事，跟自己一点儿关系都没有。除直隶、满洲外各省有一个人出一个计策、派一旅官兵来参战的吗？没有，即使有，也不过是放出风来的空话。最可笑的，就是刘公岛之役，有人写信给日本人，说刘公岛有一艘船是广东的，广东跟中日战争没关系，请求放了这艘船。此事让全球笑话。其实此事说明了各省封疆大吏的思想。如果这么看的话，日本的确是跟李鸿章一个人作战，以一人战一国，合肥（李鸿章为合肥人），虽败亦豪哉！"

对此，站在敌对立场的伊藤博文显然也心知肚明，他说："中国名为一国，实为十八国（18个省），为一国则十倍于日本，为十八国则无一能及日本。"可见，日本人也看透了中国人的不团结。

也确实，当时面对日寇的大肆入侵，除了直隶和满洲，其他省竟不去"一方有难，八方支援"，和衷共济，有难同担，而是好像完全事不关己似的，只是置身事外，充当"看客"。你说，就这样的一个"人多心不齐"的大清帝国，又怎么能够众志成城，形成一股保家卫国的强大的爱国合力？

不仅各省与各省之间"各人自扫门前雪，不管他人瓦上霜"，互不协作，互不买账，朝廷内部也钩心斗角，内斗不止。甲午战争中，北洋水师跟南洋水师、广东水师互不买账。光绪的帝党与慈禧的后党互相倾轧。清流文人跟李鸿章之间不断对骂，文武不和、帝后不和、军队不和……如此等等。可想而知，就这样的一个国家，甭说和外国打仗，长此以往，自己也会把自己给彻底打垮的。

仅此可见，任何时候，一个强大的中国必然是一个团结的中国，各民族团结如一家，众志成城，否则，就会横遭外敌欺凌。

五是清廷上下吹牛撒谎，欺上瞒下。

从某种意义上说，中国几千年的封建政治完全可以说就是"谎话政治"。封建官场谎话成风，封建官僚长期习惯于吹牛撒谎，欺上瞒下。无疑，甲午之战期间的大清王朝从朝廷到军队就更是这样。

如丰岛海战，"广乙"号沉没，"济远"号遭到重创。北洋海军首战失利。但失败而归的济远舰回来报告丁汝昌，丁汝昌又上报李鸿章说："风闻日本提督阵亡，'吉野'伤重，中途沉没。"

结果以讹传讹，清朝廷最初接到北洋战舰击沉日本战舰的虚假"捷报"，朝廷上下顿时像打了鸡血一样一度亢奋不已。一时间，群臣间无不大谈倭奴小国不堪一击的快事。报刊媒体也争相报道大捷新闻。如当时《上海新闻画报》刊载的《倭舰摧沉图》，就更是有声有色渲染了丰岛海战大捷的战事。

但事实很快就证明这乃是一个贻笑大方的"战争谎言"。

还有像黄海海战，北洋水师损失惨重，但是，为了逃避责任，李鸿章与丁汝昌却谎报军情，将黄海海战形容为"以寡击众，转败为功"；而且"若非'济远''广甲'相继逃遁，牵乱全队，必可大获全胜"。清廷也以为"东沟之战，倭船伤重""邓世昌首先冲阵，攻毁敌船""沉倭船三只，余多受重伤"，由此给予大力褒奖。一时间除参战知情者外，上上下下多陷入假象之中，像吃了迷药一样，一时兴奋不已，而结果，自然又是空欢喜一场。

六是用人唯亲，拉帮结派。

中国的封建官场，一个最大的弊端就是在用人方面，用奴不用才。显然，腐败透顶的晚清政府在这方面就更是表现得最为突出：重奴才而不用人才。即便是人才，也要先把他驯化成为奴才才用。

至于李鸿章的北洋水师，自然也不例外。

从史书上看，李鸿章这个人亲戚观念与家乡观念很重，在他的提携下，他的子侄与女婿几乎都当大官手握重权不说，就是他的老乡在他的光辉照耀下，也都一个个官运亨通，飞黄腾达。

诚如我们所知道的，甲午战争中，李鸿章曾重用过两个将帅，陆军统帅叶志超和海军统帅丁汝昌。而之所以要重用这两个人，就是因为这两个人是淮军将领，而且还都是同乡，说白了也就是他俩都是"李鸿章的人"，无论什么时候都无疑会对李鸿章"绝对忠于""绝对拥护"。可是，这两个人的实际才能又怎样呢？

"淮军"将领叶志超虽然在镇压太平天国以及捻军起义时作战勇猛，被清朝廷授予"巴图鲁"（勇士）称号，但后来当了大官后，志得意满，养尊处优，妻妾众多，早养得脑满肠肥，浑浑噩噩，被人称为"叶大呆子"。所以，在平壤之战前，虽然大敌当前，战云密布，但他却不以为意，不去抓紧备战，而是"每日置酒高会"，尽情享受。等到日军突然发起进攻，左宝贵战死，由于惊慌失措，贪生怕死的他竟然不去抵抗，而是决定放弃平壤，趁雨夜撤退，结果一口气狂奔五百里逃回国内，在中国近代史上成功塑造了一个典型的"叶跑跑"形象。

可以说，甲午之败，叶志超要承担最主要的责任。

再说丁汝昌。丁汝昌虽说也是当年淮军重要干将，而且作战勇猛。但此人是个半文盲，儿时只读过三年私塾。再说他以前一直是个陆军将领，对海军完全是个门外汉。可是，就因为他是李鸿章的同乡，李鸿章对他非常器重，所以竟硬是让他来"外行领导内行"，而让那些"科班出身"，曾经在福州水师学堂以及天津水师学堂学习然后又公派到英国的格林尼治皇家海军学校受过严格的军事训练的"专业人才"只当他的下属，听从他的指挥。即使是在黄海海战失败后，李鸿章也不对北洋水师的"领导班子"进行改组和调整，将一批年轻精干的少壮派军官提拔上来。这就在实际上严重挫伤了这些"专业人才"的积极性。

的确，在领导指挥北洋水师的近二十年时间里，丁汝昌对李鸿章言听计从，俨然李鸿章的一大管家。整个海军平时不注重军事训练，而只是注重人际关系，走的是一条人身依附的升迁之路。也正因此，在李鸿章与丁汝昌的长期驯化下，整个北洋水师其实已经完全变成了一支奴化的"家丁部队"。平时，大大小小的将领多半把心思用在了讨好巴结上司上面，根本不去想怎样带领自己的部队去严格训练，苦练杀敌本领。试想，这样的部队又哪会有真正的凝聚力和战斗力呢？

其实，并不仅仅只是李鸿章用人唯亲，拉帮结派，整个大清官僚队伍几乎都是这样。由于受"官场逆淘汰"这一潜规则影响，可以说，当时整个清军将领中几乎没有一个真正优秀的战将。"晚晴没有军事家"，这在战乱频仍兵连祸结的晚晴，岂非咄咄怪事？

如当李鸿章的淮军连连败北，旅大陷落，京师震动，情急之下，光绪皇帝任命湘系首领刘坤一为钦差大臣，湖南巡抚吴大澂为帮办，指挥山海关外军事。尽管，吴大澂率兵出关时，大言不惭地声称自己一定会胜利在握，然而一到战场上就成了一个可耻的逃兵。继叶志超之后，成了清军的第二个"吴跑跑"。

当时清军在海城、营口、牛庄、田庄台一带集结七八万人，而日军在海城、盖平不过两万人。在人数上，清军占有绝对的优势，可是，由于刘坤一胆小如鼠，停留天津，迟迟不敢出关亲临一线去坐镇指挥。所以，当时有人说他"顿兵于关门而毫无振作"。又有人说他"刘坤一驻山海关，一日讹言倭兵至，坤一惧而三徙，其悖谬如此"！因此，仅仅不到十天时间，清军六七万人竟从辽河东岸全线溃退。宋庆、吴大澂溃而西走，从双台子退至石山站。

在分析甲午战败的原因时，作为这场战争的亲历者，袁世凯曾深有感触地说："我们战败一是因为没做好战争准备，二是因为领兵众将不行，兵不精。"

事实也真的就是这样。由于清朝统治者一直颟顸无知、昏庸透顶，只知道养尊处优、骄奢淫逸、作威作福，更由于其长期的压迫歧视和防范汉族人的民族政策使然，平时只用奴才不重人才，因而，整个清政府内几乎鲜少人才。到了晚清，几乎更是人才难觅，特别是外交人才和军事人才更是几乎空白。

想当年，南宋小朝廷虽然也非常懦弱很是窝囊，但也还是涌现过许多优秀杰出的军事家，像岳飞、韩世忠，乃至书生杀敌一战成名的李纲、虞允文，此外还有像王彦、种师道、赵葵，更有像南宋末年的杰出军事家孟拱和余玠，竟然能英勇顽强地抗击当年威震西方被西方人称之为"上帝之鞭"的蒙古军队长达四十多年，打了那么多威震敌胆大快人心的经典战役，由此不仅在南宋的历史上而且在整个中华民族的军事史上写下了星光闪耀且可歌可泣的篇章。

可是反观大清王朝，到了晚清时期，令人百思不得其解的是，尽管遭受了那么多的侵略，面对那么多的外侮，在一个呼唤英雄也迫切需要英雄的时代，偌大的大清帝国，竟然始终没有能够产生出一个哪怕稍微像样一点的英雄。"蜀中无大将"，即便是一个"廖化"也没有！从 1840 年第一次鸦片战争到 1912 年清朝灭亡，在长达七十多年的时间内，整个大清帝国竟然没有涌现出一个相对突出的军事家，甚至没有打过一场稍微像样一点儿的足以捍卫国家和大清军队尊严的保家卫国的战争。

这，不仅在中国的历史上而且在世界历史中也绝无仅有，堪称"奇迹"！

由此可见，在一个封建专制的国家是不可能优胜劣汰，择优选拔出真正具有真才实学的优秀人才的。而一个不能让优秀人才脱颖而出担当重任的军队，即便是武器再先进，也很难能够保证军队不打败仗。

所以，从某种意义上说，甲午之败，中国完全是败在用人唯亲而不是任人唯贤上。而反观近代日本的崛起，首先是日本海军的崛起。日本海军的崛起，首先是以伊东佑亨为代表的青壮年海军统帅的出类拔萃为标志。因为他们把全部个性与精力都放在了做大事上，而非人身依附。

伊东佑亨和伊藤博文非亲非故，也不是同乡，而且，伊东佑亨也不私下拜伊藤博文为"干爹"，从不故意巴结讨好伊藤博文，但就因为伊藤博文认为他有着"鲨鱼之才"，出于为国选才而非为己选奴之目的，所以对他"英雄惜英雄"，大为重用。而在晚清，换成李鸿章，或者是李鸿章之外的任何人，这几乎都是不可能的。

仅此可见，"中国式用人"有多么腐败，对国家的危害是多么巨大。晚清实在是为我们在用人方面提供了一面最好的"历史的镜子"。

最后，如果还要继续深度分析甲午战败的原因的话，那么，应该说，最核心也是最关键的原因就在于，清朝是个"权力国家"，而非"能力之国"。

其长期的封建统治一直都是"以权治国"，而非"任人以能"。由于权力的诱惑和利益实在是太大太大了，因而，从古至今，封建社会的绝大多数读书人几乎一生都把精力用在追逐权力上，都一直在内心中想着怎样奴颜婢膝地媚官，怎样不择手段地当官，而当官的目的却又往往只是为了个人，为了满足个人的私欲，也即所谓的"升官发财"，而几乎很少去考虑和谋划整个国家与民族的利益。由此带来的后果，对于整个国家和民族来说，必然是灾难性的。

诚如我们所知道的，"权力国家"的一个最大也是最坏的特点就是"人治"，而非"法治"，而"人治"则很容易因为"人"即权力拥有者的改变而改变，也即所谓的"一人强则国家强，一人弱则国家弱"。国家的好坏，完全取决于统治者个人或者说极少数人的素质。此外，由于"谁当官谁做主""谁当官谁获益"，而对于任何一个权力拥有者来说，权力的拥有都是短期的，因而，几乎大多数的权力拥有者在其位上都自觉不自觉地"为官一任""唯利是图"，尽可能地追逐和谋求自己利益的最大化。

其结果，自然不是"天下为公"，而是"天下为私"。所谓的国家利益在实际上被那些一茬又一茬大大小小的"为官者"永无休止地巧取与豪夺，蚕食与瓜分。到最后，随着腐败达于极盛，进入高潮，整个国家必然会陷入一种民贫国弱的境地之中而无力自拔。

显然，长期浸淫在这样一种"体制"中，那些大大小小的"为官者"在实际上所考虑的其实都是自己的利益，而绝非他们所标榜的"国家利益"。几千年的中国封建官场几乎一直都是"权力斗争"，也即为官者之间争权夺利的斗争，而绝非是"真理之争""信仰之争"，以及"能力之争"，或者，换句话说，那些为官者只是为了自己的权利而争斗，却很少是为了国家和民族以及人民的利益而斗争。由此造成的后果是，那些世世代代大大小小的"为官者"在为了个人争权夺利方面往往一个比一个能，一个比一个精（奸），可是，在治国理政强国富民方面却往往一无所能而且也心不在焉。

也正因此，几千年的封建统治，中国的封建社会一直缺少"正气"，特别是封建官场几乎完全成了为官者食利分肥中饱私囊的地方。那些大大小小的"为官者"几乎都各怀鬼胎，貌合神离，只是一心打着个人自私的小算盘，蠹政害民，损公肥私。而一直生活和游离于官场之外的普通百姓对那些"为官者"又一直深恶痛疾，"仇官心理"一直挥之不去。所以，历史上，在很多的时候，中国的封建社会，整个国家都如一盘散沙，几乎形不成有效的民族的合力……所以，一旦遇到强寇入境，外敌入侵，往往形不成任何有效的强有力的抵抗，偌大的国家便会如雪崩似的遭到惨败，俯首称臣。我们看北宋和清朝，就是最典型的例子。那么大的国家，竟然在其实并不真的强大的敌人面前丧师失地，一溃千里，形不成任何有效的抵抗和反击。仅此可见，"以权治国"给国家和民族造成的灾难实在是太大了，教训实在是太深了！

掐指算来，甲午战争至今已经过去一百二十多年。然而，那场战争带给中国人的屈辱感与沉痛感，至今还依旧被埋藏在许多中华儿女的心里。

的确，甲午战争对中国的危害是巨大而又深远的。回想起来，清朝在那场战争中真是输得太惨：李鸿章花费了十数年建立起来的北洋海军最终被葬送掉了！中国近代试图发展世界级强大海军的美丽梦想彻底破灭了！稍见起色的洋务运动乃至整个中国的现代化进程都被这场由日本人蓄意发动的战争给打断了！

不仅如此，在清朝不得不承认附属国朝鲜为主权完全独立自主的国家后，中国失去了东北方向的战略屏障，我国东北地区因此被日本逐渐渗透以致最后吞并。同时，中国还不得不割让辽东半岛、澎湖列岛以及台湾给日本。虽然最后中国用数以千万计的白银为代价勉强赎回了辽东半岛，可是台湾岛却从此与祖国大陆分裂，直到1945年日本战败。

此外，两亿两白银的赔款是日本帝国主义强加在中国人民头上的巨大负担。如此巨额的赔款给日本的发展注入了新的活力，从此，靠大量掠夺中国人民的财富"一夜暴富"的日本侵略者的侵略野心大为膨胀，并最终酿成了中国人民近代史上最大灾难之一的日本全面侵华战争。也正是从甲午战争开始，中国丧失了东亚地区的主导权，并加深了中国社会的半殖民地半封建化进程。中国人民受到更为残酷的剥削和压迫，几乎到了万劫不复的地步。

所以，可以一点也不夸张地说，甲午之战，是中国真的永远不能承受之痛。

而这"痛"，完全是由日本帝国主义一次又一次强加到中国人民头上的。也正因此，当年李鸿章曾不无犹豫地指出："日本近在肘腋，永为中土之患。"而毛泽东主席更是极其深刻地强调："日本帝国主义利用其和中国接近的关系，时刻都在迫害着中国各民族的生存，迫害着中国人民的革命。"

可是，反观日本，尽管近代以来，其对中国对亚洲乃至世界犯下了滔天罪行，但时至今日，这个侵略成性、靠一次次抢劫中国与朝鲜才"一夜暴富"的强盗国家不仅依然未能深刻反省侵华战争罪行并向中国人民谢罪，而且，日本的军国主义近年来已开始渐渐有死灰复燃的迹象，且还在一心想颠覆围堵中国……所有这一切，无不时刻提醒着中国：天下虽安，忘战必危。必须时刻警惕着，千万不能让甲午战争的阴影再次降临到中国人民的头上。甲午战争的悲剧绝不能在中国重演！

第九章
慈禧不如武则天

夜读清史，当读到那个像罂粟花一样，近半个世纪盛开在大清末年的皇宫中，令整个大清国子民都深受其害的慈禧太后，想着那些当年围绕在她身边如今早已尘埃落定的往事，心中未免感到了一种异样的苦涩与悲哀。

众所周知，在我国古代，有三个在政坛上可谓权倾一时又耀眼瞩目的女人，那就是吕后、武则天和慈禧。这三个女人有一个共同的特点就是在大权在握时都是年轻的寡妇。也不知是因为年轻守寡，心理变态，还是为人原本就权欲熏心，不择手段，她们的又一共同特点就是善于权谋，且阴狠歹毒，为了权力，甚至不惜残害自己的亲生骨肉，让整个国家都忍气吞声、噤若寒蝉、奴颜婢膝地拜倒在她们的淫威之下。

当然，这只是说她们的共同点，但倘若要拿她们三人作一比较的话，慈禧在三人中，虽然没有吕后更没有武则天狠毒，但却是一个对国家乃至对整个中华民族祸害最大的人。

的确，一点也不夸张地说，在中国历史上，有许多中华民族的"千古罪人"。而在这些"千古罪人"中，仿佛"恶之花"似的慈禧理所当然应该位居前列。

慈禧的"上位秘籍"

俄国著名作家列夫·托尔斯泰有一句名言："幸福的家庭都是相似的，而不幸的家庭却各有各的不幸。"如果套用托翁的话，则可以说：在封建社会，男人的成功往往各有各的不同，而女人的成功却往往有着许多惊人的相似。

我们看历史上，无论是武则天也好，还是慈禧太后也好，甚至包括被誉为"大清国母"的孝庄文皇后，最初无不是通过自己的色相才博得"上位"的。

显然，也正是看到了古今中外这一独特的历史现象，所以，当年美国著名总统肯尼迪夫人杰奎琳就说过这样一句话，堪称经典名言——"男人通过征服世界来征服女人，女人通过征服男人来征服世界"。

这话，在由男人和女人组成的世界里，真的可谓亘古不变的"永恒真理"。

当年，女人"武媚娘"就是通过征服男人——太子李治才征服唐朝，最终成为中国历史上唯一的女皇帝武则天的。而女人"兰贵人"也是通过征服男人——咸丰皇帝才进而征服清朝，最终成为慈禧太后，成为大清实际上的"女皇帝"的。

就像男人要征服"世界"必须要有"本事"一样，女人要征服"男人"，特别是不一般的男人时，则必须要有光鲜亮丽如花似玉的美貌。而在这方面，武则天与慈禧显然天赋极好，确乎天生的就是有着沉鱼落雁之美的"美人坯子"。

武则天曾是唐太宗李世民的"才人"，因为妖媚动人，当年被李世民称为"媚娘"。在李世民弥留之际，太子李治即后来的唐高宗见到她竟有"惊艳"般的感觉，以致"挡不住的诱惑"，竟然忍不住和自己的"后妈"颠鸾倒凤，云雨巫山。仅此可见，当时的"武媚娘"是怎样的一个"尤物"！

与武则天比起来，慈禧的美丽显然也毫不逊色，即使不在武则天之上，估计也不在其下，很可能是各有千秋。因为，当时作为秀女初进宫时，咸丰的后宫早已佳丽众多，美女如云。故而，当时的咸丰皇帝可谓已是阅红无数，若是一般的美人想必绝对不会入他的"色眼"。可是，在见到"兰贵人"后，他还是立马就被她的美色给彻底打倒了。可以想见，少女时代的慈禧是何等的天生丽质，貌美如花。

关于慈禧的家世与生平，历来传说颇多，正史与野史说法各异。从种种情形看，慈禧虽不能说是一个"大家闺秀"，但却也算是个官宦子女。她于道光十五年（1835年）十月初十卯时诞生在北京西四牌楼劈柴胡同。按照我国传统生肖纪年法，这一年乃是羊年。也正因为慈禧属羊，所以，后来在她当了太后后，为了避讳，清廷竟然下了这样的命令，不许人们说"养羊、杀羊、吃羊肉"之类触犯忌讳的话。但是因为慈禧自己嘴馋，又不能不吃羊肉，于是朝廷又专门下令，管"羊肉"叫"福肉"或"寿肉"。想想，也真是滑天下之大稽。

关于慈禧的家世与生平传说各异，有许多版本。但根据恽毓鼎《崇陵传信录》和金梁《四朝佚闻》中关于慈禧身世的记载推断，慈禧出身一个潦倒的满族之家，是满洲镶黄旗人，其家庭属叶赫部，所以人称叶赫那拉氏。她小名兰儿，据说早年在安徽芜湖生活期间人称"小兰子"。叶赫那拉氏父亲名叫惠征，世袭八旗将军衔。相对于其显贵出身而言，与惠征同时代的人通常都认为他官运不济，因为直至去世，他的职位也仅是个道台而已，而且还是在安徽芜湖做候补道。这候补道在清朝虽说是个不大不小的官儿，但因为是未任实职的官员，仅是个虚职，所以，她父亲当时在徽宁府任职时可谓无职无权。其坐落在芜湖的家，一年四季门可罗雀，异常冷清，平时既没有什么下属登门巴结，也没有什么同僚上门结党联谊。

由于父亲官运不佳，受人欺负，可以想见，慈禧小时候免不了也遭人冷眼。更为不幸的是，还在她很小的时候，按照《四朝佚闻》的记载，她的父亲却突然死在了安徽任上（《崇陵传信录》则说他死于湖南官任上）。这使她的母亲不得不带着她和一大家子人去投靠亲戚穆扬阿，从此开始过着寄人篱下的生活。

很显然，慈禧从小丧父的不幸遭遇也和从小丧父的武则天当年几乎如出一辙，完全相似。

从儿童心理学的角度来看，显而，也正是童年这一特殊的遭遇和经历，使慈禧以及武则天从小就养成了这样一种性格：遇事争强好胜，性格特别敏感而虚荣，属于那种有恩报恩、有仇报仇，爱憎非常分明的人。像她们这样的人，凡事可以不讲原则，但却不能不讲私情，可以"宁可我负天下人，不可使天下人负我"，是那种极端自私，可谓"为达目的，不择手段"乃至罔顾千载骂名的"另类女人"。

据说，慈禧从小聪明伶俐，性格外向，七八岁时，家里来了客人，她总是先打招呼，装烟倒茶，"小大人"似的陪客人说话，做人做事表现得非常老练。而且，虽说是个女儿身，但她从小就对文学、书画和历史非常有兴趣，在读书、学画、下棋、弹琴之余，还经常骑马射箭。不过，从后来的种种实际情形看，慈禧虽然爱好广泛，才艺多多，但在实际上却都并不十分精通，纯然都是很业余的"菜鸟"水平，根本称不上专业。但即便这样，在当时"女子无才便是德"，甚至许多贫家女子都是文盲的封建时代，慈禧也绝对称得上鹤立鸡群、出类拔萃的才女了。

有史料记载，清朝从顺治时就规定，凡满族八旗人家年满十三岁至十六岁的女子，必须参加每三年一次的皇帝选秀女，选中者，留在宫里随侍皇帝成为妃嫔，或被赐给皇室子孙做福晋。未经参加选秀女者，不得随意嫁人。阅选时，按八旗的顺序，一般七八个人站成一排，由皇帝、皇太后们挑选。被挑选女子的名字，每排写一张单子，留宫中存档。这种名单，在档案中被称为"秀女排单"。

清代的后宫，上至皇后，下到宫女，都是从旗人女子中挑选出来的。旗人，是清朝独有的。因此，从旗人女子中挑选后宫粉黛的制度，也是清代独有的。选秀女的标准，和现在的选美有所不同，美貌并不是绝对标准。只要模样儿周正，五官端正，一般也就行了。换句话说，并不是所有选中的秀女都是花容月貌，有沉鱼落雁闭月羞花之美。但是，慈禧无疑却非常美丽。

慈禧是咸丰二年（1852 年）被选入后宫的。当时，她已是 17 岁的大姑娘了，人也长得委实如花骨朵一般，俊美可爱，娇媚迷人。就在这一年，皇太后为咸丰帝挑选秀女。慈禧有幸赶上了这趟"选秀"末班车，而且，经过层层筛选，竟幸运地被选中了。同时被选中的还有后来成为皇后的钮祜禄氏。当时，钮祜禄氏被选为嫔，而慈禧只是被选了个"贵人"，比钮钴禄氏要低一个等级。

原来，清代后宫妃嫔有非常严格的等级限制，皇后以下的妃嫔共分七级。第一级是皇贵妃，第二级是贵妃，第三级是妃，第四级是嫔，第五级是贵人，第六级是常在，第七级是答应。以上统称内廷主位。

当时，慈禧只是一个贵人，是第五级。一向喜欢争强好胜的慈禧对她这个地位，自然很不满意。但是，要想争取到更高的地位，乃至在后宫中出人头地，又谈何容易？一时间，慈禧真的可谓看在眼里，急在心上，有着一种很无助的感觉。

但慈禧显然不是一个听天由命、安分守己的人，和武则天一样，她也是一个欲望强烈、野心勃勃的人。她深知，在红墙黄瓦的紫禁城内，在六宫粉黛三千佳丽美女如云的后宫之中，像她这样地位低下的贵人，如果一切听其自然，将很难能得到皇帝的宠幸。

可是，如何才能吸引皇帝的眼球，得到皇帝的宠幸呢？有很长一段时间，少女慈禧都深陷在一种苦思冥想之中，而找不出任何答案。

说来真是"功夫不负有心人"，终于有一天，"兰贵人"慈禧想出了一桩美人计。

原来，选秀入宫后，慈禧先是住在北京郊外的夏宫圆明园的"桐荫深处"殿内。为了能得到皇帝的恩宠，很有手腕的慈禧不惜用钱物买通了皇帝身边的御前太监，让他们随时为自己"通风报信"，为她能得到皇帝的宠幸提供必要的帮助。

这年的夏天，极为好色且纵欲无度、喜欢猎艳的咸丰皇帝来到夏宫圆明园小住。一天，当被慈禧买通的御前太监安德海传出信来，说咸丰皇帝将从她的"桐荫深处"经过，慈禧立即刻意修饰一番。本就面目姣好、眉目传情的她更显得妩媚动人，秀色可餐。然后，她便早早登上路旁万绿丛中的雕栏绣楼等候。而当从楼上远远地看见咸丰皇帝乘着御辇正朝她这边走来时，"兰贵人"便声音甜美、清丽婉转，俨然晚清时的"超级女声"一般唱起了一首抒情优美的江南小曲。

不知道以前一直生活在江南的少女慈禧当时唱的是什么美丽动听的小曲，究竟是当年曾经打动过乾隆皇帝的那首清新隽永的《采莲子》，还是优美悦耳的《茉莉花》，抑或是黄梅戏小调《小放牛》？总之，这美丽动人的歌声竟一下子把咸丰的魂给勾住了，让他情不自禁、神魂颠倒地追寻着歌声，登上秀楼。很快，在猝不及防间，他便忽然看到了一个美若天仙的女子。

顿时，咸丰那欲望的闸门一下子就豁然打开了。于是，他情不自禁地朝她走了过去，然后不容分说便将她抱到了怀里。然后，他像剥笋子一样把她一层层剥光……这以后，歌声的翅膀便不再在圆明园的上空飞翔，而像蝉一样静默了下来。

那天，在咸丰皇帝如痴似醉的拥吻下，少女慈禧把自己像一坛窖藏了17年的女儿红美酒一样尽情地打开。"桐荫深处"殿内顿时香气扑鼻，浓酽醉人，让贪恋美色的咸丰垂涎欲滴，欲火中烧。很快，两个你情我愿各取所需的年轻人便纠缠到了一起，颠鸾倒凤巫山云雨起来……

没想到，一个在皇宫大院看似极为偶然也羞于示人的"爱情细节"，从此竟悄然改变了整个大清帝国的命运，也由此改变了整个中华民族的历史！

有了第一次令他神魂颠倒如痴如醉的男欢女爱，这以后，咸丰帝一有空便溜到"桐荫深处"殿内与自己的美人儿不断温习爱情的功课。而每次，"兰贵人"都显得"最是那一低头的温柔，像一朵水莲花不胜凉风的娇羞"，让咸丰帝几乎每次都会感到一种从未有过的新奇、痴迷与陶醉。

就这样，以自己的美貌做"诱饵"，"兰贵人"慈禧终于如愿以偿，博得上位，很轻易地便钓到了咸丰这条贪恋美色的"大鱼"，并从此得到了咸丰帝的宠爱。

从史书上看，慈禧显然是个很有心计很有手腕的人，一旦咸丰"上钩"，她就不怕他再"脱钩"跑掉了。就像当年，一旦太子李治上钩，武则天就再不用担心他会从自己的怀中跑掉一样。

的确，武则天也好，慈禧也罢，她们其实都是一些姿色撩人、懂得狐媚之术的女人。对于自己想要征服的男人，她们实在是有着许多攻无不克、战无不胜的"独门暗器"，或者说是"爱情秘籍"。

在今天看来，慈禧之所以能够迅速脱颖而出，得到咸丰帝的宠幸，显然有着以下几个方面的原因。

首先，应该是因为她的无与伦比的美丽。

后人见到的慈禧照片往往干瘪皱巴、难以入目。究其原因，显然是那时的摄影和冲印技术不行。而且，这些照片都是慈禧年近七十岁时留下的，此时早已人老珠黄，风光不再，自然"貌不惊人"。而二八年华的慈禧相传却是惊人的美艳。

对于少女慈禧的长相虽然"正史"中并无记载，但有野史却这样描绘她："每一出游，旁观者皆喃喃做欢喜赞，谓天仙化身不过是也"，可以想见年轻时的慈禧走在街上，其"回头率"会有多高。曾做过慈禧近两年女侍官的德龄，在她的书中也如此描绘慈禧的外貌："太后当伊在妙龄时，真是一位风姿绰约、明媚鲜明的少女，这是宫中人所时常称道的；就是伊在渐渐给年华所排挤，入于老境之后，也还依旧保留着好几分动人的姿色咧！"

因为是时过境迁的回忆，想来女侍官德龄此话很可能绝非溢美之词。

对于自己的美貌，慈禧自己显然也很自信和骄傲，她曾得意地对别人说："入宫后，宫人以我美，咸妒我，但皆为我所制。"你看，美到遭人嫉恨的程度，而且还不是一般的人的嫉妒，而是那些与自己同类项的美人竟也对她的美艳"羡慕嫉妒恨"，可以想见少女慈禧有多么美了。

无疑，也正是由于自己的天生丽质，无与伦比，年轻的兰贵人才获得了一张被咸丰帝宠爱的"通行证"。

其次，应该是因为她的"超凡出众"的才华。

从种种情形看，这位"兰贵人"之所以能获得咸丰帝的宠爱，除了她的"花容月貌"以及她那特有的体香外，还在于她身上有着当时宫中一般嫔妃所没有的"艺术才华"。

的确，从史书上看，少女慈禧多才多艺，绝对是个"文艺女青年"。由于曾经一度生活在江南，据说少女慈禧很善于唱江南的艳曲小调，犹如婉转莺歌，非常圆润动听。同时，她还通晓诗词音律，在26岁成为太后后，常常在储秀宫里和其他妃子及太监吟诵诗词，弹琴作画。此外，她还从小读过《诗经》《论语》，能生动地讲解《燕燕》《式微》《简兮》诸篇，连饱读诗书的咸丰都听得入神。另外，慈禧的书法据说也很不错，书法很有"大丈夫"的气势。据信修明《老太监的回忆》载："太后喜写龙、虎、福、寿大字，六尺、八尺，极有气魄。"

自古皇帝爱才女。试问：汉武帝为何爱上卫子夫？汉成帝为何爱上赵飞燕？唐明皇为何爱上杨贵妃？说白了，就是因为卫子夫、赵飞燕和杨贵妃乃是当时才貌双全的"歌舞演员"，起码是多才多艺的"文艺女青年"，能歌善舞，妩媚动人，和寻常的女子有着很大的不同。

不用说，少女慈禧无疑也是这样一个美女加才女。试想，这般妙人儿，咸丰皇帝岂有不爱不宠之理？

其三，应该是因为她的善解人意与富有心计。

古往今来，无数事实证明，那些只是徒有美丽的外表而没有内心的精明的女人只会成为男人的玩偶，要想征服男人进而"征服世界"只能是痴人说梦。显而，只有那些既有非同寻常的美丽又有非同寻常的心计与手腕的女人才有可能真正博得"上位"，成为这"爱情游戏"中的赢家，获得自己梦想得到的一切。

很显然，武则天也好，慈禧也罢，无疑都是这样既非同寻常的美丽又有非同寻常的心计与手腕的"超级女人"。

由于自幼随父宦游各地，官场中的势利、虚伪、倾轧、角逐，丰富了她生活的阅历；宦海中的钻营、贪婪，使她养成了阴险、狠毒的性格。所以，早年的生活经历使慈禧从小就表现得少年老成，智慧卓荦不凡，性格机敏善变。这为她入宫后很快便邀得"椒房之宠"提供了不可或缺的素质与"条件"。

历史上，慈禧真的是一个很有心计很有手腕的人，如《满清外史》说她："少而慧黠。"《清稗类钞》说她："有机智，遇事辄先意承旨，深嬖之。"而《慈禧外纪》则说她："以己之聪明智慧，遂蒙帝宠。"也确实，与美女众多且又喜新厌旧的皇帝相伴，要想获得宠幸，没有一点儿心眼与手腕是绝对不行的。所谓"没有金刚钻别揽瓷器活"，而"情商极高"的慈禧显然也正是有着这样的一把"金刚钻"，因而才能"过五关斩六将"，很快杀出重围，从一个地位低下的"兰贵人"，最终一跃而成为能够一手遮天、呼风唤雨、掌握帝国生杀予夺大权的"慈禧太后"。

这，也许就是女人慈禧的"上位秘籍"。

权力是怎样"炼成"的

说来，在这个世上，真的没有随随便便的成功，更没有天上掉馅饼的好事。越是很难得到的东西，越是需要人们成倍乃至几十倍地付出才有可能得到。

从史书上看，武则天在走向皇后的"红地毯"时，可谓一路披荆斩棘，双手沾满鲜血。皇后的凤冠霞帔来得委实很不容易。相比较而言，慈禧的"皇太后"之位得来的无疑要容易得多，但也不是一蹴而就，手到擒来，事实上也颇费了一番心思。而且，慈禧一辈子没做过皇后，也就是说，在其丈夫咸丰生前，她也就顶多只是一个"懿贵妃"，而当时的皇后乃是比慈禧年轻两岁的钮钴禄氏，即慈安皇后。所以，说句玩笑话，慈禧的后宫之路，走得并没有武则天"成功"。

诚如我们所知道的，慈禧在勾引咸丰初宠之后，虽然很快从贵人晋封为懿嫔，"官"升了一级，从五级升到了四级，而且，咸丰也曾一度为她"从此君王不早朝"。但是，从始到终，慈禧都没有享受过"椒房专宠"，没能像当年杨贵妃那样集三千宠爱于一身。即使是在她最受宠爱时，后宫与她争宠的佳丽仍不乏其人。如以娇丽温顺获宠的云嫔、以柔媚著称的丽贵人和以姿容取胜的玫常在同样深受咸丰帝的宠爱。云嫔武佳氏是咸丰帝称帝前的宠妾，姿容超群，是一朵温顺如水的"解语花"，与咸丰帝情深意长。咸丰称帝后对她恩宠不衰。丽贵人、玫常在和慈禧同年选秀进宫。相传，丽贵人艳若桃子，病如西施，最爱撒娇弄嗔，含笑含颦。娇媚时灿如桃花，嗔痴时如梨花带雨，自选秀入宫以来，一直是咸丰帝的最爱。只可惜，丽贵人也即后来的丽妃却一直没有生子，这让丽妃和咸丰都感到莫大的遗憾。

在今天看来，慈禧之所以能够在后宫的三千佳丽中脱颖而出，力拔头筹，应该说，最主要的是得益于她的既工于心计又精于权谋。而精于权谋，可以说是她一生登上"成功"峰巅的制胜秘诀。

的确，在当时的后宫中，工于心计的嫔妃显然不在少数，如咸丰帝心爱的以姿容取胜的玫常在徐桂氏因出身低微，就颇有心计，每次总能带给咸丰帝新鲜和刺激，以致她入宫不久就被晋升为贵人。但是，除了女人的那种小精明，她却缺少那种男人玩权弄术的"大智慧"，不懂得用权谋来积攒和巩固自己得来不易的"政治地位"，再加上妒忌心重，这就使她很难能够成得了大器。

而相比较起来，慈禧就要精明老练得多，小小年纪就很懂得政治权谋，而且一直精于此道，乐此不疲。

在宫中，有些美丽的嫔妃自恃有皇帝宠着，即便不是目中无人，往往对后宫的宫女太监也不大在乎。可是，富于心计的慈禧却不是这样。还在刚入宫时，她便处心积虑竭力笼络与收买身边所有的宫娥太监。慈禧的聪明与大气就在这里。对于钱财，她是不大在乎的，平时总是显得仗义疏财，四处打点贿赂那些其他嫔妃一般都看不起的宫娥太监。一来二去，这些虽然地位低下但却非常有自尊，懂得感恩的宫娥太监们都一传十十传百地说"兰贵人好"，而且，在内心中便很愿意帮她。如此一来，慈禧便在后宫中无形中结了一个秘密组织，而她便是这个自发形成的秘密组织的"领头羊"。

有了这些宫娥太监作为自己的"耳目"，这一来，慈禧便对咸丰每天的行踪了如指掌，如咸丰平时和什么人在一起，说了什么话，做了哪些事，晚上宠幸了哪个嫔妃？在掌握了大量的情报后，她便开始有的放矢，对症下药，像武则天当年陷害萧淑妃与王皇后那样，开始一一清除她的"情敌"，在后宫那没有硝烟的战场上，紧张有序但却悄无声息不漏痕迹地打响了一场各个击破的"爱情歼灭战"。

慈禧第一个"暗算"的对象便是当时圣眷正隆的玫贵人。

原来，咸丰六年（1856 年）三月二十三日午时，慈禧生下了她唯一的，也是咸丰帝的长子载淳，也即后来的同治皇帝。于是，母凭子贵，其一时间成了后宫中最闪亮耀眼的"明星"。

可是，没想到，才仅仅过了两年，也即咸丰八年（1858 年）二月，玫贵人竟也为咸丰帝生下了皇次子。心花怒放的咸丰帝立即将她晋封为玫嫔，并打算进一步封妃。面对这个潜在的最大敌手，慈禧毫不手软，暗中买通玫嫔身边宫娥，在新生儿的食物中掺进了一点儿有毒粉末，致使皇次子很快夭折。玫嫔出身低微，即使有冤也无处可诉，渐渐心生怨恨，脾气越来越暴躁。咸丰帝一怒之下将她降为常在，再降为宫女。

搞掂了玫贵人后，慈禧又去暗算她的第二个情敌云嫔。云嫔是一个有野心的女人，在深宫中，她心思婉转步步为营，因而入宫后很快便成了皇上的新宠，一朝得势风头无两。但是，云嫔的缺点在于她做人太过于高调，在得意时不知道收敛自己，保护自己，因而理所当然地遭到了一大群嫔妃的嫉妒。很快，慈禧"清除情敌"的枪口便偷偷瞄准了她。

那一天，慈禧用蛊惑罪陷害云嫔。云嫔被打入冷宫，又气又急，一向心高气傲的她哪里能受得了这样的侮辱？不久后，她便悬梁自尽，香消玉殒。

在一方面不动声色地清除情敌的同时，另一方面，慈禧则竭力巴结讨好"一把手"咸丰。

当时国事不宁，第一次鸦片战争结束后，紧接着又爆发了太平天国起义。一开始，刚继位的咸丰皇帝也很想振作起来，励精图治一番，可是由于能力有限，无力回天，每天面对那么多令人忧心如焚的国家大事委实是苦不堪言，不堪重任。一来二去，他便渐渐变得懈怠，渐渐寄情声色而懒于国事起来，最后甚至连"公文"也懒得阅批，而改由自己的"女秘书"慈禧去代为阅批了。

而对做这样的事情，和当年的武则天一样，慈禧乐此不疲。所不同的是，当年唐高宗李治乃是因为受那该死的家族遗传病"风疾"的严重困扰而不能亲自处理公文，才不得不让自己的爱妻武则天代劳的。但咸丰显然却不是这样，他之所以不去亲自批阅公文，实在是觉得做这样的事情枯燥而又无聊，于是便让慈禧做他的皇帝秘书与助理。

要说慈禧真的非常知趣和识相，由于清朝不准后宫参与政事，时间一久"帝浸厌之"，咸丰觉得慈禧参与政事也实在太多了。每当这时，善于察言观色的她一旦发现咸丰不满便立即急流勇退，"后亦敛迹"，马上歇手不干，退到一旁。于是，政事便又由咸丰自己"亲自"处理起来。

可是，用不了多久，咸丰的懒病又犯了，于是便又撒手不管，将一应事情再交由慈禧去处理，好让自己落得个清闲自在。而每当这种时候，慈禧总是"召之即来""友情客串"，而且是任劳任怨。如此一来，慈禧便在实际上掌控了大清帝国的实际权力。

当然，咸丰在世时，以慈禧的精明，她还只是以此博得咸丰的欢心，并未以此擅权乱政。

说来，慈禧也算非常幸运。尽管在她之前，咸丰有许多女人，但是，她却是第一个为他诞下龙种的女人。在入宫四年时也即咸丰六年三月她即为咸丰诞下了皇子。这是咸丰帝唯一存活的儿子，是为载淳。由于皇后慈安一直未能生育，母以子贵，所以，还在咸丰在世时，慈禧的实际地位就已在皇后之上了。

但在当时，国家的生杀予夺大权还并未操控在慈禧手里。

咸丰十一年（1681年）八月，咸丰病死在承德，载淳即位，即同治皇帝。慈安皇后遂为皇太后，是为东太后；转天，慈禧又被封为皇太后，也即西太后。

要说咸丰也不完全是个昏君，在临终前，他曾立下遗诏，立六岁的独子载淳为皇太子，以怡亲王载垣、郑亲王端华以及户部尚书肃顺等八人为顾命大臣。同时，他又规定以自己身带的"御赏"和"同道堂"印为新皇帝下诏的印信。其中，"御赏"印由慈安太后掌管，"同道堂"印则由载淳自己掌管。遗诏规定，此后新皇帝所颁的一切诏书，都要同时盖有这两枚御印才能生效。

按理说，咸丰立这样的遗诏、做出这样的规定是很有道理的。因为，清朝的历史上，完全由顾命大臣掌权很容易会出现像多尔衮以及鳌拜这样飞扬跋扈威胁皇权的"权臣"，对皇权会构成严重威胁。而让皇太后辅政，则又容易出现像唐朝武则天以及其他一些朝代后宫干政乃至"牝鸡司晨"的现象。

有鉴于此，咸丰皇帝才会如此煞费苦心，想出了这样一个让辅政大臣与太后"分权治国"的办法。

但中国古代的许多制度或条规从理论上说无疑是对的，是值得称道的，但一到实际实施中，则往往会变成一纸空文，变得一文不值。究其原因，乃是因为古代中国乃是一个人治社会，而不是法治社会。法治在人治面前往往变得不值一提，不堪一击。历史上，无论是强势集团还是弱势群体，人们往往在内心中都对法律并不敬畏，更不遵从，只要有一点儿可能，就会钻法律的空子，肆意将法律这堵"围墙"凿出一个个可以随意进出的洞来。

也正因此，咸丰的遗诏看似非常合理乃至近乎完美，如果真正在实际上严格加以执行，那么后来将绝对不会出现像慈禧三次"垂帘听政"的不正常现象。但是，清朝的事情坏就坏在"但是"上，由于载淳年幼，是个"儿皇帝"，即位那年还才只有六岁，所以，"同道堂"印尽管名义上由载淳掌管，但在实际上却是由他的母亲慈禧太后掌管。

显然，问题最终就出在这里。

要知道，慈禧是个权力欲超强的人。还在咸丰在世时，她就对政治表现出了浓厚的兴趣，而在咸丰于热河驾崩后，她原以为帝国的大权自然会水到渠成落到她的手里。

哪知道，咸丰临终前却故意防她一手，有意将顾命八大臣推到了权力的前台。从理论上说，这就无形中把慈禧妄图擅权干政的渠道用顾命八大臣这道"权力的闸门"给闸死了。

如果是一般的女人，闸死了也就闸死了，只要儿子登基就行了，既然有顾命八大臣在前台辅佐，自己反倒在后宫能够图个清闲，落个自在。但慈禧就是慈禧，她才绝对不会对权力心如止水，无动于衷。

所以，在实际上，还在咸丰弥留之际，一场"权力争夺战"就在两后，当然主要是慈禧太后与顾命八大臣之间，悄然展开了。

慈禧是个阴险、贪权且又野心勃勃的女人，她刚刚坐上圣母皇太后的宝座，就迫不及待地揽权。慈禧先让人建议，因为皇帝年幼，无法处理朝政，所以要由两宫皇太后"垂帘听政"，实际上是想仿效当年武则天之故事，由自己掌握实权。

对此，顾命八大臣当然不会答应。因为，如果由两宫太后"垂帘听政"，首先是不符合大清"后宫不得干政"这一"祖制"，也即祖宗定下的规矩；其次，更重要的是，假若真的这样的话，那顾命八大臣"辅政"岂不成了摆设？

慈禧是个不达目的决不罢休的人，一次不行两次，两次不行三次，而且完全是为达目的不择手段。当时，两宫太后与顾命八大臣都在热河处理咸丰皇帝的丧事，京城方面的一应大事都权且由恭亲王奕訢全权处置。奕訢在咸丰生前并不见宠，与一直受宠的八大臣之间有很深的矛盾。所以，在守丧期间，慈禧一方面召见奕訢，与他密谋；另一方面，则暗中授意"北京派"的重要人物、内阁大学士周祖培，让他指使自己的得意门生、时任山东道监察御使的董元醇写了一篇《奏请皇太后权理朝政并另简亲王辅政》的奏折。

马屁精董元醇欣然从命，充当打手，当即于咸丰十一年（1861 年）九月上书，在奏折中提出两点极为重要的建议：一是皇帝年幼，国家又在危难中，皇太后应该出来权理朝政，左右不得干预；二是从亲王中选择一二人辅政，以防止皇权旁落。同时，疏中还把矛头直指顾命八大臣，指斥他们"贪渎营私，不能廉政自持"。

载垣、肃顺大为恼怒，立即代皇帝拟旨驳斥董元醇说："我朝祖宗旧制，向无皇太后垂帘之礼。"

应该说，载垣、肃顺等八大臣说的没错。但古往今来，中国的封建制度一直缺乏刚性，就像橡皮泥一样，只要有权力的人都可按照自己的心意随意揉捏成自己想要的模样。或者换句话说，在古代中国，制度表面上很神圣，很威严，但其实，谁有权力，她就听从谁的使唤。

也正因此，在中国古代，中国人都喜欢"靠人"，而制度则被认为是最靠不住的。

显然，对于八大臣所拟的驳斥董元醇的"圣旨"，慈禧当然还有被她蒙骗糊弄的慈安太后是说什么也不会盖印的。而两太后不盖印，"留中不发"，诏书就不能生效，更不能下发。

在双方的僵持中，八大臣以停止议政相威胁。见此情景，权欲本就不太旺盛、心地也较为善良的慈安太后怕发生大的变故，于是便想妥协。因为当时时机还没成熟，过早地与八大臣闹翻了，会对自己的下一步行动产生不利，所以，心计多端的慈禧这时便也借坡下驴，决定以退为进，以时间换空间，顺便也给慈安太后卖个人情。结果八大臣大获全胜，暂时占了上风。

可是，等小皇帝与两宫太后在咸丰的灵柩启运回京前先行进京时，在奕訢的安排下，北京留守的王公大臣们都在道旁跪迎。一见到这些留守的王公大臣，两宫太后便按原定计划，声泪俱下地突然向顾命八大臣发难，向留京的众大臣哭诉了肃顺等人欺侮她们孤儿寡母的种种"恶劣行径"。

通常，女人的柔弱与眼泪是最有力的武器，最容易在情感乃至道义上得到同情和支持。加上肃顺平时得罪的人太多，大多数的大臣在奕訢和周祖培的鼓噪下，很快便倒向了两宫太后。在随后的朝议中，两宫太后历数了肃顺、载垣和端华的种种跋扈之行，矛头直指八大臣。

说来，政治有时真的就像演戏。在那天的朝议中，在奕訢的暗示下，周祖培故作愤懑状道："太后为何不将他们（八大臣）治罪？"二位太后装作不解，慈禧明知故问，故作天真单纯地说："先帝遗诏任命他们为赞襄王大臣，能治罪吗？"

周祖培这时哂然一笑，说："皇太后可先降旨解除他们的官职，再治罪不迟。"

一听这话，慈禧眼睛一亮，顿时不假思索，抢先点头道："好，就这么办！"

于是没容耽搁，奕訢便把早已写好的治罪诏书奉上，两宫太后当即盖印，要治八大臣的罪。这时，载垣和端华两人闻讯赶来，他们见奕訢等人都在宫内，十分意外，便大声质问道："你们这些外廷臣子，怎么可以擅自入内？"

奕訢冷笑一声："皇上有诏。"

载垣和端华大怒，说："我辈未入，诏从何来？"的确，按先帝的遗诏，只有顾命八大臣才有权力代小皇帝草拟诏书。

这时，奕訢又是一阵冷笑，然后，忽然向身边的侍卫们一挥手，要他们将载垣和端华拿下。

载垣和端华后退一步，怒斥道："谁敢动手？"话音未落，宫廷侍卫们已经上前将两人按倒在地，然后五花大绑地捆了送到宗人府关押。

就在当天晚上，肃顺护送咸丰的灵柩驻于密云的时候，醇郡王奕譞和睿亲王仁寿已经带着大队亲兵赶来，他们在解除了肃顺随从的武装后，随即也将肃顺逮捕。一日之内，三个主要顾命大臣全部被擒拿归案。

这便是历史上所谓的"辛酉政变"。

解决了顾命八大臣后，在慈禧事先的策划与奕訢的导演下，一些大臣立即联名上疏"请皇太后亲操政权，以振纲纪"。而慈禧与慈安自然"顺应民意"，当即请内阁和王公大臣讨论皇太后垂帘听政事。同时发出上谕：将载垣、肃顺等革职拿问、议罪。

八大臣最后的结果是：载垣、端华被赐令自尽，肃顺被判斩立决；其余五人，景寿因是额驸（咸丰的姐夫），而被革职但保留公爵；军机大臣穆荫、匡源、杜翰、焦祐瀛则均被革职，尚属从宽处理。

就这样，"辛酉政变"彻底结束了顾命八大臣辅政仅73天的政治局面，由此开始了两宫太后特别是慈禧太后"垂帘听政"的时代。

权力就是这样"炼成"的。至此，一个属于慈禧太后的时代来临了。

"童治"还是"母治"

在中国封建社会，有一个很奇特的现象，那就是"儿皇帝"太多。而之所以会出现这样的现象，一方面固然是由于有的封建时代，先帝"中道崩殂"，皇位后继乏人，出于无奈，只能由先帝尚在冲龄的皇子即位。但在其他许多时候，却不是这样。由于"儿皇帝"年幼无知，易于控制，只能当个傀儡皇帝，所以，便会常常有人总是"废长立幼""贪立幼君"，故意扶立这样的"幼主"，以达到自己"欲久专政"这一极端自私而又十分卑鄙的目的。

很显然，慈禧太后就是这样的一个人。说实在的，她之所以能够牢牢掌控大清政权长达 48 年之久，像一株罪恶的"罂粟花"那样毒害了中国那么久，其不可告人的"秘籍"便是她不断地"贪立幼君"，通过牢牢地控制幼君，进而控制整个帝国的生杀予夺之大权。

慈禧的卑鄙与丑陋也正在这里。

的确，如果说当初其子载淳于灵前即位，当上"儿皇帝"并不是她本意要"贪立幼君"的话，那么，在后来，其子夭折后，却又去拥立光绪这个"幼君"，则完全是其主观故意，妄图以此达到永不归政的目的了。

说来，"同治"这个年号真的很有意思，而且这其中也很有故事。

诚如我们所知道的，中国的封建社会，每逢新皇帝即位，第一件事就是要有一个"年号"。咸丰死后，其子载淳于灵前即位无疑也是这样。当时，顾命八大臣为他起的年号乃是"祺祥"。

可是，当他们把这一年号奏知载淳的生母西太后慈禧时，没想到慈禧却对这个年号很不满意。她跟这几位顾命大臣说："改元是件大事。年号是怎么来的早有定规。由军机处会同内阁拟好几个，由朱笔圈定。"然后，她又阴沉着脸问道："'祺祥'两字作何解释？"

八大臣之一、曾当过咸丰老师的匡源回答说："此二字出自《宋史·乐志》'不涸不童，诞降祺祥'句。'不涸'，就是说河流畅通，得舟楫之利，尽灌溉之用；'不童'，就是说山上的树木茂盛，鸟兽孕育。如是则地尽其利，物阜民丰，国泰民安，所以说，'诞降祺祥'，就是吉祥的意思。"

书生气的匡源洋洋自得地解释了半天，未免有些卖弄学问的意思。的确，"祺祥"二字，是他费了许多心血才斟酌出来的，在这之前，其他顾命大臣无不对此啧啧称赞，拍手叫好。

然而，令他没有想到的是，慈禧对他的解释完全置若罔闻，无论他说得怎样头头是道，慈禧都绝不会采纳。究其原因，当然是慈禧从心底里排斥这些自以为是的顾命大臣，而且，她也想以此故意打击顾命八大臣的气焰，压他们一头，从而树立自己的权威，让那些当时正在首鼠两端徘徊观望的大臣们知道：在宫内宫外，只有自己才是说了算的主儿。至于什么顾命八大臣？全是扯淡！

果然，那些不听话的顾命八大臣很快便被她给一锅端了。

咸丰十一年（1861年）十月初九，是新皇帝登基大典的日子，按理，必须在这之前把年号想出来。既然顾命八大臣已被"粉碎"了，那么，对于这个颇有些光荣而又艰巨的任务，慈禧便自然把它交给了恭亲王奕訢手中。

对此，奕訢当然不敢怠慢，于是他赶忙召来三位大学士一起商量。大学士周祖培主张采用"熙隆"或"乾熙"，以此暗喻康熙和乾隆，以为这样的年号非常吉祥，也很儒雅。但恭亲王却觉得不妥。他觉得无论是"熙隆"还是"乾熙"，都忽略了雍正，会让人觉得其中有忌讳。因为雍正是通过手足相残才得到帝位的，这样会让人联想到推翻顾命制度是有意跟刚刚逝去的先帝过不去，闹不好会踩到"政治地雷"，所以，坚决不能用。

最后，思来想去，还是拟定了"同治"二字，由恭亲王亲自提出，征询内阁意见。内阁大臣一听到"同治"二字，顿时眼睛一亮，一致认为这个年号前无古人后无来者，绝对有着非同一般的政治寓意。因为这两个字的妙不可言之处在于，它可以有不同的解释：如在太后看来，它可以是两宫同治、皇帝与太后同治；而在臣子看来，它可以是君臣同治；对于普通百姓来说，则又可以看成是君民同心，合力同治。既然有如此多的解释，而且能够使各方面都很满意，则自然应该说是一个绝佳的"年号"了。

果然，当恭亲王不无讨好地将这一"年号"呈报给西太后时，慈禧一听顿时就乐了，连声说："好！——'同治'，甚好，甚好！"于是乎当即便笑逐颜开，拍板通过了。

在今天看来，"同治"这个年号起的也真是与当时的时代非常吻合：同治，同治，其实一直都是"童治"，先是儿皇帝六岁登基的同治皇帝载淳"童治"，紧接着是儿皇帝四岁登基的载湉，也即光绪皇帝"童治"，后来又是儿皇帝三岁继统的宣统皇帝溥仪"童治"。可以说，自从慈禧"垂帘听政"后，大清帝国从此就没有一个"长君"，也即成人即位称帝，而是始终都是"童治"，而"童治"的幕后，很显然都是"母治"，都是由慈禧在那儿掌握实权，操控天下。

所以，慈禧的时代，表面上是一个"童治"的时代，但在实际上却是一个"母治"的时代。很显然，这是一种极不正常的现象，也是一个极不正常的时代。无疑，这样一个极不正常的时代，对于像慈禧那样的极少数人来说也许是一件幸事，但对于大多数人，对于整个中国来说，却是一个非常不幸也极为悲哀的时代。

事实也真的就是这样，慈禧一直不甘于只是在幕后充当"顾问"这样可有可无的角色，而是一心想到前台充当主角，即便是她的亲生儿子同治皇帝要抢她的风头，她也心有不甘，很不乐意。

由于一年年的长大，六岁继位的同治皇帝转眼间便到了少年。按照清朝的祖制与惯例，皇帝到十四岁便可亲政。所以，还在同治十三岁时便有大臣上书吁请太后"撤帘归政"，还权于帝。对此，慈禧当然不好公然反对。甚至，有次在垂帘听政的懿旨里，她还信誓旦旦显得很有风度地表态说，一旦皇帝"典学有成"，她就归政，让皇帝亲政。

可是，话虽然说得很漂亮，但却一直不见她采取实际行动。就这样，又整整拖延了四年，在同治帝大婚后，朝堂内吁请归政的呼声一浪高过一浪，让慈禧觉得实在没有理由再拖了。这种时候，她才不得不决定让儿子同治亲政，但在做出这样的决定时，精于玩弄权术的慈禧却又故意给儿子载淳下了一个套。

那是同治十二年（1873 年）初，慈禧发布了两道谕旨：第一道谕旨宣布皇帝于正月二十六日举行亲政大典。这是举国期盼的大事。如果皇帝能真正亲政，那么，这以后就没有慈禧什么事了。以慈禧的那种嗜权如命的性格，她当然不会这么洒脱。所以，与此同时，她又下了第二道谕旨，诏令皇帝亲政后，上书房照常，课业不断。这道谕旨传达了一个很重要的消息，那就是：皇帝学业未成，还需皇太后尽心辅助。

为了证明自己不是别有用心，慈禧于是精心策划导演了一出"独幕戏"。那天，她煞有介事地请了恭亲王和皇帝的四位帝师，随手拿起一份奏折要皇帝念给大家听。

同治帝没想到母后慈禧竟会这样当着这么多大臣的面出自己的洋相，一时感到自己受了奇耻大辱。但对于自己的这位母后，他又一直十分惧怕，不敢违拗。于是，在众目睽睽之下，他便不得不硬着头皮照做，结果令恭亲王奕訢和四位帝师大失所望，同治帝结结巴巴地念了几个词，其中既不会断句，而且还经常念错字。

这种时候，慈禧在一旁假装恼怒，对儿子一顿劈头盖脸的训斥，怒气冲冲对四位帝师吼道："这就是你们教出来的好学生！"

恭亲王和四帝师立即诚惶诚恐地恭请皇太后暂理朝政，怒气未消的慈禧显得很无奈的样子，没有立即答应。但在奕訢他们的再三请求下，她才故意长长地叹了一口气，算是勉强答应了，且一再表示一旦皇帝典学有成，她一定会及时让皇帝亲政。

到此为止，这幕独幕剧算是结束了。结果，皇帝出尽了洋相，而慈禧很轻易地便达到了目的：唉，没办法，儿子同治不才，她这把老骨头还得要继续革命，"垂帘听政"。

为了攫取权力，连跟自己的儿子都玩心眼、设计陷害，慈禧的阴险与狠毒由此可见一斑。

就这样，一直到死，同治皇帝都没有一天能够真正得以亲政。

诚所谓"儿大不由娘"，随着年龄的长大，同治皇帝逐渐与自己的母亲慈禧产生了矛盾。其突出表现在这样三件事上：一是计杀安德海一事；二是选皇后一事；三是将恭亲王奕訢降职一事。

安德海曾是咸丰皇帝身边的御前太监，当年曾给慈禧提供过不少"绝密情报"，因而咸丰帝死后便自然成为了慈禧的心腹，被慈禧亲热地称为"小安子"。就因为倚仗慈禧之势，这位小安子经常干预朝事，不把小皇帝同治放在眼里。故此，同治帝对他恨之入骨。据说有一次气急了，同治帝曾在宫中以剑断泥人首，人问其故，他说是要杀小安子。

同治八年（1869年），安德海奉慈禧命，去广东为太后办事。同治帝闻知安德海要去广东，便事先和山东巡抚丁宝桢约好，令丁宝桢在山东劫杀安德海。所以，当安德海过境山东，丁宝桢便将安德海就地正法了。

慈禧后来知道这一情况后气得够呛，对儿子同治自然多了几分怨恨。

二是在选皇后一事上，母子俩也意见分歧，产生矛盾。

原来，在所选的秀女中，同治很喜欢阿鲁特氏。阿鲁特氏是同治三年（1864年）的状元崇绮之女，时年十七岁，属蒙古八旗，雍容华贵，端庄娴静，气质非凡。东太后慈安一眼便看中了阿鲁特氏，认为她聪慧贤德，适合母仪天下。但慈禧却喜欢另一位"秀女"，认为富察氏聪明伶俐，长相甜美，适当调教，肯定能当大任。两宫太后为此争执起来。

当时，同治帝只是默默地侍立一旁，一声不吭。

争了一会，由于谁也说服不了谁，于是慈安提议，既然皇后是皇帝的妻子，应由皇帝自己来决定。没想到，同治帝的意见竟和慈安太后一致，认为阿鲁特氏有德有量，是做皇后的不二人选，于是他毫不犹豫地选了阿鲁特氏为皇后。

慈禧很生气，她认为儿子偏向慈安，是故意给她这个生母难堪，觉得很没脸面。

除此之外，据说，慈禧之所以不喜欢阿特鲁氏还有这么两个原因：一个原因是她与阿鲁特氏的属相相克。因为生于咸丰四年（1854年）的阿鲁特氏属虎，慈禧属羊，民间有"羊入虎口"之说。所以慈禧很不愿意娶这么一个皇后。再一个原因是因为阿鲁特氏是"辛酉政变"中被赐死的郑亲王端华的外孙女。但既然是慈安和同治帝选定了，她又改变不了，于是便不再多言，但要求至少要封富察氏为妃。随后，阿鲁特氏被册封为皇后，但慈禧对她却一直很冷淡，以致最后活活将这位皇后逼死。

第三件事是同治因事将奕訢降职，革去亲王爵位，但当时奕訢正与慈禧打得火热，堪称慈禧的左膀右臂。所以，这边同治刚革去奕訢的亲王爵位，那边慈禧又立马给他复职，无形中等于狠狠打了同治帝一个嘴巴。

既然母亲老与自己唱对台戏，而且，朝中的大事小事都由不得自己做主，甚至，连自己晚上跟皇后在一起睡觉一事也经常出来干涉，横挑鼻子竖挑眼，一来二去，同治帝当然感到很郁闷，很无奈。于是，他渐渐不再过问政事，不宿内宫，而是纵情任性，放纵自己，最后由于狎妓而染上梅毒（一说天花）死去。死时，年仅19岁。

临死前，同治帝传遗命给李鸿藻："朕病不起，国赖长君，唯贝勒载澍审重周祥，堪以嗣位，着即进宫，面受遗嘱，钦此。"也就是说，他要让载澍承继大统。

平心而论，同治帝这样考虑无疑是对的，因为当时的大清帝国风雨飘摇，百孔千疮，很需要能有一个年长一点的国君来总理国政。可是，话又说回来，年轻的同治帝也实在是太天真了，你想，他在世时说话都算不了数，莫非死后他的"遗嘱"反倒会有人听吗？果然，这边李鸿藻刚拿到遗诏，那边慈禧闻讯便来找他。

这种时候，李鸿藻当然宁可得罪死人也不得罪活人，更何况是慈禧这样大权在握且心狠手辣的人。于是乎，他便将同治帝的遗诏很爽快地交到了慈禧的手中。

慈禧看后，一声冷笑，然后将遗诏立即撕得粉碎，扔到地上。很快，慈禧自己做主，选定时年只有四岁的载湉为帝，是为光绪帝。只可惜光绪帝这孩子，从此一直到死都要活活忍受慈禧的折磨。

据说同治皇后——那位慈禧一直不喜欢的阿特鲁氏获悉慈禧不按同治帝的遗诏册立新君后，顿时当着慈禧的面大哭起来。慈禧立即扇了她一顿耳光。当时，因为慈禧手戴戒指，打得阿鲁特氏满脸是血。阿特鲁氏受此大辱，痛不欲生，遂不食而死。而载湉因为曾被同治遗命继位，尽管他的妻子乃是慈禧侄女，最后还是被慈禧抓进监狱，折磨而死。

儿皇帝光绪即位后，天下自然又开始了"童治"时代，但在实际上，一如既往，仍还是慈禧在垂帘听政。

不知是何原因，慈禧一直叫光绪小皇帝喊自己为"亲爸爸"。可在"亲爸爸"慈禧手里，光绪比同治帝活得更惨，到最后简直生不如死。

所以，从"同治"到"光绪"，虽然名义上都是"童治"，儿皇帝统御天下，但在实际上，却是"母治"天下。在长达四十多年的时间里，一直都是"牝鸡司晨"，慈禧擅政。

赔款割地又何妨

从某种意义上说，慈禧这个人的运气实在是太差了。就其个人来说，和武则天一样，儿时死父亲，年轻死丈夫，中年死儿子，所谓人生四大悲，她几乎都占全了。而从国家来说，咸丰二年（1852 年），自从她选秀入宫以后，大清帝国更是多灾多难，先是爆发了席卷大半个中国的太平天国起义以及后来的捻军起义，紧接着又爆发了第二次鸦片战争，然后又是沙俄侵略以及中法战争和中日甲午战争，再后来又是义和团运动和八国联军侵入北京，洗劫火烧圆明园……当时的大清帝国简直就像一座偌大的"战争舞台"，一场接一场充满血雨腥风的战争此起彼伏，不断在这里上演。

按说，遇到这么多不幸的家事国事，若是一般人，无论是心理还是生理或许早就被打垮了，崩溃了。然而，要说慈禧真的不是常人，尽管遭遇了那么多的灾难，那么多的打击，她却好像一点也不在乎，从某种意义上说，真正可以称得上"不管风吹浪打，胜似闲庭信步"，内心真是超级强大！

如果说，当初丈夫咸丰在世时，所谓"不在其位，不谋其政"，对国家大事，慈禧完全可以不管不顾的话，那么，咸丰驾崩后，慈禧从此在实际上已成了帝国的"一把手"，于情于理，她都应该把更多的精力和智慧放在治国理政上，纵然不能够励精图治，揽辔澄清，起码也应该救亡图存，禁暴止乱。

可是，从始至终，慈禧确乎都从来没把主要精力用在治国理政、靖国安民上。

在这方面，说真的，慈禧与武则天相比，真是差得太远了！

想当年，武则天为了篡国夺权，和慈禧一样也是不择手段，无所不用其极。因此，她那一双女性的双手沾满了太多的血腥。然而，武则天虽然惨无人道地夺权，但在篡夺权力之后，她却用得来不易的权力经纶天下，兴利除弊。可以说，后来的"开元盛世"，追根溯源，最早就是由她一手奠定了雄厚坚实的基础的。

可是，我们看慈禧却不是这样，她除了特别看重自己的权力，还有就是多少也还在乎爱新觉罗家族的利益，对于整个国家与民族的利益则几乎全然不顾。也正因此，许多事关国家与民族荣辱兴衰、生死存亡的大事在她手里几乎都被当作了儿戏，至于割地赔款，对她来说几乎就更是小事一桩，无关痛痒。对此，连她自己都并不隐瞒，如她就曾先后说过两句非常有名的"雷人语录"，此话一出，几乎顿时"雷倒"了整个世界，以致全世界从此都对她"刮目相看"。

慈禧的第一句"雷人名言"是："量中华之物力，结与国之欢心"。

甲午战败后，以慈禧为首的投降派下定决心向日本投降。1895 年（光绪二十一年）3 月，在日本方面的逼迫下，慈禧派李鸿章为头等全权大臣赴日乞和，4 月 17 日签订了中国历史上空前屈辱的卖国条约——《马关条约》。

当时，根据《马关条约》规定，日军于 6 月间开始派兵侵入台湾，遭到台湾人民的奋勇抵抗。然而，在这种时候，慈禧不仅不对台湾人民的抗战予以声援，反而一面下令台湾大小官员内渡，并严厉禁止接济台湾抗日军民，同时又在颐和园搭起天棚，准备避暑。

消息传出后，举国大哗，愤怒声讨慈禧、李鸿章等人的卖国行径。人们在北京城门贴出"万寿无疆，普天同庆；三军败绩，割地求和"的对联表示抗议。还有人题了"台湾省已归日本，颐和园又搭天棚"的对联，痛斥慈禧的卖国罪行。

1900 年，八国联军入侵北京，慈禧竟然未做任何抵抗，便又第二次离京出逃，挟"戊戌变法"后一直被她软禁的光绪一路如惊弓之鸟，很是狼狈地逃到西安苟安，同时，又一次让李鸿章赴京与洋人"议和"。

当时，珍宝无数、价值连城的圆明园已被法军与英军洗劫一空后放火烧毁。所以，李鸿章此次进京，首先映入他眼帘的，是八国联军劫后惨景："都中蹂躏不堪，除宫殿外，无一免者。"八国联军不仅把一座世界文明古都夷为"荒野"，而且在北京城内划分区域，分段占领，进行直接的军事殖民统治。

当时，各国只承认奕劻和李鸿章两位"全权大臣"住处为中国地方，其余地方均被视为"外国辖境"。其实，即使作为中国全权大臣的奕劻和李鸿章又何尝逃脱了外国的武力控制？其时，奕劻住宅有日本兵持枪"守护"，李鸿章所下榻的贤良寺门口则有俄国兵"守护"。无怪乎外国人说奕劻"如一囚徒"，李鸿章"实际上是受到礼遇的俘虏"。

经过李鸿章到处磕头乞求，这年的 12 月 22 日，英、美、日、俄、法、德、意、奥八国公使团提出所谓"议和大纲十二条"，清政府被迫全部接受。但列强在"惩凶"和"赔偿"问题上发生争吵，直到翌年 9 月才正式签订该条约，也即所谓的《辛酉条约》。结果清政府既赔款又割地，赔款本息竟高达 9.8 亿两白银。这意味着每个中国人要拿出二两白银作为赔款。款额如此之高，以至于作为战胜国的美国都觉得实在有些于心不忍，"不好意思"，因而主动归还了自己那份的一半，帮助清政府建立了清华留美预备学校（即清华大学前身）。

可是，在圆明园"被焚"，《辛酉条约》"被签"，国家遭受如此奇耻大辱和大灾大难之后，慈禧非但不痛心疾首，反躬自省，反而因为八国联军最终没有"惩凶"，没有追究她暗中支持义和团的"罪责"让她下台，因而对列强的"宽大"处理很是感恩戴德。在所谓的《罪己诏》中，她竟恬不知耻地这样说道："今兹议约，不侵我主权，不割我土地，念列邦之见谅，疾愚暴之无知，事后追思，惭愤交集。"

也正是在这篇臭名昭著的《罪己诏》中，慈禧说了那句"雷倒"整个世界的"雷人名言"："量中华之物力，结与国之欢心"。意思是说：就是因为我们以前没有能讨得洋人的欢心，才使他们发怒，今后，凡是洋人想要的，中国一定会竭尽所能，拱手相送，这样做的目的只有一个，那就是想方设法让洋人高兴。

作为一国之主，竟然说出这样完全丧失人格与国格的"雷人话语"，真的是让人啼笑皆非，彻底无语。

至于慈禧的第二句"雷人语录"则是："宁赠友邦，不与家奴"。

甭看"老佛爷"慈禧对"与国"是那样慷慨，那样大方，为"结与国之欢心"，不惜倾中国之所有，但对待自己的"大清子民"却非常吝啬，非常苛刻。

诚如我们所知道的，清廷入关后，一直实行极其狭隘和错误的民族政策，对汉族百姓严加防范，认为"汉人一兴，满人必亡"，以这种防汉思维行事，自然就会建立一个种族隔离种族歧视的制度，把汉人视为自己的"家奴"乃至囚犯。

正是基于这样一个极端荒谬与错误的认识，所以，慈禧才会在太平天国起义和捻军起义以及后来的"戊戌变法"过程中不止一次声色俱厉地说："吾家天下，宁赠友邦，不与家奴。"正如当时革命派指出："清政府已成了'洋人的朝廷'。"

的确，与其他清廷统治者一样，慈禧宁愿对外国侵略者做出任何妥协，却不愿对自己的"家奴"做出哪怕半点的让步。正如当年签订《南京条约》的耆英、伊里布、牛鉴向皇帝的报告中所说："臣等伏思该夷所请各条，虽系贪利无厌，而其意不过求赏码头、贸易通商而止，尚非潜蓄异谋。"可是，对于汉人的"异谋"，在慈禧与其他清廷统治者看来，其性质与后果就完全不一样了。

所以，既然外国侵略者并不是要推翻他们的统治，只是要"割地赔款"而已，那就尽可能地答应那些"友邦"的要求吧，反正，大清国有的是银子，有的是土地，只要"友邦"想要，尽管拿去好了。而对于汉人的造反与"革命"，哪怕是一些正当的要求和主张，也丝毫不愿做一丝一毫的迁就和让步。否则，在慈禧看来，清廷的统治就会极其危险。因此，她宁愿满足侵略者的愿望，出卖国家利益，以换取统治的暂时安稳，也绝对不会对中国的老百姓有丝毫的心慈手软。

也正因此，可以说，慈禧是中国历史上签订丧权辱国条约，向侵略者割地赔款最爽快、最大方的一个封建社会最高统治者。其在赔款方面所创造的"世界吉尼斯纪录"，可以说真正是空前绝后，迄今为止无人能破。

在实际上，清政府在当时已经成为一个基本没有主权的"非正常国家"，如同当时一个美国人所说：中国"已经达到了一个国家地位非常低落的阶段，低到只是保持了独立主权国家的极少的属性的地步。"

然而，即便这样，只要洋人们不剥夺慈禧和清政府在中国的"统治大权"，慈禧已经很满足，甚至可以说是感恩戴德了。自此之后，慈禧"慑于外人之威，凡所要求，曲意徇之"。至此，中国完全沦落成了半殖民地半封建的社会。

再说日俄战争。

1904 年，日本和俄国为了抢占中国东北，在中国土地上大打出手。按说，对这样一次直接关系到中国命运的战争，清政府怎么也不能够坐视不管。可是，令人匪夷所思的是，在慈禧的授意下，光绪皇帝竟然发布上谕，表示"局外中立"，甚至声称"彼此均系友邦"。这就好像两个闯到家里来抢劫的强盗发生了争执，双方拔刀相向，而这家的家主不仅显得若无其事，袖手旁观，而且还对这两个强盗说："你们俩争斗不关我事，因为你们都是我的好朋友，我谁也不愿得罪！"想想，这真是糊涂荒唐至极！

结果，俄国战败，日本获胜。在美国的调停下，双方坐下来谈判。谈判结果，辽东半岛南端原先被俄国占领的旅顺口、大连及其附近水域和从长春到旅顺口的铁路全都转让给日本。

对此，清政府虽然发表声明，表示反对，但最终反对无效，最后还是被迫与日本签订了《中日会议东三省事宜正约》，附约十二条，又一次牺牲了巨大的国家利益。

可是，面对一次次的割地赔款，慈禧却并不感到心痛和耻辱，也许在她觉得，只要自己能够御宇天下高高在上作威作福就够了，就像当年法国国王路易十五所说的那样："我死之后，哪管它洪水滔天？"

但问题是，路易十五的底线是在他死后，而慈禧却比他更进了一步，只要自己能够"垂帘听政"，能够享乐，即便是在她生前，她也不管整个国家和民族"洪水滔天"。

据说，日本《朝日新闻》在千禧年推选出了 20 世纪对全球有重大影响的一百位人物，慈禧即是其一。这位统治中国长达 48 年之久的女人，虽然"胜利"地打垮了几乎所有跟她作对的人，甚至包括她亲生的儿子，由此当之无愧地成为当时中国不可一世的"老佛爷"，但是在她统治的时期内，"庞大的中国从光辉灿烂的顶峰，堕落到了一名国际间的丑角"，而慈禧无疑是这"丑角"中的"丑角"。

所以，可以一点也不夸张地说，慈禧太后是清朝乃至整个中国历史上最腐败最丑陋最无耻也最雷人的统治者。

将享乐进行到死

在中国历史上，皇帝穷奢极欲者并不鲜见。因为"家天下"，历代封建统治者都认为"普天之下莫非王土"，既然天下都是自家的天下，自己当然怎么样都可以，所以一般挥霍其天下资财来都随心所欲，大手大脚。如秦始皇造阿房宫，汉武帝建上林苑，隋炀帝建迷宫游江南，宋徽宗建"艮岳"。这些皆为后人所讥讽和谴责，但是他们的荒唐、奢侈与享乐比起慈禧来只能说是小巫见大巫。

也确实，慈禧的穷奢极欲在历史上是出了名的，在这方面，古今中外的统治者几乎无人能及。

从某种意义上说，慈禧真的有点生不逢时。按她的德行，她应该生在太平盛世，即所谓的海晏河清、歌舞升平之时。然而，不幸的是，她当政的 48 年却一直是国事蜩螗、内忧外患、危若累卵之际。按说，在这样一个"国破山河在"的时代，作为帝国的实际最高统治者，只要稍微有点政治觉悟，即便是"政治作秀"，她也应该以身作则，节衣缩食。可是，慈禧似乎一直没有这样高的"政治意识"与"政治觉悟"，当政期间，既不卧薪尝胆，发奋图强，同时，在个人的私生活上也毫不检点，几乎时时处处都只想着自己一个人的奢侈享乐。

史载，同治八年（1869 年），慈禧让心腹太监安德海授意御史德泰奏请修理庭院，并为此还拟增加民间捐税，只是因奕訢怕引起社会动乱而阻止，未能如愿。四年后，慈禧以同治名义直接发上谕"奉养两宫"，要重修被英法联军烧毁的圆明园，但因筹集款项未得，又未能施工。尽管这样，慈禧并不死心，仍是处心积虑地一心想着怎样使自己的生活变得更舒适，更奢华。

据徐凌霄、徐一士兄弟所著的《凌霄一士随笔》记载，平定了太平天国起义之后，清王朝一时颇具中兴气象，这种时候，慈禧便动了想巡游天下的心思。一次，她对恭亲王奕訢说："高宗（乾隆）六次南巡，传为盛事。予也拟作江南之游，汝谓何如？"

恭亲王回答说："如今兵燹之后，疮痍未复，视乾隆时之民康物阜，不啻天渊之别。"所以，他委婉地规劝慈禧打消此念。

因此，慈禧为这事很长时间都对恭亲王很不高兴。

这事之后，恭亲王对"嫂子"慈禧的南巡之念非常警惕。据说一有南方官员进京陛见，他就要事先悄悄去打"预防针"，提醒他们说，太后若是问及江南情形，"务以民困未苏、景物萧条为对"。

说来，颇具讽刺意味的是，虽然慈禧想"长途旅游"，一直未能如愿，但到了光绪二十年（1900 年），终于还是狠狠到外地"长途旅游"了一把，而且，这一游竟长达一年多。当然，这次的"外出旅游"，慈禧的心情并不好。究其原因，乃是因为这一年，慈禧要小聪明，原本想借助义和拳来达到教训一下洋人的目的，但令她想不到的是，一贯号称"刀枪不入"的义和拳根本挡不住洋人的子弹。结果，洋人的威风没灭掉，反倒偷鸡不成蚀把米，由此招来了八国联军侵略北京。慈禧一看不好，赶紧"三十六计走为上计"，挟"囚徒皇帝"光绪仓皇逃跑，一口气从北京逃到了西安，总算"长途旅游"了一回。

不过，这次的"旅游"不是"南巡"，而是"西巡"，而且，当时因为只顾了逃命，也根本没心思顾得上一路游山玩水。

这以后，出游虽然不再去想了，但过寿和修园，却又成了这个寡居女人一生最大的嗜好。

的确，从史书上看，慈禧一生对"过寿"以及大兴土木建造园林楼台的兴趣一直有增无减，简直达到了令人难以置信的痴迷或者说是癫狂的程度。

光绪十年（1884年），慈禧50岁寿辰，她硬是耗费白银63万两整修了她所居住的西宫——储秀宫。储秀宫前台基下东西各有铜龙和梅花鹿雕塑，两廊装设有臣子贺寿的诗匾对联，内里装修精巧华丽。10年后，她60岁寿辰时为大规模举办庆寿活动又修缮了皇极殿和乐寿堂。

诚如我们所知道的，慈禧为庆祝自己的六十大寿，可谓大张旗鼓，兴师动众。慈禧出生于1835年11月29日（农历十月初十），按照中国"过九不过十"的传统习惯，她的六十大寿应该是在1894年（甲午年）。可是，早在光绪十一年（1885年），也即离她六十大寿还有9年的时间，她便在着手考虑自己的六十大寿的事情，授意醇亲王奕譞主持整修西苑，即中海、南海、北海以及清漪园园林，早早为自己的庆寿活动做准备。清漪园在万寿山，当年亦遭英法联军烧毁。慈禧下令重新将其修建，并更名为"颐和园"。

整修"三海"（即中海、南海、北海）用了两年完成，在南海重修了瀛台、翔鸾阁等，又新建了98处殿阁；在中海修了船坞，盖了军机处；在北海重修了承光殿、画舫斋等20处。为了高质量地建好这些"慈禧重点设施"，慈禧特地派自己的心腹太监李莲英亲自担任"工程建设总指挥"。

至于重修清漪园（也即颐和园），老佛爷慈禧就更是情有独钟。不知是为了掩人耳目，还是为了巧立名目，好冠冕堂皇地争取国家巨额的"项目建设费"，当时整修"颐和园"的工程却被冠之以"办理海军事宜"这样一个好听的名目。为了把颐和园建成"全国第一"	"世界一流"，慈禧决定花费白银一万万两，倾全国之力修建颐和园。

关于慈禧挪用海军军费修建颐和园的事，在前文中已经说过，这里不再细说。

除了修园耗费惊人，慈禧平时的日常开销也款额巨大。

那么，慈禧平时的开销是怎样的呢？据清朝最后一任总管太监小德张（李莲英的接班人）的回忆：慈禧皇太后当年一天的生活费，大致是纹银 4 万两！

一天开销竟要花掉 4 万两银子，这是一个什么概念？有学者算了一笔账，说那就相当于宫廷半月之费，可买当时最先进的日本从英国购买的"吉野"级巡洋舰一艘。两月之费，可购一超级主力舰。一年之费，足可以装备一支高踞全球前十位的海军舰队！

由此可见，慈禧的日常生活是怎样的挥金如土，奢侈无度！

当时，整个大清朝任人蹂躏，饱受欺辱。伦敦报纸说："中国为东方一团大物，势已动摇。今欧洲之人，虽田夫野老无不以瓜分中国为言者，凡与中国交涉者亦为之大变，中国被日本重拳横击，使其水陆之师一齐放倒，故各国乘此微弱，群相吞噬。"德国报纸说："自中日失和之后，我欧洲之人皆欲瓜分中国，盖中国如俎之肉，人皆可得而一脔也。"可是，就是在那样一种形势下，慈禧竟依然故我，只图自己享乐，不顾国家安危。可见，此人是怎样的"前无古人后无来者"的自私、糊涂与荒唐！

史载，在饮食方面，慈禧一直非常讲究。据说，她有一个个人专用的"西膳房"。这个膳房就设有荤菜、素菜、饭、点心、饽饽 5 个食局。各局负责各自的食品制作，约能制点心 4 万多种、菜肴 4000 多种。慈禧每餐饭菜之丰盛令人难以想象。

也确实，对于自己的一日三餐，慈禧一直非常讲究。光绪二十六年（1900 年），八国联军入侵，慈禧即使是在"西巡"逃难到西安后也依然考究，日选菜肴百种，一天伙食费用就达 200 两银子，就这，据她自己说已经"俭省多了"。

1894 年，也即光绪二十年，慈禧六十大寿。为了借机张扬自己的权势，炫耀自己的奢华，为此，在两年前她就发布上谕，要把她的大寿作为国家一件祥瑞大事来办，要求不仅要办出水平，而且还要办出特色。为此，她专门成立了庆典处，而庆典处官员正好借此要全国各地献款献物。由于颐和园为接受贺寿之地，因而从西华门到颐和园两旁街道修路铺石，搭盖经坛、戏台，三里一亭，五里一阁，好不奢华。

为了这个庆典，慈禧专门制作了各色绸缎龙袍、龙褂、蟒袍、马褂等一应名贵服装，同时制作了金辇、金轿以及玉册、玉宝、金器玉皿等"纪念品"，加上各种彩饰、杂耍、戏剧演出以及游宴等各种费用，一个生日花费就多达 1000 多万两之巨。

然而，就在慈禧六十大寿之时，居心叵测的日本人却恰恰选在了这个时候发动了罪恶的甲午战争，给她特意预订并送来了这样一份"生日大礼"。

当时，尽管战火纷飞，国土沦丧，生灵涂炭，国家危急，但慈禧却不管不顾，泰然自若地继续举行自己的大寿庆典。为庆典，她竟下令动用边防军费 100 万两、铁路工程费 200 万两。

具有讽刺意味的是，她生日那一天正是大连失守之日。可是，尽管这样，这种时候慈禧竟照样喜笑颜开地赏戏三天。

结果，慈禧生日过了，甲午战争却败了。

所以当时有人在北京城门张贴了一副对联："万寿无疆普天同庆，三军败绩割地求和。"

说来，慈禧这人也真的是特别讲究排场。1900 年，因为被八国联军吓跑到西安躲了一年多后，由于不惜"庚子赔款"才平息事态，得以回京的她竟然"不以为耻，反以为荣"，从西安返回京城时竟然摆出一副"得胜还朝""英雄凯旋"的架势，要求陕西沿路要张灯结彩欢送，所经之地要万民夹道，锣鼓喧天，彩旗飘扬欢迎。一路所经之地全部要修成宽广的御道，通河要架桥铺路，行宫均要华丽恢宏，而在开封竟又让当地为她奢侈铺张地举行了一次生日庆典。

从开封到直隶，慈禧又坐上了火车。由于要在车站小憩，光是彩棚就搭了 30 座。而迎接老佛爷回家的北京城更是张灯结彩，披着"节日的盛装"。而这些，无不需要耗费大量的真金白银。

慈禧是个闲不住的人，似乎什么时候都喜欢折腾。回京不久，她就要坐火车到东陵、西陵去祭祖。但当时无论东陵还是西陵都不通火车。为此，光绪二十八年（1902 年），军机处为此特地下了一道命令，要求在 6 个月内修好由新城经高碑店直达易州的铁路，同时又修了北京到卢沟桥的铁路。后来铁路修好了，慈禧在去祭祖的途中，在火车上大摆御宴，结果两天祭祖就花费白银 200 万两，相当于 10 个县一年的全部赋税。

在这方面，应该说，慈禧与她的公公道光皇帝比起来真是一个天一个地，道光嗜钱如命，慈禧则挥金如土。

虽然在国家的政治体制改革以及军事现代化等方面，慈禧非常顽固保守，因循守旧，但在其个人生活方式方面，她却一点也不守旧，而是非常新潮，非常现代，乃至"全盘西化"。如她的化妆品全是进口的法国香水、香粉，梳妆镜乃是法国进口的镀金镜子，晚上服用的是西洋安眠药，听的是外国留声机和外国舞曲。而且，因为自恃长得漂亮，慈禧还特别喜欢照相，而照相机无疑也是从外国进口的"洋货"。此外，慈禧还有好几辆"小汽车"，其中有一辆是在她六十大寿时由英国大使送给她的，有一辆则是袁世凯花费巨资买的第二代高级豪华奔驰轿车。

另外，慈禧还很懂得享受，很注意保健，光是她洗澡就有许多的讲究。据说慈禧是坐在一条很宽的四条腿的矮椅子上洗澡的。椅子的每条腿上都精雕细刻着龙凤图案。为慈禧盛洗澡水的是两个斗形的三尺来长的木胎镶银盘，一个洗上身，一个洗下身，绝不混用。光她洗澡用的毛巾就要备一百条，每条毛巾都绣有黄丝线金龙，一叠是一种姿势：有翘首的，有回头望月的，有戏珠的，有喷水的。

在洗澡时，有四个宫女反复地给她擦胸、背、两腋、双臂，以使毛孔张开，身体轻松。擦完香皂后，再用湿毛巾为她擦净身上的皂沫，以免皮肤干燥。然后用洁白纯丝棉，沾香水均匀而轻细地拍在她的身上。最后再重新舀水为她洗脸，浸手……由于十分注重保健，也难怪慈禧过得好，据说到了晚年从外表上看起来也一点儿不显老。

但慈禧虽然自己把自己"保养"得非常好，但整个国家她却一点也没"保养"好。晚清，可以说是中国历史上最窝囊、最腐朽、最糟糕的朝代。在这个时代，无论整个中国的国格还是炎黄子孙的人格都受到了历史上从未有过的损害，都一度被人家看不起，以致到现在还留下了许多"后遗症"。而其始作俑者在很大程度上应该说就是慈禧，当然也包括其他晚清统治者。

在业余生活中，慈禧最喜欢的就是看戏。为此，她在宫里特制了好多戏台。比如在万寿山的德和园以及圆明园的同乐园里就有专门为慈禧看演出的戏台。慈禧几乎每天都要看戏，而且每天的戏还不能重复。据说，慈禧对京剧特别喜爱，特别在行，故有人开玩笑说她是"超级票友"。

不仅在北京时每日看戏听戏，即使是后来逃难到了西安，慈禧也照样"将看戏进行到底"。当时，她要求每天必须要有自己喜欢的京戏听。而且，不仅自己喜欢看戏，慈禧还喜欢"赏戏"，也即经常请一些官员陪她一起观看。

虽然能够被慈禧太后"赏戏"绝对是莫大的荣誉，说明自己在老佛爷的心目中的位置与分量，但因为在"赏戏"时必须要跪在戏台下的平地上看戏，夏天烈日当头，地上滚烫，冬天寒风刺骨，全身冻僵，所以也委实是件"苦差事"。

但尽管这样，许多官员还是梦寐以求，对此趋之若鹜，乐此不疲，引以为荣。

仅此可见，专制政体下，封建官员的性格扭曲、奴性意识与人格卑微。

慈禧自私狠毒，不仅生前贪图荣华，享乐无度，而且，死后也想追求奢华。为此，早在同治十二年（1873 年），她就为自己选定了一块墓地，即今河北遵化西 60 里的普陀峪，然后用了 35 年时间去建它，从而在生前为自己修建了后妃史上绝无仅有的豪华的陵寝。而在死后，她的葬礼竟又是那样的挥霍无度。

据亲自参加过慈禧葬礼的慈禧心腹太监以及他的侄子所著《爱月轩笔记》记载，慈禧尸体入棺前，先在棺底铺上三层金丝串珠绣花锦褥和一层珍珠，共厚一尺多。而头戴珍珠串成的凤冠，其中冠上最大一颗珍珠重四两，大如鸡卵，价值一千万两白银。另身边还有七百多件奇珍异宝，甚至还在宝物殓葬完毕后，又倒进四升珍珠和红、蓝宝石两千两百块，填补棺内空隙。据当时人估计，不算皇亲国戚、王公大臣私人的奉献，仅皇家随葬品入账者，即值五千万两白银！而在当时，清朝每年的国库收入也才只有七千万两白银！

对于慈禧太后的奢侈享乐，时人章太炎写了一副对联对其冷嘲热讽：

今日到南苑，明日到北海，何日再到古长安？叹黎民膏血全枯，只为一人歌庆有；

五十割琉球，六十割台湾，而今又割东三省，痛赤县邦圻益蹙，每逢万寿祝疆无。

这副对联，巧妙地在上联和下联中，把"一人有庆，万寿无疆"颠倒用之，故而成了"一人庆有，万寿疆无"，其所产生的讽刺效果真是妙绝。

可是，就是这么一个昏庸腐败荒谬绝伦的人，死后竟被尊称为"慈禧端佑康颐昭豫庄诚寿恭钦献崇熙皇太后"，尊号竟达十六字之多。

所以，在她死后，人们又写了一副对联对她予以辛辣的嘲讽：

垂帘廿余年，年年割地；

尊号十六字，字字欺天。

然而，无论人们怎样对她冷嘲热讽，乃至破口大骂，慈禧显然生前生后都是听不到的。也确实，封建社会一直钳制舆论，那些冷嘲热讽的牢骚怪话想必也很难能够"上达天庭"。不过，话又说回来，即使她能够听到，以她那种专制而又霸道的性格，她也绝对会我行我素，置若罔闻，依然会"将享乐进行到死"。

然而，说来真是"人算不如天算"，令她生前怎么也没想到的是，在她死后还仅仅只有十年，她的墓穴就被盗墓贼给炸开了。结果，除了她那臭不可闻的尸体，棺中的所有宝物都被偷盗一空。

所以，从某种意义上说，慈禧也算遭到了一次"报应"，总算给天下人稍稍出了一口气。

慈禧，对中华民族所犯下的罪行真是太多太大了！

皇帝惨遭"终身监禁"

虽然说，慈禧死后，她的殉葬品很多，有许多极为贵重的人间珍宝，但从某种意义上说，最为贵重的"殉葬品"其实还是这么两件，那就是大清朝和光绪帝。

是的，在慈禧的淫威下，整个国家以及光绪皇帝都极为不幸无可避免地成了她的"殉葬品"。在她死后，仅仅过了不到五年，大清朝就灭亡了。而年轻的光绪皇帝竟早她一天被毒死了。

说来，光绪皇帝载湉也真的就是一个悲剧，虽然从四岁开始就贵为"九五至尊"，但实际上却是一个"终生囚徒"。其整个一生都活在"亲爸爸"慈禧的淫威之下，其一切的一切无论是爱情还是生命都被慈禧给彻底剥夺了。

光绪皇帝的父亲是醇亲王奕譞，母亲乃是慈禧太后的亲妹妹。也正是因为有这层关系，同治皇帝死后，慈禧才会选他嗣位。当然，如前所述，之所以让他继位，还有另外一个原因，那就是当时的他还小，一个什么都不懂的"儿皇帝"很容易被人控制。对此，还在载湉被人用轿子抬着入宫那天，恭亲王奕訢就对他的父亲醇亲王奕譞说得很清楚。

那是同治十三年（1874 年）十二月初五那天夜里。醇亲王一家人正在睡梦里，忽然被人叫醒。还没明白究竟是怎么回事，一个领头的太监就用他那尖细的声音说道："奉两宫皇太后懿旨，宣醇王爷入宫唔见。"

一听这话，奕譞心里顿时咯噔一下，心想："慈禧心计多端，深更半夜地召见自己，一准儿没有好事。"

果然，到了宫中，两宫太后早已等在那里，一见面就和他说起让他的儿子载湉承继大统之事。奕譞当场就懵了。心想，就慈禧这人，连她亲生的儿子当皇帝都遭罪，如今让自己的儿子载湉去做皇帝那不是更遭罪吗？所以，载湉入宫那天，奕譞夫妻俩哭得很伤心，并不觉得儿子当皇帝是什么好事。

载湉入宫的当天，醇亲王扈驾入宫，出来时与恭亲王碰了个正着。因为平时关系不怎么样，两人不咸不淡地打个招呼恭亲王就想走开。这时，醇亲王上前一步叫住他说："请六哥留步。"

奕訢停下脚步，一脸疑惑道："醇王爷还有赐教？"

奕譞嗬嗬两声，满脸堆笑，直奔主题道："请六哥明示，此番阿哥入宫，可有个什么说道？太后的心思想必只有六哥清楚。"

奕訢望着一脸诚恳的奕譞，想到多年来两兄弟间的芥蒂，而如今太后迎立的竟是他的儿子，心里一阵惆怅。所以，略一思索，他便抱拳作揖道："圣上冲龄御极，自然仍需太后左右朝局。如以溥字辈阿哥嗣立，两宫太皇太后之尊不便再行操纵。"说到这里，奕訢微微一笑，接着说道："不过，不管怎么说，圣上能膺受天命，总是你的福分。"

话说到这种份上，奕譞要是还不明白慈禧为什么选立载湉当皇帝，那就是弱智了。

果然，载湉也就是光绪皇帝即位后，一直就是个傀儡。

说来，人的悲剧往往真的就是性格的悲剧。如果要是逆来顺受，自甘当一个傀儡皇帝只是享受享受当皇帝的那些待遇也就罢了，可偏偏，光绪是个很有思想也很有个性的人。这一来，问题就很严重了。

刚开始，慈禧对光绪帝真的非常疼爱，虽然不是亲生的，但慈禧一度将他视为己出，并且不止一次在人面前说过这样的话："光绪皇帝的父亲就是醇王，他的母亲是我的亲妹妹。我妹妹的儿子，就跟我亲生的一样。"因此，我们看许多清代题材的影视剧以及文学作品中，光绪帝都称慈禧为"亲爸爸"或"皇爸爸"。光绪帝之所以要这么称呼慈禧，一方面想必是由于心理有些扭曲的慈禧想让光绪以男子的称呼来叫她，以此找到当太上皇的感觉，另一方面，说句公道话，很可能也是慈禧一度真的把光绪当成亲儿子一样看待。

但问题是，慈禧对权力一向贪得无厌。你可以要她任何东西，但唯独不能要她的权力。所以，随着光绪的一天天长大，双方间的矛盾便一天天的暴露出来了。

光绪十二年（1886年），光绪帝已经16岁了，在那个时代，早已经到了结婚的年龄。按照清王朝的惯例，皇帝一经大婚，便要亲政。这使慈禧非常头疼。

想当年，自己的儿子同治帝亲政，慈禧都不乐意，更何况是光绪？但慈禧知道，如果自己老是这样不让光绪大婚和亲政也说不过去。于是，想来想去，她便又故技重演，玩了一出训政的把戏。

这年的六月十日，慈禧发布懿旨，公开宣称明年举行亲政典礼，让光绪帝亲政。因为慈禧玩这种把戏已不是一次了，所以，这边懿旨刚一发布，那边其一大帮亲信便心领神会，赶忙出来阻止。连光绪的父亲奕譞也知道其中的猫腻，不得不违心地向老佛爷上奏折，说皇帝还很年幼，恳求她再训政几年。

面对那么多人的"恳求"，慈禧装得很是无可奈何的样子，哀叹说："哀家真是命苦哇，到了自己这般年纪，想闲下来享享清福还不能！既然王大臣多次恳请，皇帝也确实年幼，不能不遇事提示，自己也只好勉为其难再训政几年喽！"于是乎，这年的十月二十六日，慈禧和其亲信一起制定了一个《训政细则》，其中规定凡召见、引见以及考试命题等大政，都要秉承西太后的旨意，方可实行。

这实际上就等于用法律的形式确立了慈禧的统治地位，也在无形中在光绪的头上戴上了一个"紧箍咒"，使光绪在政治上无法能够摆脱开慈禧。

在制定了《训政细则》后，光绪十三年正月十五日，慈禧在清宫为光绪帝举行了一个所谓的"亲政典礼"。但明眼人谁都知道，老佛爷在这里所唱的不过是一出假戏。从此，慈禧虽然不再"垂帘听政"，但有形的帘子撤了，无形的"帘子"还在，从"垂帘听政"到"训政"，其实是换汤不换药，依旧还是西太后说了算。

1889年3月4日，"训政"两年多的慈禧不得不在光绪大婚后"彻底归政"于光绪。为了表示自己不再干政，慈禧故意从宫里搬到了颐和园居住。

但是，事实证明，这其实又是作秀。

因为这以后，慈禧事实上还在掌控着国家大权。她的那些心腹仍旧往来穿梭于皇宫和颐和园之间，随时将朝中的消息报告给她。几乎所有的大事都一如既往，还要"候懿旨"而后奉行。

所以，"完全亲政"后的光绪皇帝仍旧不过是一个置于前台的"木偶"，而在后台，"亲爸爸"慈禧则始终将那根牵着他的"线儿"紧紧地攥在自己手里。

慈禧与光绪的矛盾很多，但最主要的矛盾显然还是产生在这样两件事上：一是光绪大婚；二是"戊戌变法"。

光绪十四年十月五日，慈禧在皇宫的体和殿为光绪帝选择后、妃。当时备选的女子有5人，首列是都统桂祥之女，也就是慈禧的侄女；次为江西巡抚德馨的两个女儿；末为礼部左侍郎长叙的两个女儿。按清朝传统，选中皇后者给予如意，选为妃者给予荷包，以为选定的信物。慈禧很想要光绪选自己的侄女为皇后，以便通过皇后来加强对光绪的控制。但她又不想做得太露骨，所以就假意要皇上自己挑选。

对此，光绪先还不敢自己做主，就说："此大事当得由皇爸爸主持，儿臣不敢自主。"但慈禧坚持要光绪自己挑选，光绪也就只好答应。

谁知，光绪真要想选德馨的女儿为皇后，正要将如意送给她时，慈禧一看顿时就急眼了，于是她急忙大叫一声："皇帝——！"然后用眼睛紧盯着光绪。

光绪顿时明白过来，"亲爸爸"原来是要让自己选她的侄女做皇后。无奈之下，他也只好遵命了。

结果，桂祥的女儿成了他的皇后。但结婚以后，两人关系一直不好，没有一点儿夫妻乐趣。而光绪帝喜欢的珍妃却经常遭到慈禧的打骂与折磨。这使光绪在内心中一直怨恨慈禧。

是啊，光绪虽然名义上是一国之君，但却连选择自己的后妃的权力都没有，这怎么说都是一大悲剧。

第二件事便是"戊戌变法"。

甲午战败后，大清朝被迫与日本签订了丧权辱国的《马关条约》。随后，西方列强又纷纷趁火打劫，掀起了进一步瓜分中国的热潮。

在这种时候，可以说，光绪帝想发奋图强，渴望国家强盛的愿望非常强烈。严酷的现实使很有正义感和爱国心的光绪帝深刻地认识到，要想改变被动挨打的局面，报仇雪恨，保护大清王朝的江山社稷，唯一的办法就是发奋图强，壮大国力。

那么，怎样才能实现自强？大清的出路何在？这时候，光绪帝想到了自己的老师翁同龢。经过翁同龢的推荐，光绪帝仔细阅读了黄遵宪的《日本国志》、康有为的《日本变政考》《俄彼得变政记》以及英国人李提摩太编译的《泰西新史揽要》《列国变通兴盛记》等书。看了这些书后，光绪帝的思想为之大变，眼界顿时大开。到了这时，他不仅有了救国的热情，而且找到了救国的道路，那就是变法维新。为此，他决心要仿效外国来革故鼎新，励精图治。

可是，要变法维新，就要有治国理政以及顶层设计的权力，如果没有这个权力，那么，变法维新就只能是纸上谈兵，望梅止渴，画饼充饥。

也正因此，光绪帝有一天召见慈禧的亲信庆亲王，让他转告西太后："我不愿做亡国之君，如仍不给我事权，宁可退位。"

听得出，由于实在控制不住自己压抑多年的不满情绪，那天光绪皇帝话说得未免有点难听。

按说，有这样一个卧薪尝胆变法图新的皇帝，乃是大清之幸、中国之福，实在是一件好事，慈禧应该高兴才对。毕竟，大清到了这时候，也真的需要变法图存了！

可是，没想到，慈禧听说光绪在背后因激愤所发的牢骚后，毫不客气，大发雷霆说："他不愿坐此位？我早不愿让他做了。"

但仔细想想，慈禧又觉得还没到彻底摊牌的时候，于是便决定先让光绪再闹腾几下。因而，略略思索了下，她便让庆亲王回复光绪"皇上办事，太后不会阻拦"，算是施了个欲擒故纵之计，想看看光绪到底想干什么。

若论玩弄权术，光绪哪里会是慈禧的对手？得到慈禧的这一"口头懿旨"，他当然不知道其中有诈，于是信以为真，真就开始变起法来。

光绪二十四年（1898年）四月二十三日，光绪帝断然颁布了《明定国是诏》，正式宣布进行变法革新。

《明定国是诏》的颁布，犹如一声春雷，在阴郁沉闷的大清帝国上空炸响了，因而立即在全国引起了强烈的反响。一时间，许多开明官员士大夫以及年轻学子奔走相告，积极响应。他们从光绪的变革中，看到了中兴的希望。

然而，中国的顽固保守反对革新的势力似乎在任何朝代都特别强大，由于光绪帝的变法革新不仅撞击着中国传统的思想观念和伦理道德，而且也必然会直接触及这些既得利益者特别是清朝勋贵的切身利益，所以，也立即引起了这些社会强势集团的拼命反对。而且，最要命的就是慈禧太后从一开始就对光绪的变法维新持反对态度。

原来，就在光绪帝颁布《明定国是诏》的第四天，慈禧就突然发难，逼迫光绪帝发布谕旨：一、以揽权狂悖的罪名，将协办大学士、户部尚书翁同龢革职，逐出京城回籍；二、规定以后凡授任二品以上官员都须向西太后谢恩；三、将王文韶调进京城，任命荣禄为直隶总督。

如此一来，不仅一开始就给了光绪一个下马威，而且更厉害的是此举不仅将光绪变法革新的"主谋"翁同龢给釜底抽薪般地治罪了，而且在无形中也等于是杀一儆百，对那些明里暗里支持光绪帝变法革新的大臣起到了一个震慑的作用。此外，慈禧将人事任命权紧抓到自己手里，同时将自己的"初恋情人"荣禄任命为直隶总督。这就不仅在政治上巩固了自己的权力，同时在军事上也确保了她的绝对安全，而且也使光绪皇帝被牢牢地控制在了她的手中。

由此可见，慈禧这人果然厉害。她之所以能够专权擅政长达近半个世纪，也绝对不是偶然的。

不过，慈禧进行的历次政治斗争，都是纯粹的权力之争而非政见之争。说白了，就是为了她自己的权利着想，而从来不是为了国家与民族的大业考虑。

所以，"戊戌变法"，光绪帝是为了国家的利益而争，而慈禧却是为了自己的权力而斗。两相比较，崇高与卑下何其分明。

话说这边光绪帝和康有为、梁启超等一帮书生在那儿意气风发热血沸腾地推行改革，那边，以慈禧为首的封建顽固势力却在那里不断地攻击改革，阻挠变革。光绪二十四年七月十九日，光绪帝罢免了守旧、阻挠上书的怀塔布、许应骙等六名礼部堂官，任命了七名新堂官，其中四名是支持维新的。顽固派大臣对此十分不满，纷纷要求西太后出来阻止变法。

那天，光绪帝照例到颐和园去向慈禧问安。慈禧满面怒容，疾言厉色地冲光绪大骂道："九列重臣，非有大故，不可轻弃。如今你以远间亲，以新间旧，依靠康有为一人而乱家法，何以面对祖宗？"

这种时候，光绪帝也不示弱，他当即回答说："祖宗若在今日，其法也不会与以前一样；儿臣宁愿坏祖宗之法，也不愿弃祖宗之民，失祖宗之地，为天下后人笑。"

　　这是光绪与慈禧的第一次正面对抗。既然话不投机，慈禧便开始密谋，准备发动政变，想彻底将变法维新连同光绪帝彻底给解决掉。而光绪帝一看形势不妙，便同维新派一起也加紧制订对策。

　　由于光绪领导的维新派都是一些书生，手中没有兵权，这种时候，光绪帝便未免有些天真地两次召见有着革新思想的袁世凯，给他加官晋爵，幻想利用袁世凯的新军来保护自己，保护变法维新事业。但善于见风使舵的袁世凯一看光绪就和几个书生在那儿闹腾，势单力薄，准成不了气候，哪里会傻哩傻乎地把自己的"宝"押到光绪这边？

　　所以，在关键时刻，袁世凯把光绪给彻底出卖了。那天，他把光绪想发动政变的企图秘密报告给了慈禧的老情人荣禄。荣禄又迅速报告给了慈禧。于是，慈禧迅速做出决定，对光绪动手！

　　八月六日黎明，慈禧亲自带人直奔光绪帝的寝宫，借机把光绪帝给囚禁了。

　　就这样，变法从《明定国是诏》颁布那天开始到这天结束，共计103天。所以，历史上把这次变法称为"百日维新"。由于1898年这一年是戊戌年，所以也被称作"戊戌变法"。

　　对于"戊戌变法"，后代一些学者颇有微词，以为光绪皇帝借重康有为这样大而无当、头重脚轻、根底浅的书生来推行改革简直有如儿戏，所用非人。言下之意，即便慈禧等守旧派不反对，行事孟浪失之肤浅的改革也很难成功，变法注定是要失败的。表面看事情好像真的就是这样，但仔细想想，却觉得似是而非，但在实际上，尽管康有为与翁同龢所推行的改革的内容与措施也许有失允当，然而从总体上来说，其改革本身无疑是正确的，也是必要的。在当时的情况下，中国已到了非改革不可的时候了，问题的关键只是如何进行改革。

　　所以，你可以说，康有为与翁同龢当然也包括光绪皇帝本人在内，也许并不是好的改革者，但是，他们的变法革新的精神与改革的勇气却是值得我们这些后来者钦敬与赞美的。而且，变法是一个过程，我们也不能苛求他们从一开始就拿出一个完美无缺的变法革新方案，只能希望他们在此过程中不断丰富和完善，因为，在重大的社会实践方面谁也不是未卜先知的天才。

　　在中国封建官场，倘若要糟践毁掉一个人，最有效的办法就是说他是书生，或者说他头脑有病，康有为当然难以幸免。

就在光绪皇帝在康有为的鼓吹下正准备变法时，守旧派却别有用心，居心不良，大肆污蔑改革，说康有为书生气太重，甚至有人说康有为曾进药水，皇帝服用后性情大变，急躁异常。

如此一来，康有为等变法者就变得要么头脑不正常，要么干脆就是妖魔鬼怪了。

于是乎，变法伊始，大幕还才拉开，以慈禧为首的反对派便以"皇上无知"，康有为等欺骗皇帝，祸害国家为由，站在道德的高地将这场改革迅速扼杀在摇篮中，将大清最后一线起死回生的希望给彻底葬送了。

"戊戌变法"失败后，光绪皇帝从此成了一个"皇帝囚徒"，被"终身监禁"在了中南海的瀛台。

从一个皇帝忽然变成了一个囚徒，光绪自然是心有不甘，所以，最初的日子里经常拿皇后出气。有一天，光绪在盛怒之下，顺手把戴在皇后发髻上的发簪摔碎。这个发簪是乾隆皇帝的遗物，珍贵无比。对此，隆裕皇后感到既心痛又气愤，于是就哭哭啼啼地跑到慈禧那儿去告状。慈禧听了，虽然火冒三丈，但却一声不吭。过了两天，他让侄女隆裕皇后搬到她那儿去住，自此以后，再没让她回到光绪身边。同时，为了报复，慈禧竟然惨无人道地让人将光绪心爱的珍妃投到井里给活活淹死了。而对光绪本人，她自然也想着法子，百般虐待。

在瀛台软禁的日子里，光绪觉得最难熬的就是孤独。日复一日，年复一年，他每天的生活就是吃饭、读书、睡觉，除此之外，再无别的新鲜花样。

据说，为了排遣孤独郁闷的情绪，他在南书房设置了一个小铁箱，用锁锁上，配备了两把钥匙，他和他的弟弟每人一把。遇有想说的话，就用纸写下来放进铁箱里，他弟弟从中取出他写的东西，他则取出他弟弟所写的东西。就这样以"通信"的方式聊以慰藉。通信的内容则都是一些日常生活中的琐事，其中并没有也不可能有什么重要的秘密。

可是，即便这样，慈禧知道后还是大光其火，立刻加以禁止。从此，除了那些监视他的人外，光绪帝几乎见不到其他人，真正成了"孤家寡人"。

为了打发漫长而又空虚无聊的时光，后来光绪又向掌管宫廷演出活动的升平署要去了锣鼓，没事时便在瀛台敲打，以此打发时光并发泄心中的郁闷。但慈禧知道后又严格加以禁止。不过，对于光绪读书，慈禧却并不干预。

光绪帝自幼多病，脾胃虚弱，成年之后由于感情失落，政治失意，心情压抑，又添了遗精的毛病。尤其是戊戌政变之后，他处于被软禁状态，备受凌辱和虐待，孤立无助，坐以待毙，担惊受怕，珍妃之死更使他精神崩溃。在物质与精神的双重折磨下，他的病情越来越重，以致出现病入五脏、气血双亏的问题。在被软禁的日子里，他百病缠身，心悸、失眠、咳嗽、关节痛等不一而足。有研究者指出：光绪帝可能患有神经官能症、关节炎或骨结核等病症，属于慢性消耗性疾病的范畴。但更主要的其实还是心理和思想的疾病。

的确，诚所谓"哀莫大于心死"，与其说光绪肉体上有病，不如说是他精神上有病。他的意志和锐气在囚徒生活中被慢慢消磨掉，他的思想和理想在囚徒生活中也一天天消失殆尽。不仅如此，由于长期独处，他的精神与理智甚至正在一天天地崩溃，以致他变得越来越容易动怒，有时又一下子变得木讷迟钝，眼前常出现幻觉，经常大白天说一些语无伦次的话，做些莫明其妙的事。在软禁的日子里，看管他的太监都怕接近他，一方面怕被人打小报告，一方面也是怕无端遭到极易动怒的光绪皇帝的打骂。

随着光绪病情的日益加重，为他就诊的太医劝慈禧对光绪帝不必禁锢太紧。但慈禧毫无怜悯之心，并没有听从太医的劝告。

据清宫脉案记载，从光绪三十四年（1908 年）初夏起，光绪帝病情迅速恶化，御医和全国各地应召前来的名医均感束手无策。这年的九月中旬，达赖喇嘛从西藏来到北京，光绪帝拖着病弱的身体，连续接见、宴请，为此劳累过度。据清政府官方宣布：光绪三十四年十月二十一日（1908 年 11 月 14 日）傍晚，光绪皇帝在中南海瀛台的涵元殿离世，终年三十八岁。

而且，非常蹊跷的是，光绪死后，仅仅只过了不到二十小时，慈禧在中海仪鸾殿竟也永远闭上了双眼。

关于光绪的死因，一直是清宫的一大谜案，各种传说和猜测都有。有说他是死于疾病，属正常死亡，但更多的人倾向于死于谋杀。的确，长期以来，中国史学界的主流意见倾向光绪帝死于谋杀。人们普遍怀疑慈禧及其帮凶害怕光绪帝在慈禧死后掌握政权，重翻前案，为此痛下杀手。百年间这类猜测不胫而走，广为流传。谋杀的嫌疑人有慈禧太后、袁世凯、李莲英、崔玉贵等。

2008 年 11 月 2 日，"清光绪皇帝死因"研究报告会在北京举行。由中央电视台、清西陵文物管理处、中国原子能科学研究院反应堆工程设计研究所、北京市公安局法医检验鉴定中心等单位专家组成的研究小组，向外界正式公布了他们的研究成果：经过开棺化验，光绪皇帝是因砒霜中毒死亡。

也就是说，光绪皇帝的确是被人谋杀无疑。

那么，杀害他的主谋是谁呢？溥仪在《我的前半生》一书中说是袁世凯。也有人认为，慈禧不愿意光绪在自己死后重新掌权，派人毒死了光绪。还有人说是太监李莲英下的毒，因为他得悉光绪日记中说慈禧死后将诛杀袁世凯和他。

但从种种情形推测，杀害光绪的主谋应该说就是慈禧太后，因为按常情推断，若没有她的指使，一般人不仅没有权力，也没有胆量下这种毒手。如《崇陵传信录》和《清稗类钞》两书就有这方面的记载。当然，野史毕竟是野史，既不能不信，也不能全信。只能姑妄听之。

但是，不管光绪究竟最终是被谁害死的，从某种意义上说，他都是被慈禧囚禁而死的。他的死，追根溯源，其实都完全是由"亲爸爸"慈禧一手造成的。

可以一点也不夸张地说，光绪皇帝乃是大清朝最有创新思想和变法精神的一位优秀的皇帝，在历史的转捩时期，如果他当时真正能够亲政，主持与推行变法维新的话，那么，中国很有可能很快就会是另外一种局面，而大清朝也很有可能不会那么快就分崩离析，迅速坠入到万劫不复的深渊。

可是，就因为慈禧的迫害，结果不仅将年轻的光绪帝所有的希望而且也将大清朝最后的一次自我救赎、自我革新的机会与希望给彻底扑灭了。

所以，无论从哪个角度说，慈禧都是杀害光绪帝也是杀害大清朝的罪魁祸首，怎么说都是整个中华民族的千古罪人。

慈禧不如武则天

在中国历史上，有许多"看似精明实则糊涂"的帝王将相和后妃阉宦。西太后慈禧无疑就是其中的一位。在算计个人那点儿"小利益"方面，似乎天下谁都没有她精明，可是，在计较国家与民族的整体"大利益"时，天下却又谁都没有她糊涂。

的确，从史书上看，如果仅就心计、权谋以及狠毒和权力欲来说，慈禧一点儿也不亚于当年的武则天。这两个中国历史上超一流的女野心家应该说都厉害非常，难分伯仲。

但是，倘若从治国理政的角度来看，武则天完全可以称得上是一个极为出色或者起码可以说是一位较为优秀的政治家，而慈禧则纯粹只是一个昏庸糊涂、自私贪婪的村妪愚妇。市侩似的狡黠聪明丝毫不能掩盖她在政治上的愚昧无知、荒谬无能，乃至极端弱智。女人慈禧比政治家武则天绝对要差好几个级别，不可同日而语，等量齐观。

不错，武则天也是靠玩弄阴谋不惜采用卑劣的政治手段才篡夺国家最高政权的，而且，在她根基未稳时，还任用一帮酷吏小人，对朝廷中和她不一心的政敌进行了一次大清洗。但是，这只是一个有野心的政治家不得已而为之的权宜之计，清障之举。而在叛乱平息、内廷整肃之后，她就极其明晰而又坚决果断地提出了自己的治国方略。

因此，武则天时代曾出现了"武周盛世"。作为一个政治家，武则天忧国忧民，勤于国事，在位期间，交出了一份不仅令当世也让后人较为满意的"政治答卷"。

可是，反观慈禧主政48年，她却似乎既不忧国，更不忧民，甚至连自己的儿子同治皇帝都不忧，其所"忧"的，确乎只有她自己。也正因此，"在位"那么长的时间，她却几乎没有提出过任何较为系统明确的治国方略。偌大一个国家，只是像一个普通家庭一样，不过是一天天、一年年稀里糊涂地过日子罢了，完全就是"脚踏西瓜皮，滑到哪里是哪里"。

所以，精于谋人、拙于谋政的慈禧作为一个国家最高统治者，不仅是大清朝的悲哀，也是整个中华民族的悲哀。清朝末年，中华民族遭受了那么多的奇耻大辱，这其中固然有许多原因，但最主要的原因就是女人慈禧执政拙劣、昏庸无能，结果把整个国家给害了。

慈禧是个权谋高手。可是，慈禧会玩人，却不会用人。作为一个国家最高统治者，没有比不崇尚用人也不会重用人才再糟糕不过的事情了。

说到慈禧用人，当下有一些文章，说是她很善于任用人才，在她实际主政期间，曾涌现过曾国藩、李鸿章、左宗棠、胡林翼、张之洞等济世良臣。其实，这只是一种"错觉"，是对历史的一知半解或者说是一种误读。

不错，虽然像曾国藩等人的确是在道光末年和咸丰年间涌现出来的能干良吏、治世重臣，但事实上，这些人都是"时势造英雄"，是由于当时那个特殊的时代特别是太平天国起义这样一个"时势"才造就出来的，而并不是由清朝廷，更不是由慈禧一手培养和提拔起来的。而且，有史料记载，在是否继续重用像曾国藩、李鸿章、左宗棠、胡林翼等一帮汉人能臣这一问题上，慈禧和她的小叔子奕訢还曾发生过激烈争吵。

"鬼子六"奕訢上台辅政后，由于当时国家正是用人之际，出于政治需要，迫不得已，奕訢积极实行重用汉人政策，对李鸿章、左宗棠等汉人大为重用。可是，慈禧对此甚为不满，史载，同治四年三月初六（1865年4月1日），叔嫂间为此爆发了一次激烈冲突。

当时，慈禧指责奕訢过分重用汉人，而奕訢则根据天下大势，认为这并没有什么不对，并主张继续实行重用汉人之策。

慈禧一听顿时怒不可遏，指着奕訢的鼻子说："这天下咱们不要了，都送给汉人吧！"

这时，有些居功自傲的奕訢顶撞了一句，惹得慈禧更加勃然大怒，她便又哭又闹地威胁奕訢说："汝事事与我为难，我革汝职！"

奕訢生就的皇子脾气，此时也不冷静，牛脾气上来了，立马回敬说："臣是先皇第六子，你能革我职，不能革我皇子！"

结果，慈禧又哭又闹，大撒妇人之泼，叔嫂之间的"政治蜜月"遂成历史。

虽然历史没有记载，而且国家正值多事之秋，正是用人之际，慈禧没有也不可能滥杀功臣，只是把曾经帮她政变上台"垂帘听政"但后来却负气凌人骄纵不法的统兵大臣胜保找一个借口给杀了，但是，从种种迹象看，慈禧对一些权高位重的重臣确有疑忌。

如醇亲王奕譞，是她妹妹蓉儿的丈夫，也是当年参与慈禧发动的"辛酉政变"的功臣，曾亲手捉拿了肃顺，奠定了慈禧的统治地位，因而先后被授予满洲都统、御前大臣、领侍卫内大臣、管理神机营事务等重要职务。同治十三年（1874年）十二月，他的次子载湉嗣位，是为光绪帝，他又得到世袭罔替亲王的殊遇，不久授命"总理海军衙门事务"，地位十分显赫。为了讨好慈禧，他曾不惜挪用海军军费，为其建造颐和园，以讨好慈禧。尽管如此，慈禧对他仍有猜忌。

慈禧为人狠毒，奕譞晚年，知道老佛爷是不能得罪的，而且，他的儿子又是名义上的大清皇帝，如果稍不注意，自己肯定遭殃，因此为人处事总是小心谨慎，夹着尾巴。他整天如履薄冰、忧心忡忡，时时想着"退潜"，凡事无不"九思"。园寝的阳宅叫作"退潜别墅"，自号"退潜居士""九思堂主人"，恨不能把自己的心掏出来给老佛爷看，以便消除她的疑虑。但即使是这样，光绪十六年（1890年）奕譞病重时，慈禧对这位生命垂危的妹夫，依然表现出异常的冷酷，竟连他亲生的儿子光绪帝想单独见他一面也不允许。

还有曾国藩，晚年也由于忧谗畏讥，怕遭疑忌，主动让权，削弱湘军，以急流勇退作明哲保身之计，只是整天写一些无关宏旨"莫谈国事"的"曾国藩家书"，像一个村叟野夫故意喋喋不休地说一些鸡毛蒜皮的小事，把自己退到不能再退的地步，以此让慈禧相信他对朝廷绝无反叛之心，以求自己和全家免遭杀身之祸。而李鸿章虽然晚年一直居庙堂之高，握有重要权柄，但也学自己的老师曾国藩明哲保身，心有忌惮，圆通变达，为官期间完全看老佛爷的眼色行事，完全就像是为慈禧鞍前马后服务的老管家，老奴才。

试想，即使是这样的"人才"再多，于国于民，又有何益？又能发挥出什么作用？

何况，像曾国藩、李鸿章、左宗棠、胡林翼等一帮重臣到后来死的死，退的退，大清朝一时间竟然出现了人才危机。偌大一个国家，竟然人才青黄不接，对此，就连慈禧自己在一次和曾国藩之子曾纪泽谈话时也深感无人可用。

说来，这真的是一个悲剧，"江山代有才人出"，怎么到了女人慈禧时代，那么大一个泱泱国家，竟会到了无人可用的地步？

问题的关键在于女人慈禧善于驭人而不善于用人，善用奴才而不重用人才。

的确，慈禧一生真正重用而又信任的人大概只有三个：一个荣禄，两个太监（即安德海和李莲英）。这些人，毫无疑问，一个个全都是忠于她的奴才。

荣禄这个人，与慈禧关系绝对非同一般。据多年在故宫博物院工作，曾搜集查阅过大量有关慈禧及其时代的史料、档案和文人笔记的清史学家向斯所著的《女人慈禧》以及慈禧晚年比较宠信的宫廷女官德龄公主在其小说体回忆录《爱恋紫禁城》里说，荣禄是慈禧的初恋情人。也难怪咸丰二年的时候荣禄还只不过是个八品官，在这个职位上很久没有升迁，可自从慈禧掌权并"发现"他，他便官运亨通，很快升至一品留京王大臣。也难怪生性多疑的慈禧一生会如此信任他，每当在她最危难的时候，从"祺祥政变"到"百日维新"乃至逃亡西安，她最先想到的人都是荣禄，而荣禄也总是能够及时出现在她身边，与她患难与共。

但荣禄这个人，历史对他评价并不高，从某种意义上说，他也就是个有权有势且很阴险奸诈的男宠罢了。至于安得海和李莲英就更是狗肉上不了筵席，就像她所豢养的哈巴狗，根本就算不上是什么正儿八经的治国之才。

慈禧喜欢重用小人，如当年她在向西安逃难时，在一口气跑了几百里、连口水都喝不上的时候，怀来县令吴永为她准备了一锅稀粥，让她喝得赞叹不已。当她回京后，这个贪赃枉法的小县令从此便时来运转，成了一个参不倒的"政坛不倒翁"。

还有那个被称为"官场屠夫"的岑春煊，脾气坏的要命，逮谁得罪谁，只是因为在西太后逃难时第一个带兵前来护驾，由此得到老佛爷的器重，从此官职是一升再升，乃至成为一方总督。

由此可见，慈禧只重用那些对自己绝对忠诚的人，至于这些人是好是坏，有无才干，她都不在乎。因此，被她重用的多半都是些见利忘义、阿谀奉承的"大清奴才"。

而与慈禧截然不同，武则天登基后，不遗余力，广泛搜罗人才，重用人才。她不拘门户，不限资历，主张任何人都可以举荐人才，也可以怀才自荐。她大力提倡科举制，还开创了皇帝亲自主持殿试选取贤才的先河。

显然，同为女人，慈禧没有武则天那般有胸襟，有气度。

慈禧和她比起来就整个儿是一个没一点儿肚量、没一点儿心胸的泼妇。光绪二十年（1894年），慈禧六十大寿。为此，在两年前她就发布上谕，要把她的大寿作为国家一件祥瑞大事予以隆重庆祝。当时整个大清朝已风雨飘摇，国家危在旦夕，于是有大臣上书进谏，希望此事能尽量从简。可慈禧却传出话说："谁要是一时跟我过不去，我将跟他一世过不去！"还有像太监寇连材因为实在看不惯慈禧动辄对光绪皇帝打骂，罚跪，不给饭吃，就向慈禧上了一道奏折，请太后善待光绪，勿揽政权，不要修圆明园。慈禧大怒，竟然将其斩首。

不仅如此，慈禧还是个爱慕虚荣、极讲排场的女人，她欲望无穷，穷奢极欲，即使是在八国联军入侵，她狼狈西逃避居西安的日子里，也依然不忘享乐，日选菜肴百种，光是一天伙食费就达两百两银子。至于其他方面的开销就更是到了挥霍无度的程度。

国家大权掌握在这样一个无德无能利令智昏的女人手里，既没有监督，更缺乏制衡，这实在是大清朝制度设计的严重缺陷，也是封建社会一切崇尚人治的恶果。美国现代政治学家亨廷顿说："这种完全仰仗某一个人的政治体制是最简单的，因而也是最不稳定的。"显然，正是在大清这样一种腐朽的制度下，才造就了慈禧这样腐朽不堪的"政治怪胎"。

说来，非常耐人寻味的是，1885 年美国首都建成的高达 555 英尺的华盛顿纪念塔的内壁，镶嵌了 190 块石碑，其中有一块是当时慈禧统治的大清国政府所赠送，上面竟有这样一番颂词："华盛顿，异人也！起事勇于胜广，割据雄于曹刘。既已提三尺之剑，开疆万里，乃不僭位号、不传子孙，而创为推举之法，几于天下为公，浸浸乎三代之遗志。其治国崇让善俗，不亦迥与诸国异？余尝见其画像，气貌雄毅绝伦。呜呼，可谓人杰矣哉！"

不知道这段颂词是否事先经过慈禧"亲自"过目审查，如果"亲自"看过，不知道这个给中华民族带来深重灾难的女人一时心里会做何感想？试问，如果把"不僭位号、不传子孙，而创为推举之法，几于天下为公"的华盛顿称为"人杰"，那么，总是大权独揽、高高在上、皇权世袭、天下为私的慈禧们又该被称作什么呢？

清朝灭亡前的半个世纪，实际掌权者一直都是慈禧。所以，颐和园里有条对联："五十年间天下母，后来无继前无偶。""天下母"一当就是五十年，想想，也真的颇令人感慨。

的确，19 世纪中叶，美国早已从英殖民地中独立出来，如果慈禧太后不是出生在大清国，而是降生在美利坚，如果她不是咸丰的妃子，不是"大清国母"，而是华盛顿的妻子，是所谓的美国"第一夫人"，那么，纵然慈禧有天大的本事，也绝无可能单纯依靠美色和政变以及权谋就能篡夺了国家最高领导权，而且在一个泱泱大国那么专横跋扈一手遮天祸国殃民了整整 48 年，而整个国家竟然没有任何监督与制衡，竟然拿她毫无办法！而这一切的一切，追根溯源，说到底，还是由一个时代、一个国家的社会政治制度所造成的。

好在，大清朝已经永远定格在历史的记忆中，家天下的集权专制社会已经一去不返。

第十章
晚清新政，一场游戏一场梦

从 1644 年入主中原，到 1912 年清帝被迫逊位，从始到终，如果说清朝这个中国最后的封建王朝好歹也算做了几件还算有些意义有些价值因而多少也还值得后人称道的事情的话，那么，屈指算来，应该说，大约也就这么几件：洋务运动、"戊戌变法"以及君主立宪。虽然这三件事情无一例外都以失败而告终，但是，它们在中国近代史上所产生出来的直接与间接的意义和反响抑或说是"正能量"与"外溢效应"却是无法估量的，在当时乃至后代中国人心中所产生的震撼作用更是非同凡响。其中，特别是在晚清最后十年里所产生的君主立宪运动更是如平地一声春雷般横空出世，在当时的大清社会竟然产生出了犹如石破天惊般的效果，当然，到了最后却被实践证明完全只是一声空响。

百年之后，当我们今天坐下来仔细回顾这一段君主立宪的历史，虽然是作为一个旁观者、一个局外人，可我们的内心还是依然无法平静，感慨万千。

中国这块"顽石"

在古代中国，人们一直认为"天圆地方"，这种代代相传无人质疑的观念不仅是"地理"的，也是"伦理"的，而且更是"政治"的。历史上，曾经有那么长的时间，我们的祖先一直认为中国位居"大地的中央"。而所谓的"中国"，顾名思义，也就是这么得名的。也正因此，中国人都一直生活在这样的所谓"地域优势"的盲目乐观与自信中。

可是，到了明朝晚期，随着西方传教士不断来到中国，将 16 世纪世界地理大发现的成果逐渐介绍到了中国，"中国居中"这一在中国人头脑中根深蒂固的传统观念便像一座冰山，在阳光的照耀下开始一点点融化，一点点坍塌。

最早的融化与坍塌显然是从明朝万历年间开始的。

那是明万历十一年（1583 年），当几位大明帝国的官员忽然看到世界地图在他们面前缓缓展开的时候，他们中几乎所有人的脸上都在同一时间露出了一种疑惑与惊讶的表情。他们第一次发现，自己的帝国，原来并不处在世界的中央！

当时，在广东肇庆一座小教堂接待室的墙上，挂着一幅用西洋文字标注的世界地图。这幅地图，是一位"紫髯碧眼"的意大利传教士应肇庆知府王泮的请求绘制的。之所以要请这位西方传教士绘制这幅世界地图，王泮当时的想法其实非常简单，他只想知道，这位长着蓝眼睛高鼻子黄头发的洋人眼里的世界和中国人心目中的世界究竟有什么不同？

果然，令王泮——当然也包括当时在场的几位大明官员——疑惑与惊讶的事情出现了：在这位西方传教士所绘制的地图上，世界竟然有五大洲，中国只是亚细亚洲的一部分，而并非像中国人想象的那样，是世界的全部或"天下"。原来，在这位"紫髯碧眼"的洋人眼里，世界竟然真的与中国人几千年来根深蒂固的"天圆地方"以及"中国中心论"千差万别，大相径庭！

万历二十九年（1601 年），这位"紫髯碧眼"的意大利人来到明朝的首都北京。他自称是大西洋人，中文名字叫利玛窦。在利玛窦献给神宗万历皇帝的礼物中，就有他来中国后所绘制的那幅《坤舆万国全图》。为了使中国人相信已经被西方人证明了的"地圆说"，这以后，利玛窦一直都在传教过程中义务做着这方面的宣传与"科普"说服工作。

1602 年，他将绘成的《坤舆万国全图》刊行。在这些地图中，他向中国人介绍了有关五大洲的知识，介绍了"地圆说"。

很显然，在当时，要王泮乃至更高级别的大明官员一下子去接受他的"地圆说"即"中国不是地球的中心"这一观点几乎是不可能的，就像当年让罗马教廷去接受哥白尼的"日心说"一样困难。尽管，考虑到"中国中心论"这一观念早已在中国人的头脑中根深蒂固，利玛窦昧着良心把地图上第一条子午线的投影"转移"，故意在地图左右两端各留下一条边，从而使中国正好出现在"图的中央"，但即便这样，他也还是吃力不讨好，无论是他的《坤舆万国全图》还是他的"地圆说"都在当时受到了来自中国四面八方上上下下的口诛笔伐，被认为是"邪说惑众"。

　　也正因此，在中国的传教过程中，利玛窦一直都痛苦地觉得，中国就像是一块没有沐浴基督光辉、冥顽不化的顽石。

　　其实，并不只是明朝人不相信利玛窦的《坤舆万国全图》以及他所传播的"地圆说"。即使是到了清朝，中国人也还是照样并不相信。如清初魏濬在其《利说荒唐惑世》一文中，就对利玛窦的"邪说"大加挞伐："近利玛窦以其邪说惑众，士大夫翕然信之……所著坤舆全图，洸洋窅渺，直欺人以其目之所不能见，足之所不能至，无可按验耳。真所谓画工之画鬼也。毋论其他，且如中国于全图之中，居稍偏西而近于北。试于夜分仰观，北极枢星乃在子分，则中国当居正中，而图置稍西，全属无谓……中国如此蕞尔，而居于图之近北，其肆谈无忌若此……"

　　这种"中国人的印象"，即使是到了乾隆时期也依然还是没有改变。1773 年，当法国耶稣会传教士蒋友仁在向乾隆皇帝进献《坤舆万国全图》时，大儒阮元立即大批特批这种理论"上下易位，动静倒置，则离经叛道，不可为训，固未有若是其焉者也"。

　　所以，即便是到了清朝的中后期，用利玛窦的话说，中国还依然是一块"冥顽不化的顽石"。一如他当年所说："就国家的伟大、政治制度和学术的名气而论，他们不仅把所有的别的民族都看成是野蛮人，而且看成是没有理性的动物。他们看来，世上没有其他地方的国王、朝代或文化是值得夸耀的。这种无知使他们越骄傲，则一旦真相大白，他们就越自卑……"

　　是的，如果说古代中国无论是一般士大夫还是国家的最高统治者几乎都像是井底之蛙那样因为只看到自己头顶上那片巴掌大的天空故而未免很是有些妄自尊大的话，那么，自从 1840 年第一次鸦片战争失败后，在洋人的坚船利炮强行打开中国的国门之后，中国人的民族自信心接二连三地遭到了沉重的打击，由先前的妄自尊大迅速跌落到了妄自菲薄自轻自贱的泥潭之中。

　　从某种意义上说，第一次鸦片战争后，如同当年的西方一样，事实上中国也逐渐开始了一场"启蒙运动"。尽管这一"启蒙运动"并不是当时的中国社会内部自发产生的，也即并非一种自觉行为，而是由国家外部力量引发的，乃是一种被动或者说是被迫行为，但是，不管怎么说，在惨痛的国家教训面前，中国的一些有识之士还是开始了一次"思想的启蒙"，或者说是一次"思想的长征"。而走在这一"思想的长征"之路上的，最先只有寥寥几个身影。屈指算来，他们中比较著名的应该说是林则徐、魏源、徐继畲，还有就是郑观应。

诚如我们所知道的，林则徐被认为是近代中国"睁眼看世界第一人"。但就是这样一位中国当时最有头脑也最有见识的人，在鸦片战争前，也还是一个孤陋寡闻以讹传讹的"井底之蛙"。

说也难怪，由于清帝国长期以来所实行的闭关锁国以及愚民政策，林则徐禁烟前，国人对外部世界茫然无知，以致极为荒谬也极为可笑地认为英国人吃的是牛羊肉磨成的粉，食之不化，离开中国的茶叶、大黄就会"大便不通而死"。而且，清朝官员还认为英国人膝盖不能弯曲，所以在拜见中国"万岁"时不能下跪。

由于误听误信，林则徐刚到广州时，也称茶叶、大黄是"制夷之大权"，相信夷人膝盖伸展不便，认为"彼万不敢以侵凌他国之术，窥伺中华"。仅此可见，当时中国人对世界的认识是多么无知，多么荒谬，又是多么可笑。也正因此，在当时，就连林则徐也对英国发动罪恶的侵华战争估计不足。

不过，林则徐毕竟见识过人，随着自己在广东与"夷"接触日多，他越来越感到中国人对"夷"了解的严重不足。于是，他很快便招人翻译《澳门新闻纸》《新加坡新闻纸》以探悉"夷情"，然后，又令人将1836年英国出版的由曾任东印度公司长驻广州的"大班"德庇时所著《中国人》译成中文，名为《华事夷情》。同时又开始着手准备将英国人慕瑞1836年在伦敦出版的《世界地理大全》翻译出来，译名为《四洲志》。此外，为了克敌制胜，林则徐还组织编译了有关西方近代船舰、火炮的资料，并试图"师夷"仿造。

但是，遗憾的是，道光皇帝并没有给林则徐以太多"睁眼看世界"的时间。1841年夏秋之际，已被革职发配新疆伊犁的林则徐路过镇江，特地与好友魏源同居一室，彻夜长谈，同时将《四洲志》等编译的有关外夷资料交给魏源，嘱其编撰成书。

魏源不负重托，他依据林则徐所辑的西方史地资料《四州志》，再参考历代史志、明以来《岛志》及当时夷图夷语编成《海国图志》50卷，后经修订、增补，到咸丰二年（1852年）成为百卷本。它囊括了世界地理、历史、政制、经济、宗教、历法、文化、物产，对强国御侮、匡正时弊、振兴国脉等都做了探索。不仅如此，魏源还提出"以夷攻夷""以夷款夷"以及"师夷之长技以制夷"的观点，主张学习西方制造战舰、火械等先进技术和选兵、练兵、养兵之法，改革中国军队。

不过，也许是害怕犯"政治错误"，遭到迫害，魏源在《海国图志》附加的《国地总论》中又撰写了《释五大洲》和《释昆仑》两篇文章，故意画蛇添足般地论证"中国中心论"，违心地认为中国在东方，所以是"东方人主""自古以震旦为中国，谓其天时之适中，非谓其地形之正中也。"

与魏源一样，当时的福建巡抚徐继畲显然也患有这样的"政治恐惧症"。

徐继畲是晚清名臣、学者，乾隆六十年（1795 年）生于山西五台县东冶镇。对徐继畲，后代一般人了解不多，但其实此人很有思想，很有头脑，《纽约时报》称其为"东方伽利略"。

道光二十二年（1842 年），时任广东按察使的徐继畲晋京面圣。道光皇帝询问其海外形势及各国风土人情，他一一做了回答。道光皇帝遂责成他纂书进呈。在以后的两年时间里，徐继畲发奋努力，随时采访，广为搜集资料，编著《瀛环志略》。

《瀛环志略》初名《舆地考略》，道光二十四年（1844 年）初稿完成，改名为《瀛环考略》。此后，他继续采寻西人杂说，询问西方官员，参阅魏源《海国图志》（初版），补充疏漏，使《瀛环考略》日臻完备，定名为《瀛环志略》，于道光二十八年（1848 年）初刻于福建抚署。

在该书的"自序"中，徐继畲说："此书以图为纲领，图从泰西人原本钩摹。"显然，在这样的一幅如实客观"钩摹"的世界图景中，中国位于"世界之中"的神话自然破灭。"天朝上国"的迷梦也行将破碎。

此书刊印出来后，他的同乡好友、地理学家张穆深感不安，很是为他担忧，怕徐继畲因文惹祸。

对此，应该说，徐继畲无疑也有自知之明。在编撰此书的过程中，在日渐发现到这样一个"真理"后，徐继畲不禁大为惶恐，他深知，中国是块"冥顽不化的顽石"。自己倘若以卵击石，轻则头破血流，重则粉身碎骨。想到这些，徐继畲恐惧了，妥协了。于是，他让自己的友人刘鸿翱在为此书作序时特别强调说："夫中国者，天地之心。四夷，天地之肢"，故意强调"中国中心说"，把中国突出到了一个很高的位置。

然而，尽管如此，此书出版后，徐继畲还是遭到了激烈的批判，有人指责他"张外夷之气焰，损中国之威灵""似一意为泰西声势者，轻重失伦，尤伤国体"。由于政治上的"反动"，此后，不仅徐继畲本人被批判和降职，他的《瀛环志略》也一度被打入冷宫。不过，徐继畬的"崇洋媚外"虽在国内遭受了愤怒的声讨与攻讦，但却因此在西方各国产生了很大的影响，如当时的美国驻华公使蒲安臣就对徐继畬大为称赞，而著名的中国近代史学者、美国人德雷克则称赞他为"东方的伽利略"。当然，与他同时代的曾国藩也称他为"天下才"，而后来的康有为、梁启超以及"北大怪杰"辜鸿铭也对他推崇备至。

话说就在徐继畬遭受毁谤以致罢官的同时，魏源也遭到了猛烈的批判。

不过，说来让人不知做何感想的是，尽管魏源的《海国图志》在国内遭到了猛烈的批判，被一帮守旧的官员视为大逆不道，以致这本书出版后在中国一直无人问津，但却墙内开花墙外香，在东瀛日本大受欢迎。

原来，眼看书商就要为印刷《海国图志》大赔其本的时候，没想到那位不想做蚀本买卖因而"病急乱投医"的书商抱着试一试的态度将这本书偷偷带到日本，想在那里碰一碰运气。而这一"碰"竟然真的"碰"出了始料不及的"好运"。想不到这本《海国图志》竟然在日本一下子就"火"了，成为日本人争相阅读的畅销书！

就这样，几年下来，《海国图志》在日本被大量翻印，前后印刷了十五版。五年之内，书价竟然飙升了三倍，一直位居日本畅销书排行榜之首！

而更让人大为感慨的是，当时的日本也和中国一样被西方列强打得灰头土脸，可当《海国图志》来到日本后，没想到日本人竟然把它当成了"国宝"，把它当成了拯救日本的"治国良方"。以致当维新思想家佐久间象山在读到魏源的"师夷长技以制夷"这句话时，竟然拍案叫绝，高声叫道："我和魏源真可谓海外知音啊！"

也正是在魏源著作的启迪下，维新志士横井小楠提出了日本"开国论"思想，认为日本的发展之路必然是"东洋道德与西洋技术的结合"，并由此掀开了日本明治维新的序幕。

可是在中国，令人感到极其悲哀的是，《海国图志》却像一枚石子投到那一汪深不见底的死水潭里，没有激起任何的波澜。这让人禁不住感叹：从古至今，中国真的实在是太保守、太僵化了！

有这样一则故事说来很有意思，传说晋宋之际，道生法师因为坚持"众生皆有佛性"，故而不容于寺庙，被众僧逐出。回到南方，他住到虎丘山的寺庙里，终日为众石头讲《涅槃经》，讲到精彩处，就问石头通佛性不？群石都为此点头示意。围观者将这一奇迹传扬开去，不到十天，拜他为师的人越来越多。

成语"顽石点头"之出处大抵来源于此。

可是，比较起来，魏源与徐继畲显然没有道生法师那么幸运，他们虽然不断为"众生说法"，但在当时，中国这块"冥顽不化的顽石"却始终未能"点头"。

然而，真理就像是植根于地下的"种子"，无论在其上面重压着多大的"顽石"，有着巨大力量的种子最终都会冲破重重阻力，生根发芽长叶，乃至开花结果。

19 世纪 60 年代，随着"洋务运动"的蓬勃开展，魏源与徐继畲从西方"转手贩运"来的这些观点才逐步受到人们的重视。中国这块"顽石"才逐步开始"点头"。也正因此，1875 年，当曾任过英商宝顺洋行、太古轮船公司买办，后在上海机器织布局、上海电报局、轮船招商局、汉阳铁厂和商办粤汉铁路公司等担任高级职务，投资兴办了不少贸易、金融、航运、工矿等企业的郑观应发表《论公法》一文，明确提出中国应该抛弃"华夷观念"，认为"夫地球圆体，既无东西，何有中边？同居覆载之中，奚必强分夷夏？"这话听起来虽然很有些刺耳，让人不大舒服，但在当时，在距第一次鸦片战争过去已经 25 年之后，已经很少有中国人跳出来公然表示反对了。

是的，这时的中国人几乎已经没有任何矜持和高傲可言了，有的，只是自卑和屈辱。这种时候，谁还会再去阿 Q 似的相信"中国中心论"，相信中国是这地球上的"天之骄子"呢？

一种悲观主义的崇洋媚外的情绪正在中国的土地上潜滋暗长，四处蔓延。而"洋务运动"显然也正是在这样一种"崇洋媚外"的情势下悄然萌生的。

不过，在当时，对"洋务运动"，绝大多数中国人的认识还只是局限在"富国强兵"上，认为中国之所以打不过洋人，老受洋人欺负，就是因为中国的武器不行，没有西方的"坚船利炮"厉害罢了。

正是基于这样一种认识，19 世纪六七十年代以恭亲王奕訢以及李鸿章为首的"洋务派"所发起的洋务运动，其主旨便是"富国强兵"，也就是所谓的"器物变革"。一如柏杨先生所说的那样，以为中国只要有一双"漂亮的拳击手套"就够了，就能够站到拳击台上与那些西方国家一争高下了。因此，当时的"洋务派"们一门心思想"实业救国"，因而不惜大量从西方购买军火，以致在很短的时间内，中国便迅速结束了冷兵器时代，构建或者说是"包装"了一支比较现代化的新型军队，尤其是北洋水师。

然而，事实很快就证明洋务新政三十年的发展是畸形的，其所构建的北洋水师真的就像是"银样蜡枪头"那样中看不中用。1894 年的甲午战争，还只是和东方的"蕞尔小国"日本打了一场局部战争，便使中国集三十年之力创办的北洋水师葬身海底，全军覆没，从而又一次沉重打击了当时中国精英阶层的民族自尊与民族自信。

的确，如果说在这以前，中国人还多少有些"阿Q精神"，以为虽然打不过蓝眼睛黄头发的"洋鬼子"，但还至少可以欺负欺负日本的话，那么现在，却是自认连日本也不如了。

显而，也正是在这样一种历史的大背景下，中国的知识阶层和政治精英知耻而后勇，开始把目光渐渐转向东方，开始了向以前一直瞧不起的"倭寇"学习，由此掀起了一场势将改变中国面貌的维新运动。

在今天看来，所谓的"君主立宪"的种子，也正是在这样一种形势下自觉不自觉地被从国外"进口"到中国来的。

"君主立宪"的种子

从某种意义上说，"君主立宪"这一思想之所以会在中国出现，完全是"被打出来的"。换句话说，如果没有晚清时期，大清帝国窝囊废似的动辄挨打，"君主立宪"的种子恐怕一时半刻还不会在中国的土地上萌芽。

这些年来，对于是谁最先把"君主立宪"这一政治命题引入到中国？史学界多有争鸣，意见不一。一种意见认为，王韬是第一个提出君主立宪的中国人，早在 19 世纪 70 年代，此公就在《重民篇》中清楚地表明了他的君主立宪主张。第二种意见认为是郑观应，也是在 19 世纪 70 年代，郑观应就已在其《易言》中希望中国"上效三代之遗风，下仿泰西之良法"，明确要求在中国实行君主立宪，改良中国政治。袁鸿林先生则认为"早于王韬、郑观应，容周就曾在 1860 年提出过在中国实行君主立宪的主张"。

不过，无论是王韬、郑观应抑或还是容周，且不管他们三人在中国究竟是谁最早提出君主立宪的，应该说，在当时，他们所提出的这一主张其实并没有得到人们的响应，甚至没有引起人们的注意。

　　不仅如此，即使是在"戊戌变法"之前，当康有为和梁启超再次重弹"君主立宪"这一西洋"政治曲调"时，在中国也还是知音甚少，应者寥寥。

　　那是 1895 年 4 月，正在北京参加会试的各省举人听说清政府要与日本订立丧权辱国的《马关条约》，顿时群情激愤，同声谴责。广东学子、学潮领袖在后人看来未免有些器识褊狭志大才疏的康有为让他的弟子梁启超连夜起草了一篇一万八千多字的上皇帝书，要求"请拒和约，迁都变法"。第二天，各省举人一千三百多人举行集会，通过了万言书，送交都察院。这就是中国近代史上有名的"公车上书"。

　　在上书中，康有为从爱国的立场出发，强烈主张"拒和、迁都、变法"，建议皇帝"下诏鼓天下之气，迁都定天下之本，练兵强天下之势，变法成天下之治。"此后，他又连续给皇帝上了几次书，从政治、经济、文化教育几个方面系统地阐述了自己的变法思想。如在政治方面，康有为就提出了变君主专制为君主立宪的要求，主张"设议院以通下情"。在他看来，"东西国之强，皆以立宪法，开国会之故。国会者，君与国民共议一国之政法也"。不久，他的学生梁启超也在其《变法通议》中大声疾呼"君权日益尊，民权日益衰，为中国致弱之根源"，呼吁"伸民权""设议院"，实行君主立宪制。

　　但是，在当时，康、梁的这些"君主立宪"的主张不仅得不到人们的响应，甚至也很少有人能够理解。再加上其他种种原因，因而在 1898 年所发生的"戊戌变法"中几乎没有涉及有关君主立宪方面的内容。

　　"戊戌变法"失败后，作为这次变法维新"幕后策划人"的康有为和梁启超均流亡到国外。没想到到了这时，君主立宪却反而在国内渐渐有了市场。

　　说到梁启超之所以会逃往日本寻求"政治避难"，这其中还有一段耐人寻味的故事。

　　据说，戊戌年八月初六日也即戊戌政变后的第二天（1898 年 9 月 21 日）早朝，慈禧太后与光绪帝共同见军机，宣布慈禧再度"训政"。就在这天下午两点左右，因这次"戊戌政变"已被清廷通缉的梁启超进入日本公使馆寻求政治避难。当时的日本代理公使林权助后来在其回忆录《我的七十年》里这样描述道："他的颜色苍白，漂浮着悲壮之气，不能不看出事态之非常。"

　　在救还是不救梁启超这一问题上，林权助曾经有过犹豫，但当时正好在中国逗留也住在日本公使馆的前日本首相伊藤博文却对林权助说："姓梁的这个青年是个非凡的家伙啊！真是个使人佩服的家伙。救他吧，而且让他逃到日本吧！到了日本，我帮助他。梁这个青年对于中国是珍贵的灵魂啊！"

诚如我们所知道的，伊藤博文对于中国来说，简直就是一个十恶不赦的恶魔，他此时允许梁启超去日本"政治避难"当然是黄鼠狼给鸡拜年——没安好心，或曰别有用心，但也正因此，时年26岁的梁启超剪掉辫子，在公使馆住宿一夜后，自此由日本领事郑永昌陪同乘火车到天津，然后登船，漂洋过海流亡到了东瀛。

光绪二十五年（1899年），梁启超写了《各国宪法异同论》发表在《清议报》上。此时，距戊戌政变发生不足一年，梁启超流亡日本亦不久，严复所翻译之《群己权界论》尚未发表。在这篇文章中，梁启超认为，中国实行立宪的时机已经到来。光绪二十六年（1900年），他又发表了《立宪法议》一文，向清政府提出了六条建议，恳请皇上昭告天下臣民，"定中国为君主立宪之帝国，万世不替"。

对于君主立宪，梁启超显然经过了一番仔细考察和深入研究。在他看来，中国的"君主立宪"可以经由这样的"路径选择"予以施行，即：首先，派重臣出洋考察，到国外取经；其次，成立立法局，草定宪法；再次，向国民解释和宣传各国宪法的相关知识；最后，公布宪法草案，请全国士民展开讨论，并由全民公决。他预测这个时间需要二十年。而后来清廷的君主立宪也几乎完全采纳了他的这一建议。

在该文中，他一再提醒大家，不管这个时间表是长是短，由于日本已经"得风气之先"，顺应时势，实行立宪，一跃成为亚洲强国，因而中国要迎头赶上，则不能不将立宪作为当务之急，"须臾不可缓"。

可想而知，尽管梁启超一再强调"君主立宪者，政体之最良者也"，而且是"永绝乱萌之政体也"，为此他希望清廷统治者能看清时势，实行立宪，这样才能使国家走上独立富强之路，免除被列强瓜分的危险。然而，由于他当时的身份乃是一个正在被清朝廷通缉的彻头彻尾的"政治犯"，由慈禧擅权摄政的清朝廷当然压根不会也绝不可能听取和采纳他这位朝廷通缉犯的"忠言"。

所以，打一个比方说，虽然"君主立宪"的种子很早就传播到了中国，但在中国却迟迟没有迎来播种的季节，更遑论生根，开花。

然而，诚如马勇先生在其《清亡启示录》一书中所说："近代中国的所有问题都不是社会内部自发产生的，而是由外部引发的。"仔细想来，这话虽然有些似是而非，但后来在中国很是闹腾了一段时间的"立宪运动"无疑也确实是"由外部引发的"。

事情缘起于1904年的日俄战争。结果，一个"立宪的"小日本战胜了"未立宪的"大沙俄，可谓恶狼战胜了狮子，这使清朝廷上下都很震惊。

所以，日俄战争刚一结束，被称为"状元实业家"的张謇就写信给袁世凯说："日俄之胜负，立宪专制之胜负也，今全球专制之国谁乎，一专制当众立宪，尚可幸乎？"而朝野上下也都议论蜂起，普遍将日俄战争与宪政、专制联系在一起。

的确，一个"小日本"竟然能够在前后不到十年的时间内相继战胜中国和俄国这样两个"大帝国"，而其先后制胜的法宝竟是"君主立宪"，这就使清廷上下没理由不对"君主立宪"肃然起敬，刮目相看。

其实，还在日俄战争刚刚开打之时，对于这次战争双方胜负的预测，在中国就自然分成了两派：一派是以清廷统治者为首的守旧派。他（她）们希望并预测俄国获胜。在他（她）们看来，日本不过是一小小岛国，而且"君主立宪"乃是"以权与民"，这样士兵就会在战场上各顾其命，难打胜仗；而俄国地大物博，又是沙皇掌权，军队一定令行禁止，不敢违抗。因此，必然会是俄胜日败，几无悬念。而另一派则是以当时流亡海外的康有为、梁启超为首的"立宪派"，还在战争一开始，他们就公开表态，认为实行君主立宪的日本一定可以战胜仍实行君主专制的沙俄。而之所以会是这样，在他们看来，国家的强弱不在大小，而在精神。日本虽小，但经君主立宪后精神蓬勃。俄国虽大，但其腐败情形与中国相似。而且，民权乃天赋之权，所以立宪之国国民在战场上都以保守天赋人权为重要使命，因而视死如归，而这是专制之国单纯依靠军事命令所无法做到的。

自然，战争的结果充分证明了"立宪派"预测的科学与正确。

日本的胜利，在"立宪派"看来，不仅给黄种人争了口气，而且说明，在落后的东方，只要坚持变革，就可以由弱转强。而变革的关键，大家公认是立宪。因为，在他们看来，日本能做到的，中国也能。当年那场甲午战争，日本打败中国，已经让国人举国震惊。这次居然连西方强国俄国也被这"小日本"打败了，国人这一惊，就更是非同小可。

可以说，正是在这样一种政治的大气候下，越来越多的中国人开始相信立宪可以富国强兵，可以救亡图存。甚至某些原先反对立宪的守旧人物也转而倾向支持立宪，以为"立宪"乃是医治早已百孔千疮的中国的"灵丹妙药"。

因此，"君主立宪"思想开始渐渐在中国应运而生，像种子开始渐渐自觉不自觉地播撒到中国这片千百年来确乎一直长期板结的土地上。

诚如我们所知道的，君主立宪制是一个舶来品。它的故乡远在英国。所谓的君主立宪，其实就是用宪法来约束君主的权力，将管理国家日常事务的权力交给内阁，也就是在保留君主制的前提下，通过立宪，树立人民主权，限制君主权力，实现事实上的虚君共和政体。

既然君主立宪是对君权的一种限制，是在自己头上戴上一个紧箍咒，对于统治者来说，也就是要自己革自己的命。所以，清廷在最初对于君主立宪是不积极的，甚至在内心和情感上还很抵触。可是，既然实践已经证明了"君主立宪"可以使国家变得强大，可以不再受人欺负，迫于形势，当时的清廷统治者乃至慈禧对于"立宪"难免也有些怦然心动，跃跃欲试。

1904 年春，出使法国的大臣孙宝琦上折明言应该立宪，认为各国之立宪政体洵可效法，应仿英、德、日本之制，定为立宪政体之国。1905 年 1 月，出使日本的大臣杨枢奏请立变法大纲，仿效日本之立宪政体。6 月以后，不仅张謇、汤寿潜这样的名绅开始鼓噪立宪，连朝廷的达官贵人也一时寝食不安，想着立宪。如袁世凯和瞿鸿禨在官场上虽说是政敌，多年来一直明争暗斗几无宁日，但此时却一致认为，大清应该立宪。甚至连名声一直不大好但却一直为西太后所倚重的皇家懿亲庆亲王奕劻，也附和袁世凯，半吞半吐地说着立宪的好话。据统计，当时 8 位总督中就有 5 位主张立宪，而主张立宪的巡抚和驻外使节则更多。

这其中，最为典型的例子显然要说是张之洞。

清末，当变法运动风起云涌之际，张之洞的态度模棱两可，令人不可揣测。他时而赞同变法，向清廷上书，保举维新派骨干梁启超、黄遵宪诸人，认为他们"思想开通，堪任艰矩"；时而又将《劝学篇》进呈光绪帝，书中痛诋康有为之处不一而足，以此赢得慈禧诸权贵之赏识。戊戌政变发生后，张之洞又主动投靠慈禧、荣禄等人并通过梁鼎芬等亲信，向日本政府施加影响，必欲将流亡在外的康有为等维新志士置之死地而后快。故而，康有为、梁启超等人对他恨之入骨。他们在日本和上海等地报刊上，连篇累牍地发表文章，把张之洞骂得狗血喷头，一钱不值。

可是，尽管张之洞一开始对立宪态度消极，乃至心存抵触，但到日俄战争后，他的思想也在开始悄然发生转变，对立宪由消极反对而渐渐变得赞成拥护。这从光绪三十三年八月初七日《张之洞入京奏对大略》中就可明显看出。

《张之洞入京奏对大略》系清人钞本《时务汇录》中的一篇，记述光绪三十三年丁未政潮发生后，清廷内部的争权夺势，愈演愈烈。慈禧太后六神无主，惶惶然不知所终。于是，她于七月初二日颁谕：“张之洞着迅速来京陛见，有面询事件。”

在这次“面询”中，张之洞与慈禧太后之间有着这样一段意味深长的对话：

慈禧说：“大远的道路，叫你跑来了，我真是没有法了。今日你轧我，明天我轧你，今天你出一个主意，明天他又是一个主意，把我闹昏了。叫你来问一问，我好打定主意。”

张之洞答：“自古以来，大臣不和，最为大害，近日互相攻击，多是自私自利。臣此次到京，愿极力调和，总使内外臣工，消除意见。”

慈禧问：“出洋学生，排满闹得凶，如何得了？”

答：“只须速行立宪，此等风潮自然平息。出洋学生其中多可用之材，总宜破格录用。至于孙文在海外，并无魄力，平日虚张声势，全是臣工自相惊扰，务请明降恩旨，大赦党人，不准任意株连，以后地方闹事，须认明民变与匪乱，不得概以革命党奏报。”

慈禧说：“立宪事我亦以为然，现在已派汪大燮、达寿、于式枚三人出洋考察，刻下正在预备，必要实行。”

张之洞答：“立宪实行，愈速愈妙，预备两字，实在误国。派人出洋，臣决其毫无效验，即如前年派五大臣出洋，不知考察何事，试问言语不通，匆匆一过，能考察其内容？臣实不敢信。此次三侍郎出洋，不过将来抄许多宪法书回来塞责，徒靡多金，有何用处？现在日日言预备，遥遥无期，臣恐革命党为患尚小。现在日法协约，日俄协约，大局甚是可危。各国均视中国之能否实行立宪，以定政策。臣愚以为，万万不能不速立宪者此也。”

从这段对话看，张之洞显然对立宪早已经深思熟虑，胸有成竹，因而在慈禧面前放胆直言，旗帜鲜明地表明了他对宪政的渴望与支持态度。

其实，早在“面询”张之洞之前，对于“立宪”一事，慈禧就已经开始“试水”，

1905 年（光绪三十一年）7 月 16 日，当时从西安回京不久的西太后慈禧终于下了很大决心，同意出洋考察政治，在以光绪帝名义颁行的诏令中如是说道："决定派员分赴东西洋各国，考求一切政治，以期择善而从，嗣后再行选派，分班前往。"虽然还有些含糊其辞，不敢直接大胆地说是出洋考察"宪政"，但毕竟已经扭扭捏捏，对宪政有了那么一点暧昧的意思，表明在尝试走宪政的道路上清廷已经准备开始起步。

凭良心说，这实在是难能可贵的。

经过一番紧张而又认真的筹备，这年的夏天，清政府终于选定了五位出洋考察宪政的大臣。为了郑重其事，清政府还决定举办一个隆重而热烈的欢送五大臣出洋考察宪政仪式。具体时间定在了光绪三十一年的八月二十六日（1905 年 9 月 24 日），具体地点则定在了北京的正阳门火车站广场。

在今天看来，假如在那天没有发生那起突如其来震惊中外的恐怖事件，那么，1905 年的 9 月 24 日这一天对于大多数中国人来说，无疑是一个非常喜庆的日子。因为在这一天，清廷在北京的正阳门火车站广场举行了一个盛大的欢送仪式，热烈欢送五大臣奉旨出洋考察宪政。而这，对于一向顽固守旧的中国来说，实为空前之举，是"立宪路上"一次极为艰难的"破冰之旅"，也是清廷启动立宪的前奏。

对于当时的盛况，《申报》做了极为真实而又生动的描述："外部、商部以及各部司员，京中各报馆人员均先时到站，高等实业学堂学生及军乐队学生，并测绘学堂学生、崇实学堂学生、识一小学堂学生均着操衣，列队送行。内城工巡局巡捕、消防队先时到站旁列队弹压，唯外城之巡捕并未到站。是日特加花车一辆，头等车三辆，二等车、三等车各二辆。头等车高插国旗，颇为荣耀，少顷各国驻京公使亦来恭送……"

可是，令人始料未及的是，就在这次隆重热烈的欢送仪式已经接近尾声，五位出洋大臣喜气洋洋已经次第登上火车行将告别的时候，却突然发生了一起震惊中外的暗杀恐怖事件，给这次的"宪政破冰之旅"忽然蒙上了一层阴影。

对于这天的暗杀恐怖事件，《申报》是这样报道的："至十一点钟开车之铃摇毕，五大臣依次登花车，将挂行李车，砰然一声震动天地，送行者以及各学堂学生巡捕消防队等纷纷奔逃，少顷人喊儿啼，登时大乱。"

就这样，随着这"砰然一声"巨响，不仅喜事被立即"炸"成了丧事，而且也预示着，中国的立宪之路从一开始就步履维艰，充满了玄机与凶险。

唱反调的“革命”

　　说来，在晚清最后的十年内，在中国的政治大舞台上真的可以说是“好戏连台”，各种政治势力纷纷登场，而且不是“你方唱罢我登场”，而是同时登台，相互对决，互不相让，互相拆台，由此乱哄哄地上演了一出出情节曲折、高潮迭起的“政治大戏”。

　　所以，从某种意义上说，晚清最后的十年，在中华民族的历史上，绝对是一个局势最为混乱也最为引人注目的特殊的历史时期。在当时，几乎从上到下，整个中国的精英阶层都在“全国总动员”，自觉不自觉地都参与其中，纷纷卷入到了“中国向何处去”的政治大论争、大运动的洪流之中。

　　中国向何处去？在当时的大清帝国，主要有两种截然不同的政治意见与政治派别。一种意见认为中国必须“立宪”，而主张立宪的派别不妨称之为“立宪派”。而另一种意见则认为中国必须“革命”，主张只有用暴力革命推翻清王朝，才能共和立宪。所以，这一政治派别则被认为是“革命派”。

　　不妨打一个比方，如果说，当时的立宪派乃是要对清王朝这家“百年老店”进行一番必要的装修改造与加固以便使其“老树发新芽”重新焕发生机的话，那么，革命派则决意要将这家早已腐朽不堪的百年老店彻底推倒，完全拆除，然后在其废墟上再另起炉灶，重新盖一家“革命大厦”。

　　在当时，“立宪派”主要是一些掌握实际政权的清廷贵族以及汉族官僚，也即士大夫阶层，当然还有像康有为、梁启超这样的著名学者，社会名流；而“革命派”则几乎清一色的都是一些无官无权的在野知识分子以及一些爱国的青年学生。他们中有许多人，像孙中山、黄兴、章炳麟、徐锡麟以及秋瑾等，都曾有过留学国外的经历，到后来也几乎都成了中国近代史上赫赫有名的人物。

　　当年这两派之间的斗争非常激烈，双方首先是在舆论方面展开激烈的论战。1902年，康有为发表了一封公开信《答南北美洲诸华商论中国只可行立宪不可行革命书》，在信中大肆攻击和诋毁孙中山领导的革命运动。关于革命与立宪问题，康有为坚持认为中国只可立宪，不能革命。因为中国民智未开，“公理未明，旧俗俱在"，不具备革命资格。同时，"革命之惨，流血成河，死人如麻，而其事卒不可就"。
而且，即或革命成功，也会造成内乱，引起外人干涉。

在康有为看来，"革命"无异于洪水猛兽，可怕可骇。至于立宪，则可以避免流血，
致国家于富强，"欧美之政术器艺可数年而尽举之。"因为"皇上圣明"，且"幽居
而不失位，西幸而不被弑，是有天命存焉！"所以，只等慈禧一死，光绪复辟，亲政掌权，
一切都可解决。

对于康有为的观点与主张，"革命派"当然旗帜鲜明，坚决反对。为了揭穿康有
为的阴谋伎俩，驳斥"立宪派"的谬论。章太炎针锋相对地写了一篇《驳康有为论革
命书》的文章予以反击，对康有为的种种"谬论"进行了深入的批驳。

针对康有为"皇上圣明"的谬论，章太炎厉声呵斥道："载湉小丑，未辨菽麦"，
是清朝之"亡君"，人民之"公仇"。试问，如果光绪真的"圣仁英武"，为什么"刚
毅能挟后力以尼新法，荣禄能造谣诼以耸人心，各督抚累经严旨皆观望而不办，甚至
章京受戮，己亦幽废于瀛台也？"历史上真正有才能的皇帝如秦始皇，能取太后、嫪毐、
吕不韦而踣覆之，"今载湉何以不能也？"章太炎指出，现在皇帝已是虚名，连自身
都难保，康氏还谈什么立宪？至于所谓"天命"，那就更像西汉末年王莽渐台被围还
在那里胡诌什么"天生德子予，汉兵其如予何"一样，无非是自欺欺人罢了。

但"革命派"显然没看到也绝对不愿看到这样一个"事实"，他们的目的无疑只
有一个，那就是彻底革掉大清王朝的"命"，由他们自己登台执中国之牛耳，从而达
到改朝换代的目的。

也正因此，清政府越是准备立宪，"革命党"就越是害怕，越是反对。其中原因，
诚如暗杀五大臣事件发生后，一些督抚、将军致电清政府所说的那样："此事必是革
命党中人所为，盖恐政府力行新政，实行变法立宪，则彼革命伎俩渐渐暗消，所以行
此狂悖之举，以为阻止之计。"

的确，革命党之所以要用暴力手段阻止清政府的"变法立宪"，其目的从章太炎
所说的一段话中就完全可以看出端倪："但愿满人多桀纣，不愿见尧舜。满洲果有圣人，
革命难矣。"

是啊，如果清政府实行君主立宪，由此巩固了自己的封建统治，维护了封建秩序，
赢得了人民的拥护，那么，到那时也就没有"革命党"什么事了。如此一来，"革命"

既没有了冠冕堂皇的理由，而且也很难再赢得大多数民众的支持和拥护。所有这些，对于一心想要夺取政权的革命党来说当然都是十分不利的。

明白了这一点，自然也就理解为什么当清政府还才准备进行立宪尝试的时候，革命党就那么迫不及待地要采取暗杀行动，而且暗杀的对象还多为清廷的开明大臣了。

所以，在当时，最害怕同时也最反对清政府变法立宪的无疑就是这些一心想推翻清朝统治的革命党人。为了阻止清政府"力行新政，实行变法立宪，"革命党人不惜采取极端措施，开展了一系列暗杀行动。

最先实施暗杀行动的便是吴樾，也就是用炸弹暗杀出洋五大臣的那位"刺客"。

吴樾是安徽桐城人，保定学堂肄业，是当时的革命团体之一的同盟会的成员。他家是桐城大族。他的父亲弃官经商，结交的都是当地有名望的士绅。吴樾早年曾应科举，庚子之后，因爱国而主张改革，由赞成立宪转而拥护革命，故而加入到同盟会中，并首倡暗杀且以身作则，率先垂范，成了革命党中"暗杀第一人"。

之所以要首倡并实施暗杀？对这一问题，在吴樾实施"自杀性爆炸"暗杀出洋五大臣未遂而自己却被炸死后，同盟会机关报《民报》曾刊登了一组题名为《吴樾遗书》的稿件，其中有一篇名为《暗杀时代》的文章，吴樾自己就作了很好的回答。他认为："排满之道有二：一曰暗杀，一曰革命。暗杀为因，革命为果。暗杀虽个人而可为，革命非群力即不效。今日之时代，非革命之时代，实暗杀之时代也。"吴樾原本想先暗杀以"知兵"自称时任兵部侍郎的清廷开明大臣铁良。他认为铁良是将来亡汉族的巨魁，所以想先拿铁良开刀。但恰逢清廷选派五大臣出洋考察政治，吴樾认为若清廷立宪骗局施行，必将阻碍革命，于是便又决定先对出洋五大臣采取刺杀行动。

应该说，1905年9月24日上午，在北京正阳门火车站，吴樾的暗杀行动事先谋划得真的非常好。尽管当时车站内外，车水马龙，岗哨密布，但他还是乔装成平头百姓，从容步入站台，登上五大臣专车，准备炸死五大臣。可是，眼看刺杀就要成功，没想到关键时刻却在细节方面出了问题，结果炸弹没炸死五大臣反倒把吴樾自己给炸死了。

不过，吴樾的暗杀行动虽没成功，但是它所产生的政治影响却是巨大的。据说，当事件发生后，中外震惊，而事发次日慈禧听说了这一暗杀事件后，也"慨然于办事之难，凄然泪下"。

于是，原本已经成行的五大臣出洋考察宪政一事就这样被搁浅了下来。

说来，榜样的力量真的是无穷的。由于吴樾开了暗杀之先河，受其影响和激励，很快，许多革命党人便也纷纷奋勇加入到了暗杀的行列。如此一来，由吴樾所鼓吹的"暗杀时代"竟然真的降临到了中国。在吴樾之后，徐锡麟击毙安徽巡抚恩铭，汪精卫谋刺摄政王载沣，林冠慈刺杀广东水师提督李准，彭家珍炸死禁卫军训练大臣良弼……短短几年时间，据不完全统计，"暗杀事件和暗杀预谋此起彼伏，次数频繁，大概不下五十来起"。

在这些暗杀事件中，影响最大的无疑应该说是徐锡麟刺杀安徽巡抚恩铭。

徐锡麟出生在浙江山阴（今绍兴）一个富绅家庭，从小生活优裕且受过良好的教育。但从小就很不安分的他有感于列强欺侮中国太甚因而一直思想激进，常宣传革命思想，仇视清廷，并首批加入光复会，后成为光复会的主要领导人之一。由于革命不易，为了达到反满目的，徐锡麟等人逐渐产生了"以术倾清廷"的思想。为此，1905年，他托其表叔、湖南巡抚俞廉三推荐，在安徽巡抚恩铭手下谋得筹办安庆陆军小学之事。由于其精明干练，很快就得到了恩铭的重用，成为恩铭的亲信。仅仅过了两年，恩铭便提拔他担任安徽巡警尹（相当于警察总局副局长）兼巡警学堂会办（相当于警察学校校长）的职位。

尽管恩铭待徐锡林可谓恩重如山，但徐锡麟并未因此感恩戴德，而是在内心中时刻不忘革命之志。1907年入夏，作为光复军领袖，徐锡麟和在浙江的秋瑾等人秘密制订了周密的起义计划，计划同时策动浙皖起义。

1907年7月6日，巡警学堂举行毕业典礼。徐锡麟邀请巡抚恩铭出席。在主席台上，徐锡麟突然先向恩铭抛出两颗手雷，因慌张而致导火索未拉，手雷未能爆炸。于是，徐立即从皮靴里掏出两只毛瑟手枪，向恩铭连击七枪，恩铭应声而倒。随后，徐锡麟向学生宣布起义开始。起义军先攻占军械所，与清军奋战四个小时，终因寡不敌众，徐锡麟当日被捕。整个起义从发动到失败，虽只历时七个小时，但却极大地震惊了当时的清王朝。

徐锡麟被捕后，清政府开堂会审。审判官问："巡抚是你的恩师，你怎么忘恩负义，没有心肝？"

徐锡麟回答道："他待我很仁厚，可这是'私惠'。我杀他，这是天下的'公愤'。"

审判官大喝一声："你知罪吗！明天就要剖你的心肝了。"

　　谁知，此言一出，徐锡麟反而大笑起来，朗声说道："恩铭死了，我愿足矣！明天就是千刀万剐，也在所不惜！何况这一副心肝呢！"

　　1907年7月6日夜，徐锡麟被押赴到安庆抚院东辕门外刑场（今人民路安庆大药房处）处以极刑。

　　徐锡麟死后，《申报》及时登载了他在狱中的供词："我本革命党大首领，捐道员到安庆，专为排满而来。做官本是假的，使人人可无防备。满人虐我汉族，将近三百载矣。观其表面立宪，不过牢笼天下人心，实主中央集权，可以膨胀专制力量。满人妄想立宪便不能革命，殊不知中国人之程度不够立宪，以我理想，立宪是万万做不到的，革命是人人做得到的。若以中央集权为立宪，越立宪，我汉人越死得快。我只拿定宗旨，一旦乘时而起，杀尽满人，自然汉人强盛，再图立宪未迟。我蓄志排满有十余年，今日始达目的。本拟杀恩铭，再杀铁良、端方、良弼，为汉人复仇。乃竟于杀恩铭后，即被拿获，实难满意。我今日之意，仅欲杀恩铭与毓钟山耳。恩铭想已击死，可惜便宜毓钟山……尔等言抚台是好官，待我甚厚，但我既以排满为宗旨，即不能问其人之好坏。至于抚台厚我，系属个人私恩；我杀抚台，乃是排满公理……"

　　用不着多解释，徐锡麟的"供词"已经把他的起义与暗杀的动机说得够清楚了。

　　显然，在吴樾和徐锡麟等革命党人看来，"革命"与"立宪"是水火不容之事。唯有以暗杀掀起腥风血雨，激发不同族群的仇恨，这样"仇杀相寻"，才能够开启一个"革命时代"。

　　也正因此，面对当时清廷的立宪计划与行动，革命党人大唱反调，竭力阻挠，甚至不惜以暗杀乃至"自杀性爆炸"相抗争。

　　然而，说来颇为吊诡的是，革命党对立宪越是大唱反调，竭力阻挠，清廷统治者则越是似乎坚定了立宪的意志和决心，越是加快了预备立宪的步伐。这实在是那些革命党人在实施暗杀前所始料未及的。

立宪岂可唱假戏

　　在今天看来，晚清十年，清廷所掀起的那场立宪运动确乎有着许多"唱假戏"的成分。尽管表面上显得认真而热烈，但在实际上，却是典型的形式主义，在很大程度上乃是"轰轰烈烈搞形式，实实在在走过场"，作秀的痕迹实在是太过明显。

不过，在当时，是很少有人火眼金睛，能够一眼就可看穿清廷那种虚张声势、故作姿态的真面目的。

从史书上看，吴樾的炸弹虽然延缓了五大臣出洋考察宪政的步伐，但却并未能吓阻清政府预备立宪的尝试。案发后，社会各界纷纷要求清政府坚持原定计划，继续让五大臣及早动身出洋考察宪政。出洋五大臣之一，湖南巡抚端方更是多次进宫面见慈禧，要求将出洋考察进行到底，千万不要被一颗小小炸弹吓得惊慌失措，无所作为。

恰好在这个时候，近邻俄罗斯又传来沙皇宣布立宪的消息，这对慈禧以及一帮清廷统治者触动很大。于是乎，在端方以及袁世凯、张之洞等一帮督抚的奏请与劝谏下，两宫太后明降谕旨，宣布立宪。1905年11月18日，在慈禧的授意下，光绪谕令政务处先起草宪法大纲。11月25日，端方与袁世凯等人联名奏请5年后实行立宪。当天，清朝廷又宣布设立领导和研究宪政改革的机构——考察政治馆。

很快，在吴樾自杀性爆炸事件过了仅仅只有两个多月，1905年12月7日，一度搁浅了的五大臣出洋考察一事又重新启航了。

为安全计，这次的出洋考察没有举办任何的欢送仪式，而是悄然出行，而且，为保险起见还特意分成了两路，一路稍早出发，主要去考察美、德、俄、意、奥等国，另一路则稍后出发，主要考察日、英、法、比等国。

平心而论，对于这次的选派五大臣出洋考察，清朝廷还是非常认真，也委实是煞费了一番苦心的。

1906年秋，五大臣在出国考察七个多月后纷纷从海外归来。这些大臣无不郑重其事，一一向朝廷提交自己的出国考察报告。从这些考察报告来看，五大臣出国显然真的是为了考察，而绝非是假借考察之名花公款出国旅游。故而五大臣所取回来的可谓都是"真经"，很少有敷衍塞责弄虚作假的成分。当然，倘若要对这些出国考察报告开展一次评选的话，其中，戴鸿慈的《出使九国日记》和端方等人撰写的《欧美政治要义》理所当然应该并立荣获一等奖。

在这次的出洋考察中，时任户部侍郎的戴鸿慈显然对英国和美国的议会制度印象尤深，在《出使九国日记》中，他记录了当天在考察英国议院后自己的印象，认为英国的两党制的好处在于："议员分为政府党与非政府党两派。政府党与政府同意，非政府党则每事指驳，务使摺中至当，而彼此不得争执。诚所谓争公理、不争意气者，亦法之可贵者也。"在他看来，这与中国的历代封建王朝大臣们虽党争不断但却"争义气、不争公理"截然相反。

而与他同行的另一位出洋考察大臣载泽则对英国政治所谓的"三权分立"相互制衡，做了这样的总括与概述："立法操之议会，行政责之大臣，宪典掌之司法，君主裁成於上，以总核之。其兴革诸政，大都由上下两议院议妥，而后经枢密院呈於君主签押施行。故一事之兴，必经众人之讨论，无虑耳目之不周，一事之行，必由君主之决成，无虑事权之不一。"因此君主在英国，得以享受"优游之乐"。

在美国，戴鸿慈看到议员为公事争论不休，各不相让，但走出了议院，大家依旧握手言欢。这种政治文明令他心驰神往，赞叹不已。因而，他在日记中情不自禁地大为感慨道："然文明国人，恒以正事抗论，裂眥抵掌，相持未下，及议毕出门，则执手欢然，无纤芥之嫌。盖由其於公私之界限甚明，故不此患也。"

而后，端方与戴鸿慈等人联名在其出洋考察报告《欧美政治要义》中分别对立宪做了详细阐述。虽然，从报告中可以发现，大臣们所理解、所希望的宪政，仍然是偏向于君主的，但是，在突出强调君主立宪政体"有利于君"的同时，报告同时也认为"有利于民"，只是"不利于官"，是到目前为止人类社会所发现的"最不坏的制度"。为了鼓动君主立宪，他们不仅从政体上以立宪有利于皇位永固、有利于外患渐轻、有利于消弭内乱这样"三个有利于"上奏朝廷，而且还具体分析东西洋各主要国家实行立宪政体后的"种种好处"。仅此可见，这些出洋考察的大臣为了劝说君主接受立宪的观点是怎样地煞费苦心！

考察宪政当然是为了实行宪政。在所上的《请定国是以安大计折》中，端方、戴鸿慈等出洋考察大臣们一致呼吁："除采用立宪政体外，盖无它术矣。"

这，在 20 世纪之初，绝对称得上是真正的"中国好声音"！

显然，正是受这样一种大气候的影响，一贯思想保守的慈禧到这种时候也不得不做出姿态，连续七次召见出洋大臣，并召开御前会议讨论，最后宣布要实行政治体制改革性质的"预备立宪"。

1906 年 9 月 1 日，清廷颁布了仿行立宪的上谕："我国政令，日久相仍，日处阽危，忧患迫切，非广求智识，更订法制，上无以承祖宗缔造之心，下无以慰臣庶治平之望。诸国所以富强者，实由于实行宪法，取决公论，君民一体，呼吸相通，博采众长，明定权限。时处今日，唯有及时详晰甄核，仿行宪政，大权统于朝廷，庶政公诸舆论，以立国家万年有道之基。"但是，这也许一直都是"中国特色"，在强调了立宪的重要性与必要性之后，谕旨却又话锋一转，指出："但目前规制未备，民智未开，若操切从事，徒饰空文，何以对国民而昭大信？"

所以，借口"民智未开"，条件还不具备，清廷决定目前只能为立宪做准备。至于何时立宪？则"视进步之迟速"再定。这就无异于开了一张一时无法兑现立宪的"空头支票"。

说来，由于几千年的封建统治使然，只要统治者稍微放低身段，为民做一点好事，老百姓就会感恩戴德，感激涕零，山呼万岁。在立宪一事上，当时尽管清廷给百姓只是开具了这样一张并无多少实际意义的"空头支票"，但由于清政府毕竟将预备立宪确立为国家的基本国策，总算让人们在长期的黑暗中看到了一丝丝希望，所以，1906年9月6日，当清廷颁布了为立宪做准备的改革官制上谕后，一时间，大清百姓还是举国欢庆，万众欢腾。

有史料记载，谕旨颁布后，一时间，广大学生、市民、绅商纷纷集会、游行以及呼喊口号和演讲。他们"奔走相庆，破涕为笑"，莫不"额手相庆曰：中国立宪矣，转弱为强，萌芽于此"。与此同时，全国的许多地方纷纷召开庆祝会，四处张灯结彩，敲锣打鼓，热烈庆贺。其中，首都北京最先行动，9月5日，商务印书馆、公慎书局、江西学堂以及一些报馆，阅报社，就开始高悬国旗庆贺。11月25日这一天（农历十月初十）是慈禧寿诞，北京各学堂万余人还齐集京师大学堂，举行了庆贺典礼。另外，在天津、江苏、南京、无锡、常州、扬州、镇江、松江等地，民众也都举行了立宪庆贺会。

当其时也，全国的一些报纸更是大唱赞歌。如这年9月4日的《南方报》就这样大加称赞道："以五千年相沿相袭之政体，不待人民之请求，一跃而有立宪之希望，虽曰'预备'，亦极环球各国未有之美矣。"而9月18日的《时报》上更是不吝溢美之词，即使是在今天读来也很令人肉麻："何幸一道光明从海而生，立宪上谕从天而降，试问凡我同舟，何等庆幸！"

要说古往今来，中国人做事往往都比较保守，喜欢中庸，但说话以及写诗作文却往往喜欢夸张，如当时就有个半瓶子醋的所谓"诗人"写了一首近乎"打油诗"似的《欢迎立宪歌》，表达了自己对清朝廷立宪的拥护尊崇和对暴力革命的坚决反对："大清立宪，大皇帝万岁万万岁！光绪三十二年秋，欢声动地球。""和平改革都无苦，立宪在君主。""纷纷革命颈流血，无非蛮动力。一人坐定大风潮，立宪及今朝。"

这样的"诗"即使是在今天让人看了也依然会大倒胃口。

据这年10月2日《申报》报道说，当这些全国各地"欢声动地"庆祝的消息传进深宫，慈禧太后和光绪帝"颇深嘉悦"。11月25日是慈禧太后的生日，往年人民都很冷淡，这一年却大不相同，各学堂学生上万人齐集京师大学堂，自发举办庆贺立宪典礼。《京华实报》的报道说："从此要实行立宪，这次圣寿就是实行立宪的纪念。这等的好日子，拍着巴掌，跳着脚儿，要喜喜欢欢地庆贺大典。"

仅此可见，中国历史上，老百姓是多么天真与善良。只要封建统治者略施小计，稍稍施以小恩小惠，往往就能把他们给感动得一塌糊涂，"山呼万岁"。

由于清廷颁布预备立宪的谕旨得到了广大人民的拥护与称赞，这对当时革命党的"革命"无异于釜底抽薪，一度非常高涨的"革命热潮"开始渐渐降温。在清廷立宪运动的影响下，革命几近彻底失望，逐渐陷入困境，以致一些曾经非常激进的"革命者"也开始渐渐回归社会主流，逐渐放弃了革命，甚至就连章太炎和刘师培这些老资格的"革命派大佬"也最终放弃了革命，誓言从此后绝不革命，在思想上和情感上接受了"立宪"的主张。

所以，一点也不夸张地说，在当时的大清帝国上下，形成了一个非常强大的"立宪运动"的气场。可以肯定的是，如果当时的清廷统治者真的能够高瞻远瞩，审时度势，因势利导，从善如流，在思想上与行动中真正能够实施君主立宪的话，那么，晚清最后的十年一定会是另一番光景、另一番气象。

然而，令人着实感到遗憾的是，由于种种原因，晚清统治者却没有能够最终把握住这一天赐良机，失去了一次极为难得极其宝贵的自我救赎的机会。

也确实，在今天看来，晚清统治者在立宪一事上所表现出来的患得患失、犹豫不决以及一些"看似精明实糊涂"的耍小聪明的错误决策，最终将自己推入到了万劫不复的深渊。

是的，当清朝廷颁布谕旨提出要实行预备立宪的基本国策时，当时是大得民心大快人心的。当时，无论是国内还是国外，人们都在翘首以盼，以为多难兴邦，受尽屈辱的清廷这回真的要动真格的，自会心甘情愿地实行君主立宪了。

可是，当初有谁能够想到，对于这次的宪政改革，清朝廷依然不是发自内心，在预备立宪一事上仍然是虚与委蛇，虚情假意，虚晃一枪，不出实招。

平心而论，对于立宪，清廷一开始是非常认真的，而且也是非常天真的，因而对实行宪政一度寄予很大希望。可是，当五大臣从国外考察宪政回来，终于知道所谓的宪政是怎么回事，即意识到实行宪政不仅可以使国家富强，不受外人欺负，但也会使君权旁落，受制于民，这对一直君权专制、清廷贵族坐拥天下作威作福无疑是一个挑战。既然看清了宪政的本质，清廷统治者对于立宪就不再那么积极那么热心那么主动了。

是啊，对于清廷来说，立宪在实质上其实就是要削弱、限制乃至剥夺掉它原有的不受约束的权力，乃是"将权力关进制度的笼子里"。那么，既然这样，清廷有谁还会愿意自己去削弱乃至革掉自己的权力呢？

可是，面对"天下汹汹"的立宪呼声，色厉内荏的清廷统治者又不敢公然说"不"，强行阻挠，于是，便采取一种避实就虚虚与委蛇的态度，对于立宪老是若即若离，口是心非，只是存了心一味在形式方面大做文章。

1906年，清政府设立考察政治馆，次年改建为宪政编查馆，作为预备立宪的办事机构。在设立"考察政治馆"时，清廷规定其职责为"择各国政法之与中国治体相宜者，斟酌损益，编辑成书，随时呈进，侯旨裁定"。所以，考察政治馆也好，宪政编查馆也罢，其实也就是一个学术性的研究型机构，也就相当于一个"立宪政策研究室"，根本不具备行政改革职能，更没有推行实施改革的权力。

1907年9月和10月，按照"预备立宪"计划，清廷设立了咨议局和筹建资政院。咨议局作为各省的议事机构，其权限是讨论本省应兴应革事宜，讨论本省的预决算、税收、公债以及单行章程规则的增删和修改，选举资政院议员，申复资政院或督抚的咨询等。表面上看，这颇有些西方国家君主立宪的味道。但是，仔细一看，却发现原来它的权力受到本省督抚的严格限制，同时也是极少数有产阶级上层男子的代表活动场所，其实并不具备资本主义制度下地方议会的性质。再看"资政院"，资政院于1907年开始筹建，它的宗旨是"取决公论，预立上下议院基础"。从"官样文章"上看，它和西方宪政国家的资政院并无二致，但仔细一打量，却又发现它原来也不是资本主义制度下的国家议会。从它的人员组成、议事内容和程序可以看出，它是完全受制于皇帝，毫无实际权力的一个御用机构。

仅此可见，当年清朝廷在君主立宪方面的所作所为是怎样的画虎类犬，不伦不类，就像一句西方谚语所说的那样："播下的是龙种，收获的是跳蚤"，确乎什么东西到了中国都会变质变味。

1908 年秋，慑于革命运动和为了拉拢立宪派，清廷颁布了《钦定宪法大纲》，宣布立宪以九年为期，并同时作为今后的制宪纲领。

不难看出，《钦定宪法大纲》几乎完全抄袭了皇权至高无上的日本"明治宪法"，但同时又进行了篡改。如日本宪法规定，在议会闭会期间，君主所发布的紧急敕令可代替法律，但下次会期在议会提出时若得不到议会的承诺，则政府应公布敕令失效。而清政府的《钦定宪法大纲》则改为"惟至次年会期须交议院协议"。日本议会对君权本就不强的事后否决权在此变成了更弱的"协议"权。又如，"明治宪法"规定："天皇宣告戒严。戒严要件及效力，由法律规定之。"《钦定宪法大纲》则明确改为皇上有"宣布戒严之权，当紧急时，得以诏令限制臣民之自由。"

对于"臣民权利义务"，"明治宪法"共列有 15 条，而清廷的《钦定宪法大纲》却根本未将其作为正式宪法条文。在其所列的 23 条中，其中维护君上大权的就有 14 条，其余 9 条则规定广大人民有当兵、纳税、服从清政府统治等义务，却没有任何实际意义的权利。至于"明治宪法"中规定的"臣民"有"居住及迁徙之自由""书信秘密不受侵犯""信教之自由""遵守相当之礼貌并遵照所定规程，得实行请愿"等条款《钦定宪法大纲》则一律删除。

明治维新比"晚清立宪运动"早了将近 30 年，按理说，历史在前进，时代在进步，后来的晚清立宪怎么说都应该"后来居上"，更具"后发优势"，比"明治维新"更进步，更先进，在"民主"方面走得更远。然而，令人悲哀的是，在晚清政府所颁布的《钦定宪法大纲》中，"君权"却比"明治宪法"扩大、"民权"反而比其大为缩水。这，怎么说都是一种历史的倒退，也无疑是大清的悲哀！

可想而知，由于晚清统治者在立宪方面自以为是、自作聪明的"倒行逆施"，再加上清政府的立宪实际步骤一拖再拖，结果，甭说广大民众和那些"逢清必反"的革命派了，即便是那些以温和的士绅为主的立宪派到后来也都渐渐满怀失望，心存不满，觉得自己上当受骗，因而纷纷指责清廷统治者为"假立宪""伪立宪"，并在内心中自觉不自觉地开始同情起了革命，且多半渐渐转向了革命。

事情发展到这种地步，可以说，因为在立宪问题上的言而无信，弄巧成拙，清政府的"政治威信"与"民意基础"已经完全失去了。而从世界历史上看，当一个政权的统治基础都对其动机大表怀疑、毫不信任，对其所作所为大表反对之时，这个政权就面临着严重的"合法性危机"，其实已经离死不远了。

事实也真的就是这样，由于严重的"立宪危机"恰为激进的革命准备了条件，此时，清政府已经面临着非常严重的"合法性危机"。

山雨欲来，黑云压城，一场暴力革命，已经在所难免。

而恰在这种时候，清政府又偏偏祸不单行。就在1908年8月清廷颁布《钦定宪法大纲》不久，慈禧太后与光绪皇帝又突然在前后两天内相继撒手人寰。这使大清帝国本就头重脚轻的政治权力一下子失去了重心，变得更加踉踉跄跄起来。

权力存在的基础开始动摇，帝国的大厦又在开始摇晃，然而，临危受命，接手帝国管理大权的光绪的弟弟摄政王监国载沣和他的嫂子即光绪帝的遗孀隆裕皇太后由于缺乏必要的政治经验和政治威望，却又不能当机立断，大胆改革，而是捉襟见肘，继续因循守旧，"萧规曹随"，在立宪问题上依然执迷不悟荒腔走板地唱着假戏，搪塞糊弄天下民众，这就在客观上加剧了中央与地方之间、满汉之间、阶级之间的矛盾，"政治裂痕"越来越多，越来越大，由此引起了社会的极大混乱，从而最终加速了大清帝国的覆灭。

晚清政府在立宪问题上的惨痛教训充分说明，民意不可欺，民意不可违，国家统治者在政治民意方面的任何置若罔闻乃至自欺欺人，其实都是一种非常危险的玩火自焚行为。

炖不烂的"老牛筋"

古往今来，许多统治者都冥顽不化，顽固保守，在政治方面总喜欢抱残守缺，视改革如"雷池"，不敢稍逾一步。而清廷的历代统治者（当然除了光绪）就更是这样，一个个都可谓炖不烂的"老牛筋"。

而之所以会是这样，当然是有着许多方面的原因的，择其要者来说，主要是因为，无论是政治改革也好，抑或还是经济改革也好，其实说到底都是"权力的改革""利益的改革"。而无论"权力的改革"还是"利益的改革"，其本质都是特定阶层特定人物利益格局的重大调整或增减。而在历史上，无论哪个朝代，只要改革一旦涉及人，就会变得异常复杂，非常难办。所以，从某种意义上说，改革都会是血淋淋的。

平心而论，这也正是历史上许多统治者害怕改革非到万不得已一般都不愿下决心去趟改革这一"浑水"的最主要原因。而且，即便是到了非改革不可的地步，一般也只是小打小闹，做些修修补补涂涂抹抹的"微调"，而很少有人愿意且敢于大刀阔斧，实施伤筋动骨刀刀见血的重大改革。至于那些历史上的改革者，也无不在巨大的阻力面前碰得头破血流，无异于以卵击石，最后也无不纷纷败下阵来，以悲剧谢幕……

这就是改革或者说是"改革者"的历史。如果了解了这样的改革历史，试问，有多少人还会在改革面前大义凛然，勇往直前，以致奋不顾身呢？

所以，历史上常常会遇到这样的"两难境地"，即每当一个国家一个政权陷入到了一种政治上的危境，患上了一种政治的绝症，这种时候，不改革等死，而改革则往往又是找死。既然这样，何去何从，让统治者实在是很难做出选择。

晚清的最后十年，大清帝国很显然就处于这样的"两难境地"，在政治上遇到了这样的"两难选择"。

也正是在这样的一种极其复杂的历史大背景下，清末最后的政治改革从一开始就显得跌跌撞撞，多灾多难。最初的"戊戌变法"不用说了，短短一百多天的"百日维新"，到最后，不仅谭嗣同等"戊戌六君子"血溅京城，惨遭杀害，康有为、梁启超逃亡日本，连光绪帝本人也遭到软禁，以悲剧谢幕。

由光绪帝亲自主导的改革失败了，不久，为形势所迫，大清国实际权力的操控者西太后慈禧也不得不亲自操刀，披甲上阵，被强大的舆论裹挟着"预备立宪"。诚所谓"事非亲历不知难"，到这种时候，慈禧才"慨然于办事之难"，感觉到在中国推行改革实在是太难了！

诚如我们所知道的，1906 年 8 月 25 日，慈禧命将考察政治大臣的条陈交军机大臣、会议政务处大臣和参预政务处大臣阅看。在三天后的座谈讨论中，参加讨论的大臣意见尖锐对立，态度鲜明赞成立宪的是军机大臣奕劻、徐世昌、参预政务大臣袁世凯等人，他们认为立宪符合民意，应从速立宪。大学士孙家鼐、军机大臣荣庆、铁良则明确反对立宪。他们认为立宪不仅容易引起骚乱，而且立宪会使执政者无权，坏人得以栖息其间。而老谋深算的军机大臣瞿鸿禨则提出了一个中立的观点：鉴于中外情势不同，应定为预备立宪，而不是立即实行。这一骑墙居中的观点得到了政务处大臣张百熙的认同，认为中国应通过预备立宪，提高国民认知程度。

在认真听取了各方意见后，慈禧采纳了第三种意见，即实行"预备立宪"，以为如此一来，既可表明立宪的态度，缓和国内要求立宪的压力，又可有所缓冲和准备。正是在这种心境下，9月1日，慈禧发布了预备仿行宪政的上谕，表示要仿行宪政，"以立国家万年有道之基"，同时也定下了立宪的基调："大权统于朝廷，庶政公诸舆论"。而且，仅仅过了五天，即9月6日又颁布了"改革官制"上谕，正式拉开了"预备立宪"的序幕。

为了"改革官制"，顺利推行清廷这次自上而下的"机构改革"，慈禧特地让镇国公、满洲正蓝旗副督统、"出洋考察五大臣"之一的载泽负责编纂官制，制订政治体制改革方案，并命庆亲王、首席军机大臣奕劻和大学士孙家鼐、军机大臣瞿鸿禨总司核定。但是，实际的权力却操纵在袁世凯的手里，也就是说，这次官制改革的实际"执行导演"便是大权在握的袁世凯。

可是，要实行"官制改革"谈何容易？

几乎从一开始，袁世凯就成了众矢之的。

原来，就在袁世凯和众多改革派大臣紧锣密鼓地商讨制定改革方案时，那些明知道自己的利益即将受损的皇亲国戚们，像一些王公、贝勒和将军就暗中联合起来密谋对付袁世凯，其中还有人甚至一度想要暗杀袁世凯。

不仅那些王公、贝勒和将军想要暗害袁世凯，即便是那些太监因为听说"官制改革"后宫中将会裁撤取缔太监，那么多的太监将会流落街头，成为无家可归的失业游民，于是乎便也都对袁世凯恨之入骨，恨不得食其肉、寝其皮而后快。因此，当那天，袁世凯刚刚下朝就被好几名太监前追后堵，最终包围了起来，而且包围他的太监越来越多，竟然有上百人。这些太监有的对他破口大骂，有的则时不时偷袭几拳，发泄心中的怨恨。

　　幸亏那天与袁世凯关系不错的庆亲王奕劻当时正好从此经过，见此情景赶忙过来替他解围，否则，不知道那天袁世凯会吃怎样的大亏，甚至有可能被一群太监围殴而死也说不定。

　　后来，经过一个多月的准备，由袁世凯主导的官制改革方案出台。由于是为"立宪"预备，所以对官制的改革较为全面。除合并了一些不太重要的部门外，还将原来的内阁、军机处、吏部、礼部、都察院全都撤销。新成立的机构则有资政院、行政裁判院、集贤院、大理院、审计院等，而最重要的，是成立新的、大权在握的"责任内阁"以取代军机处。

　　没想到，此改革方案刚一出台，立即引起朝野震荡，舆论哗然，以致没过多久，袁世凯就与醇亲王载沣在大庭广众之下发生了一次严重的冲突。

　　那天，新成立的政务处召开会议，专门讨论设立内阁总理、协理和废除军机处等问题。谁知，会还没开多久，因为话不投机，袁世凯就与醇亲王载沣吵了起来。

　　原来，醇亲王载沣是光绪的亲弟弟，年轻气盛而且十分莽撞，他因为对袁世凯的官职改革方案很不满意，于是便在会上大加指责，大发牢骚。他原以为，以自己的特殊身份，袁世凯一定不敢回嘴，但没想到袁世凯居然敢与自己争辩，于是便怒不可遏，破口大骂。一气之下，最后，他竟掏出了手枪，想要击毙袁世凯。幸亏众大臣见状，连忙一边护住袁世凯，一边夺下他的手枪，这才避免了一场祸事！

　　除了醇亲王载沣，时任军机大臣的铁良对于袁世凯的官制改革方案也坚决予以反对。袁世凯认为，按照君主立宪制的原则，军机处应该撤销，代之以责任内阁。而铁良却不主张这样大动手术，反对撤销军机处而建立责任内阁。他认为，官制改革应该削减地方即各省督抚的权力，集权于中央，主张设立陆军部统辖全国军队，限制官吏兼职。

　　与此同时，御史刘汝骥以及赵炳麟也纷纷上书反对实行君主立宪。刘汝骥认为，实行君主立宪必然会"有君主无责任"，因而反对袁世凯等人设立责任内阁的主张，以为如此必然会使内阁把持朝局，紊乱朝纲，酿成内乱。

　　而御史赵炳麟对袁世凯则完全就是实行人身攻击。他上书皇帝说："立宪精神全在议院，今不筹召集议院，徒将君主大权移诸内阁，这是怎样险恶的用心啊！"他指出，袁之所以在没有成立议院时先成立"责任内阁"，使皇帝居于无权地位，主要考虑是即便慈禧去世，光绪复出，也将无法报戊戌之仇。赵炳麟的批判从"制度"和制度背后的"用心"两点出发，直击要害，因此传播甚广。

据说，光绪就曾当面对袁世凯冷冷说道："你的心事我全知道。"而袁世凯当时站在那里，一声不吭，竟不敢答话。

因为"立宪"捅了当朝权贵也即所谓既得利益者的"马蜂窝"，因而，不仅袁世凯这边麻烦不断，饱受攻击，即便是老佛爷慈禧那里也无法清静。那些天里，一些反对这种"官制改革"设立"责任内阁"的王公亲贵，包括大小太监，几乎天天向"老佛爷"慈禧哭诉告状。一来二去，到最后慈禧居然也被周围这些亲信、喽啰们搞得心烦意乱，寝食不安。在左右为难中，她很是无奈很是痛苦地向人诉说道："手心手背都是肉，我如此为难，真不如跳湖而死！"

一旦触及"人事改革""利益调整"，即便是乾纲独断半个世纪的慈禧也无能为力，徒叹奈何，可以想见其时改革的阻力有多么巨大？

想想，也真的是很令人沮丧，古往今来，我们这个古老的国度一直视改革如畏途。几千年来一直以石头般的坚硬对抗着改革这一"天敌"。也难怪明朝嘉靖三十年（1552年），当西方传教士沙勿略在广东的一个名叫上川岛上心有不甘地死去，临死前，这位在中国处处碰壁的西方传教士遥望着中国这片一直沉睡不醒的土地禁不住泪流满面，无限绝望地喊道："岩石岩石，你何时才能裂开？"

关键时刻，慈禧的天平开始倾向于那些反对袁世凯的大臣那边。当时，慈禧为群言所动，召见袁世凯。见面后，慈禧不动声色地拿出一大叠控告他的奏折要袁世凯自己去看。

袁世凯略略看了几封后便说："臣以为，这些都是关在屋子里想出来的，如此，怎能完成大清改革的大事，请太后严惩一二人以息他们的嚣张气焰！"

慈禧这时忽然沉下脸来，冷冷地说："你不是握有兵权吗？何不由你带兵把这些人都拉出去杀了！"

听了慈禧这番反话，一阵恐惧从头袭到脚，袁世凯再也不敢说话。第二天，他就以彰秋阅操为由悄悄地离开了北京，开始了他下野后的垂钓隐居生活。

袁世凯离开后的第四天，也就是这年的 11 月 6 日，一个经过总核大臣瞿鸿禨、孙家鼐最后修改核定的官制大纲颁布了。慈禧在公布官制改革的懿旨中说："军机处为行政总汇，雍正年间本由内阁分设，取其接近内庭，每日入值承旨，办事较为密速，相承至今，尚无流弊，自毋庸复改。内阁军机处一切规制，著照旧行。"

这个新官制的核心，除了军机处之事不议，还有就是内务府、八旗、翰林院和太监等五个大家争议最多的机构存废问题暂且搁置不议，即所谓的"五不议"。而所改的就只是几个中央行政机构：巡警部改为民政部；户部改为度支部；兵部改为陆军部；刑部改为法部；大理寺改为大理院；工部并入商部；改为农工商部；理藩院改为理藩部；另新设邮传部。而外务部、吏部、学部则不作任何改变。

在立宪问题上，从一开始就存在赞成与反对的两派。双方的博弈犹如拔河，好不容易到了这一步，形势看似正在朝着有利于立宪的方向发展，但因这些反对派的大唱反调，却又一下子出现了如此的倒退。想想，也真的很是让人气馁，让人感慨。

是的，想当初，欧洲、日本均由封建制度很快便变革为宪政制度，一切都比较顺利，可中国的宪政改革为什么就这么难呢？

这次的官制改革原本是清末新政、预备立宪的重要一步，但没想到从一开始就没走上"立宪正道"，由于立宪派被反对派推倒，清廷上下更加乌烟瘴气，根本谈不上为立宪打下任何基础。结果，官制改革一塌糊涂，不进反退，那些希望清廷从根本上来一次大的革故鼎新、变法图强的人们则只有徒叹奈何，大失所望。

所以，在当时，有人对清廷是否真的准备立宪大起疑心，甚至有立宪派怒斥其为"伪改革""徒为表面之变更""袭皮相而竟遗精神"。即便是像徐佛苏这样的坚决反对革命、坚持"保皇"的"立宪"派对它也越来越失望，不无悲哀地感叹道："政界之事反动复反动，竭数月之改革，迄今仍是本来面目。军机之名亦尚不改动，礼部仍存留并立，可叹。政界之难望，今可决断……诚伤心事也。"

连徐佛苏这样坚决反对革命、坚持"保皇"的"立宪"派都对此大摇其头，大失所望，更遑论他人。于此，也可见在立宪改革一事上，清廷统治者也真的冥顽不化，委实是一些炖不烂的"老牛筋"。

不过，计划赶不上变化，就在清朝廷由于种种原因想打退堂鼓，在立宪问题上开始出现明显的倒退的时候，没想到国内一些以士绅为主体的立宪派却纷纷行动起来，一拨又一拨地发起和平请愿，向清廷施压，要求朝廷改变九年立宪日程，立即召开国会或者修正预备立宪时间，同时抵制当时日本以及俄国对我东三省的侵蚀与霸占。

尽管要求"开国会"的呼声越来越响，一浪高过一浪，可清廷就是毫不妥协，不愿让出点滴权力，拒不开国会，拒不立宪，反而采取越来越激烈的手段镇压立宪运动。这种时候，清政府确已不堪救药，对各种建议与警告充耳不闻，一意孤行，仍要大权独揽。如此一来，自然遭到了民众更加强烈更加激愤的抗议。

据《申报》1909 年 12 月 11 日和 12 日报纸报道，1909 年 12 月 8 日，长沙修业学校教员徐特立得知长沙代表将于当日启程赴沪参加会议时，兴奋异常。当日，他在学校谈及时局危机，"乃觅刀自断左手小指，濡血写'请开国会，断指送行'八字"，并托人将此血书转交代表。

十天后，在上海召开的请愿国会代表团谈话会第一次会议上，湖南代表罗杰、刘善渥展示了徐特立的血书。与会代表看后无不热血沸腾，感动万分。

1910 年 2 月间，徐特立的血书被印成红色传单，分送各省流传。直隶立宪派人士还把徐特立断指血书的故事编成现代新戏演出。徐特立由此声名鹊起，成为全国敬仰的志士。江苏丹徒的郭毅效法徐特立，自刺手臂，用血书写了"以购国会，国会乎，政党乎！血乎！"之后，他连同一信，邮寄请愿代表。

1909 年 10 月 7 日上午，由直隶代表孙洪伊领衔的请愿代表团正要出发，突然有学生赵振清、牛广生等 17 人前来为代表团饯行，并向请愿代表递交了一份请愿书。其中写道："第三次请愿势不能再如前之和平，学生等与其亡国后死于异族之手，不如今日以死饯代表诸君之行"。

据《申报》报道，当时，这两个人说完话后，立即从袖中拔出利刃，欲自杀以明心迹。众代表惊骇万分，赶紧阻拦。二人在代表防备疏忽之际，忽然各自割下左腿、右臂各一块肉，在致代表书上涂擦数遍，惨不忍睹，以此表达对请愿代表支持到底的决心与意志。

第二天，同样的故事又在北京再次上演。青年学生张成珍、张云湖等将自己的血书送交代表团，激励请愿代表不达目的誓不罢休。

也许是受这些爱国青年学生的感染，很快，两广总督、云贵总督、江苏巡抚、安徽巡抚等全国 18 省总督、巡抚、将军共 19 人也联名上奏要求清廷立即组成内阁，要求于次年召开国会。

尽管当时对这些地方大员的请求，清廷仍旧不情不愿，但事到如今，仔细掂量一番，清廷当然不敢再无动于衷。是的，清廷可以对民众的请愿置若罔闻，但却不敢对那么多的封疆大吏的上奏坐视不管。于是乎，慈禧死后，代小皇帝宣统主政的摄政王载沣终于主持召开政务处王大臣会议，研究决定顺应民意，尽快召集正式国会，缩短预备立宪时间。

1909 年 11 月 4 日，朝廷郑重宣布将几年前由光绪帝、慈禧皇太后制定的预备立宪计划略加调整，将九年预备期缩短为五年。按照这个调整，正式国会的召集前移至1913 年。

中国有句古话，叫作"亡羊补牢，未为晚矣"，可以想见，如果清廷这次真能痛改前非，真正开始实行宪政的话，那么，或许还能力挽狂澜，转危为安，重开新局。然而，令人"哀其不幸、怒其不争"的是，在接下来的"立宪"实践中，清廷依然故伎重演，仍旧以"立宪"为幌子，不愿放弃哪怕一丁点儿的"专制皇权"！

所以，清廷这样做无异于自掘坟墓，结果不仅使天下民众和革命党人对其彻底失望，而且也使作为其统治基础的士绅阶层愤怒异常，心中对其曾寄予的希望彻底破灭，并因此与它渐行渐远，直至最终弃它而去。

到这时，大清算是彻底没救了。

藏不住的"尾巴"

在中国历史上，历代封建统治者无不表现出极端自私的性格。他们对权力的贪恋，可以说是达到了登峰造极的程度。

很显然，晚清统治者在这方面的表现就更是这样，无论是擅权乱政长达近半个世纪的西太后慈禧还是在她死后辅弼幼主的摄政王载沣，无一不是"权力的吝啬鬼""自私的守权奴"。他（她）们在晚清政治权力运作特别是在宪政运动中所表现出来的鼠目寸光、因小失大乃至颟顸无知，实在是让人无法理解无法形容。

后慈禧时代，大清国的最高权力实际上已完全掌控在摄政王载沣的手里。之所以会是这样一种结果，乃是因为，载沣不仅是光绪帝的亲弟弟，更是慈禧太后的亲外甥，而且他的婚姻也是由慈禧一手包办的。载沣的妻子，即宣统皇帝溥仪的母亲，是荣禄的女儿，是慈禧太后娇宠的养女。显而，有这么多特殊的裙带关系与政治背景，载沣在慈禧之后成为辅佐幼主的摄政王，执掌帝国的最高权力也就是顺理成章再自然不过的事情了。

有道是：长江后浪推前浪，一代新人换旧人。后代人总应该比他们的前辈开明贤能才是。可是，年轻的摄政王载沣接掌帝国的最高军政大权之后，在政治上却并没有能够表现出比慈禧太后有任何的高明能干之处，特别是在实施宪政方面，就更是自以为是，自作聪明，愚不可及、迂腐不堪地下了一步导致大清帝国满盘皆输的"政治臭棋"。

1909 年至 1910 年，帝国内外、朝野上下都强烈呼吁一致要求尽快组织责任内阁，尽快召开正式国会。而且，在全国各地，请愿、抗议的浪潮此起彼伏且一浪高过一浪大有席卷全国之势。迫于形势，摄政王载沣不得不于 1910 年 11 月 4 日宣布接受各方面的呼吁，将立宪预备期由 9 年缩短为 5 年，计划于 1913 年召集国会，成立正式责任政府。

所谓"君无戏言"，既然做出了这样的"政治承诺"，那就要按照这样的"路线图"去认真实施立宪的"有计划政治"。然而，令谁也想不到的是，即使到了这样的地步，以摄政王载沣为首的清廷皇族依旧掩藏不住极端自私的尾巴，在权力方面依旧贪婪无比，寸步不让，要小聪明。

1911 年的 5 月 8 日，清廷根据立宪日程，颁布内阁章程及官制，裁撤旧有内阁、军机处及会议政务处，按照君主立宪原则筹组新的中央权力中枢即新内阁。新内阁设总理大臣一人，内阁协理大臣两人。下设十个部，规定每个部不再像过去那样设立满大臣、汉大臣，而是各部只设一个大臣，不分满汉，族群出身不再成为选拔大臣的标准。

所以，如果只是单纯从这一"立宪文本"本身来看，不仅无懈可击，而且还应该说可圈可点。因为它不仅在客观上消除了满汉族群分歧，实现了民族平等，不动声色地废除了长期以来一直被人诟病的"满汉双轨体制"，而且大幅度降低了政府职数，有助于减轻纳税人的负担，所以，从理论上说，绝对是一个比较好的"内阁章程"。

然而，这一制度听着好听，但却不能真正落实到行动上。摄政王一手执导的这次立宪事件就完全可以说是一次典型的"挂羊头卖狗肉"勾当，完全暴露了清廷皇族那贪权固位极端自私的"尾巴"。

原来，在由摄政王载沣宣布的这份新"责任内阁"成员名单中，基本维持了旧体制的人选，13 个内阁大臣之中，汉族人仅有 4 个，蒙古族人 1 个，满族人占了 8 个，而 8 个满族人中，皇族又占了 5 个。因此，当时人们都不无讽刺地称它为"皇族内阁"。

所以，照此看来，这次的宪政改革，汉大臣的席位不是在中央行政中枢中增加了，而是被大为减少与削弱了。因为在此之前，按照满汉双首长政治架构，十大部院就应该有十个汉大臣，而现在，竟连原来的一半还不到。这就使汉大臣们普遍感到自己被戏弄，被侮辱了！

因而，当摄政王载沣这边刚一宣布这份"皇族内阁"名单，那边，立宪党人立即意识到这样的内阁成员名单实际上意味着原本可以缓冲皇室与立宪派之间矛盾的责任内阁，反而成为君权的延伸，因而非常气愤。于是乎，咨议局联合会很快向都察院提交了一份抗议书，明确指出：皇族内阁名为内阁，实则军机；名为立宪，实则专制，并明白表示皇族内阁与君主立宪政体有不能相容的性质，要求朝廷迅速改正，尽快于皇族之外选派大臣重组责任内阁。

1911 年 5 月 14 日，山东巡抚孙宝琦向朝廷提交了一份奏折，强调皇族成员不宜参与内阁。到了 6 月下旬和 7 月初，直隶、奉天、吉林、黑龙江等近二十省咨议局议长及议员四十多人一再联名或单独向朝廷请愿，重申"君主不担负责任，皇族不组织内阁"为君主立宪唯一原则，请求朝廷尽快取消这个皇族内阁，于皇族外选派大臣另行组建责任内阁。

这无异于全国各地对清廷的一次严肃的"政治通牒"。

然而，对于全国各地以及社会各界的要求，一向嗜权如命的清廷这一次似乎再也不准备让步了，摄政王载沣先是严肃训斥孙宝琦，认为他的建议太过荒唐，紧接着发布上谕，对《钦定宪法大纲》给予重新解释，以为即便实行了君主立宪，黜陟百司的权力仍然应归属于君主，议员不得干预，以为这才是君主立宪的本旨。这就把立宪的本意无安全给弄颠倒了。

很显然，这是清廷的强词夺理，无理狡辩，其屁股下面已掩藏不住的极端自私并根深蒂固的"皇权尾巴"已昭然若揭。

清廷的"上谕"太让天下人特别是立宪派们失望，因为如果按此说法，这样的"君主立宪的本旨"与传统的"君主专制"又有何异？所以，当时的《时报》连续发表文章，揭露清廷"汲汲以中央集权为密计"。

　　既然清廷不愿退让，那么，为了顾全大局，立宪派左思右想，便决定只好由自己一方做出妥协让步。于是，他们提出皇族成员可以违反立宪原则担任内阁大臣，甚至可以占内阁成员的大多数，但却不能充当内阁总理大臣。

　　平心而论，这样的要求应该算是不过分了吧？谁知，对于立宪派的这一"后退一步"的政治诉求，清廷依然严词拒绝，寸步不让。

　　如此一来，立宪派终于彻底失望了，于是便纷纷转向了革命。

　　所以，从某种意义上说，辛亥革命完全是由清廷一手孕育并最终促成的。正是清廷出于极端自私的目的，不愿放弃手中哪怕任何一点点儿权力，因而不合时宜、不计后果地在实际上关闭了晚清立宪改革的最后一扇大门，在客观上等于打开了一扇迅速通往"革命"的明亮的玻璃窗户。

　　说来，当时的清政府真的可谓气数已尽，祸不单行。就在它在政治上新颁布了一个新内阁官制并提出了一个所谓的"皇族内阁"名单，被认为是实行假立宪、真专制，因而民怨沸腾，等于是得罪了天下人，理所当然地遭到"千夫指、万人恨"，政治上实际已经走进了死胡同的时候，几乎是在同时，没想到它在经济上竟然也惹是生非，在所谓的铁路国有化方面捅了一个大娄子，栽了一个大跟头。

　　诚如我们所知道的，如同近代中国许多洋玩意一样，铁路也是从人家西方人那里"引进"的"舶来品"。而且，对于铁路，一向思想保守的中国人在认识上还曾有过几次重大转变。

　　的确，如果说，直到19世纪70年代，相当一部分的中国士绅官僚还把拆毁铁路视为反对列强侵略的一种必要手段的话，那么，到了19世纪和20世纪之交，尤其是"庚子事变"以后，上自朝廷大臣下至士绅平民，已经越来越清楚地认识到铁路对于经济发展与民族振兴的重要性。这就使得"赶造铁路为治内御外之唯一良策"渐渐成为中国社会各阶层的普遍共识。

　　甲午战争之后，清政府鉴于铁路对于国防的重要性，决定由国家筹集资金自办铁路，即所谓的"合股官办"。然而，由于商股与官股不易筹集，清政府办的铁路总公司不得不依靠借贷洋债也即现在所谓的"引进外资"作为主要资金来源。作为回报，清廷把铁路的管理权、用人权、稽核权、购料权拱手让给外国的借款公司。当时，外国公司从中获取的各种回扣、经纪费、余利等十分巨大，由此导致了中国铁路利权的严重流失。

正因为考虑到上述"合股官办"的铁路建造方式存在的种种弊端，以及主权丧失可能导致的后果，清廷在朝野的压力下，后来便越来越倾向于鼓励通过民间集资的方式，由中国人自己独立建造铁路。所以，1904年，随着经济上的民族主义思潮的勃兴，"拒外债、废成约、收路自办"日益成为全国士绅的鲜明口号，而铁路商办运动也逐渐进入高潮。

可是，凡事总是有一利必有一弊。清政府的铁路商办政策自1904年推行以后，很快就出现了人们原先不曾预料的严重问题与弊端。原来，中国长期处于封建社会，民族工业非常薄弱，更缺少像西方资本主义国家那样资金雄厚的财团和企业，甚至连建筑铁路的工程师都很缺乏。显而，在这种严重与外世隔绝、缺乏资金、技术、管理经验的情况下，要通过商办方式独立建造遍及全国各地的数以万里计的铁路实在是困难重重。

也正因此，到了1907年至1908年间，清政府与民间地方士绅之间在建路问题上的立场开始出现分歧。清政府认为，为了解决铁路商办的种种弊端，铁路路权应该收归国有，由国家统一筹划，向西方银行借贷所需资金，并聘请西洋工程技术人员来建造铁路。而在另一方面，相当多的士绅商人则继续主张由民间自办铁路。他们担心，让洋人出资兴建铁路，不但会丧失利权，而且会引狼入室，产生更为严重的后果。

站在今天的角度来看，平心而论，民间地方士绅的担忧虽然并非多余，也有一定的道理，但从总体上来说，清政府的意见显然更为全面，更为合理。所以，宣统二年（1910年）七月，当新上任的邮传部尚书盛宣怀这位强硬主张铁路路权国有政策的官僚在受摄政王召见时，明确表示铁路筑路权必须收为国有的施政观点。史载，摄政王闻奏后"大为动容"，当即命令盛宣怀与外务部与度支部迅即拿出方案，妥善办理。

就这样，在盛宣怀的提议下，清廷很快就正式发布上谕，向全国发布了干路国有的政策。这无异于在当时民怨沸腾的一大堆干柴中浇上了一大桶汽油。所以，这种时候，只要有人有意无意划一根火柴，立即就会在全国燃烧起一场熊熊大火。

不用说，事实也真的就是这样。没想到清政府这边刚发布将铁路筑路权收归国有的上谕，那边，湖南人就最先举行万人大会抗议。紧接着，湖北、广东、四川等地也都纷纷响应。

一时间，各省督抚顺应民意也都致电朝廷，希望遵从民意，从长计议，认为不能只算经济账而不算政治账，否则势必会引起天下大乱。

然而，由于当时摄政王载沣太想树立自己的威信，新上任的邮传部尚书盛宣怀又太自以为是，以为铁路国有化的上谕既然已经发布，诚所谓"开弓没有回头箭"，这种时候朝廷又岂能朝令夕改，出尔反尔？所以，与"皇族内阁"一样，在"铁路国有化"政策方面，清廷依然不愿做出让步。如此一来，终于激起了四川所谓的"保路运动"。

这年的农历五月二十一日，四川商办铁路总公司召开动员大会，讨论决定，川路为光绪皇帝批准川人自办，不能收回国有。四国银行条件太苛，要求政府收回成命，如不同意，川人将死争到底。大会以后，成都正式悬挂出"保路同志会"的招牌。各州县的保路组织也公开活动。一时间，保路运动开始迅速在四川广泛开展起来。

为了避免出现局面更大的失控，四川总督王人文赶忙向朝廷写信，希望朝廷收回成命，顺应民意，妥善处置。可是，一向被人们认为性格软弱平庸无能的摄政王载沣，此时却一反常态，显得颇为刚决。他认为，政府决不能做出让步。他的看法是，铁路国有是于民于国都有利的事，道理实在也很明白，在这种情况下反对铁路国有，只能理解为无理取闹。倘若对于无理者让步，朝廷威信又如何保持？如果其他省也来效法四川，朝廷的统治又如何维持下去？就因此，他发出言辞斥责。

既然朝廷不愿让步，那四川的保路运动也就只有逐步升级越闹越凶了。翻阅百年前《申报》《大公报》等报刊的影印资料可以读到，"8月24日，成都已一律罢课罢市，四门厘税亦停。"至9月13日，报载"成都附属十六州县、绵州属五县、资属三县、眉属三县俱同时罢市，各中小学堂一律罢课。"

9月15日，刚刚接替王人文担任四川总督的赵尔丰奉命逮捕谘议局议长蒲殿俊、罗纶等人，将矛盾彻底激化了。成都市民闻讯后，纷纷聚集于总督府前，此刻，四川省府的巡防军开枪射杀民众30多人。这便是历史上所谓的"成都血案"。

这一血案的造成，使局势变得更加一发不可收拾。17日，清廷令赵尔丰剿办四川"逆党"。20日，又进而令端方带兵入川，而端方在半途却被起义士兵所杀。正是在这样的乱局中，武昌起义爆发，清政府的铁路国有政策也因清政权的崩溃而告终。保路运动则作为埋葬清王朝的革命的导火线而载入史册。

也正因此，四川的"保路运动"或曰"铁路风潮"被史家认为是压垮大清王朝这头骆驼的最后一根"稻草"。

为什么"铁路国有化"这样一个从理论上说在当时可谓绝对正确的决策，竟然会遭到那么多地方士绅以及民众的强烈反对？为什么四川的"保路运动"竟然会在全国掀起那么大的波澜，产生那么大的"蝴蝶效应"，以至最终成了葬送大清王朝的"致命毒药"？百年之后，在今天看来，追根溯源，其实问题主要还是出在宪政一事上。

因为，无论是铁路国有化也好，还是政府向外国借款修筑铁路也好，按照宪政，这些应该都属于资政院职权，必须经资政院决议通过；各省商办铁路收归国有关系到本省的权利存废，属于咨议局职权，必须经咨议局议决通过。可是，皇族内阁竟然擅自决定实行，不仅违背了立宪原则，而且也损害了人民的利益，因而理所当然地遭到了立宪派以及各地民众的普遍反对。

所以，"铁路国有化"表面看是经济问题，但究其实却和"皇族内阁"一样是"宪政问题"。清廷在"皇族内阁"和"铁路国有"方面一再拒绝妥协，实行专制，可以说是逼迫立宪派迅速走向革命，与"革命党"同声相应、同气相求"乃至最后走向同一个战壕的最直接原因。在许多重大问题上，清廷总是固执己见，掩藏不住它那自私自利过分贪权的"尾巴"，这就使它越来越不得民心，乃至众叛亲离。

一个没有民众拥护缺乏执政基石的上层建筑或曰国家政权，其轰然垮塌显然也只是时间问题了。

十年一觉"宪政梦"

晚清国学大师王国维说，一个时代有一个时代之文学。

其实，不仅仅是文学，政治也是这样。所以，套用王国维先生的话说，一个时代也有一个时代之政治。如果说，每个时代人都有每个时代的"文学梦"的话，那么，每个时代人自然也有每个时代的"政治梦"。

很显然，晚清十年，对于许多中国人来说，其最大的"政治梦"无疑就是"宪政梦"。而且，这一梦就"梦"了长长的十年！

时隔百年，今天已无法知道当时有多少中国人曾经做过宪政的好梦？究竟有多少人痴情地相信君主立宪是当时中国政治上的唯一出路？屈指算来，光是在中国近代史上留下姓名的就有很多，不胜枚举。这其中，比较而言，若说"梦"得最深梦得最痴的无疑应该说是梁启超、严复二人。虽然，他们的经历与思想以及最后的结局各有不同，但却绝对称得上是中国宪政"骨灰级"的倡导者，抑或可以说是"中国宪政的急先锋"。

诚如我们所知道的，梁启超为在中国实现宪政奋斗了大半辈子，但最后却是以失败而告终。以往，正统的历史对其"盖棺论定"，认为他的宪政思想及其实践乃是"资产阶级改良主义"，认为他的思想不合中国国情，失败是必然的，因而对他的政治评价基本是负面的。但是，百年之后，今天回过头来对其一生重新进行打量和反思，则会觉得事实并不尽然。

早在19世纪末、20世纪初，梁启超就不遗余力地向国人介绍西方的宪政民主思想，使世代在帝王专制统治下长期处于昏昏欲睡、茫然无知状态下的许多中国人渐渐睁开了惺忪的睡眼，知道在这世界上竟然还有一种与中国不一样的制度：没有皇帝，老百姓却可以通过选举组成政府，通过权力制衡来约束官吏；而人民则可以根据宪法来行使自己法定的言论、出版、结社等自由的权利，发出自己正当的声音。这使当时许多的中国人无不为之惊愕、欣喜以致满怀憧憬与渴望。

梁启超的"宪政梦"分为三个阶段，即"戊戌变法"时期的君主立宪、"辛亥革命"之后的虚君共和以及后来依靠袁世凯、段祺瑞等人的民主共和。在这三个阶段，他都大声疾呼，四处奔走，为了在中国推行宪政一直苦其心志，劳其筋骨，然而到头来却是"上穷碧落下黄泉，两处茫茫皆不见"。中国的宪政始终就像天边的彩虹，看着很美，但却始终可望而不可即。

穷其一生，梁启超都在呼唤宪政，追求宪政，都在反对专制，反对暴力。为此，他不仅得罪了清廷的封建顽固派势力，而且也得罪了革命派的新贵。在他看来，如果德宗（光绪）不死，当是最理想的立宪之君主。宪政既行，自上而下，再洞启民智，实行公民教育，由臣民而国民，由国民而公民，那么，中国即可成为政治上现代化的先进国家，于国于民，皆为大幸。

尽管，从个人的恩怨来说，他比任何人都仇恨清朝统治者，对朝廷的黑暗、专制、腐败与顽固有着非常深刻的了解和憎恨，但是，他还是"自始未尝反对君主"，却"无论何时皆反对革命"。究其原因，就是为了"能行宪政"，因为，在他看来，一旦宪政实行，权力归于国会，那么，专制统治者就被关进了"宪政的笼子"，失去了作恶的可能。

然而，这只是梁启超的个人心愿与书生之见，虽然美则美矣，但注定在历史上是行不通的。所以，当后来袁世凯的专制嘴脸完全暴露无遗，梁启超曾满怀失望十分痛心地说："以革命求共和，其究也必反于帝制，以革命求立宪，其究也必反于专制。吾当时论此焦唇敝舌，而国人莫余听，乃流传浸淫，以成今日之局。"

可是，局势到了这种地步，说什么都已经晚了。于是，当袁世凯称帝的狼子野心日益暴露，不愿与这"五浊恶世"同流合污的梁启超便决心急流勇退，从现实政治中脱身，从此只好心灰意冷悲愤交集地度过余生。

梁启超之后，又一个痴情地长期做着"宪政梦"的人无疑是严复。

严复是清末很有影响的资产阶级启蒙思想家、翻译家和教育家，他所翻译的赫胥黎的《天演论》以及贯穿书中的"物竞天择，适者生存"的进化论思想在中国非常有名，曾影响了中国好几代人。因此，他被称为中国近代史上向西方国家寻找真理的"先进的中国人"之一。

用今天的话说，严复是个典型的"海归"。1877 年到 1879 年，他被公派到英国留学，先入普茨茅斯大学，后转到格林威治海军学院。1879 年，他毕业回国，到福州船厂船政学任教习，次年调任天津北洋水师学堂总教习（教务长），1889 年后捐得选用知府衔，并升为会办、总办（校长）。严复还曾担任过京师大学堂译局总办、上海复旦公学校长、安庆高等师范学堂校长、清朝学部名辞馆总编辑等职。

也许是受中国传统思想的影响，在严复的内心深处一直有着很深的"学而优则仕"的"做官情结"。1880 年，刚刚从英国留学归来的严复，进入李鸿章的北洋水师学堂执教。他用了九年，才当上了"会办"，相当于副校长。而此时，与他一同毕业于格林威治皇家海军学院的那些同学则早就纷纷成为北洋水师的舰长、分舰队司令员，这使严复感到了很大的失落。

从种种情形看，仕途失意的严复曾经一度非常痛苦和失望。因此，他曾不无怨恨满腹牢骚地说："当今做官，必须内有门马，外有交游，又须钱钞应酬，广通声气，兄则三者无一焉，何怪仕宦之不达乎？"也许是壮志难酬，内心苦闷，他曾一度自暴自弃，经常酗酒并在痛苦中吸食起了鸦片。

对于鸦片，受过正宗西方教育思想且极为进步的严复当然深知其危害。1895 年，他曾大声疾呼禁食鸦片，可他本人却始终不能戒除烟瘾，以致为此不仅留下了终生的笑柄，而且也严重损害了他的身体。

不过，尽管严复思想上苦闷，生活上沉沦，但是，作为当时"先进的中国人"之一，他却是一个立宪制度的积极倡导者。

众所周知，1905 年是中国革命团体大联盟在东京成立中国同盟会的一年，也是清廷企图以立宪君主制消弭革命烈火以图自救的一年。也就在这一年的夏天，严复应"海上青年"之邀，在上海青年会以"何谓政治"为主题连续进行了八次演讲。在演讲中，学贯中西的他对世界上已有和现存的国家类型和国家制度逐一点评，反复比较，以为中国要救亡，要图存，要富强，就必须将中国从君主专制改为君主立宪。因为，在他看来，只有在立宪政体下，民众才能通过议院轻而易举地完成和平变革，实现政府更迭而不危害皇室利益。皇室也就可以在君主立宪体制下万世一系，永享国祚。

不过，虽然同样是主张君主立宪，但严复与康有为以及梁启超的看法与做法却存在分歧，迥然不同。

如果说，在君主立宪方面，当年康有为与梁启超所主张与采取的是一种"休克式疗法"的话，严复却主张采取"渐进式变革"。在他以为，只要变革的方向对，就不要操之过急，耐心地走下去，终归能走上东西洋立宪各国共同的路。因此，对于康有为、梁启超等人在 1898 年的急切，严复向来不以为然，他以为正是这对师徒的乱来，最终葬送了大清两百多年的江山。严复认为，假如康有为、梁启超不去鼓励光绪那个少年天子匆匆忙忙进行政治变革，而是两宫和睦渐进改良，那么要不了多少时间，大清的政治必能有所改善。等待慈禧太后百年，等待小皇帝再成熟一点，许多问题应该不会继续成为问题，应该能够迎刃而解。

然而，不客气地说，严复的观点与梁启超的思想与主张一样，也充满了天真和幻想，纯然是一种"书生之见"。

尽管学贯中西，但严复显然对中国一以贯之几千年不变的"国情"不甚了解。即古往今来，中国一直是一个"权利社会"，许多官场与商场中的中国人穷其一生孜孜不倦所追逐的乃是彻头彻尾的"权"和"利"，也就是房间老百姓所说的"升官"与"发财"，而所谓的为国为民以及道义良知不过是摆设罢了。

严复对君宪主义有着很高的期待，以为在当时的中国，君宪主义是唯一的出路。可是，无论当时包括他在内的"立宪派"是多么的梦寐以求，千呼万唤，然而，清廷统治者都一直在立宪问题上扭扭捏捏，很不情愿和主动，结果要么是光打雷不下雨，要么干脆就莫名其妙地生出一个"皇族内阁"，把立宪变成了非驴非马的政治怪胎。

1911 年 5 月，当"皇族内阁"事件与"铁路国有"事件相继发生以后，大清帝国的形势急转直下，既然"跪着请愿"已无可能，于是，揭竿暴动便成为大势所趋。自四川保路运动点燃了揭竿暴动的导火索后，很快，到了 1911 年 10 月 10 日，驻防武昌的湖北新军工程营在这天晚上突然发生哗变，发动了中国近代史上著名的"武昌起义"，由此打响了辛亥革命的第一枪。

说来，清廷统治者真的是喜欢敬酒不吃吃罚酒。纵观晚清历史，每当还有一线希望、还能控制一定局面的时候，清廷总是拒不变化；只到时机已逝、丧失了操控能力的时候，它才匆匆忙忙地被动"变革"。改革愈迟，所付出的"利息"也将愈大。然而清廷对此似乎毫无认识，它总是在下一个阶段才做原本是上一个阶段应做的事情，而且拒不"付息"，不愿再多做一点让步和妥协，完全丧失了变革的主动权，完全是被"形势"推着走，改革的空间终于丧失殆尽。

的确，当立宪派与爱国的青年学生"跪着请愿"的时候，清廷始终无动于衷，不退半步，而当愤怒的民众终于揭竿暴动，革命终于如狂飙突起，成为席卷全国的巨大浪潮时，清廷这才慌手慌脚，胆战心惊地想到"妥协"，可谓"敬酒不吃吃罚酒"。可是到这种时候，甭说早已吃不到"敬酒"，即便是"罚酒"也很难能够吃的到了。

1911 年 10 月 30 日，为革命所迫，前倨后恭的清政府接连颁布《准开党禁颁布特赦谕》《实行宪政谕》和《著溥伦等迅拟宪法条文交资政院审议谕》，信誓旦旦地表示要永远忠于即将召集的国会，且不让任何皇室成员进入内阁；宣布对所有政治犯甚至那些反对皇上的革命者实行大赦；宪法由议会制定，并将被无条件接受。

可以想见，当时的清廷已经非常"老实"，非常可怜，近乎到了跪地求饶、任人宰割的地步了。但此时，革命之火已不可遏止，帝国已呈土崩瓦解之势。

见此情景，严复尤为惋惜，非常痛心，所以，11 月 7 日，在给《泰晤士报》驻华记者的信中，他很是感慨地说："如果一个月前做到这三条之中任何一条的话，会在清帝国发生什么样的效果啊！历史现象往往重演。这和 18 世纪末路易十六所作所为如出一辙。所有这些都太迟了，没有明显效果。"

是啊，机不可失，时不再来，清廷自我救赎的机会到此为止已经彻底丧失了。

有人说，在一个社会急剧变革的时代里，严复的诗人气质使他更深刻地体会到宪法的精神性，即宪法所载的是理想，是将来，是来自于西方的应该怎样。但是，在古代中国这样的国家里，思考政治的方法往往源于历史精神，解决政治问题必假"民意"之名，而代表民意者不是人民的组织，是功德巍巍的"大领袖"。

而在当时，很显然，这样一个"功德巍巍的大领袖"不是别人，而是连慈禧、荣禄当年都被其玩弄于股掌之间的"政治大鳄"袁世凯。

所以，在当时，在对清廷皇室立宪完全失望后，有许多人都转而把中国立宪的希望寄托在袁世凯的身上。只可惜，袁世凯不是华盛顿，甚至也不是伊藤博文，他把自我的权力和利益看得很重，放大到极致，且宁死不放。

诚如我们所知道的，在清廷行将覆亡之前，摄政王载沣把当时正在乡下装模作样垂钓隐居的袁世凯请回朝中，原本指望袁世凯能成为使清政府起死回生的在世华佗、救命郎中，关键时刻能救大清性命。而袁世凯回到朝中后，也曾虚情假意，"忠诚溢于言表"。但令年轻的摄政王载沣事前怎么也没有想到的是，正是这个袁世凯最后竟反而成了置清廷于死地的"催命郎中"。

1911 年 11 月 3 日，在袁世凯的一手策划、编剧与执导下，清廷于匆忙中颁布了《宪政十九信条》，这是一个重大的政治进步。11 月 16 日，袁世凯的责任内阁正式组成。应该说，这两件大事做得相当漂亮，如此一来，立宪党人的怨言大致平息，中国转向真正意义的君主立宪似乎可谓已只有一步之遥。而这一步就是根据《宪法十九信条》召集正式国会。如果国会召集，就意味着君主立宪全部完成。

也正因此，在当时，无论是严复抑或还是梁启超等老牌立宪派元老，都信心满满，以为立宪可期，袁世凯可信，因而都心甘情愿满心欢喜地为袁世凯所利用。但很快，实践便证明，所有这一切不过是"窃国大盗"袁世凯所导演的又一场"立宪之假戏"。

这年的 12 月 20 日，在袁世凯的授意下，湖广总督兼北洋第一军司令的段祺瑞与南方独立各省"假定大元帅"的黄兴进行了秘密接触。经过双方磋商，两人代表当时中国对峙的南北双方最高军事当局达成了清帝退位、优待皇室、走上共和等五项共识。至此，一直在晚清这方中国大舞台上上演了长达十年的"君主立宪"戏剧终于拉上了历史的帷幕。

而后来，等到清廷正式发布皇帝退位诏书，特别是 1913 年 3 月 20 日，一直秉持宪政理念，力主实行"政党内阁制"并在 1913 年的中华民国国会大选中国民党大获全胜，正欲循欧洲"内阁制"惯例，以党首身份出任内阁总理并实施组阁的宋教仁在上海火车站被刺杀后，很快，袁世凯又自编自导了一出称帝的"丑剧"。耳闻目睹了这样的情景后，几乎所有中国人的"宪政梦"到这时便彻底破碎了。

是的，无可奈何花落去，似曾相识燕归来。事到如今，宪政之花终于在中国的枝头完全凋谢彻底零落了。而那么多"十年一觉宪政梦"的中国人受此打击，到此为止，也显然已经到了梦醒时分。

大梦醒来，窗外依旧是沉沉的黑夜，无边的黑暗。

一切仿佛又回到了从前，虽然打倒了皇帝，统治者换了名号，换了一拨人，但没有皇帝的北洋政府却比以前更加专制，没想到"革命这头嗜血的怪兽生出的儿子成了更专制的暴君"。

大梦醒来，"痛定思痛，痛何如哉！"可想而知，这在当年，会让多少中国人大失所望，黯然神伤？

想当年，如果清廷真的能够实行君主立宪，而且立宪真的能够成功的话，那么后来的中国将会出现怎样的一种情景呢？究竟是成为像东洋日本一样的宪政国家，还是会成为像西洋的英国抑或还是美国或法国这样的国家呢？

只可惜，历史不可以假设，也委实难以想象。只是在百年之后，每当谈起当年立宪一事，让我们的心中总是油然升起一种说不出的惆怅。

的确，晚清十年的宪政实验，曾经给中国人带来了一丝新的希望，可是，就在那么多善良的中国人都在那儿情不自禁地做着"宪政梦"，且在一种急不可待的心情中翘首以盼这新的希望有一天能够从东方冉冉升起时，可最终让他们迎接到的却是一种难以言喻的失望。

路正长，夜也正长，晚清十年，在"宪政之光"宛如流星一样划过夜空且很快陨落之后，多灾多难的中国注定还要在漫长的黑夜中继续摸索。

参考文献

[1] 马玉琴 . 二十五史 [M]. 延吉：延边人民出版社 , 2001.

[2] 柯劭忞 , 等 . 清史稿 [M]. 国学网站—原典宝库 .

[3] 刘亦发 . 清朝全史 [M]. 长春：吉林文史出版社 , 2010.

[4] 费正清 , 刘广京 . 剑桥中国晚清史 [M]. 北京：中国社会科学出版社 , 1995.

[5] [日] 稻叶君山 . 清朝全史 [M]. 但焘译 . 北京：中国社会科学出版社 , 2008.

[6] 颜邦逸 . 白话野史 [M]. 大连：大连出版社 , 2007.

[7] 孟森 . 清朝大历史 [M]. 北京：京华出版社 , 2011.

[8] 柏杨 . 中国人史纲 [M]. 北京：中国友谊出版公司 , 1998.

[9] 李亚平 . 前清秘史——在历史的拐角处 [M]. 北京：北京出版社 , 2007.

[10] 阎崇年 . 清朝十二帝 [M]. 北京：紫禁城出版社 , 2010.

[11] 西门送客 . 历史的转弯处——晚清帝国回忆录 [M]. 桂林：广西师范大学出版社 , 2007.

[12] 《学习时报》编辑部 . 落日的辉煌 [M]. 北京：中共中央党校出版社 , 2001.

[13] 黄波 . 被打断的转型——晚清真相 [M]. 南京：江苏文艺出版社 , 2011.

[14] 雷姬著 . 面对现代化的挑战——清王朝的应对 [M]. 北京：社会科学文献出版社 , 2012.

[15] 黄仁宇 . 中国大历史 [M]. 北京：生活·读书·新知三联书店 , 2004.

[16] 马勇 . 晚清启示录 [M]. 北京：中信出版社 , 2012.

[17] 杨天石 . 帝制的终结 [M]. 长沙：岳麓书社 , 2013.

[18] 张宏杰 . 另一面——历史人物的另类传记 [M]. 北京：百花文艺出版社 , 2005.

[19] 黄磊 . 重说晚清七十年 [M]. 北京：中国工人出版社 , 2013.

[20] 高冕 . 天机——清王朝皇权交接实录 [M]. 北京：作家出版社 , 2002.

[21] 徐洪兴 . 中国历代王朝兴衰录·大清王朝 [M]. 长春：长春出版社 , 2013.

[22] 李杨帆 . 走出晚清 [M]. 2 版 . 北京：北京大学出版社 , 2012.